Gerhard Moc

Feuer bis zur Asche

Eine Jugend in Deutschland 1932 bis 1945

Über den Autor

Geboren 1932 in Neckarsteinach, erlebte Gerhard Moos seine Kindheit und Jugend im Schwarzwald, ab 1940 in Wiesbaden. Seit 1948 engagierte er sich in der Schülermitverwaltung, wurde 1949 Schulsprecher der Gutenberg/Diltheyschule und 1951 Vorsitzender des Stadt- und Landesschülerrats. Es folgte 1957 bis 1960 das Studium der Geschichte, Politik, Germanistik und Philsophie. 1957/58 war er Präsident des Studentenparlaments der Goethe-Universität Frankfurt am Main. 1968 wurde er Oberstudiendirektor an der Ernst-Reuter-Schule in Frankfurt am Main, der ersten integrierten Gesamtschule in Hessen. Von 1969 bis 1975 wirkte er als Staatssekretär im Hessischen Kultusministerium und von 1977 bis 1993 als leitender Schulamtsdirektor in Wiesbaden, zuständig für Gymnasien und Gesamtschulen. Gerhard Moos ist verheiratet und hat vier Kinder.

Gerhard Moos

Feuer bis zur Asche

Eine Jugend in Deutschland 1932 bis 1945

Wiesbaden 2002

EDITION 6065

Bibliografische Information Der Deutschen Bibliothek
Die Deutsche Bibliothek verzeichnet diese Publikation in der Deutschen Nationalbibliografie; detaillierte bibliografische Daten sind im Internet über http://dnb.ddb.de abrufbar.

Satz und Layout
Gestaltung des Einbands
Publikationsservice
Brigitte Forßbohm
Wiesbaden

Druck und Buchbindearbeiten
Dinges & Frick GmbH
Wiesbaden

Printed in Germany

ISBN 3-9808639-1-3

Inhalt

Vorwort 7

Jerusalem 1989 11

Yad Vashem 14

November 1944 – „Juden heulen, Köpfe rollen ..." 16

Juli 1932 – Geboren im Zeichen „Frei Heil" 18

Der Traum vom besseren Menschentum 21

Am Scheideweg – Der fast vollzogene Bruch mit der NSDAP 24

Der Kampf um die ökonomische Basis – Hoffnung auf bessere Zeiten 30

Drei glückliche Kinderjahre im Germanswald 34

Militarismus und Nationalsozialismus im Kinderzimmer und in der Schule 35

Meine geistigen und sozialen Wurzeln 50

Der Einfluss der Großmutter 56

Der Mythos vom Heldentum 61

Aufbruch zu neuen Ufern – dem Krieg entgegen 65

Der Krieg bricht aus – Der Wandel meiner Vorstellungen 69

Von Urlaubssperre und Wohnungssuche 79

Wiesbaden 1940 – Eine wundervolle Stadt – Unsere neue Heimat 83

Meine neue Schule 91

Johann Kowalt II. – Mein Klassenlehrer 94

Der Krieg weitet sich aus 99

Unser Vater muss in den Krieg – Erste Feldpostbriefe 103

Kindergottesdienst 1940 – Der Hauptmann von Kapernaum 107

Der Krieg erfasst die Heimat 108

Unsere jüdischen Nachbarn 112

Die ersten schweren Luftangriffe 121
Endlich ins Jungvolk 125
Das Gelöbnis – „Wer auf die Fahne des Führers schwört ...“ 134
Geilnau – Erster Härtetest 141
Die Sorgen unserer Mutter 145
Balduinstein – Vormilitärische Ausbildung 150
Die Wende bahnt sich an – Im Gymnasium 154
Der Krieg verändert die Stadt 163
Auf dem Weg in die Adolf-Hitler-Schule 166
Gebietsführerschule – „Stark und schön will ich meine Jugend“ 171
Mein Bruch mit der Kirche 175
Der Glaube an den Endsieg bleibt unerschüttert 177
Oberliederbach – „Das Schwache muss weggehämmert werden“ 180
Der 20. Juli 1944 192
Dem Ende entgegen 194
2. Februar 1945: Der schwerste Luftangriff auf Wiesbaden 197
Zuflucht: Naurod im Taunus 204
Tiefflieger 207
Kinder an die Front 212
Literatur- und Quellenverzeichnis 224
Bildnachweis 224

Vorwort

Seit der Wiedervereinigung häufen sich die Übergriffe rechtsradikaler, vor allem jugendlicher Gruppen gegen ausländische und jüdische Mitbürger und Einrichtungen bis hin zu Brandstiftung und Mord. Rassismus und Antisemitismus in Deutschland haben in den neunziger Jahren bis zum heutigen Tag von Jahr zu Jahr immer radikalere Formen angenommen. Es vergeht kaum ein Tag, an dem nicht von neuer Hatz auf Ausländer und Andersdenkende berichtet werden muss. Menschenverachtung und Intoleranz bestimmen zunehmend unsere Gegenwart. Der überwunden geglaubte Ungeist des Nationalsozialismus tritt vielen Orts wieder hervor, von dem Bertolt Brecht vor mehr als einem halben Jahrhundert warnte: „Der Schoß ist fruchtbar noch, aus dem das kroch!"

Das Grundgesetz der Bundesrepublik Deutschland schreibt in Artikel 1, Absatz 1 unabänderlich fest: „Die Würde des Menschen ist unantastbar. Sie zu achten und zu schützen ist Verpflichtung aller staatlichen Gewalt."

Nun könnte man aus dieser Formulierung ableiten, dass die Pflicht zum Schutz der Menschenwürde vollkommen und in Gänze an die Anonymität der staatlichen Gewalt delegiert sei und der Bürger sich mit verschränkten Armen in sein Fenster lehnen könne, um wie bei einem Wettspiel zuzuschauen, wie die staatliche Gewalt mit den Rechtsradikalen fertig wird.

Doch Absatz 2 des Artikels 1 unserer Verfassung verpflichtet auch das deutsche Volk, uns alle, jeden einzelnen Bürger zum Bekenntnis zu „unverletzlichen und unveräußerlichen Menschenrechten als Grundlage jeder menschlichen Gemeinschaft, des Friedens und der Gerechtigkeit in der Welt." Wir alle sind nicht nur aufgerufen im Sinne des Artikels 1 unserer Verfassung zu handeln, wir sind dazu verpflichtet.

Viele fühlen sich in dieser Pflicht. Doch noch zu viele stehen ihr gleichgültig gegenüber, ja mehr noch, sie leisten mit ihrer indifferenten Haltung oder ihrem gedankenlosem Gerede dem Ungeist Vorschub, bereiten ihm die Basis, dienen ihm als Stütze, spenden ihm sogar Beifall.

Die Pflicht zum tätigen Mitwirken im Geiste des Artikels 1 unserer Verfassung nicht hinreichend im Bewusstsein aller verankert zu haben, scheint mir das Versäumnis unserer Generation zu sein.

Meine Kindheit und Jugend war für mich jahrzehntelang nichts als eine schöne Erinnerung. Ich bin 1932 geboren und war am Ende der Naziherrschaft knapp 13 Jahre alt. Ich war zwar begeisterter Pimpf, hatte auch einige Rangstufen im Jungvolk erklommen, auf die ich stolz war, aber insgesamt war mir diese Phase meines Lebens kein Problem. Natürlich waren mir der Krieg, die Tage und Nächte im Luftschutzkeller, die Bombenangriffe, der Beschuss durch Tiefflieger und manche Episoden und Erlebnisse in der NS-Zeit gegenwärtig, aber alle diese Ereignisse standen unverbunden und unreflektiert nebeneinander.

Ich fühlte mich frei von jeder Schuld und wiegte mich, wie wohl die meisten der heute Siebzig- bis Fünfundsiebzigjährigen, sicher in dem Gefühl, das Helmut Kohl mit der „Gnade der späten Geburt" umschrieben hat.

Auch meine vom süddeutschen Protestantismus geprägte Familie, in der ich aufgewachsen bin, schien mir in politischer Hinsicht keines besonderen Nachdenkens wert. Ich wusste, dass mein Vater irgendwann in die NSDAP eingetreten war, dass er im Entnazifizierungsverfahren 1948 als Mitläufer eingestuft worden war und eine „Geldsühne von 400 Reichsmark" leisten musste, was er stets als ungerecht empfand im Vergleich zu seinem Schwager, der als ehemaliger Gauhauptstellenleiter im Gaupresseamt unter Gauleiter Jakob Sprenger als Hauptbeschuldigter angeklagt worden war und schließlich als Entlasteter aus dem Verfahren herauskam. Ich wusste, dass der glühendste Nazi der Familie, der älteste nach dem Ersten Weltkrieg noch lebende Bruder meiner Mutter, zwei Brüder waren 1917 schon vor Verdun gefallen, im Dezember 1939 als Frontberichterstatter umgekommen war. Damit war sozusagen das Kapitel Nationalsozialismus in der Familie für mich abgehakt.

Jahrzehntelang hatte ich das Bewusstsein mit zwei jüngeren Geschwistern im Schutz von liebevollen und fürsorglichen Eltern in einer Familie gelebt zu haben, in der zwar immer materielle Not das Leben bestimmte, aber uns Kindern jede Entfaltungsmöglichkeit gegeben war, zu der entsagungsbereite Eltern fähig sind.

Meine Kindheit und frühe Jugend wurde erst durch eine Begegnung mit einer jungen Israelin in Jerusalem im Oktober 1989 zum Anlass von mir hinterfragt zu werden. Ich beschreibe dieses Vorkommnis in den Eingangskapiteln „Jerusalem" und „Yad Vashem". Dieses Erlebnis hat mir wieder das Bewusstsein dafür geschärft, dass wir vor unserer Geschichte, insbesondere der des Nationalsozialismus und seiner Folgen, nicht davonlaufen können. Aber wir können immer wieder Lehren aus ihr ziehen.

Viele mögen es schwer gehabt haben nach dem Zweiten Weltkrieg den Weg in die Demokratie und in eine menschliche Zukunft zu finden. Mein Weg führte mich aus meiner „braunen Kindheit und frühen Jugend" und der Trostlosigkeit der ersten Nachkriegsjahre über die Mitarbeit in der Schülermitverwaltung und das Engagement in der studentischen Selbstverwaltung zur Sozialdemokratischen Partei Deutschlands. Nach einem Studium der Geschichte, der politischen Wissenschaften, der Philosophie und Germanistik versuchte ich als Lehrer, als Oberstudiendirektor, als Staatssekretär und schließlich 16 Jahre als leitender Schulamtsdirektor mitzuhelfen, in unseren Schulen demokratischen Geist und neue Inhalte einziehen zu lassen, um eine Wiederholung des nationalsozialistischen Ungeistes auszuschließen. Trotz aller Rückschläge soll dieses Bemühen nicht umsonst gewesen sein.

Über meine Kindheit und Jugend konnte ich meine Eltern und meine Onkels nicht mehr befragen. Sie waren längst tot. Ich selbst fand erst nach meiner Pensionierung 1995 Zeit und Kraft die verschütteten und verborgenen Erinnerungen wieder ans Licht zu bringen.

Entscheidende Hilfe bei diesem Bemühen leistete das in Kisten und Kasten aufbewahrte Familienarchiv, das zwar durch Kriegseinwirkungen stark beschädigt, aber weitgehend unberührt auf dem Dachboden schlummerte. Es besteht aus einer Unzahl von Briefen, Zeugnissen, Dokumenten und Aufzeichnungen, die weit in das 19. Jahrhundert hineinreichen. Vor allem in der Familie meiner Mutter war viel geschrieben worden. So finden sich neben dem Kriegstagebuch meines Urgroßvaters aus dem deutsch-französischen Krieg 1870/71, den er als Sergeant in einem badischen Regiment miterlebt hatte, die umfangreichen Lebenserinnerungen meiner Großmutter, die Kriegstagebücher ihrer 1917 gefallenen Söhne. Die Briefe aus der Zeit von 1880 bis 1950 gehen in die Tausende.

Die wichtigste Quelle für mein Vorhaben waren die vielen hundert Briefe meiner Eltern, die sie sich von 1930 bis 1945 geschrieben haben. Sie waren durch die Zeitumstände und den Krieg den größten Teil dieser Jahre voneinander getrennt. Diese Briefe waren für mich in erster Linie der Schlüssel zu meiner verschütteten Erinnerung. Aber auch das 1997 wieder aufgefundene Lesebuch aus meinem ersten Grundschuljahr 1939 ließ längst vergessene Erlebnisse hervorbrechen und öffnete das Tor der Erinnerung. Wenn ich heute die Ereignisse und Episoden aus meiner Kindheit und frühen Jugend aus der Distanz eines Siebzigjährigen betrachte, kommen sie mir vor, als wären sie eher aus einer bösen Traumwelt als aus der Wirklichkeit entstanden.

Ich habe versucht in aller Offenheit und ohne jede Beschönigung die Linien meiner „braunen" Kindheit und Jugend im Dritten Reich aufzuzeichnen und die Einflüsse von außen auf mein Denken und Handeln in dieser Zeit zu beschreiben. Am Anfang beflügelte mich die Neugierde des Forschers, im weiteren Verlauf belasteten mich die dunkler werdenden Schatten immer mehr.

Das Ergebnis meiner Recherchen soll ein Beitrag für „Geschichte von unten" sein und zum Nachdenken und vielleicht auch zu eigenem Nachforschen anregen. Die Geschichte meiner Jugend ist schließlich nichts anderes als die Alltagsgeschichte von Millionen im Deutschland jener Zeit, die gewollt oder ungewollt zu Handlangern und Befürwortern des unseligen Systems von Rassismus und Nationalismus geworden sind. Wir haben uns damit zufrieden gegeben, dass die „Hauptschuldigen" gerichtet worden sind als Entsühnung für uns alle. Wir waren schließlich zur

Umkehr bereit und glaubten es auch geschafft zu haben auf den Trümmerhaufen, die der Zweite Weltkrieg uns hinterlassen hatte, eine neue friedlichere Welt aufgebaut zu haben.

Diese Geschichte einer Jugend soll bewusst machen, woher wir gekommen sind und wie kurz der Weg ins Verderben war und offenbar für viele auch geblieben ist. Diese Geschichte soll daher auch junge Menschen von heute vor dem neuerlichen Ungeist und seinen Folgen warnen, der sich ihrem und unser aller Denken und Handeln durch Rassenhass, Menschenverachtung und Radikalismus einzuschleichen droht. Nur wer die Geschichte kennt, kann aus ihr lernen.

Wiesbaden im August 2002

Jerusalem 1989

Im Oktober 1989 besuchte ich im Rahmen einer lange vorbereiteten Studienreise Israel. Mit einer kleinen Gruppe von Lehrerinnen und Lehrern aus Hessen wohnte ich im Lutheran Hospiz in der St. Mark's Road in der Altstadt von Jerusalem. In unmittelbarer Nähe schloss sich das neuerbaute jüdische Viertel an, das auf den Besucher wie ein stark befestigtes Stadtviertel mit dicken Mauern, Treppen, Torbogen, breiteren Straßen und schmalen Gassen wirkt. Ein Stadtteil, der leicht verteidigt werden kann. Hinter dicken Mauern und einem schmalen Tor verbarg sich auch das christliche Hospiz. Seine Außenfront zur engen St. Mark's Road, keine Straße, eher eine treppenreiche gewundene Gasse, war wenig einladend. Um so überraschter waren wir, als wir die doch recht großzügigen Innenräume betraten. Überwältigend aber war der Eindruck von der hoch über den Souks gelegenen Gartenterrasse des Hospiz. Rasenstücke wechselten mit Blumenrabatten ab. Büsche und sogar große Bäume wuchsen in den nächtlichen Himmel. Wasserfontänen plätscherten in erleuchteten Bassins, Bänke und Steinquader luden zum Verweilen ein. Einmalig schön, ja wie von Zauberhand erschaffen, bot sich der Anblick über die Dächer der Altstadt hinweg, über Kirchen und Moscheen, hinab zum Hakotel Hama'Aravi, der Westmauer, besser bekannt als Klagemauer, und darüber hinweg zum Felsendom mit seiner gewaltigen goldenen Kuppel, der Al Aqsa Moschee und schließlich hinauf zum Ölberg. Über dem Ölberg goss ein klarer weißgoldener Vollmond sein zauberisches Licht über die Stadt. An diesem Abend schlossen wir Jerusalem in unser Herz. Wir hatten seine Wunden noch nicht gesehen, seine Konflikte und Gegensätze noch nicht erlebt.

Die nächsten Tage öffneten uns die Augen, der zauberhafte Schleier des ersten Eindrucks lichtete sich, wir sahen klarer. In diesen Wochen und Monaten befand sich die Auseinandersetzung zwischen Palästinensern und Juden auf dem Höhepunkt. Die erste Intifada, der Widerstand der in Israel lebenden Palästinenser gegen die Israelis, äußerte sich insbesondere durch kollektiven Ungehorsam, aber auch durch kleinere und größere Attentate. Doch hatte sie längst nicht die Ausmaße angenommen, die wir gegenwärtig in der zweiten Intifada in Israel erleben. Aber auch 1989 war die Angst vor versteckten Sprengstoffladungen oder bewaffneten Überfällen auf israelische Posten aus dem Hinterhalt gewaltig. Überall, aber besonders im Ostteil der Stadt, sah man schwer bewaffnete Posten, meist drei bis vier junge Soldaten in ihren olivgrünen Uniformen mit umgehängten Schnellfeuergewehren. Manche Israelis in Zivil trugen ihren Revolver sichtbar am Gürtel. Wohl kaum einer lief ohne eine Schusswaffe herum. Von unserer Dachterrasse aus sahen wir MG-Nester der Israelis hinter Sandsäcken auf einigen flachen Dächern der Altstadt, die befürchtete Übergriffe der Palästinenser auf das jüdische Viertel verhindern sollten. Auf Dächern des jüdischen Viertels, aber auch auf solchen, die eindeutig schon zum palästinensischen Viertel gehörten, wurden aus starken Palmzweigen Hütten gebaut, in denen Tische und Stühle aufgestellt wurden. Das Laubhüttenfest, eine Erinnerung an den alttestamentarischen Auszug der Kinder Israels aus Ägypten, stand bevor.

In den engen Straßen und verwinkelten Gassen des Basars drängten sich tagsüber die Touristen. Laden reihte sich an Laden. Mit „Come in my shop. I have a good price for you" lockten die palästinensischen Händler unentwegt in die Boutiquen. Aber auch Obst und Gemüseläden, Fleischer- und Fischläden, Geschäfte mit zentnerschweren Gewürzsäcken, Bäckereien und kleine Bistros wechselten in bunter Vielfalt. Die Touristen fielen auf an ihrer Kleidung, ihrer Scheu dieser fremden orientalischen Welt gegenüber, aber auch durch ihre Furcht vor einem Anschlag. Kam einer der vielen bewaffneten Posten ins Blickfeld, wirkte schon der Anblick der Maschinenpistolen beruhigend. Eine Waffe der Palästinenser bestand darin, dass sie ihre Geschäfte und Läden in der Altstadt sehr willkürlich öffneten. An manchen Tagen hielten sie kollektiv alle Geschäfte geschlossen. Für den Tourismus, an dem auch die Israelis gut verdienten, war dies jeweils ein herber Schlag. Dann war die Altstadt einfach tot. Mausetot. Kaum ein Mensch war zu sehen, jedenfalls kein Einheimischer. Nur ab und zu die Posten und die waren an diesen Tagen besonders nervös. Es kam mehr als einmal vor, dass von irgendwoher ein paar leere Blechbüchsen in die Nähe eines Postens geworfen wurden und schon kam ein Feuerstoß aus einer Maschinenpistole, dessen schrilles Echo durch die Gänge fetzte.

Die Israelis suchten mit allen Mitteln die Intifada zu brechen, die PLO zu schwächen. Das seit 1967 besetzte Westjordanland, ein Teil der Golan Höhen, das Grenzgebiet zu Jordanien und dem Libanon sowie der Gaza-Streifen waren praktisch Kriegsgebiet und für Touristen nicht betretbar. Überall an den Ausfallstraßen waren Sperren errichtet, die von Kontrollposten scharf bewacht wurden. Man suchte so die Infiltration in das israelische Staatsgebiet zu verhindern und möglichen Anschlägen vorzubeugen.

Schärfstens bewacht und kontrolliert wurde das Umfeld um die Westmauer, dem größten Heiligtum der orthodoxen Juden, und der schmale Durchgang zum Tempelberg mit dem Felsendom und der Al Aqsa Moschee, dem größten Heiligtum des Islam in Jerusalem, beide in unmittelbarer Nachbarschaft gelegen. Aber auch die Zugänge zur Altstadt am Damaskus Tor, dem Jaffa Tor, dem Zion Tor und dem Dung Gate waren gut bewacht. Schließlich musste jeder, der in die fest ummauerte Altstadt wollte, durch eines dieser Tore. So kam es vor, dass wir am Damaskus

Tor nicht hineingelassen wurden und nun um die halbe Altstadt herumlaufen mussten, um durch das Jaffa Tor hineinzugelangen.

Die aufgeheizte Stimmung wurde für uns evident durch einen Vorgang an der Mamillaroad, von der die Auffahrt zum Jaffator abzweigt. An der Abzweigung standen ein israelischer und ein palästinensischer Verkehrspolizist, um den Verkehr zu regeln. Israelis durften zum Jaffa Tor hinauffahren, einer Palästinenserin wurde dies verwehrt. Die wiederum ließ sich nicht abweisen und bestand auf der Durchfahrt. Schnell ergab sich auf der stark befahrenen Strecke ein gewaltiger Verkehrsstau. Wir saßen im Bus unmittelbar hinter der sich nun abspielenden Szene. Der Palästinenser-Polizist versuchte auf die Fahrerein einzuwirken und sie zum Weiterfahren zu bewegen. Der Israeli pfiff auf seiner Trillerpfeife und ruderte mit den Armen, sie solle endlich weiterfahren. Die Fahrerin dachte nicht daran und blieb stur. Jetzt redete der Palästinenser in Uniform auf seinen israelischen Kollegen ein und bedeutete mit Gesten, er solle doch die Frau passieren lassen. Der hatte jetzt aber auch auf stur geschaltet. Ganz schnell eskalierte der Konflikt, als ein gewaltiges Hupkonzert der wartenden Fahrzeuge ertönte und wenig später von den umliegenden Moscheen die Muezzine, auch hier durch Lautsprecher verstärkt, zum Abendgebet riefen und das Läuten der Glocken der christlichen Kirchen den Lärm ins fast Unerträgliche steigerten. Jetzt sprangen viele Fahrer aus ihren Wagen und umringten drohend die Streithähne, bereit, jeweils für die Landsleute Partei zu ergreifen. Auch wir stiegen aus und ich versuchte die Szene zu filmen. Das war dem israelischen Polizisten keineswegs recht und er ging nun auf mich los, offenbar um mir die Kamera abzunehmen. Uns blieb nur die schleunige Flucht bergauf zum Jaffa Tor. Polizeisirenen heulten auf, Verstärkung rückte an. Im Nu saßen die Fahrer in ihren Autos, die Palästinenserin fuhr geradeaus und machte somit die Kreuzung frei, der Stau, der weit in die Weststadt reichte, löste sich allmählich auf. Die Staatsmacht hatte sich durchgesetzt. War es in diesem Fall Schikane, war es begründete Sicherheitsmaßnahme? Allen steckte die Angst in den Gliedern.

Diese und viele ähnliche Vorfälle, die wir während unseres Aufenthalts beobachteten, aber auch die Vorträge und Diskussionen mit Vertretern beider Konfliktparteien machten uns die Komplexität der Probleme hautnah bewusst. Ich fühlte mich als neutraler Beobachter, versuchte in meiner Burteilung beiden Seiten gerecht zu werden. Dass diese gelassene Distanz, in der ich mich fühlte, eine Fehleinschätzung war, sollte sich bald schockhaft beweisen.

Am Freitag, dem 13. Oktober 1989, besuchten wir Yad Vashem. Als wir durch das Jaffa Tor zur Bushaltestelle gehen wollten, sprach uns ein westlich gekleideter Palästinenser, etwa Mitte dreißig, auf deutsch an. „Ihr wollt doch sicher nach Yad Vashem?" Als wir bejahten, wertete er die obligatorischen Yad-Vashem-Besuche als Einschüchterungsstrategie der Israelis gegenüber den Deutschen und versuchte die Eindrücke, die wir dort gewinnen würden, durch Hinweise auf die Lage der Palästinenser und schließlich durch massive antisemitische Ausfälle zu untergraben. Plötzlich sahen wir uns definitiv als Deutsche aufgefordert Partei zu ergreifen, Stellung zu beziehen auf dem Hintergrund unserer Nazi-Geschichte. Glücklicherweise ließ der Mann uns mit unserer Sprachlosigkeit einfach stehen.

„Yad Vashem" heißt wörtlich übersetzt: „Ein Denkmal und ein Name" und ist entnommen aus dem 5. Vers, Jesaja, Kapitel 56. Der Weg zur Gedenkstätte führt durch die „Allee der Gerechten unter den Völkern." An beiden Seiten der Allee wachsen Johannisbrotbäume, die für Nichtjuden gepflanzt wurden, die ihr Leben aufs Spiel setzten, um Juden vor den Nazis zu retten. Auf kleinen Tafeln stehen die Namen der Gerechten, darunter auch der Name Schindler, von dem wir erst Jahre später durch den Spielberg-Film „Schindlers Liste" etwas erfahren haben. Abgesehen von den vielen ausdrucksstarken Skulpturen in der Außenanlage erschütterten uns am stärksten die Eindrücke im historischen Museum und in der Kindergedenkstätte. Im Museum waren auf riesigen Tafeln die Bilder des Grauens aus den Ghettos und den Konzentrationslagern zu sehen, daneben stark vergrößert viele Vernichtungsdokumente der NS-Herrschaft, von der NS-Propaganda in Deutschland und der Vorbereitung der Judenvernichtung bis hin zu ihrer schrecklichen Durchführung in Auschwitz, Treblinka, Ratibor, Maidanek und den vielen anderen Konzentrations- und Vernichtungslagern. Die uns vergegenwärtigte Vergangenheit hatte mich und viele von uns tief getroffen: Wer die im Museum dokumentierten Texte im Original lesen kann, fällt auf unter den Besuchern in Yad Vashem. Er versteht die Sprache der Mörder!

Die Kindergedenkstätte wurde als besonders erschütternd empfunden: Jeder Name, jeder Geburtstag, der von einer fernen Stimme verlesen wird, jedes Kinderbild, das aus dem Dunkel des tiefen, endlos scheinenden Raumes vor dem geistigen Auge auftaucht, wird zu einem Lichtpunkt im Universum. Die Gedanken eilten durch die Geschichte der eigenen Familie während des Dritten Reiches. Für keinen unserer Eltern wurde in Yad Vashem ein Baum gepflanzt, geschweige denn uns selbst. So werden wir in Yad Vashem auch mit der Geschichte unserer Familien und ihrem Schweigen konfrontiert bis hin zu der Furcht, in einem der Gesichter der Soldaten das Bild des Vaters oder eines Verwandten zu erkennen.

Jeder hing seinen Gedanken nach, einsilbig und mit schweren Schritten strebten wir zurück in die Stadt. Den Fußweg bis zur Bushaltestelle empfand ich als weit und beschwerlich. Ich fühlte mich erschöpft und war dankbar, als im Bus eine junge Israelin zum Fensterplatz rückte, um mich sitzen zu lassen. Nach einigen Minuten hörte ich die Stimme: „You are a German?“ Ich wunderte mich etwas über diese Art zu fragen. Meist wurde ich im Ausland gefragt: „You are from Germany?“ oder noch knapper: „Germany?“

Arglos wandte ich mich meiner Nachbarin zu. Sie war jung, etwa zwanzig, hübsch, hatte ein volles Gesicht, dunkle Augen, fast schwarzes schulterlanges Haar. Ich bejahte ihre Frage. Sie atmete tief und flüsterte mir dann auf Englisch zu: „Ich hasse die Deutschen und die Österreicher. Ich kann nicht neben Ihnen sitzen ...“ Ihre weiteren Worte verstand ich nicht mehr. Sie gingen in einem inneren Rauschen unter, denn in mir überstürzten sich die Gedanken und Empfindungen. Ich konnte die Mitteilung nicht fassen, glaubte, mich verhört zu haben, reagierte nicht in ungläubigem Staunen. Die Minuten schienen sich endlos zu dehnen. Da sprach die jugendliche Stimme neben mir erneut, lauter, eindringlicher, so dass es die Umsitzenden hören konnten, beurteilen konnten: „Verstehen Sie nicht? Ich hasse die Deutschen und die Österreicher so sehr, dass ich nicht neben Ihnen sitzen kann. Stehen Sie auf und suchen Sie sich einen anderen Platz“, und meine Betroffenheit kalkulierend fuhr sie nach kurzem Innehalten fort: „Mag sein, dass eure jungen Leute heute anders sind, eine bessere Generation sind. Sie jedenfalls gehören nicht dazu!“ Zum Beweis heftete sich ihr Blick auf meine weißen Haare.

Also doch, dachte ich, es ist kein Traum. Ich sah die Augen der anderen Fahrgäste auf mich gerichtet, distanziert, fremd, abweisend. Eine ältere Jüdin in der übernächsten Reihe bedeutete mir mit beiden Händen, ich solle aufstehen. In diesem Augenblick fühlte ich mich als schrecklicher Mittelpunkt, herausgelesen, „selektiert“. Mein Inneres leistete Widerstand, bäumte sich auf vor Empörung. Ich war doch keiner der Mörder. Was sollte ich tun? Ihr und den anderen klar machen, dass ich ein kleiner Junge war zur Zeit der Shoa, des Holocaust, zehn, zwölf Jahre alt? Meinen Pass hervorholen, auf mein Geburtsdatum zeigen? Sagen, dass ich zu den anderen Deutschen gehöre, zu den guten? Aber habe ich nicht schon als Pimpf singen gelernt: „Es zittern die morschen Knochen der Welt vor dem großen Krieg ... Wir werden weiter marschieren, bis alles in Scherben fällt, denn heute gehört uns Deutschland und morgen die ganze Welt!“ Mir wurde wieder schmerzlich bewusst: Ich bin Deutscher, ich spreche die Sprache der Mörder. Langsam stand ich auf und sagte mit trockener Zunge: „I understand you!“

Als ich mich durch den Mittelgang zwängte, sah ich noch, wie die Jüdin aus der übernächsten Reihe auf meinen Platz stürzte, als wollte sie eine jüngere Schwester schützen. Fürchtete sie, dass ich zurückkehren könnte?

Am darauffolgenden Dienstag waren wir wieder in Yad Vashem zu zwei Vorträgen. Der eine erläuterte das Erziehungssystem in Israel, der andere war dem Deutsch-Israelischen Verhältnis gewidmet. In der sich anschließenden Diskussion schilderte ich mein Erlebnis vom Freitag und bat um eine Erklärung. Der Erziehungswissenschaftler führte das Verhalten der jungen Israelin darauf zurück, dass vor einigen Jahren, genauer seit Bundeskanzler Helmut Schmidt der Lieferung von Kampfpanzern an Saudi Arabien zugestimmt habe, der israelische Ministerpräsident Begin angeordnet habe, dass nicht nur in allen Schulen Israels der Holocaust behandelt werden müsse, was vor den achtziger Jahren keinesfalls üblich gewesen sei, ja dass darüber hinaus in allen Abschlussprüfungen das Thema Shoa Prüfungsgegenstand zu sein habe. Seit dieser Zeit sei eine neue Welle des Hasses gegen die Deutschen in den Schulen gepredigt worden. Das sei Begins Rache an der Entscheidung des damaligen Bundeskanzlers gewesen. Der andere Referent dagegen meinte lapidar: „Wären Sie doch sitzen geblieben. Es war doch nicht Ihr Problem. Es war doch das Problem der jungen Israelin." Es blieb mein Problem. Es wird mein Problem bleiben.

Am folgenden Mittag saß ich vor dem Kaffeehaus am Battei Mahaseh-Platz im jüdischen Viertel in der Altstadt, als plötzlich jenes Mädchen aus dem Bus mit Freunden aus dem Cafe trat. Unsere Blicke trafen sich gleichzeitig. Sie machte sofort ihre Begleiter auf mich aufmerksam. Offenbar war der Vorfall auch in ihrem Kreis besprochen worden. Wieder fühlte ich mich wie gelähmt. Die Gruppe starrte mich einige Augenblicke an, dann wandte sie sich mit Gesten der Empörung ab. Ich blieb noch ein wenig im Schatten sitzen, doch die Freude an dem schönen Platz war uns vergällt. Fünf Jahre später habe ich das Kaffeehaus nicht mehr vorgefunden, der Platz hatte seine einladende Schönheit verloren. Jedes Mal, wenn ich in den folgenden Jahren in Jerusalem war, habe ich nach meiner Israelin Ausschau gehalten. Aber vergebens.

November 1944 – „Juden heulen, Köpfe rollen ..."

Trotz der vielen Fliegeralarme gab es immer noch Märsche der Jungvolk-Fähnlein durch Wiesbaden mit Fanfarenzügen und Trommeln. So auch am Sonntag, dem 12. November, auf den die Feierlichkeiten zum Gedenken an den 9. November 1923, dem gescheiterten Marsch Hitlers und seiner Genossen auf die Feldherrnhalle in München, verlegt worden waren. Der Grund seien die „Erfordernisse der totalen Kriegsführung", wie der Reichsminister für Propaganda Joseph Goebbels verkündet hatte.

Es war ein nasskalter, trüber Novembersonntag. Regen mit Graupelschauern schlug uns ins Gesicht. Wir marschierten die Wilhelmstraße entlang Richtung Kurhaus. Wir sangen unsere Lieder, auch das HJ-Fahnenlied „Unsere Fahne flattert uns voran. In die Zukunft ziehn wir Mann für Mann. Wir marschieren für Hitler durch Nacht und durch Not mit der Fahne der Jugend für Freiheit und Brot ... Ja! Die Fahne ist mehr als der Tod." Wir hatten inzwischen längst viel über die verschiedenen Arten des Sterbens gelernt und wenig für das Leben. In den letzten Wochen hingen wir an jedes Lied einen besonderen Refrain. Der lautete:

„Juden heulen – Köpfe rollen!
Die HJ marschiert – Marxisten hütet euch!
Nationale Sozialisten kämpfen für das Dritte Reich!
Soldaten, Kameraden, hängt die Juden –
Stellt die Bonzen an die Wand!"

Als wir an jenem Novembersonntag bei unserem Marsch über die Wilhelmstraße die Luisenstraße überquerten, sangen wir gerade wieder diese Strophe. Zum ersten Mal machte ich mir den Inhalt bewusst und fragte mich betroffen während des Singens: „Was soll das eigentlich bedeuten? ‚Juden heulen, Köpfe rollen – Marxisten hütet euch – stellt die Bonzen an die Wand?' Vor meinem geistigen Auge spielten sich plötzlich schreckliche Szenen ab. Ich sah leibhaftige Köpfe über die Wilhelmstraße rollen, sah an den Platanen die baumelnden Leiber von starren Menschen, die mich anstierten aus toten Augen, sah an den Häuserwänden Menschenreihen unter Gewehrsalven zusammenbrechen, Flammen über die Dächer züngeln. Sturm brauste in meinen Ohren. Die Bilder verschwammen zu einer Apokalypse, wie ich sie aus Großmutters Bilderbibel erinnerte. Alles begann sich zu drehen. Ich war neben meinem Jungzug marschiert, taumelte, kam aus dem Gleichschritt, fing an zu erbrechen, kotzte das bescheidene Frühstück unter die Platanen auf die Wilhelmstraße. Spürte den kalten Schweiß auf meiner Stirn. Wären nicht Horst und Günter mir zur Hilfe gekommen, ich wäre zusammengebrochen. Sie stützten mich, griffen mir unter die Arme. Wieder heulten die Sirenen. „Fliegeralarm! Wegtreten!", schrie der Fähnleinführer. Das Singen brach ab, die Trommeln gerieten aus dem Takt, die Fanfaren verstummten. Die Jungen stoben auseinander. Die Marschkolonne hatte sich aufgelöst.

Was ein Jude war, das wusste ich. Die sollten hängen? Wer waren die Marxisten? Wer war mit den Bonzen gemeint? Die Bonzen, das waren doch die hohen SA-Führer in den feinen Uniformen, das waren doch Gauleiter Sprenger, der Kreisleiter Pikarski und schließlich auch mein Onkel Herbert, das wäre ja auch mein Patenonkel Hermann gewesen, wenn er nicht schon gefallen wäre! Die sollen an die Wand gestellt werden zusammen mit den Marxisten? Und wessen Köpfe sollen denn rollen? In meinem armen Kopf durchmischten sich Freund und Feind. Alle Ordnung hatte sich aufgelöst. Horst und Günter, die in meiner Nähe wohnten, schleppten mich nach Hause. Mutter stellte hohes Fieber fest. Wie sie mir erzählte, soll ich eine Nacht und einen Tag wie ein Toter geschlafen haben, hätte immer wieder im Schlaf völlig verworren geredet, während sie unentwegt kalte Wickel um meine Beine machte, um das Fieber herunterzudrücken und meine glühende Stirn kühlte. Das schreckliche Lied, das die schaurigen Bilder und zermürbenden Fragen bei mir hervorgerufen hatte, ging mir mein Leben lang nicht mehr aus dem Sinn.

Juli 1932 – Geboren im Zeichen „Frei Heil"

Die Stimmung in Deutschland im Juli 1932 war hochgeladen. Gewitterschwül könnte man sagen. Der Wahlkampf für die Reichstagswahlen am 31. Juli war in vollem Gange. Er ist nicht vergleichbar mit Wahlkämpfen, die wir heute in Deutschland erleben. Straßenkämpfe, Mord und Totschlag waren an der Tagesordnung. Die SA, die Sturmabteilungen der Nationalsozialisten, lieferten sich mit den Anhängern anderer Parteien, insbesondere mit den Kommunisten und den Sozialdemokraten, erbitterte Straßenschlachten, in denen Steine, Messer und Schusswaffen ungehemmt eingesetzt wurden. So notierte der Schriftsteller und Diplomat Harry Graf Kessler Mitte des Monats in seinem Tagebuch: „Während wir am Sonntag in der schönen Landschaft herumfuhren, sind wieder 17 Tote und fast 200 Verwundete dem hemmungslosen und organisierten Terror der Nazis zum Opfer gefallen. Es ist eine Tag für Tag und Sonntag für Sonntag fortlaufende Bartholomäusnacht."

Otto Wels, Reichtagsabgeordneter der SPD, erklärte am 14. Juli auf einer Kundgebung der „Eisernen Front" in Berlin-Wilmersdorf, es sei besser „republikanisch zu sterben, als faschistisch zu verderben".

Am 17. Juli 1932, der als „Altonaer Blutsonntag" in die Geschichte einging, marschierte ein Demonstrationszug der NSDAP in das als „Rote Hochburg" geltende Hamburg-Altona. Anhänger der KPD, die den Demonstrationszug als Provokation empfanden, schossen aus den Fenstern der Häuser auf die Nazis. Diese errichteten Barrikaden und versuchten in die Häuser einzudringen. Die Straßenschlacht wurde von der Polizei nach vier Stunden beendet. 18 Menschen kamen ums Leben, 68 Personen wurden verletzt. In Preußen hatte es in der Zeit vom 1. Juni bis zum 20. Juli 1932 322 Terroranschläge gegeben. Von diesen wurden 203 Fälle den Kommunisten, 75 den Nazis und 21 dem Reichsbanner zugerechnet. Dabei gab es 72 Tote und 495 Schwerverletzte.

Diese Vorfälle lieferten der Reichsregierung unter Reichskanzler Franz von Papen mit Zustimmung des Reichspräsidenten von Hindenburg den Vorwand, die preußische Regierung unter Ministerpräsident Braun und Innenminister Severing am 20. Juli ihrer Ämter zu entheben und durch Reichskommissare zu ersetzen.

Joseph Goebbels, damals Gauleiter der NSDAP von Berlin-Brandenburg und Reichspropagandaleiter der NSDAP, notierte zu diesen Vorgängen in seinem Tagebuch: „Alles läuft programmgemäß ... Alles läuft wie am Schnürchen. Die Roten haben ihre große Stunde verpasst. Die kommt nie wieder."

Am 22. Juli bezeichnete die NS-Parteizeitung „Völkischer Beobachter" den Staatsstreich in Preußen in Anspielung auf die Revolution vom 9. November 1918 als „Die Liquidierung der Novemberherrschaft". Die „Frankfurter Zeitung" dagegen war der Meinung, dass der erzkonservative Reichskanzler von Papen „nur allzu geflissentlich einem nationalsozialistischen Drängen nachgegeben" habe.

Bei einer Wahlrede in Eberswalde am 27. Juli erklärte Adolf Hitler: „Wir sind intolerant. Ich habe mir ein Ziel gestellt, nämlich diese 30 Parteien aus Deutschland hinauszufegen." In Gumbinnen rief er den versammelten Massen zu, die nationalsozialistische Bewegung werde erst aufhören eine Partei zu sein, wenn der Nationalsozialismus zur deutschen Nation geworden sei.

Ein Jahr später hatte er dieses Ziel schon erreicht: Alle Parteien waren verboten oder aufgelöst, waren in der NSDAP aufgegangen oder in den Untergrund verbannt.

Bei der Wahl zum Reichstag am 31. Juli 1932 errang die NSDAP mit 230 Mandaten ihren größten Wahlsieg in Deutschland vor der endgültigen Übertragung der Macht an Hitler und seine Genossen durch die bürgerlichen Parteien am 30. Januar 1933. Diesen Tag erhoben die Nazis zum „Tag der Machtergreifung", der alljährlich mit großem Pomp gefeiert wurde. In der Juli-Wahl 1932 folgten die wichtigsten Parteien der Republik weit abgeschlagen: die SPD erhielt 133, die KPD 89, das Zentrum 75, die DNVP (Deutschnationale Volkspartei) 40 und die BVP (Bayerische Volkspartei) 22 Sitze.

Zwar war die Zahl der Arbeitslosen geringfügig auf 5,5 Millionen zurückgegangen, aber dennoch zeichnete sich für das Heer der arbeitslosen Massen keine Aussicht auf Besserung ihrer Lage ab. Der NSDAP war es mit ihrer hasserfüllten Propaganda gegen das demokratische „System" der „Weimarer Republik" gelungen, große Teile der Bevölkerung an sich zu binden.

In diesem gewitterschwülen Sommer, der mit seinen Unwettern in weiten Teilen des Landes große Verwüstungen anrichtete, wurde ich am 22. Juli 1932, einem Freitag, mit Sonnenaufgang, wie meine Eltern immer wieder betonten, auf der Mittelburg in Neckarsteinach geboren.

Wo das kleine Flüsschen Steinach aus dem südlichen Odenwald kommend sich zwischen dem 442 Meter hohen Darsberg und dem 414 Meter hohen Ochsenkopf durch eine Engstelle des schmalen Tales zwängt, beginnt das Städtchen, das sich weiter um den Burgberg schmiegt und von der Einmündung der Steinach in den Neckar seinen Namen erhielt.

Als Kind war ich besonders stolz darauf, in einem Schloss geboren zu sein, und vergaß allzu oft, dass meine Eltern nur mit Mühe die Miete für die kleine Zweizimmerwohnung auf dem Schloss an die Baronin bezahlen konnten. Meine Großeltern mütterlicherseits wohnten einen Stock tiefer ähnlich bescheiden und bewirtschafteten die Schlossgärtnerei und fristeten mit dem Anbau von Gemüse und Blumen ein eher kümmerliches Dasein.

Ein Bruder meiner Mutter, der Jüngste von fünf Brüdern, mein Onkel Herbert, hatte im Alter von 27 Jahren 1930 den Mut, eine kleine Heimatzeitung mit Namen „Das Steinachtal" zu gründen. Die Zeitung erschien montags, mittwochs und freitags. Sie gab an, „Amtliches Verkündigungs- und Heimatblatt im hessischen und badischen Odenwald" zu sein, und kostete im Monat eine Mark. In der Nacht vom 21. auf den 22. Juli wurden die Druckmaschinen angehalten, bis folgende Anzeige auf Seite vier der Freitagsausgabe gesetzt werden konnte: „Die glückliche Geburt eines gesunden, kräftigen Buben zeigen in dankbarer Freude an Heinrich Moos und Frau Hilde, geb. Leitz". Im Familienarchiv fand sich aus diesem freudigen Anlass ein für uns heute seltsam klingendes Glückwunschschreiben: „Durch das ‚Steinachtal' erfahren wir die glückliche Geburt eines Stammhalters. Wir waren sehr erfreut darüber und gratulieren den Eltern von ganzem Herzen. Möge der Kleine sich körperlich und geistig gut entwickeln, dass er allen im Hause Freude bereitet. Er ist unter dem Zeichen „Heil" und „Frei Heil" geboren! Was wird sein, wenn er einmal groß ist? Hoffentlich spinnen ihm die Parzen einen langen, starken und knotenfreien Faden! Mögen alle die Wünsche, die dem Jungen mit auf den Lebensweg gegeben werden, sich erfüllen und möge er in den Fußstapfen seiner tüchtigen und lebensbejahenden Anverwandten wandeln!"

Ich kenne die Absender nicht. Die Zeilen wirken sehr förmlich. Aber durch den Hinweis, ich sei im Zeichen „Heil" und „Frei Heil" geboren und durch den Wunsch, die „Parzen" möchten mir einen langen, starken und knotenfreien Lebensfaden spinnen, wird auch etwas von der Gesinnung deutlich, die in dieser Zeit mancher Leute Denken und auch wohl das meiner Familie beherrschte.

Ich war also auf der Welt und die kleine Welt des hessischen und badischen Odenwaldes erfuhr es schon wenige Stunden später. Das war wiederum ein Umstand, der mich als Kind mit besonderem Stolz erfüllte. Allerdings musste für mich ein Name erst noch gefunden werden. In der Zeitungsanzeige war ich noch namenlos. Es sollte ein Name sein, der bisher noch nicht in der Familie vorgekommen war. Keine Diskussion gab es um meinen zweiten Vornamen. Den bekam ich, weil der älteste noch lebende Bruder meiner Mutter mein Patenonkel wurde und der hieß eben Hermann. Der bestimmte nun auch meinen ersten Vornamen. Er wählte den Namen Gerhard nach seinem besten Freund, der neben ihm im Herbst 1917 im Schützengraben vor Verdun gefallen war.

Der Traum vom besseren Menschentum

Meine Eltern hatten sich 1925 über die Wandervogelbewegung und den Deutschen Turnerbund kennen gelernt. Sie haben sich wohl immer wieder zu Wanderungen getroffen. Mit dabei waren die Schwester meines Vaters, Gertrud, und auch Herbert, der jüngste Bruder meiner Mutter. Der wiederum war nicht nur im Turnerbund, sondern auch im Jungdeutschen Orden aktiv und hatte dort seinen Freundeskreis gefunden.

„Frisch, fromm, fröhlich, frei!" Das war der Wahlspruch der Turner. Die Ritter vom Jungdeutschen Orden grüßten: „Treu deutsch alle Wege!" Die Nationalsozialisten, zu denen Bruder Hermann gehörte, riefen, wo sie gingen und standen: „Sieg Heil!" und hoben dazu den rechten Arm mit ausgestreckter Hand. Jedenfalls deutschelte es kräftig allenthalben. Alle litten sie unter der Not der vergehenden zwanziger Jahre. Viele hatten die Idee von einem besseren Menschentum in ihren Köpfen, wollten dem Gemeinsinn leben, liebten ihre schöne Heimat und glaubten an ein heiliges Vaterland, das die Schmach von Versailles abschütteln müsse. Dass die immer schneller wechselnden Regierungen und die sie tragenden Parteien der Weimarer Republik dies vermöchten, daran hatten sie erhebliche Zweifel.

Am Lagerfeuer sangen sie „Rübezahl, höre uns klagen, unsere Heimat, die ist nicht mehr frei. Schwing die Keule wie in alten Tagen, schlage Hader und Zwietracht entzwei!" Dann träumten sie in den Sternenhimmel der Nacht und erhofften sich eine Besserung der aussichtslos erscheinenden Lage. Sie pflegten ihre eigene Sprache, die sie als völkisch und kreuzehrlich empfanden und nannten den Januar Hornung und den Juli Ernting. Jeder Monat hatte seinen germanischen oder sollte man besser sagen seinen arischen Namen?

An Weihnachten 1930 feierten meine Eltern auf der Mittelburg in Neckarsteinach Verlobung.

Im Juli 1931 wurden sie in Neckarsteinach in der altehrwürdigen gotischen Kirche, in der ich ein Jahr später getauft wurde, evangelisch getraut und bezogen gemeinsam die kleine Wohnung auf der Mittelburg. Meine Großeltern wohnten ein Stockwerk tiefer. Seit dem Frühjahr 1930 hatten sich meine Eltern fast jeden Tag geschrieben oder hatten wenigstens kurz miteinander telefoniert. Wann immer es ging und der wohl schon etwas klapprige Opel meines Großvaters in Mannheim es zuließ, fuhr mein Vater von Mannheim nach Neckarsteinach zu seiner geliebten Hilde. Er blieb sein Leben lang ein begeisterter Autofahrer.

Als ich geboren wurde, war mein Vater 28 Jahre alt, als ausgebildeter Ingenieur ohne feste Anstellung, genau genommen war er einer von den

5 512 000 Arbeitslosen im Juli 1932. Da er aber ein hervorragender Techniker war, konnte er einfach alles, was in dieser Richtung verlangt wurde. So baute er Gewächshäuser für die Schlossgärtnerei, reparierte Zäune, verglaste Fenster, verlegte elektrische Installationen, reparierte Maschinen aller Art und Größe. Seine Auftraggeber waren oft genauso arm wie er selbst, also arbeitete er meist für „Gottes Lohn", für ein „Vergelt's Gott!", zuweilen auch gegen Naturalien. Seltener gab es Bares. Für das „Steinachtal" requirierte er Anzeigen, holte die Zeitungspakete am Bahnhof ab und fuhr sie zu den Austrägern. Fiel einer aus, übernahm er auch diese Tätigkeit. Wurde er in der Schlossgärtnerei gebraucht, etwa zum Kränze binden, half er meiner Mutter, die diese Kunst des Kranzbindens und das Binden von Blumengestecken besonders gut beherrschte.

Obwohl alle in der Familie evangelisch waren, bot der Fronleichnamstag stets eine besonders gute Einnahme. Dann mussten der Prozessionsweg und die aufgestellten Altäre reich geschmückt werden und das brachte etwas Geld ins Haus. Trotz aller Not waren meine Eltern frohgemut und immer hilfsbereit. Als aktive Mitglieder im Turn- und Gesangverein verfügten sie über einen großen Freundes- und Bekanntenkreis. Mein Vater, der ja erst im Juli 1931 richtig nach Neckarsteinach zugezogen war, war bald überall anerkannt und geschätzt. Im Frühjahr 1932 wurde er Mitglied der NSDAP.

Die bodenständigen Neckarsteinacher wählten bei der Reichstagswahl am 14.9.1930 mit 343 Stimmen die SPD. Zweitstärkste Partei wurde die NSDAP mit 188 Stimmen. An dritter Stelle lag die Deutsche Staatspartei mit 97, gefolgt vom Zentrum mit 93 Stimmen. Die Kommunisten erhielten 79 Stimmen. Die Deutschnationalen spielten keine Rolle. Mit ihren 8 Stimmen lagen sie an neunter Stelle.

Knapp zwei Jahre später, bei der Reichstagswahl am 31.7.1932, ergab sich ein ganz anderes Bild. In Neckarsteinach erzielte die SPD zwar mit 384 Stimmen einen Zugewinn, wurde aber nur zweitstärkste Fraktion. Gewaltigen Zulauf hatte die NSDAP, die mit 427 Stimmen ihr Ergebnis von 1930 weit mehr als verdoppelte. Auch das Zentrum konnte sich auf 120 Stimmen verbessern, die Deutschnationalen von 8 auf 29, während alle anderen Parteien z.T. schwere Verluste hinnehmen mussten. So sank die KPD von 79 auf 64, die Deutsche Staatspartei von 97 auf 17. Andere Parteien, so die Deutsche Volkspartei, die Volksrechtspartei, die Konservative Volkspartei usw. verschwanden von der politischen Bühne. Wie in der gesamten Republik hatte sich ein gewaltiger Rechtsruck vollzogen.

Am Aufstieg der NSDAP hatten sowohl mein Vater als auch Onkel Herbert und selbstverständlich Onkel Hermann ihren Anteil. Schließlich hatte sich auch die Deutsche Turnerschaft mit dem neuen Geist, der am Horizont heraufzuziehen begann, längst angefreundet. Herbert neigte zwar seiner Gesinnung nach zu den Deutschen Staatsparteilern und war

Familie Moos mit dem Opel von Opa Georg Moos im August 1932

zunächst kein Parteigenosse, das wurde er erst 1934, war aber seinem Schwager Heinrich Moos vor allem als Turner und Wandervogel eng verbunden. Sie fühlten sich in erster Linie der Deutschen Turnerschaft verpflichtet und nicht irgendeiner Partei. Herbert legte sogar großen Wert darauf, im Gegensatz zu seinem Bruder Hermann im Schwarzwald, dass seine Heimatzeitung überparteilich war. Die NSDAP im Einzugsbereich der Zeitung beschwerte sich immer wieder, dass er sich weigerte, Veranstaltungen der „Nazis" in seiner Zeitung zu erwähnen oder gar für sie zu werben. Diesen Widerstand gab er allerdings in der zweiten Hälfte des Jahres 1932 nach den Reichstagswahlen vom 31.7. auf. Sein Bruder Hermann hatte dagegen schon früh, 1927 oder 1928, zu den Nationalsozialisten gefunden und baute seine Zeitung, das „Schwarzwälder Tagblatt" zum Kampfblatt für die Nationalsozialisten auf dem Hochschwarzwald aus. Er polemisierte als Herausgeber und Hauptschriftleiter seiner Zeitung gegen die badische Regierung und gegen die Reichsregierung. In einer Sonderausgabe des Schwarzwälder Tagblatts vom 23. September 1933 schrieb Hermann Leitz voller Stolz: „Zahlreiche Verbote, Verwarnungen, Beschlagnahmungen, Bandwürmer von Straf- und Zivilprozessen, hohe Geld- und Gefängnisstrafen für den Schriftleiter, zwangen sie [die Zeitung, d.Verf.] nicht zu Boden. Aufrecht hielt sie einer Welt von Feinden stand. Erstarkt und großgehungert im erbittertem Ringen gegen den schwarzen und roten Marxismus steht unsere Presse heute stärker denn je da ..."

In der „Kampfzeit“ des Jahres 1932 war mein Vater offenbar für die NSDAP sehr aktiv. Aus einem Brief an seinen Schwager Hermann Leitz in Furtwangen vom 3. August 1932 geht hervor, dass mein Vater den Vertrieb von „Hitler-Briefmappen“ übernommen habe. Diese Mappen bestanden aus gelblichem Briefpapier im Format DIN A 5, in das in der linken oberen Ecke des Doppelbogens jeweils ein Portrait einer Nazigröße oder ein für die „Bewegung“ wichtiges Gebäude abgebildet waren. Neben dem „Führer“ und Dr. Goebbels waren Horst Wessel, Gregor Strasser, Ernst Röhm, Dr. Frick, Generäle der Reichswehr, das Braune Haus in München und andere zu sehen. Jeder Briefbogen bot eine Abbildung. Einige dieser Mappen blieben wohl in unserem Haushalt liegen und fanden erst im Krieg wieder Verwendung. Das Papier für eine ganze Reihe von Feldpostbriefen meiner Mutter in den Kriegsjahren stammte offenbar aus diesen Briefmappen. Meine Mutter hat aber alle von ihr benutzten Briefbogen „systemwidrig“ eingesetzt, indem sie die Bogen im Format DIN A 4 verwandte, so dass die Konterfeis in der unteren Bogenhälfte quer zu liegen kamen. Ich nehme an, dass ihr diese Briefbogen sehr zuwider waren und sie in dieser Verwendungsart einen bescheidenen Protest ausdrücken wollte. Aber in der Papiernot des Krieges fraß der Teufel auch Fliegen.

Die Briefmappen kosteten 1932 pro Stück 75 Pfennig. Mein Patenonkel Hermann Leitz bestellte als alter Kämpfer für den Nationalsozialismus gleich 1000 Exemplare bei meinem Vater. Er erhielt sie zum Vorzugspreis von 50 Pfennig. In dem genannten Brief schrieb mein Vater: „Die Mappen sind sehr schön und lassen sich sehr leicht in den Ortsgruppen absetzen. Der Verkauf geschieht mit Erlaubnis und wärmster Befürwortung der NSDAP. Dr. Goebbels und Kampmann haben die Auswahl und Herausgabe persönlich getroffen. Die Reichspropagandastelle der NSDAP befürwortet den Vertrieb und fördert ihn durch Rundschreiben an die Gauleitungen.“ Der Brief meines Vaters lässt deutlich werden, dass er intensiv für die Sache des Nationalsozialismus eintrat.

Im Deutschen Turnerbund Neckarsteinach 1904 gab es 1932 drei Turnerriegen mit insgesamt siebenunddreißig aktiven Mitgliedern Christen und Nichtchristen, darunter Deutschnationale, Zentrumsleute, Sozialdemokraten, Nationalsozialisten und auch einige Juden. Spielten bisher die politischen Gegensätze im Vereinsleben kaum eine Rolle, änderte sich dies mit der „Machtübernahme“ durch die Nazis am 30. Januar 1933. Der Reichstagsbrand vom 28. Februar 1933 führte zum sofortigen Verbot der KPD und nach der Verabschiedung des „Ermächtigungsgesetzes“ im Reichstag am 23. März wurden die politischen Gegner der NSDAP praktisch für „vogelfrei“ erklärt und rücksichtslos verfolgt. Die NSDAP verlangte, dass sich die Deutsche Turnerschaft der „Bewegung der nationalen Erhebung" anschließen solle. Außerdem forderte die Reichsleitung und die Gauleitung der NSDAP den Ausschluss aller politisch Andersdenkenden aus der Turnerschaft, vor allem aber auch den sofortigen Hinausschmiss der jüdischen Mitglieder. Mein Vater und sein Schwager Herbert als Vereinsvorstände weigerten sich, diesen Anordnungen zu folgen. Sie sahen in ihrem Verhalten keine Systemopposition, sondern vielmehr Solidarität mit ihren Turnbrüdern und Vereinskameraden.

Die Hetze gegen die Juden erreichte in Hitlers Boykott-Aufruf gegen alles Jüdische vom 28. März 1933 ihren ersten Höhepunkt. Der Boykott richtete sich besonders gegen jüdische Geschäftsleute und dauerte bis zum 5. April 10 Uhr abends. Er wurde von einer Vielzahl von Übergriffen begleitet, nachdem Julius Streicher, der Herausgeber des NS-Hetzblattes „Der Stürmer", am 1. April 1933 die totale Vernichtung des Judentums angekündigt hatte. Diese Drohung wurde jedoch von vielen nicht ernst genommen.

Für den 8. April wurde von der Reichsleitung der NSDAP auf Hitlers Anordnung ein sogenannter „SA-Appell" vorbereitet. Goebbels sprach vom „größten Massenappell, den die Welt je gesehen hat". Die zentrale „Gauveranstaltung" für die hessischen Gemeinden im unteren Neckartal sollte im Gasthaus „Zur Harfe" in Neckarsteinach durchgeführt werden. Dort sollten die Anwesenden auch die Rundfunkrede Hitlers, die am Abend aus dem Berliner Sportpalast übertragen wurde, anhören.

Nachdem der Kampfruf der Nazis bisher gelautet hatte: „Deutschland erwache!", hielt Hitler eine großangelegte Rede über das Thema „Deutschland ist nun erwacht", die in alle SA-Versammlungen in Deutschland übertragen wurde. Hitler erklärte u.a. „Wir wollen einen neuen Menschen züchten."

Die zentrale Gauveranstaltung der NSADAP im Gasthaus „Zur Harfe" wurde ein großer Reinfall. Sie wurde boykottiert. Als Hauptrádelsführer des Boykotts wurde mein Vater ausgemacht. Wenige Tage später erhielt er von der NSDAP-Ortsgruppenleitung Hirschhorn am Neckar folgendes Schreiben mit Datum vom 11. April 1933:

„Bei den Vorkommnissen am Samstag, den 8. April dieses Jahres im ‚Gasthaus zur Harfe', die zu einer vollständigen Sabotierung der Gauveranstaltung führten, hat es sich herausgestellt, dass Sie, anstatt als Funktionär der Partei sich voll und ganz für die Durchführung einer Anordnung einzusetzen, eine Haupttriebkraft und Anstifter zum Boykott der ‚Harfe' und damit der Sabotierung unserer Veranstaltung gewesen sind. Unsere Grundprinzipien verlangen von jedem Nationalsozialisten strengste Disziplin und unzweifelhaften Gehorsam gegenüber der Führung. Wenn Sie keinen blinden Kadavergehorsam vertreten können und der freie Mann bleiben wollen, dann haben Sie in unseren Reihen nichts verloren. Sie werden daher als geistiger Urheber dieser Boykottierung und Meuterei gegen die Führung mit sofortiger Wirkung aus der Partei ausgeschlossen. Das Beschwerderecht bei der Kreisuschla [Kreisuntersuchungs- und Schlichtungsausschuss, d. Verf.] steht Ihnen zu."

Mein Vater legte gegen den Ausschluss Beschwerde ein, die ihm aber nichts nützte, denn am 9. Juli erhielt er einen Einschreibebrief der Ortsgruppe Neckarsteinach, unterzeichnet von deren Leiter Dr. Müller:

„Auf Antrag des Untersuchungs- und Schlichtungsausschusses schließe ich Sie hierdurch aus der N.S.D.A.P. aus. (§ 4 Abs. 2 der Satzung vom 22.5.1926).

Begründung: Parteigenosse Moos hat entgegen der ausdrücklichen Anweisung gelegentlich des Ausschlussverfahrens am 17.6.1933 unter Nichteinhaltung des Dienstweges einen Brief mit schweren Beschuldigungen gegen verschiedene Parteigenossen an die Kreisleitung geschrieben. In dem Verhalten von Moos wird eine grobe Disziplinlosigkeit erblickt und eine stete Störung des Friedens in der Ortsgruppe Neckarsteinach.

Die Mitgliedkarte (Buch) wollen Sie auf Grund § 4 Abs. 1 der Satzung an den Unterzeichneten übersenden.

Gegen den Ausschluss steht Ihnen lt. § 4 Abs. 7 der Satzung Einspruch zu. Dieser ist binnen acht Tagen beim Gauleiter zu erheben."

Leider ist der Brief meines Vaters nicht erhalten. Mir ist auch nicht bekannt, welcher Art die schweren Beschuldigungen waren, die mein Vater erhoben haben soll.

Mein Vater wehrte sich weiterhin. Er wollte jetzt nicht zu Kreuze kriechen und den Kadavergehorsam leisten, der von ihm gefordert worden war. Andererseits wollte er unter keinen Umständen seine Mitgliedschaft in der NSDAP verlieren, denn ohne diesen „Bonus" schien es ihm unmöglich, eine geeignete Anstellung zu finden. Also legte er Beschwerde beim Gauleiter ein. Statt der Gauleitung schrieb ihm am 10. August 1933 kurz und knapp wieder die N.S.D.A.P. Ortsgruppe Neckarsteinach:

„Sie werden hierdurch aufgefordert, ihre Mitgliedskarte zur N.S.D.A.P. an die Ortsgruppenleitung zurückzugeben."

Dieser Aufforderung kam mein Vater nicht nach. Schließlich erwartete er auf seine Beschwerde eine Antwort von der Gauleitung. Wieder erwies sich Heinrich Moos als halsstarrig. Im September schaltete sich die Kreisleitung der NSDAP in Heppenheim ein und forderte ihn zu einem kurzen Gespräch in der Kreisleitung am Montag, dem 2. Oktober, um 20.30 Uhr mit dem Kreisleiter auf.

Das Gespräch war kurz. Meinem Vater wurde der Rauswurf aus der NSDAP bestätigt. Zugleich wurde er erneut aufgefordert, seine Mitgliedskarte herauszugeben. Da er Derartiges erwartet hatte, hatte er sie bewusst zu Hause gelassen.

Wie meine Mutter erzählte, seien wenige Wochen später zwei SA-Posten vor unserer Haustür auf der Mittelburg mit geschultertem Gewehr erschienen und hätten meinen Vater unter „Schutzhaft" gestellt. Meine Mutter war verzweifelt. Am 6. November erschien ein SA-Sturmführer und verlangte die Herausgabe der Mitgliedskarte oder es erfolge unverzüglich die Überführung in das Konzentrationslager Westhofen bei Worms. Angesichts der drohenden Verhaftung gab mein Vater seine Mitgliedskarte zurück. Die ausgestellte Bescheinigung lautet: „Auf Befehl der Kreisleitung der N.S.D.A.P. Heppenheim die Mitgliedskarte 1 074 763 abgeholt und quittiert. Den 6.11.33. gez. Unterschrift, Sturmführer".

Denunzianten hatten Hochkonjunktur. Gegen jeden, der den Nazis missliebig war, konnte ein Verfahren in Gang gesetzt werden. Als Beispiel sei hier das Schreiben des Lehrers und Parteigenossen N. aus Falkengesäss im Odenwald an die Kreisleitung vom 19.9.1933 aufgeführt. Mit ihm wurde mein Onkel Herbert denunziert:

„Sehr geehrter Herr Dr. Fleischer!

Ich wende mich heute unbekannterweise an Sie, damit Sie einem Skandal in der Deutschen Turnerschaft möglichst schnell abhelfen.

In Neckarsteinach, das ich seit 6 Jahren gut kenne, sitzt ein Bezirksführer, Herbert Leitz, dem es in jeder Beziehung mangelt, deutscher Jugendführer zu sein.

Seit seines Zuzugs nach Neckarsteinach versetzt Herr Leitz dieses Städtchen durch seine ehrgeizigen Machenschaften in dauernde Unruhe. Dieser an sich persönlich feige Mensch versucht immer andere vorzuschieben, um sich dann nach typisch jüdischer Art die Hände zu waschen und dann [den] Biedermann zu spielen. Sobald Sie Beweise haben wollen, so stehen deren genug zur Verfügung.

Wegen schwerster Verletzungen der Parteidisziplin wurde bereits der Schwager des Herrn Leitz, Herr Moos, aus der NSDAP ausgeschlossen. Herbert Leitz ... gab früher das Blättchen ‚Das Steinachtal' heraus, das nach echt liberalistischer Art unserer Bewegung dauernd in den Rücken fiel. Er weigerte sich, ganz sachliche Artikel unserer Bewegung aufzunehmen ...

Seit dieser Zeit gehen dauernd Intrigen von diesen beiden Herren aus. Herbert Leitz scheut sogar nicht davor zurück, Meuterei in die Ortsgruppe Neckarsteinach zu tragen ... so dass sich die Ortsgruppe gezwungen sah, einen Antrag auf Einlieferung in ein Konzentrationslager zu stellen ...

Zusammengefasst gesagt: Herbert Leitz ist an führender Stelle oder überhaupt in der Deutschen Turnerschaft des neuen Staates unmöglich, da er ein Intrigant, ein krasser Egoist und Konjunkturpolitiker ist.

Meine Bitte und die der gesamten Ortsgruppenleitung geht nun dahin, diesen Herbert Leitz sofort seines Postens zu entheben. Eine Verzögerung der Angelegenheit kann es nicht geben ... Wir kennen ihn und sein demagogisches Wirken am besten ...

Mit Gut Heil und Heil Hitler

Pg. Lehrer N..., Falkengesäß i. O.

Referent der Standarte 186"

Denunziationen, Beschuldigungen, Verdrehungen gingen leicht von der Hand. Der Hinweis, dass man „Pg.", also Parteigenosse sei, war in dieser Zeit Gold wert. Wer Pg. war, konnte sich allen anderen überlegen fühlen, sonnte sich in der Gunst und der Macht der NSDAP, hatte Aussicht auf Arbeit. Offenbar wollte jetzt jeder gerne „Pg." [Parteigenosse] sein, denn wenige Wochen nach der „Machtübernahme" durch die Nazis setzte eine Flut von Aufnahmeanträgen in die NSDAP ein, die von der Partei organisatorisch nicht bewältigt werden konnte und sie in größte Schwierigkeiten brachte. Man musste den Eindruck haben, ein Großteil der deutschen Bevölkerung wolle NSDAP-Mitglied werden. Sie Antragsflut zur Aufnahme in die NSDAP war so riesig, dass die Reichsleitung der NSDAP schon am 19. April 1933 eine allgemeine Mitgliedssperre verfügte (Verordnungsblatt der Reichsleitung, Folge 45/46 vom 30.4.1933). Ausnahmen durften nur vom Reichsschatzmeister der NSDAP im Einvernehmen mit dem Führer getroffen werden. Mit Anordnung vom 15.11.1935 trat eine geringfügige Lockerung ein. Nun durften Angehörige der Hitlerjugend (HJ) und des Bundes Deutscher Mädel (BDM), sowie ehemalige arische Mitglieder des aufgelösten Deutschen Frontkämpfer-Bundes (Stahlhelm) wieder aufgenommen werden. Am 2.Januar 1936 wurden die Anordnungen zur Mitgliedersperre erneuert und in der Presse darauf hingewiesen, dass die organisatorischen Schwierigkeiten weiter bestünden. Erst ab 1937 wurden wieder Mitglieder in großer Zahl aufgenommen.

Die im März 1933 in die NSDAP aufgenommenen Mitglieder, zu denen auch mein Onkel Karl Leitz gehörte, wurden spöttisch „die März-Gefallenen" genannt. Onkel Karl war Pragmatiker. Während sein Bruder Hermann und auch mein Vater ihn für einen typischen Mitläufer hielten, der sein Fähnlein nach dem Winde hängt, hielt Karl umgekehrt, wie er in einem Brief vom Herbst 1933 schrieb, die Brüder Hermann und Herbert und seinen Schwager Heinrich für Pharisäer, da sie stets das edle Menschentum im Sinne hätten und sich selbst für herausragende Exemplare dieser Spezies hielten. Diese Vorstellung vom edlen Menschentum, dessen Verwirklichung von ihnen in den Ideen des Nationalsozialismus gesehen wurde, hat meinem Vater immer wieder den Blick auf die Realität verstellt. Das Postulat im Parteiprogramm der NSDAP „Gemeinnutz geht vor Eigennutz" hatte er wie viele andere im Sinne des französischen Staatstheoretikers Montesquieu (1689 – 1755) verstanden, der damit ausdrücken wollte: „Das Wohl des einzelnen muss dem öffentlichen Wohl weichen". Ihm wurde offenbar nicht bewusst, dass mit „Gemeinnutz" nur das gemeint war, was der Partei und ihrem System nutzt.

Mein Patenonkel Hermann Leitz war ohne Zweifel der Vordenker in dieser ideologischen Ausrichtung der Familie. Seine glühende Verehrung des Hakenkreuzes fand schon dadurch seinen Ausdruck, dass er noch in der „Kampfzeit", also lange vor der „Machtübernahme" durch die Nazis am 30. Januar 1933, auf dem großen Dach seines Hauses in der Bismarckstraße in Furtwangen ein weithin sichtbares Hakenkreuz eindecken ließ. Dieses Hakenkreuz auf dem Dach ließ Bruder Karl, genauer gesagt dessen Frau, die seit 1937 das Haus bewohnte, im Frühjahr 1945 mit Zustimmung des NSDAP-Ortsgruppenleiters entfernen, da man Tieffliegerangriffe auf Furtwangen befürchtete. Immerhin war das Hakenkreuz auf dem Dach im Schwarzwald für mehr als 15 Jahre sichtbares Zeichen für die Gesinnung der Familien Leitz und Moos.

Herbert Leitz hatte inzwischen seine Heimatzeitung im Zuge der Gleichschaltung der Presse im Mai 1933 aufgeben müssen. Damit nicht genug. Wie ich schon angedeutet habe, veranstaltete die NSDAP ab August 1933 ein wahres Kesseltreiben auch gegen ihn mit dem Ziel des Ausschlusses aus der Deutschen Turnerschaft. Nach dem Tod seines ersten Sohnes, der auf Grund der Aufregungen als Frühgeburt zur Welt kam und nach wenigen Monaten starb, verließ er mit seiner Frau Neckarsteinach. Schließlich zog er mit seiner Familie nach Frankfurt am Main, wo er – man höre und staune – eine Anstellung im Gaupresseamt erhielt und schließlich zum Gauhauptstellenleiter des Gauleiters Sprenger avancierte. Nach Auskunft seiner Spruchkammerakte wurde er 1934 rückwirkend zum 1.5.1933 in die NSDAP aufgenommen. Vermutlich hatte da sein einflussreicher Bruder Hermann die Hand im Spiel.

Für meinen Vater verband sich die Frage nach der Zukunft seiner noch kleinen Familie mit der Frage, ob er Mitglied er NSDAP bleiben könne oder ob der Rausschmiss aus der NSDAP vom 6. November 1933 Bestand haben und ihm beruflich erhebliche Nachteile eintragen würde.

Das „erwachte Deutschland" hatte der kleinen Familie Moos wenig Glück gebracht. Der Vertrieb der „Führer-Briefmappen" hatte sich erledigt. Die zweite Hälfte des Jahres 1933 war ausgefüllt von der Suche nach Arbeit. Mein Vater bewarb sich immer wieder, doch ohne Erfolg. Schmalhans war Küchenmeister. Die Familie lebte von dem, was die Gärtnerei der Großeltern abwarf. Die gesamte Kinderkleidung für den heranwachsenden kleinen Sohn wurde selbst gehäkelt und gestrickt. Da aber schon der Kauf von Wolle eingespart werden musste, fanden Mutter und Großmutter insofern Abhilfe, als alte Wollsachen eben wieder zunächst in Wollknäuel zurückverwandelt werden mussten. So kommt es, dass eine meiner ersten Erinnerungen mit Wolle verbunden ist. Mit den Knäueln der aufgezogenen Wolle durfte ich spielen. Sie waren meine ersten Bälle. Das Klappern von Großmutters Stricknadeln habe ich heute noch im Ohr. In späteren Jahren meiner Kindheit, als das Geld zum Kauf von Wolle reichte, saß ich oft mit ausgebreiteten Unterarmen vor meiner Großmutter auf dem Boden, und während sie mir Geschichten erzählte, meist aus ihrem Leben, spulte sie die Wolle von meinen Armen ab, um sie zu einem Wollball aufzuwickeln. Sie schilderte mir dann ihre Kindheit in den leuchtendsten Farben, aber auch den großen Kummer, den der frühe Tod ihres

Vaters über sie brachte. Sie erzählte mir von ihren Kindern, dem Kriegstod ihrer Söhne, der Kindheit meiner Mutter und natürlich von der Leitze-Mühle in Handschuhsheim.

In Neckarsteinach war auch für meinen Vater kein Bleiben mehr, zumal unter den genannten Umständen für ihn keine Arbeit zu finden war. Im Januar 1934 folgte er daher einem Angebot seines Schwagers Hermann Leitz, die technische Betreuung der Druckerei des „Schwarzwälder Tagblatts" in Furtwangen zu übernehmen.

Der Kampf um die ökonomische Basis – Hoffnung auf bessere Zeiten

Kaum war mein Vater im Januar 1934 im tiefverschneiten Schwarzwald angekommen und hatte sich in der Druckerei des Schwarzwälder Tagblatts umgesehen, erreichte meine Mutter ein Brief, in dem er dringend um die Übersendung von Werkzeug bat. Da meine Mutter von diesen Dingen nichts verstand, beschrieb er sie genau oder zeichnete die Werkzeuge auf, damit Mutter ihm die richtigen schicken konnte. Unter anderem brauchte er Lötkolben, weiße Schminksteine, Schneidkluppe, „das große schwere Stück mit den Gewindeschneidstücken", Winkelstücke, Rohrleitungen, Lötzinn, Winkel, Eisensäge, Schraubstock, Feilen, Schraubzwingen usw. Und er fügt hinzu: „Das Werkzeug brauche ich eilig, schicke es sofort, der Billigkeit wegen per Frachtgut in einer Kiste".

Endlich hatte er ein Arbeitsfeld gefunden, das seinen Fähigkeiten entsprach. In seinen Briefen schildert er voller Begeisterung seine Tätigkeitsgebiete. Vieles an der Technik der Druckmaschinen beim „Schwarzwälder Tagblatt" war überaltert und höchst reparaturbedürftig. Die Reparaturen durften aber nach Möglichkeit nichts kosten. Tag und Nacht arbeitete er im Betrieb, jedenfalls bis der Druck der Zeitungen fertig war.

Im Betrieb war er schnell unabkömmlich. „Für den Fall, dass eine Maschine streikt oder sonstwo ein Mangel auftritt, dann schallt der Ruf: Holt den Herrn Moos", schrieb mein Vater Anfang Februar.

Am 18. Februar schrieb er: „Heute war ein ereignisreicher Tag. Nunmehr bin ich wohlbestallter Angestellter des ‚Schwarzwälder Tagblatts' und in die Reihen der Mitarbeiter eingetreten. Das Anfangsgehalt ist allerdings nicht außergewöhnlich hoch, aber ich bin zufrieden. Gewohnt mit Wenigem durchzukommen, glaube ich, dass wir fernerhin einer besseren Zukunft entgegen sehen können ... 150 Mark ist das Anfangsgehalt. Klein ist es und doch bin ich froh darüber, denn es ist Erschafftes, gerecht verdienter Lohn. Ich will danach streben, es zu vermehren für das Wohl der Familie. Karl hat auch nicht mehr, er bekommt 180 Mark, aber davon gehen 30 Mark ab für Schulden bei Kirchberg. Schlecht und recht kommt er durch. Auch wir werden damit auskommen ..."

Nach dem Rausschmiss aus der NSDAP vom 6. November 1933 wehrte sich mein Vater weiterhin gegen den Ausschluss, zumal ihm klar geworden war, dass er ohne Mitglied der Partei zu sein wohl kaum auf Dauer bei seinem Schwager Arbeit finden würde. So nimmt es nicht Wunder, dass er in seinen Briefen aus dem Schwarzwald immer wieder nachfragte, ob nicht endlich eine Antwort der Gauleitung auf seine Beschwerde vorläge.

So schrieb er ebenfalls am 18. Februar 1934: „Hemmend steht einer Übersiedlung [der Familie, d.Verf.] in den Schwarzwald das ungeklärte Verhältnis zur Partei im Wege." Offenbar drängte ihn auch sein Schwager Hermann, Klarheit in der leidigen Parteisache zu schaffen, da er als „Politischer Leiter" und alter Kämpfer kaum einen rausgeworfenen Parteigenossen auf längere Zeit beschäftigen könne, ohne selbst in Misskredit zu geraten.

Am 24. März berichtete mein Vater von seiner Teilnahme an einer Parteiversammlung. In dieser habe der „Führer der deutschen Lehrerschaft" gesprochen. Es sei eine rechte Feierstunde gewesen, schrieb er, und fährt fort: „Mit neuer Kraft ging man von dannen und einem großen, heiligen Glauben an Deutschland und mit dem neuen stillen Gelöbnis, treu bis in den Tod unserem Führer ergeben zu sein. Es soll ein neuer deutscher Mensch geschaffen und erzogen werden, den wir stets in unserer Jugendbewegung erträumt haben."

Das hatte er doch schon mehrfach gehört. Trotz aller Enttäuschungen fiel er wieder auf die Schalmeientöne herein. Da wurde wieder die Vorstellung vom edlen Menschentum sichtbar, von der Rousseau schon geträumt hatte, und Goethe und Schiller – freilich ohne die nationalistische und damit latent rassistische Anbindung. Ja, das ganze Kleinbürgertum des 19. und angefangenen 20. Jahrhunderts huldigte diesem Ideal, variierte es, transformierte und pervertierte es, bis es im Rassenwahn des Nationalsozialismus seine menschenverachtende Ausformung gefunden hatte. Auch mein Vater ist diesem Wahn erlegen.

Endlich, am 17. April 1934, hatte er es erreicht und konnte die Rückgabe der Mitgliedskarte feststellen. Er war glücklich und fügte hinzu „Hoffentlich gestaltet sich in Zukunft alles günstiger."

Sofort wurden die Umzugspläne wieder aufgenommen. Eine geeignete Wohnung war bald gefunden und Am 3. Mai 1934, fünf Wochen nach dem Tod des Leitz-Großvaters, zog die Familie Moos mit der Großmutter von Neckarsteinach nach Furtwangen im Schwarzwald. Mein kurzes Leben auf dem Schloss, in der Mittelburg, war damit zu Ende.

Furtwangen hatte 1934 knapp 6000 Einwohner, überwiegend erzkatholisch. Nur etwa 5 % der Einwohner war evangelisch, die meist, wie unsere Familie auch, zugezogen waren. Furtwangen ist mit 860 Metern im Ortsmittelpunkt die höchst gelegene Stadt im Hochschwarzwald. Mit bewaldeten Bergen bis etwa 1000 Meter Höhe ist sie von drei Seiten umschlossen und machte seinerzeit den Eindruck eines von wohlhabenden Einwohnern bevölkerten Städtchens. Aber dieser Eindruck trog auch hier wie an vielen anderen Orten.

Auf Grund seiner für die Landwirtschaft ungünstigen Hochlage spielte dieser Wirtschaftszweig stets eine untergeordnete Rolle. Das bäuerliche Leben auf den Schwarzwälder Bauernhöfen im Hochschwarzwald war karg und schwer. So entwickelten sich schon im 17. Jahrhundert handwerkliche Betriebe für die Holzwirtschaft und die Glasbläserei. Ab dem 18. Jahrhundert wurde die Gemeinde zu einem Zentrum des Uhrmacherhandwerks. Die typisch gewordene Schwarzwälder Uhr mit dem weißlackierten, meist mit Blumenmalerei verzierten Holzschild, dem Drahtpendel mit Messingscheibe und dem bronzierten Tannenzapfen war das markanteste Ergebnis der Schwarzwälder Hausindustrie. Daraus entwickelte sich eine Vielzahl von feinmechanischen Industrien, die heute noch von weltweiter Bedeutung sind. In diesem Prozess der Industrialisierung verloren viele handwerkliche Betriebe ihre Selbständigkeit. Viele, die bisher dort Arbeit und Brot gefunden hatten, wurden Arbeiter und Tagelöhner, die in diesen Jahren in bitterste Not gerieten.

Das „Schwarzwälder Tagblatt", die Zeitung meines Onkels Hermann, hatte nach der „Machtergreifung" einen gewaltigen Auftrieb erhalten. Die Abonnentenzahlen stiegen. Doch gleichzeitig wuchs der Druck der NSDAP auf die Presse, soweit sie noch in Privatbesitz war. Es war abzusehen, dass eines nicht mehr fernen Tages die Zeitung an die Partei verkauft werden musste. Um einen guten Verkaufspreis zu erzielen, musste die Zahl der Zeitungsbezieher und Inserenten möglichst hoch sein. So übernahm mein Vater neben der Betreuung der technischen Anlagen der Zeitung auch einen Teil der Abonnentenwerbung

Mein Vater konnte wunderbare Geschichten vom Kasperle erfinden und erzählen. Diese Fähigkeit wurde zur Abonnentenwerbung genutzt. Im Brief vom 21. April 1934 schrieb mein Vater an meine Mutter: „Wie Du wohl aus der Zeitung gesehen hast, rührts Kasperle in unserem Verbreitungsgebiet die Werbetrommel und ich bin zum Kasperle-Direktor befördert worden und ziehe mit dem Kasperle von Dorf zu Dorf, von Stadt zu Stadt. Das ist eine große Begeisterung für die Kinder, helle Freude leuchtet aus ihren Augen. Aber bei mir wird's jeden Abend spät Nacht, eins und zwei Uhr, und morgens um sechs bin ich schon wieder unterwegs."

Im Sommer 1935 durfte ich meinen Vater zuweilen auf seinen Werbetouren als Kasperle-Direktor begleiten. Das spielte sich dann so ab: Während mein Vater die Kasperlebühne auf dem Dorfplatz oder in einem Gasthaus aufbaute, schritt ich mit einer Trommel durchs Dorf und machte den baldigen Beginn unserer Vorstellung bekannt. Das Motto war „Mein Name ist Hase, ich weiß von nichts!" Da es ja auf den Dörfern kaum Abwechslung gab, kamen die Kinder mit ihren Müttern in Scharen zu unserer Bühne. Waren viele versammelt, so ging das Spiel mit Kasperle und Seppel, dem Räuber und der Großmutter, der Gretel und dem Polizisten los. Auch das Krokodil durfte nicht fehlen. Die Dialoge waren einfach und für jeden verständlich. Kasperle war der Schlaue, denn er las täglich die Zeitung. So wusste er immer mehr als die anderen und konnte sein Wissen zum Segen und zum Schutz der anderen einsetzen. Wenn die Spannung am höchsten war, wurde Dank Kasperles Schlauheit der Räuber geschnappt und das Krokodil brachte unter dem Applaus der Zuschauer das „Schwarzwälder Tagblatt". Viele Mütter waren nun bereit, die Zeitung zu abonnieren, doch mangelte es vielen an Bargeld. So nahmen wir auch Eier und Schwarzwälder Schinken und Speck in Zahlung. An manchen Tagen lag die Rückbank unseres Autos voller Eier, sorgfältig in Zeitungspapier eingewickelt, daneben häuften sich die Speck- und Schinkenseiten. Längst hatte der Verlag sich auf diese Zahlungsweise eingestellt und Abnehmer für den kulinarischen Segen gefunden. Diese Art von Abonnentenwerbung durch meinen Vater war nur möglich geworden, weil die Druckerei inzwischen durch ihn technisch so gut ausgerüstet war, dass er genügend freie Zeit fand, sich auf diese Weise sein Geld zu verdienen. Trotz aller Freude für mich waren es bittere Jahre für meinen Vater.

Am 1. August 1934 wurde mein Bruder Heinrich geboren, der viele Jahre nur „das Brüderle" genannt wurde. Im Schwarzwald wurde umgangssprachlich an fast jedes Hauptwort die Verkleinerungssilbe „le" angehängt. Erst als wir uns Jahre später in Wiesbaden eingelebt hatten, wurde das „le" weggelassen und aus dem „Brüderle" wurde „der Brüder". In den ersten beiden Jahren seines Lebens konnte ich kaum etwas mit ihm anfangen. Mein Spielzeug bestand damals in erster Linie aus Bauklötzern. Doch sobald ich irgendetwas aufgebaut hatte, kam mein kleiner Bruder und warf es um. Ich entwickelte in diesen Jahren einen heiligen Zorn und verhaute den kleinen Kerl erbarmungslos.

Im Frühjahr 1936 zeichnete sich wieder ein Wechsel ab, der zugleich erkennen ließ, wie sehr die ganze Familie Moos-Leitz vom „Schwarzwälder Tagblatt" abhängig geworden war. Schließlich lebten alle von dieser Zeitung und seinem Besitzer als Arbeitgeber.

Die Gleichschaltung der deutschen Presse im Sinne des NS-Systems war weitgehend abgeschlossen. Die meisten Regional-Zeitungen waren längst in Parteibesitz überführt, das hieß, ihre Inhaber waren zum Verkauf an die NSDAP genötigt worden. Bis zum Frühjahr 1936 wehrte sich Onkel Hermann erfolgreich gegen alle Pressionen der Partei. Dann machte sie ihm ein so hohes Übernahmeangebot, dass er schwerlich ablehnen konnte, zumal verdeckt die Drohung ausgesprochen wurde, man könne auch anders. Dafür gab es landauf landab viele Beispiele. Hermann Leitz verkaufte schließlich das „Schwarzwälder Tagblatt" an die Partei. Der Sitz der Zeitung wurde nach der Kreisstadt Villingen verlegt. Heinrich Moos wurde übernommen zu einem Monatsgehalt von 210 Mark. Damit war wieder ein Umzug verbunden. Die Druckerei in Furtwangen wurde an Onkel Karl verpachtet, der auch die dortige Wohnung übernahm.

Onkel Hermann fühlte sich von der NSDAP hintergangen, denn sie hatte den in Aussicht gestellten Posten eines Hauptschriftleiters anderweitig besetzt, und so prozessierte er erfolgreich gegen die Partei, die ihm eine hohe Entschädigung zahlen musste. Noch im Sommer 1938 kaufte sich Onkel Hermann in Frankfurt am Main in eine Schuhgroßhandlung ein, die im Zuge der Arisierung zum Verkauf stand. Statt „Nussbaum" nannte sie sich nun LEICO – Leitz & Co. Auch die Straße, in der Hermann mit seiner Familie eine große Wohnung im 2. Stock bezogen hatte, war von den Nazis arisiert worden. Bisher hieß sie Mendelssohnstraße, war aber inzwischen in Josef-Haydn-Straße umbenannt worden. Nach dem Krieg erhielt sie ihren alten Namen zurück.

Drei glückliche Kinderjahre im Germanswald

Wir hatten weit außerhalb Stadt Villingen eine preiswerte Wohnung am Germanswald mit drei Zimmern, einer Küche und einem sogenannten Bad, das aber nicht zu heizen war, und einem Abort mit Wasserspülung gefunden. Damals ein ungeheurer Luxus auf dem Lande. Im Dachgeschoss konnte unsere Großmutter eine kleine Zweizimmerwohnung beziehen. Das dreistöckige Haus hatte eine Warmwasserzentralheizung, die aber oft kalt blieb, weil es an Koks mangelte. In unserer Küche stand ein großer Kohlenherd, in dem immer das Feuer brannte. Oft war sie der einzige warme Raum in der Wohnung. Im Winter waren alle Fenster des Morgens mit den herrlichsten Eisblumen bedeckt, die erst im Laufe des Tages, falls die Sonne schien, auftauten. Dann schauten wir Kinder gebannt zu, wie sich die Sonnenstrahlen in den Eiskristallen brachen, in den Farben des Regenbogens aufleuchteten und langsam die Eisblumen zum Schmelzen brachten. Wir sahen, wie die Tropfen sich zu kleinen Rinnsalen entwickelten, die an den Scheiben hinabflossen und schließlich am Fenstersims wieder zu Eiszapfen zusammenwuchsen.

Wir wohnten etwa fünf Kilometer von der Stadt entfernt oben am Germanswald. Oben sage ich, weil unser Haus, in dessen 2. Stock wir wohnten, etwa 200 Meter höher lag als die Stadt selbst. In der ruhigen Germanstraße gab es auf der einen Straßenseite etwa 15 Häuser, die von großen Gärten umgeben waren, auf der anderen Straßenseite dehnte sich der nicht enden wollende Wald mit seinen mächtigen Tannen. Für uns Kinder ein ideales Revier. Hier konnten wir uns in freier Wildbahn ungehemmt austoben und zu „Wilden Kerlen" entwickeln.

In der Nähe lag ein großes Kneipp-Sanatorium, das besonders in den kurzen Sommermonaten viele Kurgäste anzog. Diese suchten in den Häusern der Germanstraße möblierte Zimmer für die Zeit ihres Kuraufenthalts. So vermieteten auch wir im Juli / August zwei Zimmer unserer Dreizimmerwohnung. Die Eltern schliefen dann in der Veranda und wir Kinder begnügten uns mit der Küche. Dieses Vermieten brachte für unsere gute Mutter viel Arbeit, aber auch zusätzlich ein paar Mark in die Haushaltskasse, die wir dringend nötig hatten.

Die Winter waren im Hochschwarzwald lang und hart. Meist fiel schon Anfang Oktober der erste Schnee, von uns jubelnd begrüßt. Spätestens ab Anfang Dezember brach strenger Frost herein, der die Wege spiegelglatt werden und alle Bäche unter bizarren Eisdecken erstarren ließ, so dass man nur noch das Gurgeln des Wassers hören konnte. Es dauerte Monate, oft bis weit in den Mai hinein, bis das Wetter wieder umschlug. Die Frühlingswochen waren kurz, denn ab Mitte Juni hatten wir Hochsommer. Dann wurden Tannenzapfen für den Winter gesammelt und auf dem Dachboden gelagert, wir Kinder waren mit Lust dabei. Im August ging es tief in den Hochwald hinein mit großen Milchkannen, um Heidelbeeren und Himbeeren zu sammeln. Das waren anstrengende Tage, denn selbst im Hochwald brütete oft die hochsommerliche Hitze.

Am schönsten aber waren die sonntagmorgendlichen Ausflüge mit dem Motorfahrrad unseres Vaters. Der hatte einen kleinen Leiterwagen gebaut, in den mein Bruder und ich uns hineinsetzten. Die Deichsel wurde an den Gepäckträger gebunden und dann ging es weite Strecken über Wald- und Feldwege. Zuweilen mussten wir aussteigen und schieben, wenn der Weg zu steil wurde. Ging es durch Pfützen, jubelten wir, fuhren wir durch Matsch und Modder, kamen wir zum Leidwesen unserer Mutter verdreckt, aber besonders glückstrahlend nach Hause. Die Jahre am Germanswald waren eine glückliche Zeit.

Militarismus und Nationalsozialismus im Kinderzimmer und in der Schule

Längst hatten wir aufgehört mit Bauklötzchen zu spielen. Bei jeder Gelegenheit wünschten wir uns Soldatenfiguren aus Elastolin. So wuchsen unsere Truppen von Monat zu Monat und bald hatten wir eine kleine, wohl ausgerüstete Armee beisammen.

Im Herbst 1937 wurde es bei uns sehr geheimnisvoll. Mein Vater arbeitete in jeder freien Stunde mit der Laubsäge, kochte Knochenleim auf dem Herd in der Küche und leimte die ausgesägten Stücke zusammen. Er behauptete, dass er für das „Schwarzwälder Tagblatt" ein bestimmtes Modell bauen müsse. Das wurde größer und größer. Schließlich durften wir das kleine, stets kalte Badezimmer nicht mehr betreten, denn da hatte Vater seine Werkstatt aufgeschlagen. Wir hatten keine Ahnung, was da entstehen sollte, aber da es allmählich auf Weihnachten zuging und uns der Zuritt zum Bad strengstens verboten war, ahnten wir, dass da ein Weihnachtsgeschenk entstand.

Zu Weihnachten wurde im Schwarzwald sogar das Wohnzimmer geheizt. Doch erst am Heiligen Abend, wenn die Kerzen angezündet waren, Mutti oder Großmutti am Klavier saß und spielte, durften wir eintreten. Es bot sich uns die größte Überraschung unseres bisherigen Lebens. Auf einer Fläche von etwa zwei mal ein Meter thronte vor uns das Modell der Mittelburg von Neckarsteinach in allen Feinheiten. Im Innern leuchteten elektrische Lichter. Vom großen Turm hing an hohem Mast die Hakenkreuzfahne herab. Mutti zeigte uns die Wohnung, in der wir gewohnt hatten, und das Zimmer, in dem ich geboren worden war. Ihre Außenmauern waren vom Kunstmaler Hirth, der in unserer Straße mit seiner Familie wohnte, künstlerisch in Ölfarbe gestaltet worden. Die Burg war für uns von nun an im Winter und an Regentagen der ideale Spielplatz. Sie war so stabil gebaut, dass wir auf ihr herumklettern konnten. Der Hauptteil der Burg hat alle Kriegswirren, Luftangriffe und Umzüge überlebt. Die Farben sind heute nach mehr als sechzig Jahre noch so leuchtend wie am ersten Tag.

Zum Weihnachtsfest 1938 – im August war unsere Schwester Hilde geboren worden – erfuhr die Burg noch eine Steigerung. Unser Papa baute sie auf einen Berg, der untertunnelt wurde, so dass unsere elektrische Eisenbahn, Märklin Spur O, wie die Reichsbahn in Neckarsteinach unter dem Burgberg hindurchfahren konnte. Unser Kinderglück und unsere Dankbarkeit unseren Eltern gegenüber kannte keine Grenzen.

Zu Ostern 1939 wurde ich eingeschult. Da ich erst in der zweiten Julihälfte Geburtstag habe, der Stichtag für die Einschulung der Sechsjährigen aber auf den 30. Juni festgelegt war, musste ich fast ein Jahr auf die Schule warten. Vielleicht hätten meine Eltern bei der Schulverwaltung auch noch eine frühere Einschulung erreichen können, doch das Hinausschieben war ihnen schon recht, da ich einen sehr weiten Schulweg von mehreren Kilometern zurückzulegen hatte. Wir wohnten schließlich weit außerhalb der Stadt. Obwohl ich mich auf die Schule freute, denn ich wollte endlich richtig lesen lernen, freute ich mich aber auch, dass ich zusammen mit meinem Bruder unser wildes Leben im Germanswald noch eine Weile ungehindert fortführen konnte.

Wir spielten meist am Waldgraben, einem kleinen Bach am Waldrand, unserem Haus gegenüber. Mit der feuchten Erde bauten wir Staudämme, Straßen und Wege, schlugen Brücken über den Bach für unsere Autos, errichteten Hindernisse für unsere Panzer und Stellungen für unsere Haubitzen und Paks (Abkürzung für Panzerabwehrkanone), gruben Laufgräben und Unterstände für unsere Soldaten. Unser liebstes Spielzeug war unsere Armee, in der weder Infanterie noch Kavallerie noch Sanitäter und Ärzte fehlten. Unsere Fantasie im Erfinden von Schlachtverläu-

Unsere Mittelburg

fen war unbegrenzt. Das Schlachtgetümmel und der Lärm, den wir dabei veranstalteten, riefen zuweilen die Missbilligung unserer sonst gutmütigen Nachbarn hervor. Manchmal blieben auch Kurgäste aus dem nahe gelegenen Sanatorium auf ihrem Waldspaziergang bei uns stehen und sahen interessiert zu, wie wir die Schlachten lenkten und stets zu einem erfolgreichen Ende brachten. Die feindlichen Armeen existierten immer nur in unserer Vorstellung. Die Kurgäste mussten schon sehr genau hinsehen und hinhören, um dem Schlachtenverlauf folgen zu können. Manche schenkten uns nach beendeter Schlacht einen Zehner, den wir sorgfältig verwahrten, um ihn beim nächsten Gang zum „Kirnacher Bahnhöfle" dort in den Automaten zu stecken, aus dessen Schublade man dann ein Täfelchen Schokolade ziehen konnte.

Mein Schulranzen war mein schönstes Ostergeschenk. Er war aus dunkelbraunem Leder. In ihm steckten eine Schiefertafel, ein Griffelkasten mit hellgrauen Griffeln, deren obere Hälfte mit buntem Papier beklebt war, damit sie nicht so leicht brechen konnten, ein Griffelspitzer und ein Schwamm, der mit Kordel an der Tafel befestigt wurde. War der Schwamm feucht, ließ ich ihn an der Seite aus dem Ranzen heraushängen. Am liebsten hätte ich den Ranzen mit ins Bett genommen.

Anfang April war mein erster Schultag. Meine Mutter hatte mich begleitet und mir den Weg gezeigt. Nach einem Marsch von etwa einer Stunde standen wir mit vielen anderen Kindern auf dem Platz vor der Schule. Von der langen Wanderung waren Mutter und ich schon recht mitgenommen. Ich hatte einen Bärenhunger, traute mich aber nicht, mein Schulbrot aus dem Ranzen zu holen. In der Josefsgasse gab es ein Bäckerei. Dorthin schickte mich Mutter, um zwei Brezeln zu holen. Ich kam gerade noch rechtzeitig zurück, als mein Name aufgerufen wurde und ich nach kurzem Zögern zum ersten Mal in meinem Leben auf einen amtlich und streng klingenden Aufruf mit „hier!" antwortete. In einem Brief an meinen Vater schilderte meine Mutter das Ereignis so: „Nun war also der wichtige Tag gekommen. Strahlender Sonnenschein. Gerd war schon um halb sechs wach und voll Eifer. Um 9 Uhr machten wir uns auf den Weg und waren dann auch Punkt 10 Uhr in der Schule. Viele, viele Mütter standen im Schulhof mit ihren Kindern. Eine volle Stunde dauerte die Verlesung der Namen und die Einteilung. Mir wurde es bald schlecht vom langen Stehen, denn wir waren ja vorher schon fast eine Stunde gelaufen, für mich allerhand Leistung.

Dann endlich ging es ins Klassenzimmer; es war ein rührendes Bild und ich werde es nie vergessen: Unser Ältester zum ersten Mal auf der Schulbank! Auf einmal fragte der Lehrer, wer von euch weiß, wie er heißt. Sofort stand mein Gerd als erster auf und sagte seinen Namen so schön und deutlich zur Freude seines Lehrers."

Aus den Worten meiner Mutter spricht der mütterliche Stolz, aber es wird auch eine Haltung deutlich, die mein Leben beeinflussen sollte: Ich wollte nach Möglichkeit immer der Erste sein. Im Rückblick kann ich auch sagen, dass ich nie der Unterlegene sein wollte. Heute würde man sagen: Ich wollte kein Verlierer sein.

„Edel sei der Mensch, hilfreich und gut", das war eine Maxime, die in unserer Familie und damit auch in der Erziehung von uns Kindern ein wichtiges Leitmotiv bildete. Dazu kam die Erfahrung der Familie, dass das Leben ein schwerer Kampf sei, den man durchstehen müsse, ohne zu verzagen. Meine Großmutter erzählte uns Enkeln immer wieder von dem unermesslichen Leid, das ihr der Tod ihrer gefallenen Söhne bereitet habe. Für sie war wichtig, dass sie für Deutschland gefallen waren, damit Deutschland und damit wir eine Zukunft haben sollten. Ihr Tod sollte nicht sinnlos gewesen sein. So glaubten auch wir, dass es wichtig sei, dem Vaterland gegenüber treu und tapfer zu sein. So wie der Zusammenhalt der Familie und die Geschichte einer Familie bei meiner Großmutter und bei meinen Eltern eine zentrale Rolle spielte, so wurde auch Deutschland jenseits aller gesellschaftlichen Antagonismen als große Familie verstanden und das Einstehen des einen für den anderen, die Bereitschaft zur tätigen Mithilfe im Denken und Handeln bei uns Kindern gefördert. „Oh Deutschland hoch in Ehren, du heiliges Land der Treu" klang schon in frühen Kindertagen an mein Ohr. Die Schmach von Versailles, die wieder gut gemacht werden müsse, war eine der ersten historischen Vorstellungen in meinem Leben. Hinzu kam eine große Landkarte des Deutschen Reiches in den Grenzen von 1914, die unser Vater sehr sorgfältig an der Stirnwand unserer Veranda befestigt hatte, auf der die durch den Versailler Vertrag verlorenen Gebiete markiert waren. Auf ihr konnten wir Kinder begreifen, dass die Nationalhymne das ganze Deutschland meinte „von der Maas bis an die Memel, von der Etsch bis an den Belt" und dass es die Aufgabe und die Pflicht des Führers sei, dieses Deutschland wieder herzustellen. Damit er dies konnte, dazu brauchte er tüchtige Mitkämpfer, tapfere Soldaten, die unerschrocken und treu ihren Einsatz für das Vaterland leisteten.

Ein tapferer und treuer Soldat wollte ich werden. ganz nach dem Vorbild meiner gefallenen Onkels. Aber ich wollte kein einfacher Soldat bleiben, sondern wollte Offizier werden wie mein Onkel Heinrich, wollte meinen Kameraden Vorbild sein und für sie Verantwortung tragen. Wollte für sie mitdenken und mit ihnen leiden und ich wollte mir auch das Eiserne Kreuz erster Klasse verdienen. Von diesen Erzählungen konnte ich nie genug bekommen und mehr als einmal schlich ich mitten in der Nacht in Großmutters Zimmer und statt zu schlafen musste sie mir aus der Regimentsgeschichte des „Füsilierregiments Hohenzollern" vorlesen. Dann entstanden vor meinen Augen die Bilder der Tapferkeit und des Mutes, des Schlachtenlärms und des Todes.

Solange ich noch nicht richtig lesen konnte, faszinierten mich Bilder, Fotografien, Zeichnungen, Gemälde. Unter den vielleicht zweihundert Büchern im Schrank meiner Eltern und im Regal von Großmutter fand ich auch einige großformatige Bildbände mit Darstellungen des Weltkrieges 1914 bis 1918. Aber auch herrliche Bildbände über deutsche Städte und Landschaften. Diese durfte ich nur sonntags aus dem Regal holen und musste ganz ruhig sitzen bleiben, damit sie keinesfalls beschädigt würden. Als ich schließlich auch lesen konnte, lag es nahe, dass ich in unserem etwas zerschlissenen Weltatlas auf den entsprechenden Kartenteilen versuchte die Orte aufzufinden, denen ich auf meinen Bilderreisen begegnete. Den Atlas brauchte ich immer dringend, wenn ich in den großen schweren gebundenen Ausgaben der Zeitschriften „Vom Fels zum Meer" oder der „Gartenlaube", von denen einige Jahrgänge ebenfalls im Bücherschrank lagen, herumstöberte. Dort fand ich die Bilder aus fernen Ländern, die Wiedergabe von großen Entdeckungen, Ereignissen und Katastrophen, die um die Jahrhundertwende die Welt erschüttert hatten. Es war die Bilderbuchwelt aus der Kindheit meiner Eltern. Doch Bilder aus der Gegenwart fand ich selten, lediglich zuweilen in einer Tageszeitung.

Da kam mir das Lesebuch für die ersten Klassen der badischen Volksschule gerade recht. Als mir dieses Buch 1997 zufällig wieder in die Hände fiel, wurden schlagartig all die Eindrücke wieder lebendig, die es mir in meiner Kindheit vermittelt hatte. Seine Bilderwelt nahm mich vom ersten Augenblick an gefangen. Schon das erste Blatt beflügelte meine Fantasie. Abgebildet war ein ABC-Baum, ein Maibaum mit so vielen rechts und links abgehenden Sprossen wie das ABC Buchstaben hatte, dazu machte ein kleines Bild deutlich, um was für einen Buchstaben es sich handelte. Also die oberste Figur war ein Adler und symbolisierte das A. Dann ging es weiter über Beil und Dach bis zur Waage und Zange. C, Q, X und Y waren ausgelassen. Dazu war den Herausgebern offenbar nichts eingefallen. Diese Figuren und Abbildungen waren aber nicht das Entscheidende für mich. Vielmehr fand ich das untere Ende des Maibaums wichtig. Dort war ein großes Hakenkreuz zu sehen, von einem Zahnrad kreisrund eingerahmt, dazu vier kleine Hakenkreuzfahnen. Um den Maibaum tanzte eine Gruppe von Mädchen, die zum Teil die BDM-Uniform trugen, also schwarzen Rock, weiße Bluse, schwarzes Halstuch mit braunem Lederknoten. Als unser Lehrer uns den Maibaum erklärte, wollte ich gleich wissen, was das Hakenkreuz mit dem Zahnrad bedeute. Das sei das Zeichen für die deutsche Arbeitsfront. Nun wollte ich wissen, ob Arbeitsfront etwas mit Krieg zu tun habe. Der Lehrer meinte, in gewisser Weise ja. Im Krieg an der Front müssten alle zusammenstehen, jeder müsse sich auf den anderen verlassen können. So sei es auch an der Arbeitsfront, die alle arbeitenden Menschen in Deutschland umfasse, und er verwies uns auf das Bild auf Seite 96, das mir wie ein Heiligenbild erschien. Dort war eine Frauengestalt mit einer blonden Haarkrone und langen Zöpfen zu sehen, die in ein langes weißes Kleid gehüllt, so schien mir, segnend die Arme ausgebreitet hatte, von denen wie ein riesiger weißer Mantel ein Umhang herabfiel. Zu Füßen dieser Lichtgestalt stand aufrecht mit ausgebreiteten Flügeln der Reichsadler. Im Hauptteil des Bildes standen drei Männer. Der linke im Bild war offenbar ein Bauer, denn er trug eine Sense auf der Schulter, der rechte Mann mit hochgekrempelten Ärmeln und einer Lederschürze, die über die Brust bis zu den Knien reichte, hatte einen schweren Hammer geschultert und irgendein Werkstück in der rechten Hand. Zwischen den beiden stand breitbeinig ein Mann in einem hellen, geöffneten Arbeitsmantel, das Gesicht direkt auf den Betrachter gerichtet. In der linken Hand hielt er eine Konstruktionszeichnung und in der erhobenen rechten einen Zeichenstift. Der Mann in der Mitte sei der, der alles erfindet und durchdenkt und den anderen sagt, was sie tun sollen, erklärte der Lehrer.

Eine Girlande, wie ich sie sonst nur von Christusbildern her kannte, auf der die Buchstaben I N R I abgebildet waren, schloss den unteren Bildrand ab. Auf ihr stand nicht INRI, sondern „Ehret den deutschen Arbeiter der Stirn und der Faust“. Das sei der wichtigste Teil der deutschen Arbeitsfront, meinte der Lehrer. Hinzu kämen natürlich auch die Frauen und schließlich auch die Kinder. „Denn hier in der Schule, wo ihr etwas lernen wollt, arbeitet ihr ja auch.“ Das beeindruckte mich sehr. Ich wollte aber kein Arbeiter der Faust werden, sondern der Stirn, denn der war schließlich der „Bestimmer“, wie wir in der Familie zu sagen pflegten.

Der Begriff der Front in vielfältigen Zusammensetzungen sollte mir noch oft begegnen, am harmlosesten im Wetterbericht als Kalt- oder Warmfront, im Verlauf des Zweiten Weltkriegs jedoch am eindringlichsten als Heimatfront.

Unser Lesebuch bestand aus zwei Teilen. Der erste Teil war in Sütterlin-Schrift gedruckt, dessen Texte durch viele Zeichnungen erläutert wur-

Darstellung in der „Kinderfibel", Lesebuch für die ersten Klassen der Volksschule in Baden

den. Der zweite Teil enthielt längere Texte, die überwiegend durch fotografische Abbildungen ergänzt wurden. Unter den vielen kindlich naiven Zeichnungen des ersten Teils interessierten mich vor allem die Darstellung der Jungen. Meist trugen sie die Uniformen der Pimpfe, dunkle kurze Hose, braunes Hemd mit den entsprechenden Abzeichen, das schwarze Halstuch mit braunem Lederknoten. In dieser Kleidung fuhr einer Roller. Das störte mich. Das fand ich kindisch und läppisch. Dagegen beeindruckte mich eine Gruppe von jungen Pimpfen, die am Lagerfeuer saß, die Kochgeschirre hatten sie an einem starken Ast über das Feuer gehängt vor einem Zelt, neben dem die rot-weiße Fahne der Hitler-Jugend mit dem Hakenkreuz flatterte. Auf einem anderen Bild marschierte ein endloser Zug von Pimpfen, vorweg vier Jungen mit umgehängten großen Heroldstrommeln, dahinter die Fanfarenbläser, gefolgt von den Fahnenträgern, die eine schwarze Fahne mit der Siegrune trugen, der Fahne des Jungvolks. Als Text stand darunter: „Wir ziehen über die Straße in schwerem Schritt und Tritt, und über uns die Fahne, die knallt und flattert mit."

Unser Lehrer hatte ein freundliches Gesicht, trug meist eine Lodenjacke mit großen runden Knöpfen aus Hirschhorn, wie sie bei uns im Hochschwarzwald üblich waren, dazu eine Kniebundhose, dicke graue Wollstrümpfe und derbe braune Halbschuhe, deren Absätze mit Nägeln beschlagen waren. Solche Schuhe habe ich mir in meiner ganzen Jugendzeit gewünscht, aber nie bekommen. Schon nach wenigen Stunden hatte unser Lehrer einen Ton gefunden, der ihm unser Zutrauen erschloss. Er war offenbar ein Lehrer mit Leib und Seele, der genau wusste, wie er mit seinen Jungen umzugehen hatte, um ihre Zuneigung zu erhalten. Er konnte zuhören, lobte, tadelte kaum, wies nur zurecht, wenn die Aufmerksamkeit nachzulassen schien. Half weiter, wenn einer nicht recht wusste, was er sagen sollte, dämpfte vor allem die Vorlauten und suchte den Stillen Chancen zu geben. Ich war von ihm jedenfalls begeistert, weil ich das Gefühl hatte, dass er mich mochte. Heimatkunde war gleich zu Beginn der ersten Klasse ein Hauptfach, in dem wusste ich Bescheid und ich gab ohne Scheu mein Wissen weiter. Und ich war noch in einer Richtung meinen Mitschülern voraus, ich konnte erzählen und frei im Zusammenhang reden. Das hatte ich von meinem Vater gelernt. Da ich nicht in der Stadt, sondern in Wald und Feld die ersten Jahre meiner Kindheit verbracht hatte, hatte ich Pflanzen und Tiere beobachten gelernt, die meine Mitschüler nur vom Hörensagen kannten.

Aber etwa vierzehn Tage nach unserem Schulanfang sahen wir plötzlich einen ganz anderen Menschen vor uns. Das uns vertraut gewordene Bild unseres Lehrers war uns plötzlich ganz fremd, denn er stand in schwarzer Stiefelhose und schwarzen Stiefeln, in Braunhemd mit SA-Armbinde, schwarzer Krawatte, Schulterriemen und SA-Schirmmütze vor uns. Unterhalb der linken Brusttasche, wo beim Führer immer das Eiserne

Kreuz I. Klasse zu sehen war, prangte das Reichssportabzeichen. Statt wie bisher „Guten Morgen, Kinder" zu sagen, hob er den rechten Arm mit ausgestreckter Hand und rief: „Heil Hitler, Jungs!" Seine Stimme hatte dabei einen schneidenden Ton, während wir etwas verstört aufstanden und unser übliches „Guten Morgen, Herr Lehrer" murmelten. Dann sauste ein Befehl wie eine Kugel über unsere Köpfe: „Setzt euch!"

Nach einer Pause erklärte er, wir hätten es schon an der mit Fahnen reich geschmückten Stadt gemerkt, dass morgen der fünfzigste Geburtstag des Führers sei. „Deshalb habt ihr zur Feier des Tages schulfrei." Er müsse heute gleich nach der Schule zu einem Aufmarsch zu Ehren des Führers. Deshalb trage er seine Uniform. Dann fuhr er fort: „Wir werden jetzt üben, wie der Führer seine Jungen am liebsten hat." Darauf erklärte er uns, er werde jetzt noch einmal hinausgehen und wieder hereinkommen. Wenn die Tür aufginge, hätten wir stramm aufzustehen. Er würde uns dann grüßen und wir sollten antworten: „Heil Hitler, Herr Lehrer", dann würde er das Kommando geben: „Setzt euch", und erst dann dürften wir uns setzen. Allerdings müsse dies alles „zack, zack gehen". Ein Mitschüler, dessen Vater Offizier war, wusste, was das heißen sollte und erklärte es uns. Der Lehrer war es zufrieden und die Übung ging los. Er kam herein, wir standen auf, er hob den rechten Arm, rief „Heil Hitler" und wir antworteten keineswegs im Chor „Heil Hitler, Herr Lehrer". Da fing er an zu lachen und wir, wir lachten schließlich etwas zaghaft auch. Damit war der Bann gebrochen. „Nein", sagte der Lehrer, „das muss wie aus einem Munde kommen." Nun machte uns das plötzlich Spaß. Wir übten und übten, zunächst langsam und deutlich „Heil Hitler, Herr Lehrer", indem unser Lehrer mit der rechten Hand den Takt für jede Silbe schlug. Dann wurde das Sprechtempo gesteigert, dazu das zackige gemeinsame Aufstehen und Niedersitzen geübt, wo der Lehrer das Kommando „setzt euch" auf besondere Weise variierte, so dass es klang wie „Seeetzt – euch!" Als der Lehrer schließlich meinte, für heute sei es genug, fügte er hinzu: „So wollen wir künftig immer unseren Unterricht beginnen. Vergesst es nicht."

Auch wir waren zufrieden mit unserem Tun. Das Aufstehen und Hinsetzen hatte uns zunehmend Spaß gemacht. Ich war jedenfalls etwas enttäuscht, dass wir jetzt wieder ruhig auf unserem Platz sitzen bleiben sollten.

Der Lehrer blieb vor der Klasse stehen, er machte eine Pause, bis alle Schüler wieder zu Ruhe und Aufmerksamkeit gefunden hatten. Wir, es waren nur Jungen in der Klasse, sahen ihn erwartungsvoll an. Dann sagte der Lehrer mit feierlicher Stimme: „Weil unser Führer morgen Geburtstag hat, will ich euch über sein Leben vorlesen, was dazu in unserem Lesebuch steht. Ihr könnt ja noch nicht lesen, aber eure Mütter und Väter, die können lesen. Sie sollen euch die Geschichte noch einmal vorlesen, damit wir in der nächsten Woche über den Geburtstag des Führers erzählen können. Ihr könnt die Geschichte leicht finden. Sie steht im Lesebuch nach dem großen Bild, auf dem der Führer im Auto stehend zu sehen ist und den vielen jubelnden Kindern die rechte Hand gibt."

Wir, hatte der Lehrer gesagt. Wir sagte er immer, auch wenn er nur uns meinte. Dann legte er noch eine kleine Pause ein, räusperte sich, damit seine Stimme noch klarer wurde, schlug das Lesebuch auf und fing an vorzulesen (Die Beschreibung des Lebens des Führers ist wörtlich dem Lesebuch für die 1. Klasse der Volksschule in Baden entnommen):

„Als Adolf Hitler ein kleiner Junge war, starben ihm Vater und Mutter. Er hatte darum harte Jahre. Da lernte er früh, wie schwer es ist, wenn man sein Brot selbst verdienen muss." Er machte eine kleine Pause und sein Blick streifte über die Klasse, die das Gehörte erst einmal verdauen musste. Aber der Lehrer ließ uns nicht viel Zeit, denn die Geschichte des Führers war noch lang. Er sprach weiter:

„Als aber Adolf Hitler zum Manne herangewachsen war, zogen die Völker der ganzen Welt in den Krieg gegen Deutschland. Da wurde er Soldat und kämpfte vier Jahre lang tapfer gegen die Feinde. Er wurde verwundet und verlor sein Augenlicht durch giftiges Gas. Gott aber machte ihn wieder gesund und sehend."

Wir lauschten gebannt. Die Bilder schwirrten mir nur so durch den Kopf, die schrecklichen Schlachtenbilder aus den Büchern meiner Großmutter über den Weltkrieg, die zerschossenen Landschaften, die zersplitterten Bäume, die verschütteten Schützengräben, die Soldaten im aufspritzenden Dreck stürmend und fallend, die Verwundeten mit den Augenbinden, die Erblindeten, die sich mit den Händen an den Schultern hielten und im Gänsemarsch einem Sehenden folgten. Ja, unser Führer muss ein tapferer Soldat gewesen sein. Alle unsere Soldaten waren tapfer. Das wusste ich längst. Auch was jetzt folgte, wusste ich längst.

„Das tapfere Deutschland verlor den Krieg gegen die vielen Völker der Welt. Da kamen vierzehn schwere Jahre über das Vaterland. Die Menschen fanden keine Arbeit mehr. Sie wurden arm und elend. Sie verloren alle Freude und Hoffnung. Sie wurden uneins und bekämpften sich."

Ja, wie wahr ist diese Geschichte, dachte ich, die Großeltern hatten alles verloren, ihre Mühle, ihr Hab und Gut, sie lebten kümmerlich von dem geringen Lohn, den ihnen ihre Arbeit einbrachte. Und mein Vater, ja der war lange ohne Arbeit und heute noch wird doch jedes Zehnpfennigstück sorgfältig verwahrt, weil er nicht genug nach Hause bringen kann.

Der Lehrer ließ uns Zeit für unsere Gedanken. Aber die Spannung war zu spüren. Wie ging es weiter?

Der Lehrer fuhr fort: „Als aber die Not am größten war, da sandte Gott unserem Volke den Retter: Adolf Hitler!"

Christ, der Retter ist da! Wie ein Blitz traf mich die Erinnerung an die Zeile aus „Stille Nacht". Zugleich durchströmte mich ein Gefühl des Glücks, dass Gott uns den Führer geschickt hatte.

Unser Lehrer las weiter und in seine Stimme mischte sich ein freudiger Ton: „In alle Gaue unseres Vaterlandes flog der Führer mit seinem schnellen Flugzeug. Er sprach zu dem ganzen Volke: Wir wollen alle zusammenhelfen wie Brüder und Schwestern! Keiner soll in Deutschland mehr hungern und frieren! Unser Vaterland soll wieder stark und schön werden! Die Rede des Führers war so gewaltig, dass alle riefen: Wir wollen dem Führer folgen! Heil Hitler!

Da gingen die schweren Jahre zu Ende. Die Herzen wurden wieder freudig und stolz."

Unser Lehrer legte nun eine längere Pause ein. Seine Augen leuchteten glücklich, als er seine Klasse betrachtete, in der sich allmählich die Spannung löste. Wir rutschten auf unseren Bänken hin und her. Da der Lehrer das Lesebuch nicht weggelegt hatte, vielmehr einen Finger zwischen den Seiten hielt, merkten wir, dass noch mehr kommen würde. Also machten wir es uns bequem, indem wir den Kopf auf die Arme stützten, und der Lehrer las weiter, sachlich, aber doch mit dem freudigen Ton in der Stimme:

„Der Führer wohnt in Berlin. Dort arbeitet er Tag und Nacht für unser Volk. Er sorgt, dass alle Arbeit erhalten und niemand Hunger leidet. Er hilft, dass alle Kleider bekommen und niemand frieren muss. Und er macht Deutschland stark, damit die Feinde nicht schaden können.

Wenn der Führer müde ist von seiner schweren Arbeit, dann fliegt er mit dem Flugzeug auf die hohen Berge. Dort steht sein Haus. Dort ruht er aus und schaut in das weite schöne Land. Und er denkt: Wie kann ich Gutes tun für unser deutsches Volk."

Wieder legte der Lehrer eine Pause ein, wartete, um uns Gelegenheit zu geben, das Gehörte aufzunehmen und fuhr schließlich fort:

„Alle lieben den Führer, der Deutschland groß und glücklich macht, der Bauer und der Städter, der Mann und die Frau, das Kind und der Greis. Ein jedes weiß, der Führer gibt Deutschland Frieden und Brot."

Der Lehrer klappte das Lesebuch knallend zu. Nach einer Pause rief er: „Also morgen ist schulfrei zur Feier des Geburtstags des Führers. Wir sehen uns wieder am Montag." Mit einer zackigen Kehrtwendung trat er zurück ans Pult, setzte seine SA-Mütze auf, wandte sich dann noch einmal der Klasse zu, kommandierte „Aufstehen!", hob die Hand zum deutschen Gruß und rief „Heil Hitler", wartete einen Augenblick, bis die Klasse antwortete. Einige riefen „Heil Hitler, Herr Lehrer", andere hatten sich das „Auf Wiedersehen, Herr Lehrer" noch nicht abgewöhnt. Dann stürmte er hinaus.

Wenn ich heute dieses Lesebuch durchblättere und mir mit seiner Hilfe diese Schulstunde wieder in das Gedächtnis rufe, erschrecke ich zutiefst. Das ganze Lesebuch und auch natürlich diese verlogene, ja geradezu mythisch überhöhte Darstellung des Lebens und der Arbeitsweise von Adolf Hitler ist so unerhört raffiniert auf die Zeit und die Aufnahmefähigkeit von Kindern abgestellt, dass jedem vernünftigen Menschen klar werden muss, was Indoktrination bedeutet. Aber es ist ja nicht nur die Schule, es ist die alltägliche Erfahrung der Nazipropaganda, die das Leben vieler Millionen in dieser Zeit in ihren Bann schlägt.

So schrieb mein Vater am Abend des 20. April 1939 aus Mannheim einen Brief an die Familie, in dem es heißt: „Bevor der Geburtstag des Führers mit dem herrlichsten Hitlerwetter zu Ende geht, will ich Euch liebe Grüße senden. Nun geht ein großer Feiertag der Nation zu Ende. Welch frohe Stunden durften alle Deutschen erleben. Am Vorabend des Tages der große Zapfenstreich der Wehrmacht, am Wasserturm fand sich ganz Mannheim zusammen, um teilzunehmen am Fackelzug und dem Aufmarsch der Ehren-Kompanien mit Musikzügen der Standorte Mannheim und Ludwigshafen. Dann folgte der große Zapfenstreich, gespielt von allen Spielleuten der drei Musikzüge. Was für ein herrliches Spiel und großes Erleben!

Heute morgen war großes Wecken durch eine Ehrenkompanie mit Musikzug. Dies galt für alle und so eilten wir hinaus zur großen Truppenparade aller Wehrmachtsteile auf dem Exerzierplatz. Eine fast unübersehbare Aufstellung an Menschen und Material. Punkt 11 Uhr kam der kommandierende General und ritt die Front ab. Anschließend der Vorbeimarsch: Zuerst die Fußtruppen in Zwölferreihen – die Luftwaffe zu Fuß – die Feldartillerie mit leichten bis schweren Geschützen – die motorisierte Artillerie mit ganz schweren Haubitzen – Tanks mit ein bis vier Mann Besatzung – und schließlich die Flakartillerie mit allen Nachrichtentruppen und in der Luft die Jagdstaffeln – ein unvergessliches Schauspiel.

Heute Abend beschloss ein großes prächtiges in allen Farben leuchtendes Feuerwerk den Geburtstag des Führers. So etwas Schönes habe ich noch nicht erlebt. Das kann man nicht in Worte kleiden."

Als Mutti uns den Brief vorlas, glühten unsere Backen und mein Bruder seufzte, „ach, wären wir doch dabei gewesen."

Auf meinem langen Schulweg kam ich auch an der Waldkaserne vorbei. Auf dem Heimweg blieb ich oft lange am Zaun stehen und schaute den Soldaten beim Exerzieren zu. Die Kommandos der Unteroffiziere und Feldwebel kamen kurz und schroff, hallten furchterregend über das Gelände der Kaserne. Wenn die einzelnen Gruppen das Marschieren übten, war das bald langweilig für mich. Im sturen Trott rechts um, links um, Abteilung halt, Gewehr ab, Gewehr über, Abteilung – im Gleichschritt – marsch, dazwischen immer wieder das unzufriedene Anbrüllen der Rekruten, wenn die Befehlsgeber mit der Leistung nicht zufrieden waren. Wenn dann eine Strafe folgte, wurde es schon spannender: „Ihr faulen Säcke, im Laufschritt – Marsch, marsch!" Die Soldaten liefen dann keuchend mit ihren Gewehren, Stahlhelmen, Tornistern, Spaten, Gasmasken los. Ein vieltöniges Klappern hallte dann zu mir herüber, wie wenn wir Kinder auf Mutters Kochtöpfen mit den Holzlöffeln herumhämmerten. „Schneller, schneller", schrie der Feldwebel und die Soldaten rannten so gut sie konnten bis das Kommando kam „Das Ganze – haaalt". Nach kurzer Verschnaufpause ging es unerbittlich weiter. Das Kommando „Aaach – tung!", wobei das a zu einer ganz lang gezogen Silbe wurde, der dann wie ein Hammerschlag der zweite Wortteil folgte, führte zu einer neuen Ausgangslage. Die Soldaten standen wie angewurzelt regungslos. „Vor dem Haupteingang in Dreierreihe antreten, marsch, marsch". Wieder rannten die Soldaten los, stellten sich in drei Reihen der Größe nach vor den Haupteingang auf. „Stillgestanden! Riiicht euch!", rief der Feldwebel, indem er das i im zweiten Teil des Befehls wie üblich in die Länge zog. Alle standen wieder stramm. Ordneten ihre Stiefelspitzen in eine schnurgerade Linie. „Durchzählen!", hallte es zu mir herüber und die Antwort „eins", „zwo", „drei", „vier" und so weiter, blitzschnell durch die Reihen laufend, kam wie ein Echo von den Soldaten zurück. Dann ging es weiter mit „Gewehr über", „Gewehr ab", dazu waren offenbar jeweils ganz exakte Handgriffe vorgeschrieben. Es dauerte wochenlang, bis es aussah, als ob bei den einzelnen Übungen eine Maschine in Gang gesetzt würde. Viel später begriff ich, dass ein wesentliches Ziel der Ausbildung darin lag, den Willen des Einzelnen zu brechen, ihn zu einer Maschine werden zu lassen, die blindlings auf Befehl mit automatischem Gehorsam zu reagieren hat

Meine Gedanken liefen bei diesen Besuchen am Zaun der Kaserne oft fragend im Kreis herum. Wozu diente dieses gnadenlose Kommandieren, Marschieren, Stehenbleiben, Haltung annehmen, Abzählen, dieser stundenlange Drill? Soldaten müssen doch in erster Linie kämpfen lernen! Ich wusste niemand, der mir eine sinnvolle Antwort geben konnte. Mutti nicht, Großmutter nicht, mein Vater auch nicht. Er war nie Soldat gewesen. Erst vier Jahre später, als ich endlich in das Jungvolk, des Führers jüngste Garde, aufgenommen worden war, wurde es mir erklärt und rücksichtslos beigebracht: Du sollst bedingungslos gehorchen, du sollst keinen eigenen Willen mehr haben, du sollst einfach funktionieren. Befehl und unbedingter Gehorsam. Das war es, was verlangt wurde und das Ziel unserer Erziehung war. Als ich dann im Herbst 1943 als Führer meiner Jungenschaft befehlen konnte, was ich wollte, und die Jungen, die zum Teil im „Privatleben" meine Schul- und Spielkameraden waren, empfand ich große Genugtuung, ja Freude, diese meine Kameraden über den Hof der Oranien-Schule in Wiesbaden zu hetzen.

An einem Nachmittag hatte ich meinen kleinen Bruder, das Brüderle, mitgenommen zum „Dienst", wie das eben hieß, um ihm zu zeigen, was sein Bruder für ein toller Führer sei. In den zwei Stunden „Dienst" hatte meine Jungenschaft nichts zu lachen und ich war unbändig stolz, als ich sie gnadenlos über den Schulhof hetzte. Nach einiger Zeit war mein Bruder heimgegangen. Am Abend zu Hause fragte ich nach seinem Eindruck und er gab mir eine Antwort, die mich niederschmetterte: „Du bist ein ganz großes Schwein!" Mit diesem Urteil hatte es mein Bruder für Wochen bei mir „verschissen". Ich konnte es nur seiner kindlichen Dummheit zuschreiben, dass er nicht begreifen wollte, warum das so sein musste. Das Kriegsende hat ihm diese Erfahrung Gott sei Dank erspart. Das Jungvolk hatte sich in Luft aufgelöst.

Wenn ich auf meinem Heimweg von der Schule an der Kaserne vorbei kam und die Soldaten bei Geländeübungen sah, dann war ich ganz bei der Sache. Da robbten die Rekruten über die künstlich aufgeworfenen Hügel, sprangen in Laufgräben, warfen sich in Pfützen, dass der Dreck hoch aufspritzte, kletterten über Holzbrüstungen und arbeiteten sich durch Drahtverhaue, hangelten sich an Balkengerüsten entlang, ließen sich fallen und sprangen wieder auf. So stellte ich mir Soldaten im Ernstfall vor, das waren die Übungen zum Krieg. Das waren die langen Nachmittage, an denen ich sehr spät von der Schule nach Hause kam und meine gute, um mich sehr besorgte Mutter mich vorwurfsvoll, aber glücklich in ihre Arme schloss. Ich erzählte dann stets voller Begeisterung von meinen Erlebnissen und mein kleinerer Bruder war ganz neidisch, dass er nicht dabei gewesen war. Bis zu den Sommerferien hatte sich Mutti an meine Verspätungen gewöhnt.

Mitte Mai unternahm der Führer eine mehrtägige Inspektionsreise an den Westwall. Das war die Verteidigungsanlage, mit der die Westgrenze des Reiches gegen Frankreich geschützt werden sollte. Die Berichte erschienen in allen Zeitungen mit großem Aufwand und vielen Bildern. Wenige Wochen später wurde der Film „Westwall" in den Kinos angezeigt. Ich hatte die Aushänge am Kino auf meinem Schulweg gesehen. Ich bedrängte unsere Großmutter so lange, bis sie bereit war, sich mit mir und meinem Bruder den Film anzuschauen. Es war der erste Kinobesuch, an den ich mich erinnern kann. Die endlosen Reihen von Panzerhöckern, die sich in tiefen Staffeln durch die Landschaft zogen über Berge und Täler, die Bunker aus Beton und Stahl mit ihren schmalen Schießscharten, die vielen Geschützstellungen, die Schützengräben und Drahtverhaue, die am fernen Horizont nur für das Auge endeten, die aufwühlenden, begeisternden Stimmen der Berichterstatter gaben uns das Gefühl der totalen Sicherheit. Dazwischen immer wieder der Führer, der mit den Arbeitsmännern spricht, die noch an Stellungen bauten; der Führer, der von Soldaten mit präsentiertem Gewehr begrüßt wird, und wie er andere besucht, die unmittelbar an der Grenze die Wache für Deutschland halten. All dies erzeugte ein großes Glücksgefühl und ein Gefühl der überlegenen Unbesiegbarkeit in unseren kindlichen Gemütern. Ja, unser Führer ist der Größte. Das war die Gewissheit, die wir mit nach Hause nahmen und die uns noch wochenlang beschäftigte. Unsere Spiele am Waldgraben galten von nun an dem Westwall und seiner Unüberwindbarkeit. Manches Mal begleiteten mich auf dem Weg nach Hause einige ältere Schüler, die in den Bauernhöfen in der Nähe vom Germanswald wohnten. Das waren drei, vier wilde Gesellen, „Kaibe", wie die Schwarzwälder zu sagen pflegten. Sie waren sieben und sechs Jahre älter als ich. In ihrem Kreis war ich nur geduldet, aber ich war glücklich, wenn sie mich ein Stück des Wegs mitnahmen, denn oft war dann der Heimweg mit einem Abenteuer verbunden. So etwa, wenn wir an der Brigach entlang gehend an dem großen Sägewerk vorbeikamen, an dem Hunderte von Baumstämmen aufgeschichtet lagen oder noch wie Flöße aneinandergekettet in der Brigach schwammen. Im Werk kreischten die großen Sägen. Die Holzarbeiter zogen Stamm auf Stamm hinauf auf die Vorrichte, schoben sie auf Stahlrollen, die dann langsam die Stämme den Sägemaschinen zuschoben, deren Blätter sich schreiend und kreischend in sie hineinfraßen, um sie auf der anderen Seite als lange Dielen und Bretter herauskommen zu lassen. Meine Begleiter sprangen keck auf die im Wasser schwimmenden Stämme, jonglierten wie im Zirkus mit ausgebreiteten Armen auf ihnen herum, während die Stämme schwankten und sich leicht um ihre Längsachse zu drehen begannen. Es war ein gefährliches Spiel, aber die Burschen waren flink und sprangen geschickt von Stamm zu Stamm, bis die Holzarbeiter dem Unfug Einhalt geboten und uns unter Flüchen davonjagten. Für die Kerle waren das einfach Übermut und das Verlangen, die Arbeiter zu ärgern, vielleicht auch eine Art Mutprobe. Ich hätte da gerne mitgemacht, aber ich hatte nicht den Schneid dazu. Was hätte ich meiner Mutter sagen sollen, die mich immer gewarnt hatte vor dem Sägewerk, wenn etwas passiert wäre?

Manchmal machten wir einen großen Umweg. Da kam man am Krottenweiher vorbei, dem Sumpfgebiet eines künstlichen kleinen Sees, der in der Schneeschmelze als Rückhaltebecken für das Hochwasser diente und dann mehrere Meter tief war. Im Sommer lag der größte Teil trocken, lediglich auf einer Seite, die mit Schilf und Binsen überwachsen war, stand noch brackiges, schmieriges Wasser durchsetzt mit Schlick und Moosinseln. Die Luft roch an heißen Tagen stickig und faulig. Zahllose Insekten schwirrten über dem Wasser und die Schnaken bissen uns tief in die Haut. Natürlich hatte jeder von den großen Jungen ein Taschenmesser. Damit schnitten sie sich lange Stöcke von den Weiden am Ufer ab und spitzten sie an. Mit diesen Lanzen gingen sie auf Froschjagd, was keine Mühe war, denn überall saßen die graugrünen Kröten, blähten die Backen auf, warteten auf leichte Beute. Aber sie selbst waren auch ein leichter Fang für meine Gefährten, die blitzschnell mit den Stöcken zustießen und die Frösche aufgespießt aus dem Wasser holten. Sie sahen sich ihre Beute interessiert an, fanden es besonders gelungen, wenn die Frösche wie verrückt zappelten, bis ihnen allmählich die Gedärme heraustraten. Dann warfen sie die armen Viecher achtlos zurück, indem sie wie ein Angler, der die Angel wirft, ihre biegsamen Lanzen mit einem Ruck zum Wasser schnalzen ließen. Bobbel, so hieß der Anführer, kam plötzlich auf die Idee, die

Frösche aufzublasen. Er setzte einen an den Mund und pustete seinen keuchenden Atem in den Frosch hinein. Der Frosch schwoll an und wurde dicker und dicker. Bobbel blies weiter, längst hatte er einen roten Kopf, dann nahm er nochmals alle Kraft zusammen, da platzte der Frosch wie ein Luftballon. Sein Gedärm spritzte umher, Bobbel musste sich das Gesicht mit dem Sacktuch abwischen und seine Spießgesellen jubelten. Aber nachgemacht hat es keiner. Bei dieser Aktion war mir übel geworden und ich musste erbrechen. Ich hatte das Gefühl, ich müsste alle Frösche des Weihers auskotzen, so würgte und würgte ich alles, was ich im Magen hatte, heraus und Galle und Schleim hinterher. Der Spott meiner Gefährten blieb nicht aus. Sie lachten und hänselten mich, ich sei ja nur ein Hosenschisser. An diesem Tag kam ich verstört nach Hause. Meine Mutter wollte wissen, was denn los sei, versuchte es abwechselnd mit Güte und mit Drohungen. Aber ich konnte das nicht erzählen. Ich blieb still. Nie mehr bin ich zum Froschweiher gegangen. Die Bilder dieses Tages haben mich lange nachts in meinen Träumen verfolgt.

Ich habe sie nie ganz verdrängen können. Sie holten mich wieder ein, als 1942 vor mir ein Kind unter einen Lastwagen geriet, der ihm den kleinen Schädel zermalmte, so dass das Gehirn meterweit über die Straße bis zu mir auf den Gehweg flog. Auch, als ich einige Jahre nach dem Krieg zu einem Unfall kam, bei dem ein LKW einem Jungen mit seinen Zwillingsreifen über den Bauch gefahren war und seine Eingeweide herausgequetscht aus dem kleinen Körper auf der Straße lagen. Sie holten mich ein, als mir die Wahrheit über die Konzentrationslager, über die Gräuel an der Zivilbevölkerung und über die „Verbrechen der deutschen Wehrmacht im Zweiten Weltkrieg" offenbar wurde. Die Erinnerungen stellten sich wieder ein, als ich die Berichte aus dem Vietnam-Krieg las und die Bilder der geschändeten Vietnamesinnen sah, denen amerikanische Soldaten Nebelkerzen in die Scheide geschoben hatten und sie dann explodieren ließen. Ich weiß nicht, wer von meinen damaligen Weggefährten im Germanswald den Krieg überlebt hat. Hatten sie auch Kriegsverbrechen begangen? Sicher waren sie auch tapfere Soldaten, die sich selbst und niemand schonten. Wäre ich auch so geworden? Heute weiß ich, um alles in der Welt hätte ich so nicht werden wollen.

Meine geistigen und sozialen Wurzeln

Mein Vater war 1904 in Mannheim geboren worden. Er wuchs mit seiner Schwester in der Großstadt auf, in der sein Vater aus kleinsten Anfängen heraus einen gut gehenden Milch- und Butterhandel aufgebaut hatte. Noch vor Beginn des Weltkriegs 1914 hatte mein Großvater das vierstöckige Mietshaus, in dem sein Geschäft untergebracht war, erwerben können. Im März 1945 wurde es durch den Volltreffer einer Luftmine bis auf die Grundmauern zerstört. Im Ersten Weltkrieg war der Großvater vier Jahre an der russischen Front im Einsatz. In diesen Jahren musste die Großmutter allein das Geschäft weiterführen und die beiden Kinder halfen, so gut sie konnten. Hier gab es keine besondere Familientradition. Auch keine besonderen Interessen an Literatur, Kunst oder Musik. Lediglich die aktive Zugehörigkeit zum Turn- und Sportverein Mannheim 1846 war für Vater und Sohn wichtig. So wurde mein Vater schon früh ein begeisterter Turner und fand durch die Turnerschaft seinen Freundeskreis in der Wandervogelbewegung.

Die Verbindung zu den Vorfahren im hessischen Ried war abgerissen und zerrüttet, was mit der trost- und freudlosen Jugend meines Großvaters begründet wurde. Er war der Älteste von zwölf Stiefgeschwistern. Seine Mutter war früh gestorben. Die Stiefmutter habe nur ihre eigenen Kinder gesehen und unter ihrem Einfluss habe sich auch sein leiblicher Vater von ihm abgewandt. Die schönste Zeit seiner Jugend sei die Militärzeit gewesen, die er um die Jahrhundertwende ableistete, erklärte mein Großvater. Da sei er endlich von der Tyrannei seines Vaters und der Stiefmutter erlöst worden.

Die Bauern im Ried waren arme Leute. Mussten viele Köpfe in der Familie ernährt werden, reichte es oft nicht zum Nötigsten. Die Kinder erhielten nur eine sehr beschränkte Ausbildung, da sie schon in ganz jungen Jahren zum Lebensunterhalt beitragen mussten und so schnell wie möglich sich selbst versorgen sollten. Da war keine Zeit für Bücher oder Musik. Bestenfalls boten die Singstunde im Winter, der Nähkreis für die Mädchen und der Konfirmandenunterricht eine Ergänzung zum meist einklassigen Schulbesuch.

Zu dem bäuerlichen Elternhaus der Mutter meines Vaters, die aus Binau am Neckar stammte, bestand dagegen eine enge Verbindung.. Hier, auf dem kleinen Bauernhof der Großeltern Jost, verbrachten mein Vater und seine Schwester ihre Ferien. Hier entdeckte mein Vater seine Liebe zu Natur und Landschaft und über diese Naturliebe seine Begeisterung für das Wandern, das seine Freizeit bis zu seiner Heirat bestimmen sollte. Die Großeltern in Binau waren liebenswerte, einfache Menschen, die ihren Kindern die Nestwärme zu geben vermochten, die dann auch mein Vater und seine Schwester in hohem Maße schätzten. Mit ihrer Wandervogelgruppe zogen sie an freien Wochenenden „aus grauer Städte Mauern" ins Neckartal und in den Odenwald und oft war der großelterliche Bauernhof in Binau ihr Wanderziel.

Mein Vater besuchte die Oberrealschule bis zum „Einjährigen", heute würde man sagen bis zur „mittleren Reife" oder bis zum Realschulabschluss. 1920, zwei Jahre nach dem verlorenen Krieg, waren die Zeiten so schlecht, dass auch ein Milchhändler nicht mehr das nötige Schulgeld aufbringen konnte. Die Bezeichnung „Einjähriges" stammte noch aus der

Kaiserzeit. Mit diesem Schulabschluss konnte man die Militärdienstpflicht in der Vorkriegszeit auf ein Jahr verkürzen und sogar als Offiziersanwärter eine militärische Laufbahn einschlagen. Doch nach dem Vertrag von Versailles gab es keine Militärdienstpflicht mehr. Entlassene Soldaten und Offiziere gab es übergenug. Ein Beruf mit Zukunftsaussichten schien im technischen Bereich zu liegen. So machte mein Vater eine zweijährige Lehre als Starkstromtechniker und besuchte anschließend von 1922 bis 1925 die Ingenieurschule in Mannheim, die er mit einem guten Ergebnis als Elektroingenieur abschloss. Zunächst hatte er eine Anstellung in einer Metallfabrik gefunden. Doch mit Beginn der Weltwirtschaftskrise verlor er seinen Arbeitsplatz. Aber mein Vater war Optimist. 1929 gründete er mit einem Kollegen eine eigene Firma, die sich stolz „Moos & Schlüter, Galvanisierungen" nannte. In großen Tauchbädern wurden Gegenstände mit Hilfe der Elektrolyse mit dünnen Metallschichten überzogen. Das Unternehmen ließ sich zunächst ganz gut an. Doch mit Verstärkung der Weltwirtschaftskrise wurden die Aufträge immer spärlicher. Das kleine Startkapital, das sein Vater ihm hatte geben können, war bald aufgezehrt und die Firma musste Ende 1931 aufgegeben werden. Auch das Milchgeschäft des Großvaters war in Schwierigkeiten geraten und ernährte die Großeltern mehr schlecht als recht. So stand schließlich am Anfang meines Lebens die Arbeitslosigkeit meines Vaters.

Während die Vorfahren meines Vaters seit der Mitte des 18. Jahrhunderts Bauern, Leineweber, Schmiede und Tagelöhner in Hüttenfeld waren, stammten die Vorfahren meiner Mutter seit dem 17. Jahrhundert fast ausschließlich aus Müllerfamilien aus dem Raum Heidelberg und Neckarelz.

Mühlen hatten schon immer eine große Tradition. Die Müller waren einerseits sehr sesshafte, an ihre Heimat gebundene Landleute, aber sie kamen auch in der Welt herum. Nicht von ungefähr besingt das Volkslied die Wanderlust der Müller. Müller mussten ihr Handwerk verstehen, was bedeutet, sie mussten gute Techniker sein, um die komplizierten Systeme ihrer Mühlen durchschauen und warten zu können, sie mussten den technischen Fortschritt verfolgen und zugleich gute Kaufleute und Händler sein. Sie mussten Maße und Gewichte kennen, mit Geld umgehen können, was soviel heißt, dass sie auch das Lesen, Schreiben und Rechnen beherrschen mussten. Schlechte Müller standen oft im Ruf unzuverlässig, ja Betrüger zu sein. Die Bauern begegneten ihnen häufig voll Misstrauen, da man vermutete, dass sie das angelieferte Korn nicht ehrlich abrechneten, vielmehr einen Sack Mehl für sich abzweigten. Ehrliche Müller waren stets um ihren guten Ruf besorgt, denn nur wenn die Bauern dem Müller vertrauten, ihn für einen ehrlichen Mann hielten, konnte er gegen die Konkurrenz bestehen. Je makelloser der Ruf, desto besser ging das Geschäft. Es war üblich, dass der älteste Sohn die Mühle übernahm, allerdings erst nach einer gründlichen Ausbildung, die er oft durch längere Wanderschaft erwarb, wobei er vor allem andere Mühlen und neue Mühlentechniken kennenlernen sollte. Nachgeborene Söhne und Töchter heirateten in Mühlen ein, so dass sich zuweilen ganze Mühlendynastien entwickeln konnten. Gab es mehrere Mühlen am Ort, so waren die Inhaber oft verschwägert oder verschwistert.

In diesen Familien spielten Traditionen eine große Rolle. So wurde in der Familie meiner Mutter auch in schlechten Zeiten stets der Leitspruch von Generation zu Generation weitergegeben: „Haltet das Schild des Hauses blank", was mehr bedeutete, als nur „macht keine krummen Geschäfte". Es schloss auch die Ehrlichkeit bei Ablieferung des Zehnten ein, die Fürsorge für die Armen der Gemeinde und die Treue zur Kirche. Sie befolgten streng die Gebote ihrer protestantischen Kirche und gaben „dem Kaiser, was des Kaisers ist und Gott, was Gottes ist". In den ersten zwei Dritteln des 19. Jahrhunderts war die Familie sehr wohlhabend geworden. Durch den starken Bevölkerungszuwachs in den Städten entstand ein riesiger Bedarf an Mehl, der nicht mehr aus den Anlieferungen der einheimischen Landwirtschaft gedeckt werden konnte. So wagten sich tüchtige Müller in den Großhandel mit Korn, indem sie an der Börse das Getreide in großen Mengen einkauften, um schließlich das Mehl mit gutem Gewinn an die Bäckereien der wachsenden Großstädte zu verkaufen. Dazu musste der Markt weit vorausschauend im Auge behalten, große Investitionen in die Technik vorgenommen und für entsprechende Möglichkeiten des Transports von Getreide und Mehl gesorgt werden. Aber man fand auch Zeit und Muße zum Lesen, war stolz eine Bibliothek aufbauen zu können, entwickelte Vorlieben für deutsche Literatur und Geschichte, repräsentierte mit kunstvoll aus Edelhölzern gefertigten Schränken, Sekretären und Truhen, trug an Feiertagen maßgeschneiderte Anzüge aus feinem Tuch, schaffte Musikinstrumente an und ließ die Kinder auch musikalisch ausbilden. Bei dieser Weltläufigkeit war Korrespondenz eine Selbstverständlichkeit geworden. Es war wichtig, dem Gemeinderat und dem Kirchenvorstand anzugehören, den Sing- und Turnverein durch seine aktive Mitgliedschaft und viele andere Vereinigungen in der Gemeinde zu fördern. Man war stolz darauf, nicht zu den „Haderlumpen" in der Stadt zu gehören, zu denen man auch das Heer der Tagelöhner und die im Elend der Vorstädte lebenden Arbeiter rechnete. Politisch war man national gesinnt, wobei sich das Nationalbewusstsein zunächst auf Baden und seinen Großherzog bezog und erst ab 1871 auf das Deutsche Kaiserreich. Man war standesbewusst, selbstbewusst, geschichtsbewusst und besaß ein großes Gottvertrauen.

Die materielle Lage der Müller änderte sich im letzten Drittel des 19. Jahrhunderts. Das Mühlensterben in ganz Europa begann. Auch im Siebenmühlental bei Heidelberg musste eine nach der anderen Mühle aufgeben werden. Der letzte Müller der Leitzmühle, mein Großvater Philipp Jakob Leitz (der Jüngere), suchte sich mit aller Kraft und unter Aufbietung seines gesamten Vermögens dem Mühlentod entgegenzustemmen, doch gegen die Konkurrenz der Großmühlen am Rhein und ihrer unerschöpflichen Energiereserven an Wasserkraft kam der Leitz-Müller auch mit dem Versuch, den Mühlenbetrieb auf Dampfturbinen umzustellen, nicht an. Die ausufernden Städte mit ihrem Wasserbedarf hatten die Bäche zu einem Rinnsal werden lassen, so auch den Mühlbach im Siebenmühlental. Neben diesen Faktoren spielte die Ausweitung des Welthandels um die Jahrhundertwende eine entscheidende Rolle. Die riesigen Getreideeinfuhren zu Billigpreisen aus den Weiten Nordamerikas beeinflussten vor dem ersten Weltkrieg den europäischen Getreidemarkt gewaltig, so dass das Mühlensterben in dieser Zeit zu einer europäischen Tragödie wurde. 1909 war die Leitz-Mühle völlig überschuldet und wurde mit allen Ländereien von der Stadt Heidelberg aufgekauft, die auf dem Gelände ein großes Wasserreservoir anlegen wollte. Mit dem Verkaufserlös wurde der Schuldenberg abgetragen. Eine hundertjährige Tradition hatte ihr Ende gefunden. Bis 1917 blieb die Familie Leitz als Pächter in ihrer stillgelegten Mühle, betrieb Gartenbau, eine Obstmühle und eine Holzsägerei. Doch der Weltkrieg und seine Folgen hatte alle Hoffnungen auf eine bessere Zukunft zerstört.

Meine Großmutter Katharina Leitz, genannt Kätchen, war 1873 in Neckarelz geboren worden. Ihre Mutter stammte aus der dortigen Mutschler-Mühle, einem Müllergeschlecht, das um 1800 aus Handschuhsheim nach Neckarelz gezogen war. 1894 hatte meine Großmutter den Handschuhsheimer Müller Philipp Jakob Leitz geheiratet, der gleichfalls aus einer lange in Heidelberg und Handschuhsheim ansässigen Müllerfamilie entstammte und 1869 geboren war. Während mein Großvater schon in jungen Jahren „kränkelte" – er war bei der Musterung für „bedingt tauglich" erklärt worden – und schon als Zwanzigjähriger an Rheumatismus und der alten Müllerkrankheit, dem Asthma, litt, war meine Großmutter eine außerordentlich gesunde, starke und immer mehr das Familiengeschick bestimmende Persönlichkeit. Hinzu kam ein wacher Geist gepaart mit großem Lerneifer und schneller Auffassungsgabe. In der Volksschule war sie die beste Schülerin. Eine bessere Ausbildung als acht Volksschuljahre ließen die Lebensumstände nicht zu, denn sie war die Älteste von zwölf weiteren Geschwistern. Sie hatte große Freude am Lesen und Schreiben. In ihrem langen Leben – sie starb fast neunzigjährig 1962 – hat sie viele tausend Briefe geschrieben, aber auch ihre Lebenserinnerungen, die die Zeit von 1873 bis 1935 umfassen. Nur wenige Stunden Klavierunterricht in ihrer Kindheit hatten genügt, um sie ein Leben lang für klassische Musik zu begeistern. Noch im hohen Alter besuchte sie regelmäßig mit dem Klavierauszug und einem kleinen Fläschchen Wein oder Sekt zur Stärkung in der geräumigen schwarzen Lederhandtasche große Opern und Konzerte. Trotz dieses inneren Reichtums, den sie an ihre sechs Kinder und auch an ihre Enkel, vor allem aber an mich, weiterzugeben bemüht war, wurde ihr Leben immerzu von materieller Not, Armut und Leid geprägt. Ihr Reichtum war ihre Familie und die hingebungsvolle Liebe zu ihren Kindern und ihr besonders inniges, ja unzertrennliches Verhältnis zu meiner Mutter. Auf ihre Kinder und Enkel hat diese Mutter und Großmutter einen gewaltigen Einfluss ausgeübt, im Guten wie im Schlechten.

Ihr größter Kummer war, dass sie den Niedergang der Leitze-Mühle in Handschuhsheim nicht aufzuhalten vermochte, ihr größter Schmerz die Nachricht, dass ihre beiden ältesten Söhne Heinrich und Jakob 1917 vor Verdun gefallen waren. Ihre Liebe zu Heidelberg und dem Siebenmühlental in Handschuhsheim und der Verlust dieser Heimat konnte nur durch lebenslange Briefkontakte mit den Menschen dieses Raumes ertragen werden. Die Liederzyklen „Die schöne Müllerin" und „Die Winterreise", aber auch „Die Matthäuspassion" gaben ihr die Kraft, das „ellende", die Ödnis der Fremde, zu ertragen. Ihre Gottesfurcht, ihr unerschütterlicher Glaube an den Erlösertod Jesu Christi und die Gewissheit, „dass ich bleiben werde im Hause des Herrn immerdar" haben ihr Zuversicht und Stärke verliehen. Als ihr Mann, mein Großvater Philipp Jakob Leitz, 1934 auf der Mittelburg starb, war klar, dass er seine ewige Ruhe auf dem damals noch kleinen Friedhof in Heidelberg-Handschuhsheim finden sollte. Sein Grab zierte Jahrzehnte ein Kreuz aus Birkenholz, in das als Relief eine Mühle eingeschnitzt war.

Meine Großeltern hatten fünf Söhne, Heinrich, Jakob, Hermann, Karl und Herbert und eine Tochter mit Namen Hilde, meine Mutter. Im Schicksalsjahr der Familie Leitz 1917 standen die vier ältesten der Söhne an vorderster Front in Frankreich. Zu Hause waren neben den Eltern die sechzehnjährige Tochter Hilde und der zehnjährige jüngste Sohn Herbert. Als Anfang August 1917 und knapp vier Wochen später Anfang September die beiden ältesten Söhne gefallen waren, der dritte Sohn die Todesnachricht nach Hause brachte und der vierte schwer verwundet im Lazarett lag, der Vater an seinem Asthmaleiden schier zu Grunde zu gehen drohte, war der Lebensnerv der Familie gebrochen. Sie hatte nicht mehr die Kraft, die Sägerei und die Gärtnereien zu bewirtschaften. Zudem wollte die Stadt ihre Pläne umsetzen und so musste die Familie nun ihren ehemaligen Besitz im Siebenmühlental verlassen und fand schließlich nach langem vergeblichem Suchen und vielen Enttäuschungen einen neuen Anfang in der Schlossgärtnerei auf der Mittelburg in Neckarsteinach.

Die verbliebenen Söhne waren krank, gebrochen und ohne Ausbildung aus dem Krieg zurückgekehrt. Der ältere Sohn, mein Onkel Hermann, trat in die Fußstapfen seines gefallenen Bruders Heinrich und wurde Journalist, die beiden jüngeren, die Söhne Karl und Herbert, durchliefen eine kaufmännische Lehre. Die Schwester Hilde, meine Mutter, verdingte sich als Haustochter in einer reichen Anwaltsfamilie in der Schweiz. Mit ihren in der Schweiz verdienten währungsstabilen Franken trug sie in der Inflationszeit im Wesentlichen zum Lebensunterhalt der Familie bei. Was die Familie zusammenhielt, war die tiefe Trauer um die gefallenen Söhne und Brüder, deren Tod durch den verlorenen Krieg völlig sinnlos erschien, ein Eindruck, der durch den Verlust der Heimat und den als Schmach für das Vaterland empfundenen „Schandvertrag von Versailles“ noch verstärkt wurde. Die Erinnerung an die gefallenen Söhne und an den Verlust der geliebten Heimat bestimmte das Denken der Familie in diesen Jahren des Elends und der Not. Ja, es bestimmte von nun an das weitere noch lange Leben meiner Großmutter.

Der Einfluss der Grossmutter

Mitte Mai 1939 schrieb meine Mutter wieder einmal einen langen Brief an meinen Vater. Darin erzählte sie neben den vielen Sorgen auch von ihren Kindern. So berichtete sie von meiner kleinen Schwester Hilde, die noch nicht ein Jahr alt war, dass sie gegenwärtig sehr unruhig sei und nicht nur eine, sondern zwei Personen für sich beanspruche. „Unsere Buben werden natürlich auch immer wilder und unbändiger, und doch freut man sich über die Kerle und hat sie so lieb. Gerd geht gern in die Schule und weiß jeden Tag etwas anderes zu berichten. Seine Schulaufgaben macht er recht schön. Gestern hatte er Religion und da hat der Pfarrer gefragt, wer am Abend betet. Da durfte unser Gerd sein ganzes Gebet ‚Müde bin ich, geh zur Ruh‘ sagen und sein Morgenlied, das ihn Großmutter gelehrt hat: ‚Wach auf, mein Herz und singe‘, Auch das hat er ganz aufgesagt, so dass sich der Pfarrer sehr gefreut hat – und ich hab mich auch im Stillen gefreut, als Gerd mir davon erzählt hat.“

Diesen guten Eindruck bei meinem Religionslehrer verdankte ich meiner Großmutter. Denn unsere religiöse Erziehung hatten mein Bruder und ich im Wesentlichen durch unsere Großmutter erhalten.

Unser Mule, eine Namensschöpfung, die mir als kleines Kind eingefallen war und nichts anderes bedeutete, als die Abkürzung von Großmutterle, half meiner Mutter, uns Kinder zu bändigen. Aber wenn sie erschöpft war oder unser Lärmen ihr zu sehr auf die Nerven ging, konnte sie sich in ihre kleine Wohnung einen Stock höher zurückziehen. Es war ein sehr behaglicher Zufluchtsort, in den wir Buben sie unter der Bedingung begleiten durften, dass wir ruhig und achtsam waren. Sie trank dann meist schwarzen Tee mit Zitrone und Zucker, während wir jeder einen Becher mit dem herrlich klaren und wohlschmeckenden Wasser aus der Leitung bekamen und uns auch ein Löffelchen Zucker hineintun durften. Mule saß dann in dem großen Lehnstuhl mit den zwei gedrechselten Holzkugeln auf der Rückenlehne, um die wir Kinder so gerne unsere Finger schmiegten und dessen breite gepolsterte Armlehnen in einem Ornament von Eichenblättern ausliefen, auf denen man spielerisch die Finger massieren konnte. Ihre Füße ruhten auf einer lederüberzogenen Fußstütze, während wir uns auf einem Schemelchen niederließen. Dann begann Mule zu erzählen, meist aus ihrer Kindheit, von ihrem Vater, der so früh gestorben war, von dem schrecklichen Stiefvater und ihren zwölf Geschwistern, die sie als Älteste mit großziehen musste. Sie erzählte höchst lebendig von ihrer Schulzeit, ihrer Wissbegierde, ihrem Lerneifer, dem sie wegen des Widerstands ihres Stiefvaters nicht nachgehen durfte, aber auch von ihrem steten Bemühen, ihren vielen Pflichten nachzukommen und es allen recht zu machen. Viele Geschichten erzählte sie uns von ihren eigenen Kindern, von der herrlichen Mühle in Handschuhsheim, von der schweren Arbeit des Großvaters in der Mühle, aber auch von den Arbeiten im Garten und auf dem Feld. Sie berichtete von den Markttagen in Mannheim, wenn sie und die anderen Marktfrauen morgens um vier mit der OEG-Bahn von Heidelberg nach Mannheim fuhren, um dort rechtzeitig mit ihren großen Körben, gefüllt mit den Erzeugnissen ihrer Gärtnereien, den Markt zu eröffnen. Sie erzählte von der Leidenszeit des Weltkrieges, vom Tod ihrer Söhne, dem Verlust der Mühle und der Heimat. Sie erzählte aber auch immer wieder, dass sie stets Trost in Gottes Wort gefunden habe, wenn Not und Verzweiflung sie niederdrückten.

So berichtete sie auch in ihren einfachen Worten vom Tode unserer Urgroßmutter, die in diesem Sessel sitzend ihren Todeskampf durchlitten habe. Einen Tag und eine halbe Nacht habe sie mit dem Tod gerungen unter furchtbarer Atemnot. Unsere Großmutter habe bei ihr stehen müssen, ihre Hände haltend. Urgroßmutter habe bis zu ihrem letzten Atemzug immer wieder die Worte gesagt, wie wenn sie es beschwören wollte: „Und ich werde bleiben im Hause des Herrn immerdar!" Als ihre Augen gebrochen seien, sei mit einem dumpfen Schlag eine Erschütterung durch die Mühle gegangen und im Küchenschrank seien die Glasscheiben zersprungen.

Wir Kinder waren tief ergriffen von Großmutters Bericht und hatten viele Fragen, die sie uns stets geduldig beantwortete. Vieles musste sie mehrfach erzählen und jedes Mal lief uns ein Schauer über den Rücken. Jedenfalls hatte der Sessel, in dem Mule saß, für uns von nun an etwas Besonderes, etwas Ehrfurcht Gebietendes.

Großmutter litt darunter, dass wir so weit von der Stadt entfernt wohnten und sie wegen des weiten Weges am Sonntag nicht zum Gottesdienst gehen konnte. So hielt sie denn selbst jeden Sonntag für sich ihren Gottesdienst und sobald wir ihr verständig genug erschienen, durften wir sonntags mit ihr anschließend Kindergottesdienst feiern. Dann saßen wir wieder bei ihr im Stübchen, sie las uns eine Stelle aus der großen Bibel vor, die sie sorgfältig für uns ausgesucht hatte, und erklärte uns den Text. Besonders beeindruckten uns die Geschichten aus der Genesis. Es war einfach spannend von Mule zu hören, wie Gott die Welt erschuf, wie Himmel und Erde entstanden, das Wasser und das Land, die Berge und Täler, die Pflanzen und die Tiere und schließlich Adam und Eva. Wir erfuhren die Bedeutung des Sonntags als des siebten Tages, an dem Gott die Arbeit ruhen ließ und diese Sonntagsruhe zu halten dem Menschen als Gebot gegeben habe.

Das Paradies konnte Großmutter in leuchtenden Farben uns vorstellen, so dass wir auch in unseren Kinderträumen darin leben wollten. Lange beschäftigten wir uns mit der bösen Schlange, die Eva dazu gebracht hatte, Adam zu überreden, in den Apfel zu beißen, den sie vom Baum der Erkenntnis gebrochen hatte. Besonders eindringlich schilderte uns Mule die Folgen der Nichtachtung von Gottes Gebot, die Vertreibung aus dem Paradies. Seit dieser Zeit müsse die Menschheit sich mühselig von der Hände Arbeit ernähren, ihr Schicksal sei, sich stets nach dem Paradies zu sehnen, ohne es im Diesseits wieder erringen zu können. Im Jenseits sei aber nur dem das Paradies gegeben, der an die Erlösung durch den Tod Jesu Christi am Kreuz glaube. Das habe auch Urgroßmutter gemeint, wenn sie immer wieder flehend beteuert habe, sie werde bleiben im Hause des Herrn immerdar. Ihr Todeskampf sei das Ringen mit dem Teufel gewesen, der sie von ihrem Glauben habe wegreißen wollen. Da ihm dies nicht gelungen sei, sei er donnernd aus der Mühle gefahren und habe dabei die Glasscheiben im Küchenschrank zersplittern lassen. Für uns sei das die Warnung, dass der Satanas – dieses Wort verwendete Mule, wenn sie ihrem besonderen Abscheu Ausdruck geben wollte – immer und überall versuchen würde, Macht über uns zu gewinnen.

Aber kein Mensch in dieser Familie, wie die meisten Menschen in Deutschland, kam in jener Zeit auf den Gedanken, im „Führer", in Adolf Hitler und seinen fanatischen Gefolgsleuten, den Satanas mit seinen Höllenscharen zu sehen.

An manchen Regentagen oder den finsteren Tagen des langen Schwarzwälder Winters saßen wir in Großmutters Stübchen und wanderten gemeinsam durch das Alte und das Neue Testament. Wir setzten uns mit der Geschichte von Esau und Jakob intensiv auseinander. Sie traf mich besonders, weil mein Bruder ja mit dem zweiten Namen Jakob hieß. Großmutter nahm dann unsere Unterarme in ihre Hände und streichelte sie. Mein Bruder hatte eine weiche, zarte Haut, während ich viel kräftigere Arme besaß und meine Haut eher grobporig und rau war. Da sagte Großmutter, dass mein Bruder ihr Jaköble sei, ich aber wollte auf keinen Fall Esau sein. Doch ich war eben der Erstgeborene und so fiel mir diese Rolle einfach zu. Erst als ich im Verlauf der Geschichte erfuhr, dass Esau reich und großmütig gewesen sei, gab ich mich auch mit diesem Part zufrieden.

Die Geschichte, in der Kain seinen Bruder Abel erschlug, traf uns beide sehr. Keiner von uns wollte als Kain gelten, denn wir Brüder liebten uns innigst, auch wenn wir uns zuweilen prügelten, dass die Fetzen flogen.

Da ich der Größere und Stärkere war, fiel es mir trotz der heftigsten Gegenwehr meines Bruder meist nicht schwer, ihn unterzukriegen, auch wenn er noch so sehr strampelte, um sich schlug und seine Zähne mir im wildesten Getümmel ins Fleisch schlug. Wenn dann meine Mutter hinzukam, rief sie voll Angst und Entsetzen: „Bist du Kain, der seinen Bruder Abel erschlägt?" Da ließ ich dann von ihm ab und fühlte mich mit dem Kainsmal gezeichnet, das nicht abzuwischen war.

Bald war uns auch das Leben Jesu, von dem wir bisher ja nur die Weihnachts- und Ostergeschichte kannten, vertraut. Viele Rätsel gaben uns die Wunder auf, vor allem die Speisung der Zehntausend. Wenn wir unsere Zweifel äußerten, dann meinte Großmutter nur: „Jesus ist doch Gottes Sohn, also kann er das."

Besonders wichtig war ihr, dass wir die Gedanken der Bergpredigt und die Seligpreisungen in uns aufnahmen. Lange besprach sie mit uns, was es bedeuten könne, dass die selig seien, die reinen Herzens sind. Wir kannten das Wort rein aus dem Kindergebet, das oft unsere Mutter abends beim Gutenachtsagen mit uns betete: „Ich bin klein, mein Herz ist rein. Darf niemand drin wohnen, als Jesu allein." Ich wehrte mich immer gegen diesen Gedanken, dass meine Eltern, meine Großmutter, meine Geschwister und alle anderen, die mir lieb waren, nicht in meinem Herzen wohnen durften.

Nach einigen Monaten kannten wir uns in der Bibel recht gut aus und Mule hatte ihre helle Freude an uns. Wenn die Adventszeit herankam und wir uns Weihnachten näherten, ließ sie uns ein paar Verse aus den Propheten auswendig lernen, die auf die Geburt Christi und damit auf den Erlöser hinwiesen. Sie brachte die Texte, die wir willig lernten, in eine sinnvolle Reihenfolge, schob zuweilen ein passendes Kirchen- oder Weihnachtslied ein, das sie auf dem Klavier spielte, und gestaltete so zum großen Erstaunen unserer Eltern die Weihnachtsfeier am Heiligen Abend. Diesen Brauch haben wir lange beibehalten.

Großmutter bezog stets den Kalender und das Kirchenblatt der Herrnhuter Brüdergemeinde. Auch daraus las sie uns vor. Da standen spannende Geschichten von tapferen und zum Teil auch noch jungen Missionaren drin, die in Afrika, in Amerika oder in Asien Gutes taten, den armen Menschen dort in ihrem Elend halfen und Gottes Wort zu ihnen brachten. Dazu holte sie einen alten Atlas hervor, den ihr ältester Sohn Heinrich in der Oberrealschule benutzt hatte, und zeigte uns die Erdteile und die Länder, in denen die Helden unserer Geschichten zu Hause waren. So bekam ich schon früh einen Eindruck vom Kartenbild unserer Welt. Das Deutsche Kaiserreich war auf den einzelnen Karten als rote Fläche gekennzeichnet. Auf den Karten der Erdteile Afrika und Asien fanden wir ebenfalls kleine rote Flächen und wir erfuhren von Großmutter, dass das unsere Kolonien gewesen seien, die uns die Feinde nach dem verlorenen Weltkrieg gestohlen hätten. Doch eines Tages würden wir sie wiederbekommen, wenn Deutschland wieder groß und stark geworden sei. Als wir wissen wollten, wann denn Deutschland groß und stark gewesen sei, dann sagte sie einfach: Als Deutschland noch einen Kaiser hatte. Kinder fragen ohne Ende. So ergab es sich, dass wir an manchen Tagen, statt über das Leben Jesu zu sprechen, Geschichten über die deutschen Kaiser erfuhren. Dazu holte Großmutter ein altes Schullesebuch aus dem Schrank und las uns vor von Karl dem Großen, von dem armen Kaiser Heinrich auf seinem Gang nach Canossa, von Friedrich Barbarossa, dem Rotbart, der ausgesehen habe wie unser Großvater. Mich interessierten die Geschichten aus der Geschichte ganz besonders und Großmutter war glücklich, als ich sie eines Tages auf ein großes schweres Buch unter ihren Büchern aufmerksam machte, dessen Goldschnitt auf den Seiten, die tiefeingeprägten mit Gold ausgelegten Buchstaben auf dem schweren Buchdeckel und dem Buchrücken mich schon immer sehr neugierig gemacht hatten. Sie legte es auf den Tisch, strich andächtig mit der Hand darüber und sagte, indem sie dem Ton ihrer Stimme eine besondere Bedeutung beizulegen verstand: „Das ist die illustrierte Geschichte der Reformation in Deutschland." Dann schlug sie das Buch auf.

Gleich auf den ersten Seiten faszinierten mich zwei Bilder. Das erste war wohl ein Holzschnitt und zeigte Johann Hus an einen Pfahl gebunden inmitten brennender Bündel von Holzscheiten, aus denen die Flammen aufloderten. Das zweite war ein Stahlstich, auf dem die Hinrichtung Savonarolas auf dem Platz vor den Ufficien in Florenz dargestellt war. Die Figuren auf dem brennenden riesigen Scheiterhaufen waren nicht zu erkennen. Sie standen in weißen Gewändern hoch oben auf einem hohen Pfahl, zu dem allmählich die Flammen hinaufzüngelten. Übergroße Reisigbündel wurden herbeigeschleppt, um das Feuer zu vergrößern. Der Platz füllte sich allmählich mit Menschen, die dem unerhörten Schauspiel beiwohnen wollten. Im Vordergrund erschienen die in Gruppen zusammen stehenden Menschen übergroß. Je weiter man in das Bild hineinsah, desto kleiner wurden die Figuren und waren schließlich nur als Striche angedeutet. Auf diesem Bild gab es Vieles zu entdecken, aber es hielt mich irgendwie auf Distanz. Alle Linien des Bildes, alle Fronten der Häuser und Paläste, das Mosaik der Pflasterung des riesigen Platzes, liefen in einer fremdartigen Perspektive auf einen Punkt in der Mitte des Bildes zu. Dieser Punkt lag aber ganz im Irgendwo des Hintergrundes. Als Jahre später im Kunstunterricht der Lehrer uns Schülern die Zentralperspektive zu erklären versuchte, brachte ich zur nächsten Stunde diese Abbildung mit und wurde sehr gelobt.

Das Buch über die Reformation beschäftigte sich in erster Linie mit Luther und seiner Zeit, mit seiner Jugend, seinem Elternhaus, seiner Zeit als junger Mönch und Gelehrter, seinem Protest gegen den Ablasshandel, seinem Widerspruch gegen die bestehenden Dogmen der katholischen Kirche. Geradezu dramatisch waren die Ereignisse des Thesenanschlags an der Schlosskirche in Wittenberg und Luthers Standfestigkeit auf dem Reichstage zu Worms geschildert. Aber auch seine Folgen. Die Bauerkriege und der Fortgang der Reformation bis hin zum Augsburger Religionsfrieden und schließlich zu Luthers Tod. Meine Großmutter las nicht einfach vor, nein, sie nahm die vielen Bilder zum Anlass für ihre Darstellungen, so dass am Ende der Wochen, in denen wir uns mit diesem Thema beschäftigten, für mich feststand, dass Martin Luther wohl einer der wichtigsten Männer in der Geschichte gewesen sein muss. Aber Großmutter hatte damit auch mein lebenslanges Interesse für Geschichte geweckt.

Der Mythos vom Heldentum

Ihr erstgeborener Sohn Heinrich wurde, verklärt durch seinen frühen Tod, zum leuchtenden Vorbild der Familie und der späteren Generation. Er war wohl ein außergewöhnlicher Mensch gewesen. Ausgestattet mit hohen Geistesgaben, von robuster Gesundheit, voller Tatendrang, Umsicht und Zuverlässigkeit. Mit fünfzehn Jahren begann er seine journalistische Laufbahn in Heidelberg, war bald Korrespondent überregionaler Zeitungen wie der „Stuttgarter Zeitung"und der „Frankfurter Zeitung". Dabei war er um seine Fortbildung bemüht und konnte mit seinem Verdienst nicht unwesentlich zum Unterhalt der Familie beitragen. Anfang 1914 trat er in die politische Redaktion der „Kieler Zeitung" ein und wurde sehr schnell ein hochgeschätzter Redakteur und Korrespondent. Er blickte voller Hoffnung in die Zukunft und war sich sicher, das Geschick seiner Eltern und Geschwister eines nicht fernen Tages zum Besseren wenden zu können.

Mit Kriegsausbruch im August 1914 meldete er sich im Alter von 19 Jahren sofort freiwillig und kam nach einer Kurzausbildung von wenigen Wochen im Füsilierregiment Nr. 40 „Hohenzollern" an der Westfront zum Einsatz. Aufgrund seiner außergewöhnlichen Tapferkeit und seiner Umsicht bei schwierigen und gefährlichen Einsätzen wurde er im Frühjahr 1915 zum Leutnant befördert, wurde Zugführer und übernahm ein Jahr später die Führung der 2. Kompanie, die sich bei seinem Regiment hohes Ansehen erwarb.

Seine umfangreichen Berichte von der Front, die oft unter dem unmittelbaren Eindruck des schrecklichen Kriegsgeschehens verfasst worden waren, wurden in vielen Zeitungen abgedruckt und fanden weit über das normale Maß Beachtung bei der obersten Heeresleitung, beim Armeekorps und in der Heimat. Heinrich Leitz wurde mehrfach verwundet, war Träger des Eisernen Kreuzes 1. und 2. Klasse und verschiedener Auszeichnungen der Häuser Hohenzollern und Baden. Zusammen mit seinem drei Jahre jüngeren Bruder Hermann, der dem älteren Bruder nacheiferte, sich mit 16 Jahren ebenfalls freiwillig gemeldet und es zum Vizefeldwebel in der Kompanie seines Bruders gebracht hatte, kämpfte er drei Jahre in vorderster Linie. Die Brüder Jakob und Karl waren gleichfalls als tapfere Soldaten in Nachbarregimentern im Einsatz.

Jakob Leitz wurde am frühen Morgen des 8. August 1917 im Alter von 21 Jahren von einem Volltreffer zerrissen, wenige Stunden bevor seine Brüder Heinrich und Hermann ihn im benachbarten Frontabschnitt treffen konnten, um ihm ihre Grüße und Briefe an die Eltern in den Heimaturlaub, den er an diesem Tag antreten sollte, mitzugeben. Seine Leiche wurde nie gefunden.

Ein Monat später, am 5. September 1917, starb im Alter von 22 Jahren Heinrich Leitz durch einen Volltreffer in seinem Kompaniegefechtsstand in der Ornes-Schlucht vor Verdun. Alle Bemühungen seines neunzehnjährigen Bruders Hermann und seiner Kameraden, den Kompanieführer lebend zu bergen, brachen im Trommelfeuer zusammen. Hermann musste den Eltern, die noch unter dem Schock des Verlustes ihres Zweitgeborenen standen, die Todesnachricht überbringen. Heinrich hatte gefühlt, dass er diese Schlacht nicht überleben würde. In einem Abschiedsbrief an Eltern und Geschwister heißt es:

„Aus himmlischen Höhen rufe ich Euch herzlichste Grüße zu – denn wenn Ihr diesen Brief erhaltet, habe ich ausgekämpft auf dieser Erde und bin zu den himmlischen Heerscharen eingegangen.

Weint und klagt nicht um mich, vielgeliebte Eltern und Geschwister, durfte ich doch den schönsten Tod sterben fürs Vaterland. Auf dem Felde der Ehre meinen Geist aushauchen. Hätte mein Leben denn einen schöneren Abschluss finden können, nachdem ich in dem schweren Kampf so lange Monate wie auf Rosen gewandelt bin, nachdem ich zum Offizier geworden war und meinen Leuten voranziehen durfte in den Sieg, nachdem ich das Eiserne Kreuz auf der Brust tragen durfte?

Und Ihr sollt stolz sein, dass es Euch vergönnt war, dem teuren Vaterland ein gutes Opfer zu bringen ...

Ich danke unserem treuen Gott für all seine Gnade und Güte und bitte ihn nur, dass er meinem geliebten Vaterland den Sieg, einen ehrenvollen dauernden Frieden schenken möge und auch fernerhin Euer Führer und Steuermann sein möge. ‚Befiehl dem Herrn Deine Wege und hoffe auf ihn, er wird's wohl machen!' Das soll Euer Geleitspruch sein.

Euch allen aber sage ich herzlichsten Dank für die viele Liebe und Treue, die Ihr mir erwiesen habt. Vor allem Dir, Du liebe gute Mutter. Und Dir, Du treuer Vater. Wenn mich ein Gedanke bei meinem Tode schmerzt, so ist es der, dass ich Eure aufopfernde Elternliebe nicht vergelten kann. Ich kann es ja nicht in Worte fassen, was Ihr mir gegeben habt, habt Ihr mir doch alles gegeben. Und ich flehe zu Gott, dass er Euch Eure treue Liebe vergelten möge.

Euch, liebe Brüder und liebe Schwester, ebenfalls innigen Dank für Eure Liebe. An Euch richte ich meine letzten Bitten. Liebet Euch untereinander. O lasset nie Zwietracht unter Euch aufkommen, liebet Euch und seid Euch treu. Seid dann unseren Eltern treue gehorsame Kinder. Sucht die unendliche Liebe, die sie Euch erwiesen haben, zu vergelten und helft zusammen, um auch meine Dankesschuld etwas abzutragen. Werdet tüchtige, brauchbare Menschen, die ihren Posten im Leben voll und ganz ausfüllen – und bleibt immer deutsch und rein bis ins Mark ...

Nun seid alle noch einmal unserem treuen Herrn und Heiland empfohlen. Ihm ergebt Euch ganz und seid ihm treu: Welch herrliches Wiedersehen wird uns dann einst in der Stadt der goldenen Gassen beschieden sein, wo ewiger Friede herrscht, wo kein Kampf und Streit, keine Sorgen mehr sind. Im Geiste drücke ich Euch alle noch einmal an mein Herz, küsse und grüße Euch zum letzten Mal.

Euer Euch und dem Vaterland bis in den Tod treu ergebener dankbarer Sohn und Bruder. Lebt wohl in der ewigen Heimat."

Die Mutter hütete diesen und viele hundert Briefe ihrer Söhne als ein großes Vermächtnis, dem ihre überlebenden Kinder, insbesondere meine Mutter und ihr Bruder Hermann, willig folgten. Das Gedenken an die gefallenen Brüder und insbesondere an Heinrich wurde zum Mythos. Heinrichs Heldentum, seine Vaterlandsliebe hatten Leitfunktion für das Selbstbild der männlichen Mitglieder der Familie und so auch für mich. Meine Großmutter sah in mir eine Art Wiedergeburt ihres ältesten Sohnes und es war schon in früher Kindheit mein Ziel so zu werden wie Heinrich. Der Regimentskommandeur ließ der Mutter den Helm, den Säbel und den Waffenrock ihres Sohnes übersenden. Im Dezember 1944 bat mich Großmutter, die Uniformjacke ihres gefallenen Helden anzuziehen und erschrak heftig. Sie war mir zu eng. Vielleicht war die Uniform in den vergangenen Jahrzehnten eingegangen. Ich schien mit meinen knapp dreizehn Jahren schon größer und kräftiger, als ihr Sohn jemals gewesen war. Sie wollte diese Erkenntnis nicht wahrhaben.

Zum Gedenken an Heinrichs Geburtstag am 1. Februar schrieb sein Bruder Hermann 1921 eine Ode, in der es unter anderem heißt:

In unruhseliger Nacht,
Bruder,
Denk ich Dein.
...
Du standest wie ein Turm
Unter Taumelnden,
Halt und Stütze
Allen bietend,
Die des Halts bedurften.
Wie brandeten die Wogen

Der feindlichen Sturmflut
Über uns dahin.
Rechts und links
Hunderte fielen,
Vom unerhörten Anprall
Zu Boden geworfen.
Du aber standest,
Fels in der Brandung,
Uns zum Gewinn!

Unvergleichlich
War Dein Heldenmut.
So in der Verteidigung,
Wie beim Angriff.
Auf stürzten wir
Aus Gräben und Löchern,
Und nichts konnte unserem Lauf
Einhalt gebieten.
Denn Du führtest uns.
Du Held der Schlachten,
König im Streit.

Aber Dein Herz
War edel und gut
Und rein.
Mit allen teiltest Du
Freud und Leid,
Wusstest den Schmerz
Eines jeden
Und halfst ihm
Vom Herzen zu wälzen
Den schweren
Sorgenstein,
Du guter Kamerad ..."

Das lange Gedicht endet mit den Zeilen:
„Mir ist die Klage Salz zum Brot
Und weher Trost die Pein –
So bin ich treu Dir, – bis zum Tod –
Du Heldenbruder mein!

In einer Geschichte Handschuhsheims, die 1997 erschien, wird seiner mit den Worten gedacht: „Von Heinrich Leitz berichtet die Regimentsgeschichte der 40er Wunder von Tapferkeit. Er lebt bei den Handschuhsheimern fort als die herrlichste Verkörperung deutschen Soldatentums in ihren Reihen."

Im März 1939 zog sich der Winter ganz langsam auch von den Schwarzwaldhöhen zurück. Mit dem neuen Jahr wollten auch meine Eltern zu neuen, unbekannten Ufern aufbrechen. Da mein Vater beim Schwärzwälder Tagblatt zu wenig verdiente, um die inzwischen auf sechs Köpfe angewachsene Familie durchzubringen, entschloss er sich, eine neue Arbeitsstelle zu suchen, verbunden mit der Hoffnung, mehr zu verdienen und endlich wieder als Ingenieur tätig werden zu können. Die Aussichten schienen nicht schlecht zu sein, da durch die verstärkt einsetzende Aufrüstung auch wieder Ingenieure gesucht wurden. So begann für meinen Vater die Trennung von der Familie, als er am 1. April 1939 in Frankenthal eine neue Stelle antrat. Doch die Tätigkeit als Normeningenieur befriedigte ihn nicht, zumal er seine technischen Spezialkenntnisse auf dem Gebiet der Starkstromtechnik kaum verwerten konnte. So bewarb er sich immer wieder aufs Neue in allen Teilen Deutschlands, aber es klappte nicht so recht. Meist war das Anfangsgehalt zu niedrig oder bei dem überall herrschenden Wohnungsmangel die Wohnungssuche vergeblich. Meine Eltern schrieben sich regelmäßig mehrfach in der Woche, tauschten ihre Sorgen und Hoffnungen aus und schilderten sich ihre Erlebnisse. Mein Vater berichtete von seiner Arbeit, seinen Bewerbungen und seine Mühen bei der Wohnungssuche. Unsere gute Mutter schilderte die Entwicklung von uns Kindern und die besonderen Ereignisse im Familienleben. Das ganze Sinnen und Trachten war darauf abgestellt, die Familie so schnell wie möglich wieder zusammen zu führen.

Ende Juli 1939 wurde meinem Vater eine für unsere Verhältnisse sehr gut bezahlte Stellung als Elektroingenieur beim Luftgaukommando in Wiesbaden angeboten, die er zum 1. Oktober antreten sollte. Doch dann überschlugen sich die Ereignisse. Am 3. August erhielt er einen Gestellungsbefehl, demzufolge er am nächsten Tag, einem Freitag, sich beim Luftgaukommando zu melden habe. An diesem Tag erhielt er seinen Dienstvertrag mit der Maßgabe, sofort seinen Dienst antreten zu müssen.

Mein Vater war von seiner Arbeit und der Stadt, in der er und seine Familie künftig wohl leben würden, begeistert. Doch je weiter der August voranschritt, desto größer wurde die Kriegsgefahr. Ende August traten Rationierungsmaßnahmen in Kraft und Lebensmittelkarten wurden ausgegeben.

Am 29. August schrieb mein Vater an unsere Mutter: „Nun sind einschneidende Maßnahmen eingetreten, die ja nur zum Vorteil der Allgemeinheit sind. An alles ist gedacht, alles ist sichergestellt, auch die Frage des Hausbrandes ist gelöst. Es heißt abwarten. Niemand braucht zu frieren. Es stehen Dir einschließlich Großmutter für die Familie zu: 2,2 Liter Milch, 240 Gramm Zucker. Kartoffeln und Gemüse ... sind bezugscheinfrei, Butter gibt es auch, nur der gute Bohnenkaffee verschwindet fast ganz. Eier und Obst sind auch frei. Im übrigen lese genauestens die Tageszeitung. Es ist Deine Pflicht, beim Bürgermeisteramt einen Antrag auf erhöhte Zuteilung von Milch für die Kinder (Hildele und Brüderle) zu stellen ...

Die Vorbereitungen sind allenthalben im Gange. Im Allgemeinen rechnet man mit der Entscheidung, ob Krieg oder Frieden, heute oder morgen ... Ich glaube jedoch, dass es hart auf hart gehen wird. Wenn uns die Vorsehung hold gesinnt ist, dann dürfte der Schlamassel bald zu Ende sein.

Vorsorglich empfehle ich Dir, alle Vorbereitungen für den Ernstfall zu treffen, d.h. mal Umschau zu halten nach den Volksgasmasken und für die Beschaffung der Luftschutzgeräte zu sorgen. Die Gasmaske kostet fünf Mark das Stück, wird aber für die ganze Familie billiger ... Es ist kaum anzunehmen, dass im Ernstfall der Germanswald stark von Fliegern heimgesucht werden wird. Wir haben hier mehr zu erwarten, denn den Sitz des Generalkommandos zu vernichten, darauf wird der Gegner besonders bedacht sein ...

Noch eins, mein Lieb, auf gute Verdunkelung achten! Bei Fliegeralarm alle Fenster öffnen, Fensterläden schließen, aber die Türen offen lassen...Habe keine Angst. Noch ist es nicht so weit ..."

Natürlich wussten auch ich und mein Bruder, dass die Zukunft auf der Kippe stand. Sobald es Nachrichten gab, hing ich am Radio. Das Nachrichtenhören habe ich damals wie ein Süchtiger begonnen und mein Leben lang beibehalten, oft zum Leidwesen meiner Kinder.

In diesen Tagen hatte Mutti uns in einem ernsten Gespräch erklärt, dass wir uns jetzt noch mehr einschränken müssten. Vor allem mit der Seife sollten wir sparsam umgehen, sie nicht im Wasser liegen lassen. Darüber waren wir nicht sehr traurig, denn das ständige Abgeseiftwerden am Abend hassten wir. Bedenklicher war schon, als Mutter uns erklärte, was Spinnstoffe sind. Also ab sofort mussten wir auf Hemden, Pullover und Strümpfe besonders acht geben. Unsere Lederhosen waren ja keine Spinnstoffe und Schuhe trugen wir nur, wenn es kalt war. Höchst spannend empfanden wir, was unser Vater über Fliegerangriffe, Verdunkelung und Gasmasken schrieb. Dass das Generalkommando in Wiesbaden wohl bombardiert werden würde, wir aber im Germanswald vermutlich nicht, stimmte uns Buben eher kummervoll.

Das Zauberwort Verdunklung setzte uns in höchstes Entzücken, denn Dunkelheit bedeutete für uns Kinder Abenteuer. Mit Feuereifer suchten wir Decken und Tücher zusammen, um sie hinter die Fenster hängen zu können. Ich schlug Nägel in die Fensterrahmen, damit wir die Decken daran festmachen konnten, Brüderle musste die Leiter festhalten. Schließlich wollte auch er einen wichtigen Beitrag leisten. Schon am frühen Nachmittag war die Wohnung weitgehend verfinstert und wir sehnten den Abend herbei, an dem ja der Ernstfall geprobt werden sollte. Es dauerte und dauerte, bis endlich die Dämmerung hereinbrach. In allen Räumen wurde, wie befohlen, die Beleuchtung eingeschaltet. Brüder und ich durften runter auf die Straße, um zu prüfen, ob alles dicht war. Wir guckten sehr genau und waren mit unserem Werk zufrieden. Auch bei Großmutter hatten wir alles dicht gemacht. Bei Einbruch der Dunkelheit hörten wir den auf- und abschwellenden Heulton der Luftschutzsirenen aus der fernen Stadt zu uns heraufklagen. Es glich einem ganz fremden, fast unheimlichen Jaulen, sonst war nirgends ein Geräusch. Selbst das Rauschen der Tannen war verstummt und wir wagten kaum zu atmen. Sah so der Ernstfall aus? – Wir saßen mäuschenstill in der Küche. Die Zeit der Stille und des Hinaushorchens in die Dunkelheit schien uns endlos. Da näherten sich Motorengeräusche von fern her, wurden lauter, wuchsen zu einem Dröhnen an und in meiner Fantasie sah ich am Himmel die feindlichen Flieger, die sich unsere friedliche Waldwelt zum Ziel genommen hatten. Plötzlich stoppte der Motor und eine schreckliche Stimme schrie: „Licht aus! Seid ihr verrückt geworden! So 'ne Schlossbeleuchtung!" Und schon klingelte es an unserer Tür. Völlig verstört öffnete ich, Mutti und Brüderle standen hinter mir. Ein Polizeibeamter, den grünen Tschako auf dem Kopf, sagte erregt: „Ein Fenster haben Sie nicht verdunkelt! Und zwar zur Straße hin." Wir stürzten ins Wohnzimmer. Ich konnte es nicht fassen. Das Zimmer war – wie befohlen – hell erleuchtet, aber die Decke am Fenster war heruntergefallen. Völlig verstört fing ich zu schluchzen an, weil ich offensichtlich versagt hatte. Am Nachmittag war ich noch so stolz auf mein Werk gewesen und jetzt diese Blamage. In Gedanken wünschte ich mich weit weg, ans Ende der Welt, wo mich keiner mehr sehen konnte. – Inzwischen hatte mich der Polizist an der Schulter gefasst. Als ich zu ihm aufschaute, musste ich mir die Tränen aus den Augen wischen, um ihn richtig sehen zu können. Seine Stimme klang jetzt ganz beruhigend: „Hast du die Verdunkelung gemacht?" Da fiel Mutti ein: „Die Buben haben sich die größte Mühe gegeben." „ Ist ja auch schon ganz prima. Aber ich zeig' euch, wie ihrs noch besser machen könnt." Aus der Tasche zog er eine Schnur, schnitt mit einem Taschenmesser ein Stück ab, nahm eine Ecke der Decke, die am Boden lag, und knotete eine Schlaufe an die Ecke. Auf der anderen Seite machte er es ebenso. „Siehst du", wandte er sich an mich, „jetzt hängen wir die Schlaufen auf Deine Nägel und die Decke fällt nicht mehr runter. Morgen machst Du das genauso bei den anderen Fenstern." Diese einfache Lösung des Problems fand ich toll und noch toller fand ich den Polizeibeamten, als er zu mir sagte: „Bist doch ein tüchtiger Junge, mach weiter so!" Dann hob er die Hand grüßend an den Tschako, verbeugte sich ein klein wenig zu Mutti hin, sagte ganz unerwartet noch „Gute Nacht“ und stieg die Treppe hinab. Er hatte tatsächlich „Gute Nacht“ gesagt. Wir eilten zum Fenster, sahen ihn schemenhaft durch die Dunkelheit zu dem Polizeiwagen gehen, hörten wie die Autotür ins Schloss fiel und sahen die abgedunkelten Lichter des Wagens in der Dunkelheit verschwinden.

Ich aber fühlte mich wieder aufgerichtet von der vermeintlichen Schmach und schwor mir, bei so wichtigen Dingen künftig genau zu überlegen, ob das Ergebnis meines Tuns auch einer sorgfältigen Prüfung standhalten würde. Der letzte Bann war gebrochen, als endlich der langgezogene, gleichförmige Heulton der Sirenen Entwarnung und damit das Ende der Übung angezeigt hatte.

Die Germanstraße war damals eine stille Straße, auf der nur selten ein Auto entlang fuhr. Am späten Nachmittag eines der letzten Augusttage 1939 wurde unser Spiel am Waldgraben jäh beendet. Von Königsfeld her rollte plötzlich Gespann auf Gespann heran, meist mit zwei Pferden davor und zwei Soldaten auf dem Kutschbrett. Die vierrädrigen Wagen waren voll geladen mit Kisten, die mit feldgrauen Planen überdeckt waren. Besonders schwere Lasten wurden von vier Pferden gezogen. Manche Wagen waren an Stelle der Kisten mit Soldaten besetzt, die ihre Gewehre zwischen den Knien hielten. Der nicht enden wollende Zug hatte etwas ganz Ernstes, fast Gespenstisches an sich, denn die Soldaten sahen müde und abgespannt aus und schwiegen vor sich hin. Nur die Kommandos, die den Pferden galten, und das knirschende Rollen der Räder war zu hören. Wir standen mit offenen Mündern am Wegrand: Fuhren die Soldaten in die Schlacht? War schon Krieg? Ab und zu winkten wir etwas verlegen, so eher aus dem Ellenbogen heraus, wobei sich die rechte Hand zögerlich hin und her bewegte. Manchmal riss die Kolonne ab und wir dachten, das sei das Ende des Zuges gewesen. Aber bald hörten wir wieder den Hufschlag von Pferden und das Knirschen der Räder.

Es war dunkler geworden und wir waren ins Haus gegangen. Vom Balkon aus sahen wir weiterhin zu, wie Wagen auf Wagen vorbeirollte, Kolonne um Kolonne vorbeizog. Mutter und Großmutter weinten und winkten manchmal mit ihren Tüchern. Selten winkte ein Soldat zurück.

Es müssen viele Hunderte von Wagen gewesen sein. Noch im Einschlafen hörten wir das Rollen der Wagen und das Stampfen der Pferde. Da war nicht der bunte Glanz, den wir von Paraden gewohnt waren, eher dumpfer Gleichmut in Feldgrau.

Am nächsten Morgen herrschte wieder die gewöhnliche Ruhe am Germanswald. Nur in der Mitte unserer Straße zog sich ein endloses Band von Pferdemist dahin und erinnerte an das große Ereignis. Der einsetzende Regen verwandelte das „Braune Band“ in eine glitschige , scharf riechende Masse, deren Rinnsale nach beiden Seiten an den Straßenrand flossen.

Der Kriegsausbruch am 1. September 1939 kam nicht unerwartet. Schon während der Sommerferien war die Spannung ständig gewachsen. Die heiße Augustluft knisterte förmlich und viele erwarteten ein klärendes Gewitter. „Ab 5 Uhr 45 wird zurückgeschossen!“ Mit diesen mir stahlhart erscheinenden Worten des Führers am Morgen des 1. September 1939 war alles entschieden. Der Angriff auf Polen hatte begonnen. Wenige Tage später hatte Deutschland auch die Schutzmächte Polens, Frankreich und England, zum Gegner. Damit war die Lage ernst geworden. Dessen war ich mir durchaus bewusst.

Verstört saßen wir im Schwarzwald, hörten Nachrichten und die ersten Wehrmachtsberichte. Für die nächsten 6 Jahre – was wir ja nicht wissen – sollte der einleitende Satz: „Das Oberkommando der Wehrmacht gibt bekannt“ unser ständiger Begleiter werden.

Wir waren völlig verunsichert. Greift der Feind im Westen an? Heute noch oder erst morgen? Gibt es Fliegerangriffe? Wie verhält man sich bei Giftgas? Wie findet man überhaupt Schutz und vor was? Wird es genügend Lebensmittel geben? Wird das Trinkwasser verseucht werden? Was machen wir dann?

Wir hörten auf alle Geräusche, auf das Brummen von Motoren, vor allem in der Luft, lauschten, ob die Flak schon schießt.

Samstag, 2. September: Gegen Mittag kommt wie immer samstags Bäcker Bug auf dem Motorrad, seinen großen Korb auf dem Rücken, gefüllt mit duftendem Brot, Brötchen und Brezeln ein letztes Mal zu uns herausgefahren und erklärt: „Ab morgen bin ich Soldat. Leider kann ich euch kein Brot mehr bringen.“ Wir kaufen alles, was er im Korb hat. Zum ersten Mal werden aus den Brotkarten die erforderlichen Kästchen für die gekaufte Brotmenge herausgeschnitten. Die Brotkarten sind von braunroter Farbe. Wir warten sehnlichst auf eine Nachricht von unserem Papa. Was wird mit ihm geschehen, was mit Onkel Hermann, Onkel Karl, mit Onkel Herbert? Über uns liegt eine große Ungewissheit. Mutter und Großmutter sind mutlos, ja fast verzweifelt, wissen überhaupt nicht, was sie tun sollen. Auf jeden Fall überprüfen sie unsere geringen Vorräte und versuchen abzuschätzen, wie lange wir wohl durchhalten könnten bis zum Verhungern.

Der sehnsüchtig erwartete Brief unseres Vaters trifft ein:

„Wiesbaden, den 3. September 1939

Meine liebe Hilde! Hab tausendfachen Dank für Deinen lieben Brief. War das für mich eine Freude gestern, als Dein Brieflein kam. Drückende Sorgen um meine Lieben begleiteten mich, jetzt ist mir wieder besser zu Mute, weiß ich doch, dass meine Lieben zu Hause noch alle munter sind. Gell, lass mich nicht solange warten, schreib mir in der Woche mindestens einmal, wenn möglich dazwischen einen Kartengruß. –

Nun stehen wir mitten in den Feindseligkeiten. Durch den Rundfunk bist Du ja im Bilde, mehr weiß ich auch nicht zu berichten. Ein unvergleichliches Erlebnis war die Reichstagssitzung am Freitagmorgen. Unser Führer hat als fürsorglicher Vater der ganzen großdeutschen Familie an alles gedacht. Für alles hat er Vorsorge getroffen, nichts kann uns überraschen. Die Truppen der Ostarmee gehen unaufhaltsam vorwärts und bald wird der Polenspuk vorbei sein. Aber auch im Westen steht Deutschlands Wehr am Wall. Unüberwindbar wird er sein. Die besten Reservisten sind dort, auch Hermann ist dabei. Vier Tage lang lag er in der Kaserne in Wiesbaden und ich wusste es nicht. Bevor Hermann nach Westen fuhr, wollte ich ihn noch einmal in Mainz-Kastel treffen. Ich fuhr hinüber, aber leider verfehlten wir uns. Ich selbst kann ja nicht an die Front, muss hier in Wiesbaden bleiben, darf es nicht verlassen. Aber auch hier kann man seinen Mann stellen. Die technischen Vorbereitungen dürfen nicht unterbrochen werden. So habe ich heute am Sonntag freiwillig Dienst getan.

Wir tragen jetzt alle gelbe Armbinden, wer noch nicht eingekleidet ist, und sind somit auch äußerlich als Wehrmachtsangehörige gekennzeichnet. Die Gasmaske wird ebenfalls ständig getragen, vorerst in der Büchse und hoffentlich recht lange.

Das verjudete Pack von Engländern hat uns heute den Krieg erklärt. Das wird der Untergang des englischen Weltreiches sein. Am Westwall können die Engländer und Franzosen ihre Dickschädel einrennen. Und in der Luft wird unsere Luftwaffe zeigen, was sie gelernt hat ..."

Im nächsten Brief heißt es:

„Für Dich, mein Lieb, ist es jetzt hart, alles, aber auch alles herbeischaffen zu müssen und kein Postauto fährt. Die Buben sollen Dir das Damenrad putzen und vielleicht kann Dir Herr Heim, falls er noch da ist, die Schläuche flicken. Im übrigen kannst Du damit fahren, wenn es auch nicht so schön aussieht. Aber sei vorsichtig beim Fahren, damit den Kindern das Mamale erhalten bleibt.

Noch ein Fürsorge möchte ich Dir sagen. Überklebe die Fenster kreuzweise mit Papierstreifen, damit beim Niedergehen von Bomben durch den Luftdruck die Glassplitter nicht nach allen Richtungen fliegen. Vor allem bei den Oberlichtern, die man nur schwer öffnen kann. Durch das Papier wird das Glas etwas gehalten. Vor allem, und das ist das beste, bei Fliegeralarm Läden schließen und Fenster öffnen. Jede Nacht muss verdunkelt werden. Immer einen Eimer mit Wasser bereit stellen, griffbereit am besten in jedem Stock vor die Glastür.

Mein Lieb, bleibe tapfer, wir leben in einer großen Zeit und müssen bereit sein jeder auf seinem Platz das Beste und Größte zu leisten.

Gerd wird vorerst keine Schule haben oder doch? Hier fällt die Schule vorläufig aus, denn aus den Schulen sind wieder Kasernen geworden.

Heute früh, d.h. am Montagmorgen, hatten wir um halb sechs den ersten Fliegeralarm von sehr kurzer Dauer, etwa zehn Minuten. Danach war der Spuk schon vorbei und man neigte zur Ansicht, dass es eine Probe gewesen sei. Aber später wurde man eines anderen belehrt: Dass englische Flugzeuge versucht haben über Holland nach Deutschland einzufallen. Aber unsere Wacht steht überall fest und unverdrossen. Nach kurzem Feuer unserer Flak-Geschütze haben es die verjudeten Engländer vorgezogen, wieder zu verduften. Und so soll und wird es immer bleiben. Mit stolzer Freude eilen unsere Soldaten gen Osten und holen eine deutsche Stadt nach der anderen heim ins Reich. Mit Spannung erwarten wir auf der Dienststelle alle Nachrichten und freuen uns über den gleichmäßigen Gang. Alle Räder greifen ineinander mit einer Präzision wie bei einer Uhr. Da mitten drin ein Rädchen zu sein, ist auch eine Genugtuung, die Befriedigung spendet.

Noch eins, mein Lieb, bei der Vorbereitung zum Luftschutz achte darauf, dass alle Lebensmittel möglichst luftdicht, Brot im Brotkasten und ähnlichem, verschlossen sind. Das soll jeweils bei Fliegeralarm sein und bietet Schutz gegen die Giftgase. Ist eine Bombe niedergegangen und ihr müsst alle davonlaufen, dann müsst ihr gegen den Wind gehen wegen der Giftgase. Diese Wandern gegen den Wind ist besonders wichtig. Achte auf alle Bekanntmachungen in der Zeitung, dieselben genauestens durchlesen, aber auch erfüllen. Bei Einbruch der Dunkelheit bleibt alle zu Hause. Wenn ich keinen Dienst habe, mache ich es ebenso.

Für eine Taschenlampe sorge. Sei darauf bedacht, dass dieselbe bereit liegt und auch funktioniert. So manches hätte ich noch zu sagen, wenn ich nur einmal zu Hause sein könnte ...

Soeben höre ich die Frühnachrichten, ein herrliches Erleben: der Führer in vorderster Linie bei seinen Soldaten ... Die Engländer, das Judenpack, glaubt ungestraft unsere Küste angreifen zu können. Und der englische König, der Ober-Freimaurer, hast Du gehört, was er in seiner Thronrede verkündete? Um Deutschland vernichten zu können, verzichtet er auf Indien, Arabien, Palästina und Gibraltar, gibt diese Länder den Bewohnern zurück. Das ist der Gipfel der Gemeinheit, und dieses Volk will die höchste Kultur besitzen! Man könnte seitenlang fortfahren."

Mutter antwortete am 5. September 1939:

„Andauernd geht der Regen nieder, trüb und grau stehen die Tannen, trüb und grau und schwer ist auch mir zu Mute. –

Nun ist doch der Krieg in seiner ganzen Schwere über uns hereingebrochen. Und was wird noch werden, mein Lieb? –

Ich bin in Sorge um Dich, in Sorge um Hermann, Karl und Herbert –. Und heute ist unseres lieben Heinrich Todestag und schon wieder lauert der Tod an allen Ecken und Enden. –

Hier, am Germanswald, ist es ruhig und still, ein Land, wo tiefer Friede wohnt. – Doch manchmal ist es mir so unheimlich still, und ich fürchte fast, es ist „die Stille vor dem Sturm". Wir verdunkeln jeden Abend auf das Genaueste, doch noch nie ist ein feindlicher Flieger über unsere Wälder geflogen und hoffentlich bleibt dies auch so. Wenn ich daran denke, dass es wirklich so kommen könnte, überläuft es mich kalt. Gasmasken konnte ich hier noch nirgends kaufen. Auch sonstige Hilfsmittel für den Luftschutz wie Hausapotheke usw. konnten nicht mehr aufgetrieben werden. Ist alles ausverkauft. Ich hoffe ja auch nicht, dass sich eine Bombe auf die paar einzelnen Häuser verirrt. Aber man kann freilich nie wissen ..."

Die Zeilen meines Vaters geben seine Stimmung und Zuversicht wieder. Sie zeigen zugleich, wie machtvoll die NS-Propaganda schon gewirkt hat. Der Feind, das sind jetzt in erster Linie die „verjudeten Engländer". Mein Vater wird diese Bezeichnung noch oft verwenden und die entsprechenden Steigerungen, die sie durch Hetzreden in den Medien erfahren, in seinen Wortschatz übernehmen. Zugleich zeigen sie die naiven Vorstellungen, die zu Kriegsbeginn über Bombeneinschläge bzw. über Luftangriffe herrschten.

Im Gegensatz zu meinem Vater hat sich meine Mutter in keinem ihrer vielen Briefe auf den Propagandajargon der Nazis eingelassen. Sie teilte nie den blinden Optimismus meines Vaters. In ihren Briefen wird immer heftiger das Elend des Krieges und das Leiden der Menschen beklagt werden.

Auch die Behauptung meines Vaters, der Führer habe „wie ein fürsorglicher Vater der großdeutschen Familie an alles gedacht", wird mit der Feststellung von Mutter beantwortet, dass weder Gasmasken noch Geräte für den Luftschutz oder gar eine Hausapotheke zu kaufen seien. „Ist alles ausverkauft", stellte sie schlicht und einfach fest.

Das Wort Krieg gehörte wohl zu den ersten zweihundert Wörtern meines frühkindlichen Wortschatzes. Die nächtlichen Lesungen meiner Großmutter aus der Regimentsgeschichte des Füsilierregiments Nr. 40 und ihre Erzählungen hatten mich schon als Dreijährigen tief beeindruckt und ich konnte nicht genug davon hören. Sie tat das gerne und ich nutzte diese Bereitschaft weidlich aus. Sie besaß auch mehrere Bücher mit vielen Bildern von den französischen Schlachtfeldern des Krieges 1914 bis 18, die sie mir zu erklären versuchte. Das Wort „Stellungskrieg" nahm dabei einen ganz wichtigen Raum ein. So brachte ich diese Bilder in die ersten Wochen des neuen Krieges ein. Vor meinem geistigen Auge sah ich endlose Schützengräben und unüberwindbar scheinende Drahtverhaue, riesige Granattrichter und sich schwerfällig über die Schlachtfelder wälzende Tanks. Erst allmählich wurde mir klar, dass es diesmal ganz anders sein musste. Die Nachrichten, die ich im Radio hören konnte, und die Bilder, die ich in unserer Zeitung zu sehen bekam, zeigten in aller

Regel keine Schützengräben, keine Ungetüme von Tanks, keine merkwürdig müden Fesselballons, die wie aufgeblasene Zielscheiben am Himmel hingen, sie zeigten vielmehr schnelle Panzer, aus deren geöffneten Luken die Panzerkommandanten herausschauten, zeigten motorisierte Infanteristen, die auf Motorrädern, deren Beiwagenfahrer Maschinengewehre in ihren Händen hielten, über die staubigen Straßen brausten, ließen Flugzeuge, die Stuka genannt wurden, im Sturzflug auf brennende Städte zurasen und ihre Bombenlast ausklinken. Ich sah Aufnahmen von polnischen Reiterregimentern, die mit eingelegten Lanzen gegen die anrollenden Panzer anstürmten zu hoffnungslosem Gemetzel. Ich hörte die Wörter „der moderne Krieg" und das Wort „Bewegungskrieg" und nahm sie mit vielen anderen neuen Begriffen in meinen Wortschatz auf.

Der Krieg konzentrierte sich zunächst auf den Osten, auf Polen, doch nach wenigen Wochen war er zu Ende, Polen hatte kapituliert und eigentlich auch aufgehört zu existieren, denn es wurde aufgeteilt zwischen dem Sieger Deutschland und der Sowjetunion, ein Wort, mit dem ich gar nichts anzufangen vermochte. Russland, ja das war mir geläufig aus dem Großen Krieg, schon allein wegen der Schlacht von Tannenberg, die in meinem Volksschullesebuch ausführlich gewürdigt worden war. Dass Russland jetzt unser Freund sein sollte in Gestalt der Sowjetunion, das wollte mir nicht einleuchten. Der Krieg schien also noch vor Weihnachten vorbei zu sein. Das Wort „Blitzkrieg" war von nun ab das Zauberwort, das meine Vorstellung neu bestimmte. Schnell, radikal und ohne Zögern oder Erbarmen, eben wie der Blitz, das war der moderne Krieg.

Zu Beginn des Zweiten Weltkriegs erfüllte sich auch Onkel Hermanns Schicksal. Großmutters Schmerz um die verlorenen Söhne wurde aufs Neue aufgewühlt, als sie erleben musste, dass ihr dritter Sohn Hermann, der sich inzwischen wieder freiwillig als Frontberichterstatter an die Westfront gemeldet hatte, auf der Fahrt zu einem Heimaturlaub tödlich verunglückt war. Er starb am Abend des 1. Dezember 1939.

Er wurde in vielen Nachrufen in der NS-Presse gewürdigt, so auch von Gauleiter Robert Wagner, der sieben Jahre später von einem französischen Gericht zum Tode verurteilt und am 14. August 1946 in Straßburg hingerichtet wurde. In seiner Würdigung heißt es u.a.: „Pg. Leitz hat sich durch seine Treue zum Führer und seine Arbeit für die Partei Verdienste erworben, die sein Andenken immer lebendig erhalten".

An einer anderen Stelle wird ausgeführt: „Allen alten Parteigenossen ... wird noch unvergessen sein, wie Hermann Leitz in Furtwangen anlässlich der 10. Wiederkehr des Schanddiktats von Versailles das kleine Häuflein der Nationalsozialisten um sich versammelte und das Hakenkreuzbanner entfaltete ... den Gefühlen aller Ausdruck gab und den fluchwürdigen Vertrag und Geist von Versailles leidenschaftlich anklagte ... Immer wieder brandmarkte er das System [von Weimar d. Verf.], das solche Ausbeuter des deutschen Volkes duldete ...

Als im September [1939 d. Verf.] der Führer seine jungen und alten Soldaten zur Verteidigung des Reiches aufrief, da war der alte Kämpfer wieder zur Stelle. In einer Propagandakompanie fand er Gelegenheit, aufs neue seinen Mut, seinen Kameradschaftsgeist und sein vorbildliches Soldatentum unter Beweis zu stellen ... Für Führer und Vaterland ist er gestorben. Sein Geist aber, der nimmermüde, draufgängerische Geist, wie er sich in langen Kampfjahren bewährte ... und wie ihn seine Kameraden an der Front schätzten, soll uns weiter erfüllen und uns Verpflichtung und Ansporn sein bei unserem eigenen Einsatz ..."

An die Nacht vom 1. auf den 2. Dezember , als die Nachricht vom Tod meines Patenonkels eintraf, erinnere ich mich sehr gut:

Spät in der Nacht schreckte ich aus dem Schlaf. Verstört lauschte ich in die Dunkelheit. Von ferne hörte ich Weinen und Schluchzen, herzzerreißendes Jammern, Stammeln. Sofort dachte ich an meine in diesen Tagen sehr kranke Mutter und eine schreckliche Bangigkeit überfiel mich. „Mutti ist tot und Großmutti weint!", schoss mir als furchtbarer Gedanke durch den Kopf.

In unserer Familie ist von Tod und Sterben nicht selten gesprochen worden. Ich wusste, dass der Tod zum Leben dazugehört. Immer, wenn die Todestage der Söhne meiner Großmutter, Heinrich und Jakob, sich näherten, wurde mir die Erinnerung an den Tod wieder bewusst. Großmutter schmückte dann ihre Bilder, die in ihrer Stube an den Wänden hingen, mit Sommerblumen. Mein ganzes Leben haben mich diese Erinnerungen schließlich begleitet. Ich lauschte anstrengt in die Nacht und suchte das Weinen und Wimmern zu enträtseln, unterschied mehrere Stimmen, fasste wieder Mut: „Großmutti war also nicht allein." Ich schlich hinaus auf den Flur, die Wohnungstür stand offen, von Großmutters Wohnung fiel ein schwaches Licht auf die Treppe. Verängstigt, aber auch hoffnungsvoll, denn ich glaubte auch das Weinen meiner Mutter zu erkennen, ging ich langsam die Treppe nach oben, das Treppengeländer als festen Halt in der linken Hand. Auch hier war die Wohnungstür offen, die Tür zu Großmutters Schlafzimmer nur halb geschlossen.

Ich sah Großmutter im Bett liegen, meine Mutter über sie gebeugt, beide weinend und jammernd, neben ihnen stand Onkel Karl, der sich unentwegt die Tränen wischte. Jetzt dachte ich: „Papa ist tot!" und fing an laut zu weinen. Meine Mutter sah auf, schluchzte, streckte mir die Arme entgegen und sagte mit tränenreicher Stimme: „Dein Onkel Hermann ist tot!" Aber auch diese Nachricht traf mich tief, denn ich liebte meinen Patenonkel sehr und so ließ ich meinen Tränen freien Lauf, dachte an die vielen schönen Päckchen, die er mir zum Geburtstag und zu Weihnachten immer geschickt hatte, und an den großen Osterhasen aus Schokolade, der in braunes Silberpapier eingehüllt war und ganz echt aussah. Also, mein lieber Onkel Hermann war tot. Er war bei den Soldaten, das wusste ich natürlich, also war er gefallen.

Künftig würde auch ein Bild von ihm an der Wand hängen und von Großmutter geschmückt werden wie die Bilder seiner Brüder. Ich spürte, nichts würde mehr so sein wie bisher. Bei aller Dankbarkeit darüber, dass meine Mutter und mein Vater noch lebten, empfand ich doch eine riesige Leere und Verlassenheit.

Im Westen gab es in diesen Monaten nur Scharmützel am Oberrhein und an der Saar. Die Franzosen blieben ruhig und das beruhigte auch mich, der ich ja über die Schlachtfelder des Großen Krieges in Frankreich und Belgien ganz gut Bescheid wusste. Da hatten wir ja nun den Westwall, der uns schützen würde, falls die Franzosen den Mut haben sollten, uns anzugreifen. Hinter dem Westwall hatte sich gewiss auch mein Onkel Hermann in Sicherheit gedacht. Als die Nachricht bei uns eintraf, dass er gefallen sei, brachen zunächst meine Vorstellungen vom sicheren Westwall in sich zusammen. Erst als offenbar wurde, dass er nicht an der Front einer Feindeskugel, sondern auf dem Weg zu seiner Familie mit zwei weiteren Kameraden bei Rüsselsheim einem Autounfall zum Opfer gefallen war, fasste ich wieder Vertrauen zum Westwall. Der Wehrmachtsbericht meldete in diesen Wochen und Monaten immer wieder: „Im Westen keine besonderen Ereignisse."

Aber in den „Wehrmachtsberichten" rückten zwei weitere „Kriegsschauplätze" immer weiter ins Blickfeld, der Seekrieg und der Luftkrieg. Mit Kriegsschauplatz verband ich als Kind zunächst ein ganz realistisches Bild. Ich sah vor mir einen großen Platz, auf dem in Friedenszeiten von den Soldaten Krieg geübt wurde. Die Leute waren als interessierte Zuschauer eingeladen und schauten eben zu, daher die Bezeichnung „Kriegsschauplatz". Diese Vorstellung konnte aber nur für den Landkrieg gelten. Im Ernstfall, so dachte ich mir, findet der Krieg eben auf dem offenen Feld statt, manchmal auch im Wald. Da ist dann das Kriegsgebiet eben viel größer als ein Schauplatz. Von Gemälden, die das Schlachtgeschehen in den Napoleonischen Kriegen darstellten, kannte ich den „Feldherrnhügel". Da standen die obersten Heerführer, „die Schlachtenlenker", beisammen und betrachteten mit Ferngläsern, die aus einem langen Rohr zu bestehen schienen, den Kampfverlauf. Meist sprengten von rechts und links Reiter heran, die Meldungen brachten oder entgegennahmen. In der Ferne sah man die kämpfenden Fußtruppen, meist in geschlossenen Karrees aufeinander vorrückend, oder die Dragoner und Ulanen im gestreckten Galopp aufeinander zustürmen. Unmittelbar vor dem Feldherrnhügel war meist die Artillerie postiert, die aus allen Rohren auf die feindlichen Schlachtreihen feuerte. Über dem ganzen Geschehen lag blauweißer Pulverdampf, aus dem gelbrote Flammen züngelten. Die Bevölkerung hatte auf diesen Gemälden meist keinen Raum mehr, sie hatte damit nichts mehr zu tun. Sie war nur noch im Nachhinein Bildbetrachter, aber kein Zuschauer mehr. Auf den Seekrieg und erst recht nicht auf den Luftkrieg war für mich der Begriff Kriegsschauplatz anwendbar. Die täglichen Meldungen des Wehrmachtsberichts hatten immer mehr versenkte feindliche Schiffe und abgeschossene Flugzeuge zum Inhalt. Diese „Kriegsschauplätze" mussten sich meiner Vorstellungswelt erst noch erschließen. Dazu bot der Krieg in Norwegen im April 1940 reichlich Gelegenheit. Der undifferenzierte Begriff für „Kriegsschiffe" fächerte sich ganz schnell auf und ich lernte unterscheiden zwischen Schlachtschiffen und Kreuzern, Zerstörern und Torpedobooten, Truppentransportern und U-Booten. Vor allem zu den großen Schiffen entwickelten sich fast persönliche Beziehungen, denn sie hatten Namen wie „Scharnhorst" oder „Gneisenau", „Lützow" oder „Bismarck" und mit diesen Namen verband ich dank der geschichtlichen Unterweisungen durch meine Großmutter Heldenfiguren aus der nationalen Vergangenheit. In den Zeitungen und Illustrierten sah ich diese stolzen Schiffe, die Reichskriegsflagge am Mast, mit ihren gewaltigen Geschütztürmen der Schiffsartillerie und den daneben fast schmächtig erscheinenden Kanonen zur Fliegerabwehr, die in der Abkürzung „Flak" im Kriegsverlauf ein immer wichtigerer Bestandteil meines militärischen Wortschatzes wurde. Ich sah nicht die sinkenden Schiffe, die im eiskalten Wasser der Fjorde ertrinkenden Soldaten, sah noch nicht die verstümmelten Verwundeten und Sterbenden. Der Krieg in meinem Bewusstsein quoll über von heroischen Taten, von siegreichen Helden.

Der Luftkrieg, das war schon in den ersten Kriegstagen klar geworden, war etwas ganz anderes. Der betraf auch uns, die wir fern der „Kriegsschauplätze" waren, ein Begriff, der bald abgelöst wurde von der Bezeichnung „Front", wobei jeweils die Himmelsrichtung zur genaueren Bestimmung hinzugefügt wurde. Die Front war ja schon bisher nichts Unbekanntes im nationalsozialistischen Denken. Schon in den ersten Wochen in der Schule hatte ich gelernt, dass es die Arbeitsfront gab, die uns alle einschloss, Männer, Frauen und Kinder, die Arbeiter der Stirn und der Faust. Sozusagen alle, die an Deutschlands Zukunft glaubten, „an unseres Volkes Auferstehen". Front war für mich ein ehrenvoller Begriff. Jetzt erhielt sogar die Heimat den Zusatz Front. Die Heimatfront, das waren wir. Das war mir sofort klar und ich war stolz darauf, dadurch in das „Frontgeschehen" einbezogen zu sein.

Der Luftschutzwart, der für jedes Haus bestimmt wurde, war für die Verdunkelung verantwortlich. Sie war lebenswichtig wie die Gasmasken, die wir nach einigen Monaten erhielten. Dazu gehörte das Erlernen der Bedeutung der verschiedenen Heultöne der Sirenen: Voralarm, Hauptalarm und Entwarnung. Dazu gehörte das Wissen um das richtige Verhalten bei Alarm oder gar bei einem Luftangriff. Zu meinen Aufgaben gehörte es, jeden Abend zwei Wassereimer bereit zu stellen und für die Verdunkelung unserer Wohnung zu sorgen. Doch solange wir im Schwarzwald wohnten, war alles Bemühen umsonst. Kein feindliches Flugzeug ließ sich blicken, kein ernst gemeinter Alarm schreckte uns auf.

Bis auf die Lebensmittelkarten, von denen „Abschnitte" abgeschnitten wurden, wenn man Brot, Fleisch oder Fett kaufen wollte, schien für uns das Leben weiterzulaufen wie im Frieden. Lediglich um unseren Vater machten wir uns Sorgen, denn der arbeitete ja beim Luftgaukommando in Wiesbaden, und das, so glaubten wir, war eins der ersten Ziele für einen feindlichen Fliegerangriff. Aber auch in Wiesbaden blieb es in diesen Monaten ruhig. Unter einem Luftgaukommando konnte ich mir gar nichts vorstellen. Aus den kargen Berichten meines Vaters, wenn er uns besuchte, entnahmen wir, dass es irgendetwas mit der Luftwaffe, also mit Flugzeugen zu tun hatte. Aber Genaueres erfuhren wir lange nicht. Mein Vater sagte immer wieder zu unseren bohrenden Fragen: „Das ist geheim. Das darf ich nicht sagen." Dann rückten wir Kinder ein Stück von ihm weg. Das Wort „geheim" entrückte ihn uns, ließ ihn uns für diesen Augenblick fremd erscheinen.

„Habt ihr euer Zeug weggeräumt?" Das fragte uns unsere Mutter oft und meinte damit unsere Spielsachen, also das Spielzeug. Hast du dein Zeug alles eingepackt, fragte sie mich beim Abschied, wenn ich zur Schule ging und meinte damit Schiefertafel, Griffelkasten, Schwamm und Lesebuch, auch und besonders das Schulbrot. Also Zeug war bei uns so ein Allerweltswort. Wollte man einen angesprochenen Sachverhalt näher bestimmen, so sagten wir Schulzeug, Schreibzeug, Turnzeug, Werkzeug und so weiter. Das Zeug brauchte man eben für alles. Das Turnzeug zum Turnen, das Schreibzeug zum Schreiben, das Schulzeug, um in der Schule mitarbeiten zu können.

Flugzeuge hatte ich schon einige gesehen, denn die Kreisstadt besaß sogar einen kleinen Flugplatz. Flieger, das war für mich zu Beginn des Krieges die Bezeichnung für den Piloten, was ja auch im Lied der Legion Condor deutlich wurde, wenn es heißt, „wir sind die Bombenflieger der Nation". Aber Flieger und Flugzeug ging meist durcheinander und so kam es zu der Vereinfachung, nur noch von Bombern oder Jägern zu reden. Damit waren in jedem Fall die Flugzeuge gemeint. Je weiter sich der Luftkrieg im Kriegsgeschehen ausdehnte, lernten wir auch die einzelnen Typen zu unterscheiden und beim Namen zu nennen. Es war eben ein großer Unterschied, ob eine Me 109 oder eine Me 110, eine Ju 53 oder eine Ju 87 gemeint war, ob einem eine Spitfire im Nacken saß oder eine Lancaster Jagd auf einen machte. Jedenfalls eröffnete mir der Krieg einen ungeheuren Wortschatz.

Der Kriegsbeginn verlängerte uns Erstklässlern zunächst einmal die Sommerferien, denn unsere Schulräume wurden militärisch genutzt. Als dann nach einigen Wochen der Unterricht wieder aufgenommen wurde, hatte sich mein an sich schon sehr weiter Schulweg noch um einen halben Kilometer verlängert, da der Unterricht in ein anderes Gebäude verlegt worden war. Die Zahl der Räume reichte nicht aus. Der Unterricht fand daher umschichtig statt. So musste ich in der einen Woche morgens um acht in der Schule sein, in der nächsten erst am Nachmittag. Für mich hieß das bei den immer kürzer werden Tagen entweder bei Dunkelheit loszumarschieren oder abends bei Dunkelheit nach Hause zu kommen. Bisher war ich nie allein bei Dunkelheit durch den Wald gegangen, jetzt bekam mein lieber Wald etwas sehr Bedrohliches. Solange ich durch den Wald ging, dämpfte ich meine Schritte so gut es ging, lauschte angespannt in das Dunkel, war froh, wenn zuweilen der Mond mir den Waldpfad erleuchtete, war erleichtert, wenn ich schließlich in Straßen ankam, in denen Laternen leuchteten. Regen und Schnee machten die Wege rutschig und erforderten zuweilen Umwege, weil die Bäche, die ich an einigen Stellen überqueren musste, meinen Weg überfluteten. Besser wurde es, wenn starker Frost einsetzte und Schnee gefallen war, der in dichten Schichten liegen blieb. Da war aber manches Mal nur mit Mühe der Weg zu finden. Mehr als einmal wusste ich nicht weiter oder fühlte mich zu müde, um in dem tiefen Schnee noch weiterzugehen. Dann dachte ich an unsere Soldaten, die auch nicht müde sein durften und raffte mich wieder auf.

Ließen schon diese äußeren Bedingungen die Freude an der Schule sinken, so war es erst recht die Schule selbst. Unser zackiger Hitlerlehrer war eingezogen worden. Wir hatten jetzt ein ältliches Fräulein, ziegendürr, ohne Saft und Kraft. Sie begrüßte uns mit einem süßlichen „Guten Morgen, liebe Kinder", was bei uns auf „Heil Hitler" dressierten Knaben ein großes Gelächter auslöste und uns sofort eine gewaltige Strafarbeit eintrug. Das Fräulein konnte unsere Begeisterung nicht neu entfachen. Hätten wir unseren Lehrer behalten, so hätten wir jeden Tag über den Fortgang des Krieges gesprochen. Das war doch unser Thema. Aber jetzt wurde nur noch Schreiben, Lesen und Rechnen geübt. Stumpfsinnig kam jeder der Reihe nach dran, und war man dran gewesen, so hatte man erst einmal seine Ruhe. Kaum einer wollte außer der Reihe drankommen. Während ich im ersten Halbjahr voll Freude und Eifer meine Schularbeiten erledigte, hatte ich im zweiten Halbjahr keine Lust mehr. Ich habe mich immer gewundert, dass meine Schulnoten im zweiten Halbjahr genau so gut waren wie im ersten. Sogar in Fleiß und Aufmerksamkeit behielt ich meine Note „sehr gut". Dieses recht trostlose letzte Schulhalbjahr hat mir den Abschied aus meinem geliebten Wald erleichtert.

Eine Winternacht ist mir in besonderer Erinnerung geblieben. Unser Vater hatte angekündigt, dass er am 20. Dezember 1939 mit dem letzten Zug am Bahnhof Kirnach ankommen würde. Er habe endlich für die Weihnachtstage Urlaub erhalten.

Die Nacht seiner Ankunft war sternenklar und bitterkalt im Germanswald. Wir hatten so lange gebettelt, bis Brüderle und ich erreicht hatten, zusammen mit Mutti um Mitternacht hinunter ins Tal zum „Kirnacher Bahnhöfle" zu laufen. Auf den Tannen lag dichter Schnee, die Straße war weiß und glatt. Brüderle zog mit leichter Hand den Schlitten, der wie von selbst über den Schnee zu gleiten schien. In den Fahrspuren im Schnee glitzerten die Sterne und der Mond. Die Luft strich eisig vom Tal herauf, Hecken und Zäune waren mit dickem Raureif besetzt. Es war ganz still, nur manchmal ging ein frostiges Knacken durch die steifen Äste der Tannen. Noch nie waren wir im Winter so tief in der Nacht draußen. Um so mächtiger empfand ich den Eindruck der schweigenden Tannen, die mir, sonst so vertraut, jetzt fremd und verschlossen erschienen. An dem breiten Himmelsstrich, den die Tannen über der Straße freigaben, schimmerten mit nie gesehener Klarheit unzählige Sterne und ein strahlend leuchtender Wintermond ließ unseren Weg hell und sicher erscheinen. Unsere Stiefel knirschten auf den Eiskristallen des pulvrigen Schnees und ich konnte mich kaum satt sehen an den funkelnden Spiegelungen des Widerscheins von Sternen und Mond. Oft schon hatte ich bei Neuschnee die Unberührtheit der Natur empfunden, wenn keine Spur im tiefen Schnee zu sehen war. Aber jetzt, in der Nacht weitete sich das Gefühl zu einer unbekannten Feierlichkeit und ich spürte plötzlich: So war die Heilige Nacht. Ich hüpfte und sprang mit einer Leichtigkeit, als ob ich Flügel hätte, die Straße hinab ins Brigachtal, empfand nicht mehr die beißende Kälte, sah nur strahlendes Weiß und blinkendes Leuchten und hätte mich auch nicht mehr gewundert, wenn sich ein Himmelstor aufgetan hätte oder der Engel des Herrn erschienen wäre und die Worte gesprochen hätte: „Fürchtet euch nicht! Denn siehe, ich verkündige euch große Freude!"

An dem einsam gelegenen Bahnhof brauchten wir nicht lange zu warten. Schon von Ferne sahen wir in der klaren Nacht die dicken Dampfwolken der sich nähernden Lokomotive. Dann kreischten die Bremsen, der Dampf rauschte fauchend über die Pleuelstangen, die Räder drehten sich immer langsamer. Noch ein Rucken, dann stand der Zug. Eine einzige Tür öffnete sich. Heraus stieg unser Vater und zog die Koffer aus dem Abteil. Wir flogen in seine ausgebreiteten Arme und waren glücklich.

Von Urlaubssperre und Wohnungssuche

Die seit Kriegsausbruch bestehende Urlaubssperre stimmte uns alle sehr traurig. So schreibt Papa am 13. Oktober 1939: „Wieder kommt ein Sonntag und ich kann nicht zu Hause sein und leider ist nicht die Aussicht vorhanden, dass ich an einem der kommenden Sonntage Urlaub erhalte. Durch die jüngsten Ereignisse ist eine vollständige Sperre eingetreten. Das Lumpenpack, dieser Judenklüngel von Engländern, an der Spitze dieser Regenschirmpatriot Chamberlain, wollen nichts anderes als den Krieg ... Nur, ich kann nicht einmal für 24 Stunden nach Hause zu Dir, mein Lieb, und den Kindern fahren ... So bleibt mir nichts anderes übrig, als zu schreiben und zu schreiben ..."

Am 21. Oktober 1939 schreibt Papa: „Jetzt habe ich meinen festen Anstellungsvertrag erhalten ... Für die erste Zeit bekomme ich 400,- Mark brutto, nach den Abzügen verbleiben etwa 365,- Mark. Jetzt habe ich noch dazu die Trennungsentschädigung von 120 RM, ein ganz schönes Einkommen, aber leider kostet das Leben viel Geld ... Wir müssen zusehen etwas zu sparen, denn der Umzug kostet viel Geld. Dabei gibt es so viele Kleinigkeiten, die man vorher gar nicht beachtet. Ich wünsche mir, dass diese Stunde bald schlägt. Dann wollen wir aber für immer beisammen bleiben ..."

Einer zeitgenössischen Quelle vom 13. Oktober 1939 entnehme ich, dass bekannte Schauspielerinnen eine Tagesgage von 1000 RM und mehr erhalten. Die prominentesten Filmschauspieler wie Emil Jannings, Hans Albers, Zarah Leander u.a. erhalten Pauschalgagen pro Film von 100 000 Reichsmark.

Die Suche nach einer geeigneten Wohnung in Wiesbaden gestaltete sich unendlich mühselig und frustrierend. Da Großmutter unbedingt bei uns bleiben sollte, musste eine entsprechend große Wohnung gefunden werden. Schon in den ersten Wochen seiner Anwesenheit in Wiesbaden war unser Vater unermüdlich auf Wohnungssuche. Der Briefwechsel meiner Eltern aus dieser Zeit gibt einen tiefen Einblick in die Trostlosigkeit dieses Bemühens. Um von seiner Dienststelle eine Umzugsverfügung zu erhalten, musste er einen Mietvertrag vorlegen. Bei seiner Suche nach einer Wohnung stellte er fest, dass kleinere Wohnungen bis vier Zimmer sehr gesucht waren. Größere Wohnungen, so meinte er, seien leichter zu erhalten, aber die kosteten zu viel. Auch die Überlegung, für Großmutter eine eigene Wohnung zu finden, führte zu keinem Ergebnis.

Kein Vermieter schien bereit zu sein, eine Wohnung an eine Familie mit drei Kindern zu vermieten. Nach vielen vergeblichen Versuchen schrieb er am 13. Februar 1940: „Jetzt habe ich auf eine Anzeige ‚Einfamilienhaus zu vermieten' geschrieben. Will sehen, was dabei herauskommt ..." Fünf Tage später berichtet er: „Das Häuschen war eine große Hundehütte ... Als ich den Berg hinaufstieg bei Sturm und Schnee, freute ich mich, als ich das letzte Haus sah, denn das letzte Haus sollte es sein, ein schöner Bau mit Wintergarten, Veranda usw. ... In Gedanken gab ich 20 Mark mehr an Miete, wenn ich es kriegen sollte. Aber es war nicht das zu vermietende Haus, vielmehr das, was dahinter steht: Im Aussehen wie ein Stall oder Schuppen. Nein, niemals, auch wenn ich es geschenkt erhielte, wie gesagt, eine große Hundehütte ..."

Einige Zeilen weiter fährt er fort und gibt seinem Frust maßlosen Ausdruck: „Auf viele Chiffre-Anzeigen, auf die ich geschrieben habe, bekam ich überhaupt keine Antwort. Ich werde weiter suchen und auch etwas finden. Hier in Wiesbaden wohnen noch Tausende von Juden und die haben die schönsten und billigsten Wohnungen im Besitz. Diese Bande sollte man rausschmeißen können, etwas anderes haben diese Gesellen nicht verdient. Nur diesen internationalen Drohnen haben wir, d.h. alle Völker, diese harten Zeiten zu verdanken. Aber nun wird Schluss gemacht. Der Kampf geht weiter und wird restlos zu Ende geführt. Und da möchte ich nicht zur Seite stehen ..."

Trotz aller Sehnsucht nach einer Wohnung und dem innigen Wunsch die Familie wieder zusammenzuführen, antwortet Mutti: „Die Leute auf die Straße setzen, ob Jude oder Nichtjude, kann man doch nicht! ..."

Schließlich waren die Eltern so verzweifelt, dass meine Mutter am 8. März 1940 schrieb: „Wir alle vermissen Dich zu sehr und sehnen uns nach einem richtigen Zusammenleben ... Wenn Du also eine Wohnung von 3 – 4 Zimmern findest und sie ist einigermaßen, dann nimm sie ..." Vater antwortete am 11. März 1940: „Auch mein sehnlichster Wunsch ist es, nun bald eine geeignete Wohnung zu finden ... Und was ist mit Mutter? Wie stellst Du Dir das vor? ..."

Mutter konkretisierte ihre Überlegungen im Brief vom 13.3.1940: „Wenn ich Dir schrieb, wenn Du eine 3 – 4 Zimmerwohnung findest, dann greif zu, dann dachte ich, die hätten wir dann schon einmal, dann würde man bestimmt auch eine Zweizimmer-Wohnung für Mutter finden, selbst wenn wir vorerst allein ziehen müssten ..."

Noch am 15. März schrieb mein Vater: „In Sachen Wohnungssuche muss ich immer noch mit leeren Händen kommen. Fast jeden Tag laufe ich zu ein paar Wohnungsagenten, bin aber jedes Mal erfolglos. Inseriert habe ich auch erneut, aber Erfolg gleich null. So vergehen die Tage, und ich kehre heim in meine Bude mit einem großen Sehnen nach Dir, nach allen meinen Lieben und nichts bleibt, als neues Hoffen auf den kommenden Tag ... Vom 19. bis 27. März habe ich Osterurlaub. So werde ich mich am Montagabend auf die Bahn setzen und nach Hause fahren ..."

Zu Ostern 1940 ist das große Wunder geschehen. Einen Tag vor seiner Heimreise hatte Papa eine Wohnung gefunden. Eine Wohnung für alle, etwa 200 Quadratmeter groß, mit sechs Zimmern, Küche, Bad und Balkon in der 2. Etage in der Bahnhofstraße 44 in Wiesbaden. Für 123 Mark und 6 Pfennig. Diese Nachricht löste eine ungeheure Begeisterung bei uns aus. Ostern war uninteressant geworden, Ostereiersuchen schon fast lästig. Wir empfanden schlagartig: Jetzt ist die Zeit im Wald zu Ende, jetzt geht es in die große schöne Stadt, die uns Papa in den leuchtendsten Farben schilderte, und die weit weg ist. Jetzt würde alles anders werden und fieberhaft begannen wir mit den Vorbereitungen für den Umzug.

Am 31. März schrieb mein Vater: „Ein Sonntag geht zu Ende, mein letzter Sonntag, an dem ich allein sein werde, denn nächsten Sonntag bin ich zu Hause und 8 Tage später werden wir alle gesund und munter miteinander in Wiesbaden sein ... Alles kostet viel Geld und es heißt, möglichst viel sparen. Aus diesem Grund wollen wir verkaufen, was entbehrlich ist ... Vor Erregung finde ich kaum Schlaf, liege wachend im Bett und träume vom Glück ..."

Der Tag des Umzugs war auf Freitag, den 12. April festgelegt. Papa kam wie geplant in der Nacht zum Sonntag, dem 7. April. Der Wehrmachtsbericht vermeldete: „Keine besonderen Ereignisse." Kein Mensch ahnte, was da kommen sollte. Es herrschte eitel Freude. Selbst im Schwarzwald meldete sich der Frühling zaghaft an. Sonntag und Montag wurden Vorbereitungen zum Umzug getroffen. Überall standen Kisten und Kasten und Umzugskartons. Es herrschte ein wildes Durcheinander. Wir Kinder genossen das Chaos in vollen Zügen, spielten Versteck und Nachlaufen, mal bei uns, mal in Großmutters Wohnung. Am Montagabend wurde es Papa zu bunt. Heiner und ich bekamen eine kräftige Ohrfeige. Da so etwas so gut wie nie vorgekommen war, waren wir völlig verblüfft und tief getroffen. Schluchzend verzogen wir uns ins Bett.

Der Vormittag des 9. April verlief sehr harmonisch. Wir Buben hatten uns die Tracht Prügel zu Herzen genommen, waren lammfromm und hielten zur Freude unserer Eltern unsere kleine Schwester Hilde, die Wilde, in Schach. Das änderte sich, als am Mittag eine erste Sondermeldung über den Radio gesendet wurde – wir sagten damals immer „der Radio" – in der mitgeteilt wurde, dass die Deutsche Wehrmacht den Schutz Dänemarks und Norwegens übernommen habe, um dem im Gang befindlichen britischen Angriff auf deren Neutralität entgegenzutreten. Hierzu seien heute morgen in beiden Ländern starke deutsche Kräfte aller Wehrmachtsteile eingerückt beziehungsweise gelandet.

Im Laufe des Tages folgten fünf weitere Sondermeldungen, die allmählich das ganze gewaltige Ausmaß des Unternehmens „Weserübung" erkennen ließen.

Wir erwarteten, dass sehr schnell ein Telegramm eintreffen würde, durch das Papa sofort nach Wiesbaden beordert werden würde. Wir überlegten zerknirscht, ob wir die Umzugsvorbereitungen abbrechen sollten, aber da kein Telegramm aus dem Luftgaukommando kam, packten wir weiter, allerdings nur mit halber Kraft.

Am Mittwoch, dem 10. April, brachten die Nachrichten zunächst keinen neuen Lagebericht. Es kam auch kein Telegramm. Nichts störte die Schwarzwaldruhe. Wir packten weiter. Eine Sondermeldung um die Mittagszeit berichtete lediglich von schweren Verlusten der britischen Flotte vor Norwegen. Am Abend war der Wehrmachtsbericht erstmals sehr ausführlich. Von Dänemark bis Narvik schienen unsere Truppen erfolgreich zu sein, der Gegner aussichtslos geschlagen. Der Bericht vermittelte den Eindruck, als sei der Feldzug schon gewonnen. Wir waren beruhigt. Am Donnerstag, dem 11. April 1940, kam wieder kein Telegramm, kein Eilbrief, kein reitender Bote. Wir arbeiten weiter und schlossen am Abend die Umzugsvorbereitungen ab. Der Wehrmachtsbericht war verhältnismäßig kurz und klang beruhigend. Der Satz „In Oslo herrscht Ruhe", wirkte auf uns wie ein positives Signal. Für uns war klar: Morgen ziehen wir um.

Am Freitagmorgen, dem 12. April, standen die Möbelwagen vor der Tür. Die Mehrzahl der Bewohner der Häuser in unserer einsamen Straße war zum Abschiednehmen gekommen. Viele Tränen fließen, viele gute Wünsche begleiten uns. Unsere Nachbarin sagt zu mir: „Du wirst noch große Sehnsucht nach deinem Wald haben" und zeigt auf die Tannen auf der anderen Seite der Straße. „Nei, bestimmt net. Jetzo werd Wiesbade moi neu Höimat", antworte ich mit aller Bestimmtheit.

Wiesbaden 1940 – Eine wundervolle Stadt – Unsere neue Heimat

Wiesbaden, die Weltkurstadt, wie sie sich damals nannte, war für mich eine Offenbarung. Diese gepflegten Straßen, die Alleen, die in allen Farben des Frühlings blühenden Anlagen, der lebhafte Verkehr, die Omnibusse und Straßenbahnen, vor allem aber die Kutschen mit gestriegelten, glänzenden Pferden und Kutschern mit weißen Handschuhen, schwarzem Zylinder in dunklem Livree und blank gewichsten Stiefeln. Ich konnte mich in den ersten Wochen kaum satt sehen an dieser für mich völlig ungewohnten Pracht.
Schon am ersten Tag beim Heraustreten aus dem wunderschönen Bahnhof bestaunte ich die Springbrunnen in den Reisinger-Anlagen, deren Fontänen ausgerichtet wie Soldaten in Reih und Glied standen und immer in fast gleicher Höhe sprudelten. In den sich anschließenden Herbert-Anlagen sah ich die aus Stein gehauene nackte Europa auf einem Stier reiten und über das große rechteckige Wasserbecken in die Ferne schauen, während zu ihren Füßen mehrere Quellen zu sprudeln schienen. Wo das große Becken sich zu einem breiten Halbrund weitete, führten Treppen in eine offene Halle, in denen Steinbänke zum Verweilen einluden. An der Stirnwand der Halle war die Erzählung von Europas Entführung durch Zeus in schwarzbraunen Lettern nachzulesen. Jetzt wusste ich, warum unser Erdteil Europa heißt. Ich war tief ergriffen und hatte das Gefühl, an einem heiligen Ort zu sein.

Die letzten Meter bis zu unserer Wohnung in der Bahnhofstraße waren schnell zurückgelegt. Wir standen vor dem Haus und reckten die Hälse. Es war vierstöckig. Die helle Sandsteinfassade war geziert mit Giebeln und Simsen und vielen Verschnörkelungen. Da oben, im zweiten Stock, würden wir also wohnen! Der Vorgarten war von einem hohen Staketenzaun umgeben, der uns mit seinen spitzen Lanzen unübersteigbar erschien. Papa öffnete die schwere, reich geschnitzte Haustür, durch die wir ins untere Treppenhaus gelangten. Eine breite, herrschaftliche Marmortreppe führte ins Hochparterre. Dort trennten drei Türflügel mit bunten in Blei gefassten Gläsern die Marmortreppe von dem oberen Treppenhaus.

Mein Bruder und ich wagten kaum zu atmen vor dieser Pracht, zumal das mehr als 6 Meter hohe untere Treppenhaus von einem breiten Bilderfries abgeschlossen wurde, der uns Waldbuben völlig fremdartig erschien. Später erfuhren wir, dass er romantisierende Eindrücke von Rheinlandschaften und Rheinsagen wiedergab.

Doch hinter den drei Glasflügeln erwartete uns die nächste Überraschung. An der zweiflügeligen Wohnungstür, die sich zur Rechten anschloss, prangte auf goldenem Türschild: „Professor Dr. Dornseif". Das Herz klopfte mir bis zum Hals, als ich das entzifferte. Hier wohnt also ein leibhaftiger Professor, dachte ich.

Die Treppe, die nun weiter nach oben führte, war aus schmiedeeisernen Trägern mit aufgelegten Holzstufen gebaut. Auch das Geländer war geschmiedet und reich mit Schnörkeln verziert. Zwischen jedem Stockwerk wendete sich einmal die Treppe. Das Licht fiel vielfältig durch zierliche bunte Bleiverglasungen aus übergroßen Fenstern, die dem Treppenhaus etwas Hochmütiges zu verleihen schienen.

Im ersten Stock verharrte ich für einen Augenblick vor der Wohnungstür und entzifferte wieder ein goldenes Namensschild: „Professor Dr. Dipper". Oh Gott. Das war zuviel. Brüderle und ich schlichen nur noch auf Zehenspitzen weiter. Wie sollte das denn gut gehen?

Dann waren wir im zweiten Stock angelangt. Da prangte statt eines Goldschildes ein bescheidenes Pappschild, auf das Papa in seiner schönsten Technikerschrift akkurat geschrieben hatte: „H. M O O S, Ing." und eine Zeile tiefer: „K. L E I T Z, Ww.", was soviel wie Witwe bedeuten sollte. Jetzt fühlten wir uns wieder wohler, ja fast schon zu Hause.

Die beiden Flügel der Abschlusstür unserer Wohnung waren in ihrem unteren Teil mit Holzschnitzereien reicht verziert. Die braungetönten Ornamentglasscheiben des oberen Teils waren wie die Fenster des Treppenhauses mit einer bunten Bleiverglasung aus runden und eckigen Scheibchen eingefasst. Als wir die Wohnung betreten hatten, standen wir in der großen Diele, von der direkt gegenüber zwei Türen in die großen Zimmer führten, die Großmutter bewohnen sollte. Zur Rechten führte eine drei Meter hohe zweiflüglige Glastür in unser Wohnzimmer, das mit einem etwa drei Meter hohen Kachelofen aus dunkelgrünen Kacheln beheizt werden konnte. Daneben führte eine kleinere Glastür ins Schlafzimmer der Eltern. So lagen drei große Räume mit jeweils 50, 45 und 35 Quadratmetern zur Straßenseite hin, die alle durch große Flügeltüren miteinander verbunden waren.

Auch in Großmutters größtem Zimmer stand ein riesiger Kachelofen, der aber aus dunkelroten Kacheln gemauert war. Zu ihrem anderen Zimmer öffnete eine hohe zweiflügelige Schiebetür den Durchgang. Von der Diele führte ein langer Flur nach links zu zwei weiteren Zimmern, der Küche, dem Bad und der Toilette. Neben der Küche befand sich noch eine kleine Speisekammer.

Die Eltern auf dem Balkon in der Bahnhofstraße

In diesem Flur sahen wir auf der rechten Wandseite noch eine merkwürdige Tür, die erst in Brusthöhe geöffnet werden konnte. Als Papa sie für uns öffnete, schraken wir zurück. Ein schwarzer Schacht führte in eine unergründliche Tiefe. Vier Seile, drei dicke und ein dünnes, waren zu erkennen. Paps zog an dem einen dickeren Seil, indem er mit den Händen jeweils übereinander griff und so das Seil durch seine Hände zog. Von unten aus dem Dunkel hörten wir es langsam heraufrumpeln, bis schließlich, wie von Zauberhand bewegt, der Kohlenaufzug auftauchte. Papa erklärte uns den Mechanismus. Wieder standen wir voller Staunen. Was für ein Haus! Was für eine Wohnung!

Dann besichtigten wir die vorderen Räume, die zur Straße lagen, die uns wie riesige Säle vorkamen. Obwohl unsere Möbel schon überall aufgestellt waren, nahmen wir sie in der uns geradezu unendlich scheinenden Weite der Räume kaum wahr. Als wir auf den mit Säulen geschmückten Balkon traten, der fast so groß war wie unser Kinderzimmer im Schwarzwald, schreckten wir wiederum zurück: Das ebenfalls schmiedeeiserne Balkongeländer erschien uns so zierlich und so zerbrechlich, dass wir es nicht zu berühren wagten. Außerdem schienen uns die Abstände zwischen den verzierten Streben so weit auseinander zu liegen, dass wir fürchteten, leicht hinabzustürzen, zumal uns der ungewohnte rege Verkehr von Autos, Bussen und Kutschen, den wir durch das Geländer hindurch fast ungehindert sehen konnten, völlig irritierte. Wir waren solche Dimensionen und Höhen einfach nicht gewohnt und es dauerte Monate, bis ich mich ohne ein Schwindelgefühl auf den Balkon traute.

Wir empfanden es wundervoll, dass jedes Zimmer mit dem nächsten durch eine meist zweiflüglige Tür verbunden war. Außerdem führte von jedem Zimmer eine Tür in die Diele oder in den Flur. Schnell hatten wir entdeckt, dass sich auf diese Weise ideale Spielmöglichkeiten für Nachlauf- und Versteckspiele ergaben. Überall roch es nach Tapetenkleister und Farbe. Wir bewunderten die Muster der Tapeten und die reich mit Stuck verzierten Decken, die vier Meter hoch waren. Als wir am Abend in unseren Betten lagen, erschienen sie uns so hoch wie der Himmel.

Am 24. April 1940 gab dann Papa die Zuzugsanmeldung für uns alle bei der „polizeilichen Meldebehörde“ in Wiesbaden ab. Von diesem Tag an waren wir Wiesbadener.

Wäre damals in den ersten Apriltagen eine Urlaubssperre verhängt worden, wie es sonst bei viel kleineren Anlässen üblich gewesen war, hätten wir den Umzug verschieben müssen. Eine Urlaubssperre aber hätte den Gegner aufmerksam gemacht und ahnen lassen, dass die Besetzung Dänemarks und Norwegens bevorstand. So war die strikte Geheimhaltung des Unternehmens „Weserübung“ unser Glück.

An einem der ersten Sonntage nach unserem Einzug stieg die Familie in den Omnibus der Linie 3. Die Haltestelle lag fast direkt vor unserem Haus. Wir fuhren die Bahnhofstraße entlang über den Marktplatz, die Marktstraße und den Michelsberg hinauf, kreuzten die Schwalbacher Straße und fuhren über die Emserstraße, den Dürerplatz und den Lindenhof, schließlich in Windungen bergauf zur Endhaltestelle Unter den Eichen. Mein Bruder und ich, die wir nur den Anblick der hohen Tannen des Schwarzwaldes gewohnt waren, staunten über die alten, knorrigen Eichen mit ihren gewaltigen bizarren Stämmen. Nach wenigen Schritten standen wir vor dem Café Orient, einem fremdartigen Bau im maurischen Stil mit Balkonen und Terrassen, Türmen, Zinnen und Erkerchen. Im Mauerwerk wechselte mit jeder Steinlage die Farbe zwischen hell und dunkel. Auf der Kaffeeterrasse fanden wir Platz und bestellten Kaffee und Limonade. Unser Vater zeigte uns durch die Baumkronen die golden leuchtenden Kuppeln der Griechischen Kapelle und sagte: „Dort gehen wir jetzt hin." Heiner und ich waren überwältigt und konnten den Aufbruch kaum erwarten. Nur zehn Minuten brauchten wir, dann hatten wir über den steilen und tief in das Erdreich eingeschnittenen Weg, der Wolkenbruch genannt wurde, das Nerotal erreicht. Ob der Name etwas mit dem römischen Kaiser zu tun hatte, der die Christen verfolgte, weil sie angeblich Rom angezündet hatten? Auf diese Frage wusste unser Vater keine Antwort. Wieder erwartete uns ein Wunder. Ein steil bergauf führendes Backsteinviadukt lag vor uns: die Nerobergbahn. In der überdachten Talstation fuhr gerade ein merkwürdiger Wagen auf Schienen ein. Der Wagen wirkt auf uns, als wäre er als fahrbare Treppe gebaut. Jedes Abteil des Wagens lag ein Stück höher als das vorige. Als der Wagen hielt, schloss der Schaffner die Türen auf und ließ die Fahrgäste aussteigen. Plötzlich schossen große Wassermassen aus dem Unterteil des Wagens hervor und verschwanden in einem Rohrschlund unter dem Bahnsteig. Papa erklärte uns, dass das Wasser jetzt wieder auf den Berg hinaufgepumpt würde als Ballast für den oben stehenden Wagen. Mit dem Gewicht des Wassers würde unser Wagen bald hinaufgezogen werden. Wir erkannten ein armdickes Seil, das zwischen den Schienen über schrägstehende Rollen den Berg hinaufführt. Aber wir sahen nur drei Schienen. Wir konnten uns das nicht erklären. Wenn zwei Wagen losfuhren, einer von unten, einer von oben, dann mussten die doch entweder jeder auf einem Gleis fahren oder in der Mitte zusammenstoßen oder sich ausweichen können. Wie machen die das nur?

Wir kletterten auf die untere Plattform des Wagens, die der Schaffner hinter uns schloss. Dann ertönte ein Klingelzeichen und wenige Augenblicke später setzte sich die Bahn fast lautlos in Bewegung wie von Geisterhand gezogen. Völlig gebannt sahen wir die Station kleiner werden, überquerten auf der steilen Brücke das enge Tal. Der Blick auf die Stadt weitete sich. Wir glitten höher und höher. Durch die Glasfenster konnten wir durch die Abteile nach oben schauen. Das Gleis schien fast senkrecht in den Wald zu führen. Wir wagten uns kaum zu rühren, denn vor uns erschien der andere Wagen. „Der fährt ja genau auf uns zu, der rammt uns oder muss in der Erde verschwinden. Das sind doch noch höchstens vierzig Meter!", rief ich. Langsam bewegten sich die beiden Wagen aufeinander zu. Außer uns war keiner der Fahrgäste aufgeregt, als ein Ruck durch unseren Wagen ging und dieser mit einer leichten Wendung nach rechts ausscherte. Gleichzeitig verließ auch der andere Wagen die Gerade und bog leicht zur anderen Seite aus. Dann fuhren die Wagen aneinander vorbei, ohne sich zu berühren. Die Leute hüben und drüben winkten. Wieder gab es einen kleinen Ruck, diesmal bewegte sich unser Wagen leicht nach links, noch ein Ruck und wir fuhren wieder geradeaus. Wir staunten und sahen dem anderen Wagen auf seiner Fahrt ins Tal nach. Als wir die kleine Ausweichstelle der Schienen sahen, die wie ein längliches O aussah, das an beiden Seiten spitz zulief, hatten wir die Erklärung für unsere unfallfreie Fahrt. Wir kamen schnell dahinter, dass die Ausweichstelle im gleichen Abstand von Berg- und Talstation liegen musste. Dieses Erlebnis beschäftigte uns noch lange. Auch heute noch, wenn ich den Neroberg hinauffahre, bewundere ich diese Leistung der Technik aus dem 19. Jahrhundert.

An der Endstation erwartete uns das Neroberg-Hotel mit seiner großen Terrasse. Auch hier drängelten sich die Menschen, Peitschen knallten, Kutschen fuhren vor, Gäste stiegen lachend aus, andere stiegen ein und fuhren zurück zur Stadt, auf die wir nun von dem kleinen Rundtempel hinunterblickten. Unser Vater erklärte uns so gut er konnte die vielen Kirchtürme. Natürlich wollten wir wissen, wo wir wohnten. Schließlich erkannten wir den Bahnhof mit seinem Turm und der grünen Kupferspitze. Also da wohl in der Nähe musste die Bahnhofstraße sein.

Wir gingen abwärts. Nach wenigen hundert Metern lag vor uns das Opelbad. Ein Bad wie eine riesengroße Terrasse hineingebaut in den Berg. Wir konnten es nicht fassen, ein blaues Wasserbecken, eine Rutschbahn wölbte ihren steilen Buckel über das glitzernde Wasser, auf der Gegenseite ein Sprungturm. Mein Gott, was für eine Stadt!

Aber noch ein Wunder erwartete uns. Minuten gingen wir abwärts durch den Wald. Durch das Laub schimmerten schon die goldenen Kuppeln. Dann standen wir vor der schlanken Fassade der Griechischen Kapelle. Wir gingen um sie herum, zählten die Kuppeln und fragten ungläubig: „Ist da wirklich pures Gold auf den Kuppeln?“ Und als Papa das bejahte, kamen wir uns vor, als wären wir in einer Märchenstadt zu Besuch. Aber nein, es ist unsere Stadt. Von nun an liebte ich diese Stadt: Nur für Heidelberg ließ ich noch ein wenig Platz in meinem Herzen. Den Schwarzwald hatte ich längst vergessen.

Meinem Bruder, der mich auf fast allen Streifzügen begleitete, denn wir waren in diesen ersten Jahren in Wiesbaden unzertrennlich, muss es ähnlich ergangen sein. Im Laufe der nächsten Wochen entdeckten wir noch viel Wertvolles, das unsere Fantasie zu beflügeln vermochte. Dazu gehörte natürlich das Kurhaus mit seiner uns ganz fremden Inschrift über dem Säuleneingang, von dem wir nur so viel zu der Zeit verstanden, dass sie von den Römern stammte. Aha, dachte ich, also auch hier waren die Römer, an die Paulus seine Briefe geschrieben hatte. Die Römer personifizierten sich für mich in den Gestalten von Kaiser Augustus, dem Landpfleger Cyrenius aus der Weihnachtgeschichte und Pontius Pilatus aus dem Karfreitagsgeschehen der Bibel. Für mich war das Kurhaus ganz klar von den Römern erbaut worden, weil es mir ein kaiserlicher Palast zu sein schien. Auch das Römertor und die Heidenmauer, deren Reste wir am Kaiser-Friedrich-Bad bestaunten, stammten unzweifelhaft aus römischer Zeit. Als ich irgendwo las, dass die Römer schon in den heißen Quellen Wiesbadens gebadet hätten, wurde mir klar, dass ich auf geschichtlichem Boden von besonderer Güte leben durfte. Wenn ich auch noch keine rechte Vorstellung von historischer Zeit hatte, so dämmerte mir aber, dass Christi Geburt 1940 Jahre zurück lag und somit eine gewaltige Zeitspanne inzwischen verstrichen sein musste. In einem Satz: Ich war glücklich mit dieser Stadt und meinen Eltern zutiefst dankbar, dass wir hierher gezogen waren.

Eine Erlebniswelt ganz eigener Art war auch das Haus, in dem wir nun lebten. Unsere Wohnung lag, wie gesagt, im zweiten Stock eines Mietshauses aus der Gründerzeit, etwa um 1890 erbaut. Das Haus passte sich gut in die damals als vornehm geltende Bahnhofstraße ein.

Im Hochparterre wohnten die Hausbesitzer, eine hässliche, bösartige Zahnärztin, wir nannten sie unter uns nur bei ihrem Vornamen „Johanna", mit ihrer etwas freundlicheren, aber auch dümmlichen jüngeren Schwester Antoinette, genannt „Toni". Beide waren Blaustümpfe um die fünfzig. Ihr längst verblichener Vater war Professor gewesen und so prangte als Namensschild Professor Dr. Dornseif an der Tür, was jeden einschüchtern sollte. Mit ihnen standen wir bald auf Kriegsfuß.

Im ersten Stock wohnte ebenfalls ein Professor. Er hatte Alte Sprachen gelehrt, lebte aber schon lange im Ruhestand. Er wohnte zusammen mit seiner Schwester und seiner Haushälterin, der überaus kurzsichtigen Frau Fischer. Das waren sehr freundliche, liebenswürdige Mitmenschen, die viel Verständnis für uns wilde Waldbuben aufbrachten, ganz im Gegensatz zu den Hausbesitzerinnen, die uns manches Mal am liebsten vergiftet hätten. Professor Dipper besaß eine wertvolle Bibliothek, vor der ich einige Male in großer Ehrfurcht stand. Nach dem Luftangriff vom 2. Februar 1945 schenkte er mir seinen 17 bändigen Großen Brockhaus aus dem Jahre 1882, den ich heute noch in hohen Ehren halte.

In der Etage über uns, dem dritten Stock, wohnte Reichsbahnoberrat Dr. Heinrich Schleyenbeck mit seiner gemütskranken Frau, die meist in Sanatorien lebte. Er selbst war sehr oft unterwegs. War er aber einmal anwesend und hatte Zeit, war er meist guter Dinge und scherzte mit uns Kindern. In seiner Wohnung standen schwere Möbel und dicke Sessel, der Parkettboden war von dichten Teppichen zugelegt. Sessel und Sofas waren meist mit weißen Tüchern abgedeckt, was den Räumen einen unbewohnten Eindruck und eine abweisende Kühle gab.

Im Dachgeschoss lagen die Mansarden mit schrägen Wänden und Dachluken, für jede Wohnung eine. Zur Straßenseite hin war der Dachstock zu einer hübschen, kleinen hochherrschaftlichen Wohnung ausgebaut, in der Fräulein Erna Lang ihren Lebensabend verbrachte. Fräulein Lang, ein zartes weißhaariges Persönchen mit flinken Augen und lebhafter Zunge, war einst, wie sie erzählte, Kammerzofe bei den Grafen zu Solms-Braunfels und hatte sich in ihrem Verhalten und in ihrem Lebensstil ganz ihrer gräflichen Herrschaft angeglichen. Sie war wie alle Bewohner des Hauses, außer den beiden Hexen im Hochparterre, liebenswürdig und hatte Verständnis für uns Kinder. Sie freute sich, wenn sich einer von uns ins Dachgeschoss verirrte, lud ihn dann zu sich ein und zeigte gerne ihre vielen Kleinodien und Preziosen. Dazu erzählte sie Geschichten aus ihrem beruflichen Leben und war sehr stolz darauf, in Begleitung ihrer gräflichen Familie weit in der Welt herumgekommen zu sein. An den Wänden ihrer kleinen Wohnung hingen kostbare Stiche, die den Dogenpalast in Venedig oder die Engelsburg in Rom, den Louvre in Paris oder die Westminster-Abbey in London zeigten.

Die Hexenwohnung im Parterre war das genaue Gegenteil, dicke Vorhänge, die kaum Licht und Luft hereinließen, stets geschlossene Fenster, der große Balkon zur Straßenseite wurde nie benutzt. Ging jemand an der Dornseif'schen Wohnung vorbei oder klingelte gar, wurde in der Regel die Tür nur ein Spalt breit bis zum Anschlag der Vorhängekette geöffnet. Dann kam ein Schwall abgestorbener Luft heraus, die den Besucher zurückschrecken ließ. Alles machte einen düsteren und bedrohlichen Eindruck. Wenn dann noch eine oder beide Hexen im abgetragenen Morgenmantel mit ungepflegten, ja wirren Haaren in die geöffnete Tür trat, wollte man am liebsten gleich wieder davonlaufen.

Die Souterrainwohnung lag halb in der Erde und war nur zeitweilig von Leuten bewohnt, die keiner im Hause so recht wahrnahm.

Darunter lagen die Keller, die im Laufe der nächsten Jahre zunehmend zur Zweitwohnung für alle Hausbewohner werden sollten. Doch im Frühjahr 1940 dachte keiner der Hausbewohner ernsthaft an Luftangriffe. Zu diesem Zeitpunkt lagerten Kohlen und Holz, Kartoffeln, allerlei Konserven und viel Gerümpel in den Kellern. Hier gab es kein elektrisches Licht. Wer im Keller etwas sehen wollte, musste eine Kerze oder noch besser eine Petroleumlampe mitbringen. Diese Keller waren kühl, rochen muffig und waren unheimlich. Ein Keller, genau genommen ein durch Lattenverschlag abgetrennter Teil eines größeren Kellerraumes war als Luftschutzraum vorgesehen, der aber in keiner Weise für diesen Zweck geeignet war. Er hatte nur eine feste Wand, keinen Notausstieg, keine feuerfeste Tür. Er hatte überhaupt keine Tür. Er lag unmittelbar den Gasometern im Kellerflur gegenüber. Unsere Hausbesitzerinnen meinten lakonisch, das reiche für „die Bagage" und meinte damit vor allem die Bewohner im zweiten Stock. Sie selbst hatten unmittelbar zwischen Kellertreppe und dem Kellerausgang zum Garten einen Kellerraum mit festen Wänden und einer festen Tür, der ihnen als privater Luftschutzkeller diente. Sie besaßen noch einen großen Kellerraum mit einer festen Holztür und dicken Wänden, deren eine an das Nachbarhaus grenzte. Dieser Keller war als Schutzraum sehr geeignet, blieb aber zunächst unzugänglich. Das änderte sich erst im Winter 1940/41, als die nächtlichen Fliegeralarme immer mehr zunahmen und sich meist erst spät in der Nacht die Hausbewohner beim flackernden Licht einer Kerze oder dem rußigen Schein einer Petroleumlampe im Keller versammelten, denn jetzt wurden in allen Häusern die Schutzräume überprüft. Der Luftschutzkeller unseres Hauses fiel restlos durch die Prüfung. Die Hausbesitzerinnen mussten auf Anordnung der Behören ihren festen Keller räumen, eine Stahltür, die luftdicht verschlossen werden konnte, wurde angebracht und der Keller und der Kellerflur erhielten elektrisches Licht. Außerdem wurden einige Steckdosen angebracht, so dass im Winter auch elektrisch geheizt werden konnte und sich ein Radio anschließen ließ, was für die Luftlagemeldungen immer mehr von Bedeutung wurde. Der Keller war so groß, dass für uns Kinder ein Bett hineingestellt werden konnte und für die übrigen Bewohner bequeme Sessel, in denen sie zur Not auch ein paar Stunden schlafen konnten. Im Vorraum vor dem Keller wurde eine große Zinkwanne aufgestellt, die stets mit Wasser gefüllt sein musste. Außerdem standen dort Sandsäcke und Feuerpatschen. So glaubten wir uns für den Ernstfall gut gerüstet. Im Keller selbst standen in einer Ecke mehrere Schaufeln, ein Pickel und ein Vorschlaghammer, damit wir uns, falls wir verschüttet würden, irgendwie noch herausbuddeln konnten. Aber noch herrschte in Wiesbaden fast tiefster Friede.

Meine neue Schule

Mein Schulweg zur Hebbelschule war etwa ein Kilometer lang und mit dem im Schwarzwald nicht zu vergleichen. Von unserem Haus aus überquerte ich auf meinem Weg die Bahnhofstraße und bog in die Albrechtstraße ein. Völlig neu war für mich, dass viele Häuser neben dem Hauseingang noch eine Toreinfahrt hatten, durch die man in Hinterhöfe mit Hinter- und Seitenhäusern gelangen konnte. Stand eine Toreinfahrt offen, so packte mich immer wieder die Neugierde. Die Hinterhäuser waren meist schmucklose Backsteingemäuer, während die Fassaden der Vorderhäuser reich verziert waren.

Sobald ich die Moritzstraße überquert hatte, kam der spannendste Teil meines Schulwegs, denn auf der rechten Seite zwischen Moritz- und Oranienstraße wurde das ganze Gelände vom Stadtgefängnis und dem dahinter liegenden Gerichtsgebäude eingenommen. Das Gefängnis war aus braunroten Backsteinen erbaut. Von den schmalen Zellenfenstern war nur das obere Drittel sichtbar. Der untere Teil blieb hinter schräg nach oben ragenden Trichtern aus Milchglas verborgen, so dass die Gefangenen zwar den Himmel, aber nicht die Straße oder die gegenüber liegende Häuserzeile sehen konnten. Jeden Tag klopfte mir das Herz schneller, wenn ich dort vorbei ging. Mit gemischten Gefühlen voll Angst und Mitleid dachte ich an die Gefangenen. Ob die da wohl schmachteten bei Wasser und Brot, wie es in allen Geschichten hieß? Ich war froh, dass zwischen ihnen und mir die dicken Gefängnismauern und das sicher fünf Meter hohe Gitter des mit spitzen Staketen bewehrten Zaunes lagen.

In der oberen Albrechtstraße kam ich auf der linken Seite an einem kleinen Zigarrenladen vorbei, der mit einem Werbeschild „Villiger Zigarren" auf sich aufmerksam machte. Das musste doch ein Schreibfehler sein, dachte ich jedes Mal beim Vorbeigehen. Es musste „Villinger Zigarren" heißen. Ich kam doch aus Villingen! Am dritten Schultag fasste ich mir ein Herz und betrat den kleinen Laden, um den Inhaber auf seinen Fehler aufmerksam zu machen. Der lachte laut, als er meine Vorhaltungen hörte. Freundlich klärte er mich auf, dass die Zigarrenfirma „Villiger" heißen würde und mit meinem Villingen nichts zu tun habe. Von nun an hatte ich einen Menschen auf meinem Schulweg, der mich freundlich begrüßte, wenn er vor seinem Lädchen stand. Ab und zu schenkte er mir ein Päckchen Brausepulver.

Über die Luxemburgstraße erreichte ich schließlich den Kaiser-Friedrich-Ring, eine breite Platanenallee. Der breite Mittelstreifen war auf seinem Gehweg mit hellen und dunklen Mosaiksteinen gepflastert, so dass sie ein unendlich erscheinendes Ornament an seinen Rändern ergaben. Auf ihren Fahrbahnen zur Rechten und zur Linken brauste der Verkehr noch lauter und stärker als in der Bahnhofstraße . Die Hausfassaden hier sind überaus prächtig. Mit seinen Erkern, Balkonen, Türmchen und Zinnen könnte jedes Haus die Front eines Schlosses sein. Auf der Westseite waren diesen Palästen kleine Gärten vorgelagert, die mit Zäunen und schweren spitzen Eisengittern eingefriedet waren.

Über die Niederwaldstraße erreichte ich die Kleiststraße und damit auch die Hebbelschule.

An meinem ersten Schultag in Wiesbaden war meine Mutter am Morgen mit mir zu Schule gegangen und hatte mir den Weg gezeigt. Aber wir waren umsonst gekommen, da der Unterricht erst am Nachmittag begann, weil das Gebäude mit einer anderen Schule geteilt werden musste, deren Räume inzwischen zu einem Hilfslazarett geworden waren. So wechselte der Unterricht von Monat zu Monat, einmal vormittags, dann wieder nachmittags.

Als ich an jenem Tag zum zweiten Mal den Schulweg zurückgelegt hatte und am Nachmittag gegen zwei Uhr den Hof der Hebbelschule betrat, sah ich vor mir einen genau in der Mitte quergeteilten Schulhof. Auf der Jungenseite herrschte ohrenbetäubender Lärm. Während die Mädchen auf ihrer Seite ruhig in Gruppen herumstanden, flitzten die Buben umher, spielten Nachlauf oder kabbelten sich miteinander bis zu richtigen Raufereien. Da ich niemanden kannte, auch nicht wusste, wo ich hingehen sollte, schob ich mich langsam durch das Gedränge und Geraufe zur Treppe hin. Da ertönte ein schrilles anhaltendes Klingelzeichen. Die Schüler strömten zur Treppe und stellten sich klassenweise in Dreierreihen auf. Ich fragte einige Schüler nach der zweiten Klasse. Die guckten mich erstaunt an, als würden sie mich nicht richtig verstehen. Dann zeigten sie auf die nächste Gruppe. Ich fragte die ersten, ob sie die „zwoit Klass" seien. Die lachten laut grölend auf und schrieen in einem Deutsch, das ich kaum verstand, nach einem Klaus. Der Gerufene schlenderte herbei und fragte mit einem überlegenen Grinsen, was ich hier wolle. Ich sei der Neue und solle in die zweite Klasse. Die Umstehenden lachten wieder und riefen: „Ei, was babbelt dann der for e Sproch? Der kunn ja ka Deutsch. Was isn des ver aaner. Ei, wo kimmste dann her? Dich hun se wol erschendwo vergesse. Du wersch woll en Haageloffener sei." Um wohl die Hackordnung in der Klasse auch mir gleich klarzumachen, packte mich Klaus am Ärmel meiner Jacke, nahm Maß und gab mir eine gewaltige Ohrfeige. Das hatte ich nicht erwartet und hielt meine brennende Backe. Das schrille Klingeln setzte wieder ein und rettete mich wie einen angeschlagenen Boxer aus dieser ersten Runde. Damals klingelte es wie in allen deutschen Schulen schrill und fordernd, ganz im Gegensatz zu heute, wo in aller Regel ein sanfter, wohltönender Gong das Ende einer Pause und den Unterrichtsbeginn ankündigt.

Der Trupp schob sich die Treppe hinauf nach links in den Flur durch die dritte Klassentür. Während meine künftigen Klassenkameraden ihren Plätzen zustrebten und ihre Ranzen krachend in die Bänke warfen, hatte ich den Klaus fest im Blick. Als ich einen freien Platz erspäht hatte, ging ich dorthin. Gerade hatte ich mich gesetzt, schoss dieser Klaus auf mich zu, riss mich aus der Bank: „Do sitzt schon aaner!" „Wo?" schrie ich und diesmal war ich schneller. Ein Faustschlag schmiss den Klaus in die nächste Bankreihe. Die Klasse tobte. Klaus rappelte sich auf. „Gib sem, gib sem!" schrieen die Schüler im Chor. Da waren wir beide schon ineinander verkeilt, dass die Fetzen flogen. „Feiglinge, alle gegen einen!", schoss es mir durch den Kopf, aber da hatte ich schon wieder einen Kinnhaken ab und merkte, wie mir das Blut warm über die Lippe floss. Ich schlug zurück mit aller Kraft. Auch Klaus blutete. Meine Lippe schwoll an, den Klassenraum nahm ich nur noch schemenhaft wahr. Schließlich lag Klaus auf dem Boden. Ich kniete keuchend auf seiner Brust. Da wurde es plötzlich still in der Klasse. Die Tür war krachend zugeflogen und vor uns stand Lehrer Kowalt. Ich ließ von Klaus ab, dem half der Lehrer auf die Beine.

„So, du bist also der Neue. Hast dich ja gleich gut eingeführt." Das klang aber gar nicht drohend. Irgendwie hatte ich das Gefühl, dass da auch ein Stück Anerkennung mitschwang. Als er wissen wollte, wie und wer die Schlägerei angefangen hatte, versuchte ich das zu erklären. Alle waren mucksmäuschenstill. Und während ich in meinem Schwarzwälder Dialekt den Hergang aus meiner Sicht schilderte, konnte Lehrer Kowalt ein Lächeln nicht verbergen. „Ja, wenn ich dich so reden höre in dieser für Wiesbadener Ohren fremden Sprache, dann wird mir so manches klar." Damit ließ er es fürs Erste bewenden, forderte mich aber auf, am nächsten Tag vom Schwarzwald und von meiner Reise nach Wiesbaden zu erzählen, „damit deine Kameraden mal sehen, wie es in der Welt aussieht", fügte er erklärend hinzu und wies mir einen Platz am Fenster an. Dann begann der Unterricht.

Lehrer Kowalt wurde für die nächsten drei Jahre mein liebster Lehrer, dem ich noch lange nachtrauerte. Fünfzig Jahre später habe ich seine Personalakte vor dem Reißwolf bewahren können und an mich genommen. Zur Erinnerung.

In den folgenden Monaten hatte ich noch manche Prügelei, vor allem auf dem Heimweg nach der Schule, zu überstehen. Immer wieder hänselten mich meine Klassenkameraden wegen meines Schwarzwälder Dialekts. Aber nach einem halben Jahr hatte ich mich so gut an den Wiesbadener Dialekt gewöhnt, dass ich wohl nicht mehr so ohne weiteres als „Haageloffener" zu erkennen war.

Johann Kowalt II. – Mein Klassenlehrer

Johann Kowalt II., Lehrer, geboren am 11.11.1881. So steht es auf dem Deckel seiner Personalakte. Er war mein Klassenlehrer in der Hebbel-Schule. Die Schule lag am südwestlichen Stadtrand in einem Gebiet, das in der „Franzosenzeit", also in den Jahren der französischen Besatzung nach dem Ersten Weltkrieg erbaut worden war, in unmittelbarer Nähe des großen neu errichteten Lazaretts der Wehrmacht, das nach dem Zweiten Weltkrieg durch die amerikanische Besatzungsmacht als amerikanisches Militärlazarett in aller Welt berühmt wurde.

Wie viele Schulen dieser Zeit glich auch die Hebbel-Schule einer Kasernen-Anlage. Die Klasse, in die ich eintrat, war groß, an die fünfzig Schüler, und eine echte Rabauken-Klasse, in der wir Meinungsverschiedenheiten untereinander unter erheblichem Getöse meist mit den Fäusten bereinigten. Unser Lehrer hatte es nicht leicht mit uns. Aber irgendwie verstand er es, mit uns umzugehen, so dass sicherlich die meisten Schüler mit ihm zufrieden waren, ja der überwiegende Teil war, wie auch ich, begeistert von ihm.

Lehrer Kowalt war in Königstein geboren und liebte seine nassauische Heimat über alles. Seine Lehrerausbildung hatte er im königlichen Lehrerseminar zu Montabauer erhalten. Zum 20. April 1902 wurde er als Lehrer angestellt und versah seinen Dienst zunächst im Westerwald. Ab 1. April 1910 war er Lehrer in Wiesbaden. Seiner Militärdienstpflicht genügte er als Einjährig-Freiwilliger beim Infanterie-Regiment 81 in Frankfurt am Main. Im Weltkrieg diente er vom 4. August 1914 bis um 10. Dezember 1915 im Infanterie-Regiment 80. Er wurde im Rang eines Vizefeldwebels entlassen. An Kampfhandlungen hatte er offenbar nicht teilgenommen. Diese und alle weiteren Daten habe ich seiner Personalakte entnehmen können, die beim Magistrat der Stadt Wiesbaden geführt worden war, und die mir 1993, also mehr als 50 Jahre nach meiner Begegnung mit Lehrer Kowalt, durch einen außergewöhnlichen Zufall in die Hände gefallen war.

Unser Lehrer schien uns ein Weltmeister im Erzählen zu sein, ganz gleich, ob es sich um seine eigenen Erlebnisse in seiner Kindheit und Jugend handelte, um die Geschichte Nassaus oder die Sagen vom Rhein. Er verstand es, uns in seinen Bann zu ziehen. Aber auch wir mussten von unseren Erlebnissen erzählen, jeder, der wollte, konnte sich zu Beginn der ersten Stunde melden und ankündigen, dass er etwas zu berichten habe. Lehrer Kowalt legte dann fest, wann im Laufe des Morgens der Bericht erfolgen solle. Das hielt immer wieder die Spannung aufrecht. Die Erzählstunde wurde oft nach der zweiten großen Pause eingeschoben. Doch davor mussten wir erst tüchtig gearbeitet haben. Wenn einer eine spannende Geschichte oder ein interessantes Buch gelesen hatte, war unser Lehrer besonders zufrieden, wenn der Leser dann vor der Klasse einen Bericht darüber gab. Frei reden zu können, die Angst vor dem Reden zu verlieren, wenn andere zuhörten, das war ein wichtiges Erziehungsziel für Lehrer Kowalt. Gerade diesem Teil seines Unterrichts habe ich besonders viel zu verdanken. Ohne dass er es beabsichtigt hätte, hatte er damit eine wesentliche Grundlage für meinen späteren Lebensweg gelegt.

Richtig schreiben zu können, richtig rechnen zu können, das war für Lehrer Kowalt ebenso wichtig. Wer es da auf eine Zwei bei ihm brachte, hatte es gut, der durfte ihn in seinem großen Garten an der Dotzheimer Straße besuchen, wo heute das Schwimmbad Kleinfeldchen liegt. Der Dank für leichte Mitarbeit beim Unkraut jäten, dem Gießen und Säubern der Beete oder für Mithilfe bei der Ernte der Obstbäume bestand in Körben voll Äpfel und Tomaten, prächtigen Kopfsalaten, saftigen Zwetschgen und goldgelben Mirabellen. Das waren in den späteren Kriegsjahren stets willkommene Ergänzungen des Speiseplans. Ich wohnte am weitesten weg vom Kowaltschen Garten und musste die guten Gaben mehr als zwei Kilometer weit schleppen. Doch ich war sehr glücklich, wenn ich wieder einmal etwas zu Hause abliefern konnte, worüber sich alle freuten. Meine Großmutter begutachtete die Waren mit großem Sachverstand und äußerte oft hohes Lob für den gärtnernden Lehrer.

Aus der Personalakte geht weiter hervor, dass der Vertreter des Regierungspräsidenten, Herr von Borcke, in einem Runderlass vom 2. April 1938 an alle Volks-, Mittelschul- und Gewerbelehrer, der vom Regierungs-Büroassistenten Sugerle beglaubigt wurde, den Lehrer Johann Kowalt aufforderte, den beiliegenden Fragebogen zur Verleihung des Treudienst-Ehrenzeichens auszufüllen und unverzüglich (unterstrichen) wieder vorzulegen. „Unverzüglich" bedeutet in der Beamtensprache „ohne schuldhaftes Verzögern". Kowalt füllte den Fragebogen am 20. Mai 1938 aus. Das Darmstädter Regierungspräsidium ließ sich Zeit. Erst 15 Monate später, am 3.8.1939, hat ihn die Bürokratie des Regierungspräsidiums bearbeitet. Nach weiteren acht Monaten, am 2. April 1940, erhielt Johann Kowalt dann das vom „Führer und Reichskanzler" verliehene Treudienst-Ehrenzeichen für vierzigjährige Dienstzeit. Immerhin brauchte die Behörde annähernd zwei Jahre, bis sie den Vorgang abschließen konnte. Kowalt erhielt diese Auszeichnung zu Beginn des Monats, an dessen Ende ich in seine Klasse kam.

Ich habe Lehrer Kowalt nicht als Nazi in Erinnerung. Er trug zwar das Parteiabzeichen am Revers, aber ich kann mich nicht erinnern, ihn in SA-Uniform gesehen zu haben. Im Verfahren zu seiner Entnazifizierung wurde ihm 1948 vorgeworfen, er sei oft in Uniform zum Unterricht erschienen. Sein Eintritt in die NSDAP fand zum 1.5.1933 statt. Offenbar gehörte auch er zu den „Märzgefallenen". Er war seit 1.9.1933 Mitglied im NSLB (Abkürzung für Nationalsozialistischer Reichslehrerbund) und seit 1.5.1935 in der NSV (Nationalsozialistische Volkswohlfahrt). Vom 6. bis 11.9.1934 nahm er am Reichsparteitag in Nürnberg teil. Offenbar versprach er sich von diesen Aktivitäten, wie unendlich viele in dieser Zeit, berufliche Vorteile. In dem „Entnazifizierungsverfahren" nach dem Zweiten Weltkrieg lagen der Spruchkammer außer diesen Angaben die Aussagen zweier Belastungszeugen vor. Die erste stammte von einem Kollegen, der inzwischen zum Rektor der Volksschule an der Lahnstraße avanciert war. Darin wurde Kowalt vorgeworfen, er habe zeitweilig in der Ortsgruppe Südwest der NSDAP die Funktion des Ortsgruppenleiters ausgeübt und trage die Verantwortung für den Parteieintritt des Sohnes des Zeugen. Die Stellungnahme des zweiten Kollegen ist wohl eher unter übler Nachrede einzuordnen, wenn er schreibt: „Lehrer Kowalt hat in der Zeit vor der Machtergreifung sich sehr gut zu tarnen verstanden, bekannte sich dann aber als Mitglied der NSDAP und erschien bei besonderen Anlässen stets in Uniform." Der Rektor fügte hinzu: „Hinsichtlich seiner unterrichtlichen Bewährung kann ich Aussage aus eigenem Urteil nicht machen. Die aber in der Lehrerschaft vor 1933 obwaltende negative Bewertung seiner Schulleistungen hat mir auf Anfrage eine Autorität der hiesigen Lehrerschaft mit den lapidaren Worten ‚Er war ein großer Faulenzer' bestätigt."

Aus seiner Personalakte lässt sich das nicht belegen. Vielmehr fehlte er häufiger aus Krankheitsgründen, die mit seiner schweren Magen- und Gallenoperation 1939 zusammenhängen. In zwei amtsärztlichen Gutachten wurde sein schlechter Gesundheitszustand betont. Am 29.4.1943 schrieb der Amtsarzt: „Es handelt sich um einen etwas vorzeitig verbrauchten Mann in noch ausreichendem Gesundheitszustand. Größe 172, Gewicht 72 kg, er macht keinen besonders kräftigen Eindruck ... Er ist nicht mehr für dauernd voll dienstfähig zu betrachten."

In seiner Personalakte finden sich aber auch drei andere Aussagen von Kollegen, die allerdings im Entnazifizierungsverfahren keine Rolle spielten, da sie verspätet vorgelegt worden waren. Man kann diese „Leumundszeugnisse“ als „Persilscheine“ abtun, wie sie damals genannt und zu den Verfahren gesammelt wurden. Ein Kollege, der darauf hinweist, dass er immer SPD-Mann und nie Mitglied er NSDAP gewesen sei, erklärt: „Obwohl ich SPD-Mitglied war ... hat sich die Einstellung des Herrn Kowalt mir gegenüber auch ab 1933 nicht geändert. Er war mit gegenüber in Gesprächen stets offen. Er missbilligte klar die Auswüchse der Partei und zeigte eindeutig, dass er kein nazistischer Aktivist war. Er ist nach meiner Überzeugung im Vertrauen auf die Wahrhaftigkeit der Propaganda der NSDAP beigetreten, war aber bald enttäuscht. Es fiel auf, dass er grundsätzlich nicht mit „Heil Hitler“ grüßte ... Mir ist nie bekannt geworden, dass er auf die Kinder nazistisch einzuwirken versucht hat ... Er sah ... seine Aufgabe darin, die Kinder unterschiedslos mit einem gediegenen Wissen auszustatten und nicht mit Phrasen zu blenden ...“

Ein anderer Kollege schreibt, Kowalt habe die Werkstatt und den Schulgarten der Hebbel-Schule wirklich vorbildlich gestaltet. Ein dritter Kollege betont: „Herr Kowalt ist ein einwandfreier Charakter, ein stets hilfsbereiter Kollege und ein praktischer Lehrer gewesen. Auch über die Schularbeit hinaus lag ihm das Wohl der Schule und ihrer Schüler am Herzen ...“

Bei dem schweren Luftangriff auf Wiesbaden in der Nacht vom 2. auf den 3. Februar 1945 wurde das Eckhaus in der Rüdesheimer Straße, in dem Lehrer Kowalt wohnte, durch den Volltreffer einer Sprengbombe bis auf die Grundmauern zerstört. Kowalt und seine Familie wurden total ausgebombt, kamen aber mit dem Leben davon. Die Familie fand Zuflucht in Eppstein in einer winzigen Wohnung, in der ich ihn 1946 einmal mit dem Fahrrad besuchte. Vor mir stand ein gebrochener, abgemagerter Greis, der nur noch mit schwacher Stimme sprechen konnte. Ich war zutiefst erschrocken und habe ihn sehr verstört nach kurzem Aufenthalt wieder verlassen.

Sein Bemühen um Wiedereinstellung in den Schuldienst 1948 wurde abgelehnt. Er war schon 67 Jahre alt.

Im Entnazifizierungsverfahren vor der Spruchkammer in Wiesbaden wurde Kowalt schließlich als Mitläufer eingestuft und mit einem Sühnebetrag von 600,-- Reichsmark belegt. Das war die übliche Strafe für einfache NSDAP-Mitglieder. Hinzukamen noch die Verfahrenskosten in Höhe von 265,88 Reichsmark zzgl. 6,-- RM für Porto. Wenige Jahre später starb unser Lehrer Kowalt.

Nach meiner Erinnerung war Lehrer Kowalt sehr dafür, dass wir den Krieg gewinnen müssten. Solange ich seinen Unterricht besuchte, also bis zum Sommer 1943, schickte er häufig einen Schüler in den Kartenraum. Der holte eine Landkarte, auf der Lehrer Kowalt uns den jeweiligen Stand des Kriegsverlaufs nachvollziehen ließ. Er nutzte aber auch diese Gelegenheiten, um uns über die geografischen Bedingungen der Länder zu informieren, die Bedeutung der Flüsse und Gebirge zu erläutern und uns Einblicke in die wirtschaftlichen Zusammenhänge zu geben. Meist forderte er uns auf, für diesen „Erdkundeunterricht" zu Hause herumzustöbern, um geeignete Abbildungen von Bauwerken oder Landschaften zu finden, die mit den Kriegsschauplätzen in Verbindung gebracht werden konnten.

Ab Herbst 1940 wurden regelmäßig Sammlungen von Altmaterial durchgeführt. Wir Schüler waren aufgefordert, jeden Monat nach Metall, vor allem Kupfer und Blei, aber auch Blechdosen und Blechspielzeug zu forschen und das Gesammelte in der Schule abzuliefern. Zunächst war das für uns eine Aufgabe, die uns begeisterte. Je länger jedoch der Krieg dauerte, um so schwieriger wurde das Sammeln. Trotz großer Bemühungen konnte unsere Klasse das Soll nicht immer erfüllen. Aber da war Kowalt unnachsichtig. Immer wieder machte er uns klar, dass unser Einsatz kriegswichtig sei.

In der Botanik verfügte Lehrer Kowalt über hervorragende Kenntnisse. Er hatte seit vielen Jahren den Schulgarten angelegt und betreut. Den Naturkundeunterricht verlegte er meist dorthin, um uns die verschiedenen Pflanzen und deren Lebensbedingungen zu erläutern. An Wandertagen zogen wir in die Wälder und lernten dort Bäume und Sträucher zu erkennen, aber auch alles, was da auf dem Boden herumkroch oder sich in den Ästen tummelte. Mit Beginn des Russlandfeldzuges wurde neben dem Sammeln von Altmaterial und Altpapier das Sammeln und Trocknen von Heilkräutern immer wichtiger. Bei sonnigem Wetter zogen wir durch die Wiesen und sammelten Kamille, Schafgarbe und viele andere Kräuter, die vorsichtig gepflückt oder mit kleinen Scheren abgeschnitten werden mussten, damit die Pflanzen nicht im weiteren Wachstum gehindert wurden. In der Schule wurde das Sammelgut fein säuberlich und genau getrennt auf dem Dachboden zum Trocknen ausgebreitet. Da alle Klassen mit diesen Sammelaktionen beschäftigt waren, kamen große Mengen zusammen, die jeden Tag sorgfältig umgewendet werden mussten, damit keine Fäulnis entstehen konnte. War genügend Material beisammen, wurde es von uns sorgfältig in luftige Säcke verpackt, beschriftet, damit es alle vierzehn Tage von Helferinnen des Roten Kreuzes abgeholt werden konnte. „Das macht ihr für unsere Verwundeten", meinte unser Lehrer und wir waren sehr stolz. Das Wort von der Heimatfront hatte einen weiteren sehr realen Inhalt für mich gefunden.

Ab der dritten Klasse wurde das Unterrichtspensum durch Zeichnen und Werken erweitert. Bei Lehrer Kowalt lernten wir mit dem Schnitzmesser zu arbeiten. Wir schnitzten U-Boote, was recht einfach war und kein großes Geschick erforderte. Ein Jagdflugzeug zu schnitzen, war da schon anspruchsvoller. Am besten konnte es unser Lehrer. Unsere Werkstücke hingen wir dann im Klassenzimmer an den Fenstern auf, nachdem sie noch mit Tarnfarben und Hoheitszeichen versehen waren. Im Zeichenunterricht erinnere ich mich an Denkmäler, die wir entwarfen.

Ich hatte da keine große Fantasie. Bei mir wurden da immer nur Sockel mit Hakenkreuzen daraus, umstellt von Fahnen, die meist schlapp herunterhingen. Lediglich Wimpel konnte ich im Wind flattern lassen und brachte es da zu erkennbaren Darstellungen. Bei meinen Denkmälern waren lediglich die Perspektive und die Schattierungen einigermaßen gelungen. Aber über die Note Drei bin ich nie hinausgekommen.

Ähnlich erging mir es im Schönschreiben. Auch da kam ich nicht weit. Zweimal stand sogar eine Vier im Zeugnis. Das kam so: Im Herbst 1941 überraschte uns Lehrer Kowalt mit der Neuigkeit, dass wir eine neue Schrift lernen müssten. Von jetzt ab gelte die Deutsche Normalschrift und nicht mehr die Sütterlin- oder Frakturschrift. Alle Schüler müssten jetzt umlernen. Die neue Schrift sei viel runder, viel gelenkiger. Man könne einfach schneller mit ihr schreiben. Das sei wichtig für uns und die Zukunft Deutschlands. Am Kartenständer wurden große Schautafeln mit der neuen Schrift aufgehängt und wir übten wochenlang nichts anderes als die neue Schrift und erstaunlicherweise ging das recht flott von der Hand. Bei allen Diktaten, die wir schreiben mussten, kam es nicht nur auf die Rechtschreibung an, sondern ganz besonders auf die richtige Anwendung der neuen Schrift. Da wir alle bis zum nächsten Zeugnis noch ziemlich viele Schriftfehler in unseren Diktaten angestrichen bekamen, sanken die Noten im Schönschreiben dem Tiefpunkt entgegen. Ich bekam erstmals eine Vier. Solange es für Schönschreiben im Zeugnis eine Note gab, kam ich über eine Drei nicht hinaus. Später schrieben die Deutschlehrer manchmal unter meinen Aufsatz: „Schrift!" oder „Sorgfältiger schreiben!" Aber für solche Extrawünsche meiner Lehrer hatte ich in aller Regel keine Geduld. Später im Gymnasium versuchte eines Tages ein Lehrer mich mit der Behauptung zu erschrecken, an seiner Schrift würde man den schlechten Charakter erkennen, das träfe wohl auch auf mich zu. Er hatte mich beim Rauchen auf dem Schulhof erwischt. Aber da war ich schon längst in der Oberstufe und der Krieg lag ebenfalls schon weit hinter uns und aufs Schönschreiben verschwendeten wir keine Energien mehr.

Der Krieg weitet sich aus

So schön der Frühling in Wiesbaden auch war, so faszinierend die neue Stadt uns auch erschien, das alles beherrschende Thema war dennoch der Krieg. Wie wird es weiter gehen?

Neben der Tageszeitung waren die Rundfunknachrichten und da in erster Linie der Wehrmachtsbericht die Informationsquellen für das Kriegsgeschehen.

Ende April 1940 hatte man den Eindruck, der Norwegenfeldzug sei schon glücklich zu Ende. Für viele war er der Anlass, wieder im Atlas nachzuschlagen, wo denn die eroberten Orte wie Narvik, Drontheim, Stavanger, Oslo lagen. Andere erinnerten sich an die fröhlichen KDF-Fahrten (NS-Erholungsorganisation „Kraft durch Freude") im Sommer 1938 und 1939 in die norwegischen Fjorde, die von der Propaganda des Reichsministers Josef Goebbels vor dem Krieg so groß herausgestellt worden waren, als hätte ganz Deutschland an ihnen teilgenommen. Doch die Wehrmachtsberichte der nächsten Tage erwiesen, dass an vielen Stellen Norwegens noch heftige Kämpfe stattfanden, vor allem im Raum Narvik. Erst am 10. Juni erfuhren die Deutschen in einer Sondermeldung, dass der Kampf um Narvik entschieden sei „durch einen vollständigen Sieg". Das Unternehmen „Weserübung", das am 9. April begonnen habe, sei dadurch abgeschlossen.

Am 24. April wurde in Presse und Rundfunk berichtet, dass von britischen Flugzeugen der Badeort Wennigstedt auf der Insel Sylt mit Bomben „belegt und mehrere Häuser beschädigt" worden seien. Auch in der Umgebung von Heide in Holstein seien Bomben abgeworfen worden. Zwei Tage später wurden in der Presse diese britischen Luftangriffe erörtert und daran die Mahnung geknüpft: „Wenn auch der durch die Angriffe angerichtete Schaden außer zersprungenen Fensterscheiben, Splittern im Hotel „Kronprinz" in Wennigstedt und Beschädigungen an Bürgerhäusern nicht wesentlich ist, so zeigen derartige Vorfälle doch ein gewisses System, dem Deutschland nicht mehr gleichgültig gegenüberstehen darf." (DNB = Deutsches Nachrichtenbüro). Damit wurde manchen klar, was gemeint war: Britische Angriffe auf zivile Einrichtungen bedürfen eines Gegenschlags. So wurde das öffentliche Bewusstsein allmählich auf den Begriff „Vergeltungsangriff" vorbereitet.

Die Öffentlichkeit erfuhr nicht, dass der Reichsführer SS Heinrich Himmler Ende April 1940 die Anlage eines Konzentrationslagers in Auschwitz befahl und am 4. Mai Rudolf Höss als Obersturmbannführer zum ersten Kommandanten von Auschwitz ernannt wurde. Höss brachte für diese Aufgaben gute Voraussetzungen mit. Seit 1934 stand er im aktiven Dienst der SS. Von 1934 bis 1938 arbeitete er in der Verwaltung von Dachau und wurde zum Lagerleiter ausgebildet.

Am 9. Mai 1040 reiste Hitler mit seinem Stab im Sonderzug aus Berlin ab, um sich in das Führerhauptquartier „Felsennest" in der Eifel zu begeben, von dem aus er die Westoffensive leitete. Um kein Aufsehen zu erregen, wurde zur Abfahrt der kleine Bahnhof Berlin-Finkenkrug gewählt. An diesem Tag um 21 Uhr gab Hitler das Stichwort „Danzig", das den Angriff im Westen für den nächsten Tag, morgens 5.30 Uhr festsetzte.

Am Freitag, dem 10. Mai 1940, meldete der Wehrmachtsbericht:

„Angesichts der unmittelbar bevorstehenden feindlichen Kriegsausweitung auf belgisches und holländisches Gebiet und die damit verbundene Bedrohung des Ruhrgebiets ist das deutsche Westheer am 10. Mai bei Morgengrauen zum Angriff über die deutsche Westgrenze auf breitester Front angetreten ... Um die Gesamtoperation zu leiten, hat sich der Führer und Oberste Befehlshaber an die Front begeben ..." Der große Krieg im Westen war da.

Hätte Papa nicht endlich Ende März auf seiner langen Wohnungssuche Glück gehabt, nach dem 10. Mai 1940 wäre unsere Mutter nicht mehr zum Umzug bereit gewesen. Als unser Vater dann am 16. Mai ins Luftfahrtministerium nach Berlin abkommandiert worden war und wenig später, im Juni, nach Frankreich verlegt wurde, sagte Mutti: „Hätte ich das alles gewusst, niemals hätte ich einem Umzug zugestimmt." So entschied eine winzig kleine Zeitspanne von wenigen Tagen über unseren weiteren Lebensweg. Wenn Mutter allerdings auch noch gewusst hätte, dass nun auch noch eine sechsjährige Trennung von unserem Vater folgen würde, wäre sie verzweifelt.

In London bildete in diesen Tagen Winston Churchill, der Erste Lord der Admiralität und Mitglied der konservativen Partei, eine Allparteienregierung, die sogenannte Kriegskoalition. In seiner berühmt gewordenen Rede vor dem Unterhaus erklärte er u.a.: „Ich habe nichts zu bieten als Blut, Schweiß und Tränen. Uns steht eine Prüfung von allerschwerster Art bevor. Wir haben viele, viele lange Monate des Kämpfens und des Leidens vor uns. Sie werden fragen: Was ist unsere Politik? Ich erwidere: Unsere Politik ist, Krieg zu führen, zu Wasser, zu Lande und in der Luft, mit all unserer Macht und aller unserer Kraft, die Gott uns verleihen kann; Krieg zu führen gegen eine ungeheure Tyrannei, die in dem finsteren, trübseligen Katalog des menschlichen Verbrechens unübertroffen bleibt ... Sie fragen: Was ist unser Ziel? Ich kann es in einem Wort nennen: Sieg – Sieg um jeden Preis, Sieg trotz allem Schrecken, Sieg, wie lang und beschwerlich der Weg dorthin auch sein mag ..."

Am gleichen Tag wurde das badische Freiburg aufgrund eines Navigationsfehlers von drei deutschen Flugzeugen bombardiert. Es entstanden schwere Sachschäden in der Innenstadt. 24 Menschen fanden den Tod. Der Angriff sollte Dijon gelten. Der Heeresbericht vom 11. Mai hingegen meldete, „der Feind" habe Freiburg angegriffen. Der Ruf nach Vergeltung wurde lauter. Die Wehrmachtsführung nahm diesen Vorfall zum Anlass, den verstärkten Bombenkrieg gegen englische Städte zu eröffnen. Jeden Tag verfolgten wir mit Spannung die Wehrmachtsberichte. „Der Radio" lief den ganzen Tag, um keine Sondermeldung zu verpassen. Mit jedem Sieg, den der Radio verkündete, verstärkte sich bei mir der Eindruck, Krieg ist längst nicht so schlimm, wie Mutter immer befürchtet hat. Krieg, wenn man auf der siegreichen Seite steht, ist großartig, ist erhebend, macht stolz, lässt kühn und mutig werden, drängt zum Mitmachen.

Da mein Bruder Heiner und ich leider noch zu jung waren, um in den Krieg ziehen zu können, beherrschte der Krieg jetzt noch viel mehr als im Schwarzwald unsere Spiele im Haus und auf der Straße. In den großen

Zimmern unserer neuen Wohnung hatten wir Platz genug, den Angriff im Westen nachzuspielen. So eroberten wir Antwerpen, erstürmten das Fort Eben Emael südlich von Maastricht, erzwangen die Übergabe von Lüttich, schlossen die Engländer in Dünkirchen ein. Unsere Panzer drangen bis zum Atlantik vor. Schließlich ließen wir in unserer Fantasie unsere Truppen siegreich in Paris einmarschieren.

Mein Vater musste jeden Tag um 7 Uhr zum Dienst. Das Luftgaukommando lag in der Taunusstraße kurz vor Einmündung der Röderstraße. Wenn meine Schule erst am Nachmittag begann, durfte ich ihn morgens zuweilen ein Stück begleiten. Dann marschierte ich stolz neben ihm her, der mit schnellen Schritten die Bahnhofstraße entlang ging. Als ich ihm eines Morgens das vergessene Frühstücksbrot nachtragen durfte, hatte ich das Gefühl, einen kriegswichtigen Einsatz zu vollbringen.

In Großmutters Schlafzimmer hingen im Großformat die Bilder ihrer drei gefallenen Söhne. Am 10. Mai 1940, mit Beginn des Westfeldzuges, schmückte sie die Bilder außer der Reihe mit Blumen, die sie immer wieder erneuerte. Oftmals traf ich sie in diesen Wochen mit gefalteten Händen, in Gedanken versunken in ihrem großen Sessel sitzend, die Bilder betrachtend, an. Ich merkte bald, dass sie in ihrer Andacht oder in ihren Gedanken nicht gestört sein wollte und schlich mich wieder hinaus.

Über ihrem Bett hingen weitere Familienbilder und ein Stickereibild mit der in schwarzer Wolle gestickten Inschrift: „Mach aus allem ein Gebet“. Schon als kleiner Junge, als ich längst noch nicht lesen konnte, hatte mich diese Inschrift auf weißem Grund mit schwarzem Rahmen fast magisch angezogen und bedrückt. Immer wieder musste mir die Großmutter die Bedeutung erklären. Ihre Erklärung bestand darin, dass der Mensch auch die schrecklichen Fügungen des Lebens als von Gott gewollt annehmen solle. Meine vielen Fragen, die sich daran anschlossen, erläuterte sie mit Beispielen aus ihrem Leben, dabei spielte der Tod ihrer Söhne stets eine große Rolle, oder sie verwies auf biblische Geschichten, besonders auf das Schicksal von Hiob oder das von Loth.

Als dann am 15. Juni 1940 kurz hintereinander die beiden Sondermeldungen durchgegeben wurden: „Beim Angriff auf die Festung Verdun haben unsere Truppen heute Vormittag das aus dem Weltkrieg bekannte Fort Vaux gestürmt“ und „Nach Durchbruch durch die Frontlinie beiderseits der Maas sind Stadt und Zitadelle der im Weltkrieg schwer umkämpften Festung Verdun von uns genommen“ und ich zu Großmutter stürmte, um ihr diese Freudenbotschaft zu überbringen, umarmte sie mich, küsste mich, faltete ihre Hände und sagte: „Siehst Du, jetzt sind meine Buben doch nicht umsonst gestorben“. Und um mir eine weitere Erklärung zu geben, wies sie wortlos mit ihrer abgearbeiteten Hand auf die schwarze Inschrift über ihrem Bett.

Noch wenige Tage, dann kapitulierte Frankreich. Im Wald von Compiègne, wo am 9. November 1918 die Vertreter des Deutschen Reichs nach dem verlorenen Weltkrieg den Waffenstillstand unterzeichnen mussten, hatte am 24. Juni 1940 die französische Regierung die Last des Besiegten zu tragen.

Am 25. Juni 1940 um 1 Uhr 35 trat der Waffenstillstand mit Frankreich in Kraft. Damit änderte sich die Lage unserer Familie schlagartig. Noch am selben Tag wurde unser Vater mit einem Luftwaffenbaustab nach Frankreich kommandiert zum Ausbau der Feldflughäfen in der Normandie und der Bretagne. Die deutsche Bevölkerung, alle Militärs erwarteten jetzt den Angriff auf England. Der Schlussbericht des OKW vom 25. Juni 1940 lautete: „Nach diesem gewaltigen Sieg der deutschen Geschichte über den als stärkste Landmacht der Welt angesehenen Gegner des Großdeutschen Reiches, der ebenso geschickt wie tapfer gekämpft hat, gibt es keine Alliierten mehr. Es bleibt nur noch ein Feind: England."

Unser Vater muss in den Krieg – Erste Feldpostbriefe

Mit der Kommandierung unseres Vaters nach Frankreich stand der schwerste Einschnitt in unser Familienleben wie ein riesiges dunkles Loch vor uns. Erst seit zwei Monaten war die Familie nach mehr als einjähriger Trennung wieder vereint gewesen. Von heute auf morgen im wahrsten Sinne des Wortes war die Trennung wieder da. Keiner von uns ahnte, dass sie mehr als sechs Jahre dauern sollte. Hätten wir es gewusst und dazu, was uns noch bevorstehen sollte, wir wären verzweifelt.

Der Abschied am 26. Juni 1940 war kurz. Mutti weinte, wir Kinder standen betroffen, aber ich war mächtig stolz auf meinen Vater, dem ich anmerkte, dass er bei allem Abschiedsschmerz froh und glücklich war, endlich „an die Front" zu kommen, um „unserem Land und dem Führer dienen" zu können. Das einzige, was mich bekümmerte: Er fuhr als Zivilist nach Frankreich. Er hatte noch keine Uniform, so rasch überschlugen sich die Ereignisse.

Erstmals heißt es wieder im Wehrmachtsbericht: „Im Westen keine besonderen Ereignisse."

Unsere Eltern waren eifrige Briefschreiber. Wenigstens einmal in der Woche kam ein Brief. Alle hofften wir, dass die Trennung nur von kurzer Dauer sein und der Krieg bald siegreich beendet sein würde. Ich will hier nur einige kleine Auszüge aus den ersten Briefen meines Vaters wiedergeben. Sie zeigen die ersten Eindrücke auf noch unbekanntem Boden.

Chartres, 28. Juni 1940 am Morgen

„Wir liegen in einem freundlich eingerichteten Lustschloss im Quartier, 15 Mann. Der Besitzer wohnt in Paris und nur ein altes Gärtnerehepaar und eine Verwalterin sind noch da, froh und zufrieden, dass die Deutschen keine Raubmörder sind. Glücklich lächelnd begegnen die alten

Leute uns, froh darüber, dass der Krieg für sie zu Ende ist. Die Fahrt durch Luxemburg, Belgien und Frankreich war schön und traurig zugleich. In Verdun weilten meine Gedanken bei Euch in Erinnerung an vergangene Zeiten. Am Douaumont und an vielen anderen aus dem Weltkrieg und jetzt genannten Orten kamen wir vorbei. In Versailles vor dem Schloss kurzer Halt. Dann weiter zur Küste. Wo wir morgen sind, wissen wir noch nicht ..."

Leves, 28. Juni 1940 am Abend

„Morgen fährt ein Kamerad zurück. Er nimmt die Post mit. Ich lege etwas Kaffee bei ... Wir haben alles in Hülle und Fülle: Schokolade, Kaffee, Tee, Wein und alle guten Sachen, Butter, Eier. Nur nach Hause kann man nichts schicken, die Kontrolle ist äußerst scharf ...

Habt Ihr in Wiesbaden Fliegeralarm? Hier ist alles ruhig. Nur unsere Maschinen sind zu hören und diese starten jeden Tag gegen Engeland. Bald wird der Spuk vorbei sein. Dann gehe ich aber wieder gerne heim, und wir freuen uns und sind glücklich und froh darüber, dass wir vereint sein können für immer ... Leves ist vorläufig unser Standort in der Nähe von Chartres, etwa 60 km hinter Paris in südwestlicher Richtung. Schlossbewohner bin ich wieder geworden, herrlich umgeben von einem kleinen Park ... Ich weiß nicht, ob es mit der Post immer so vorteilhaft geht. Es kann sein, dass Du auch einmal tagelang ohne Nachricht bist. Nicht traurig werden ..."

Erst fünf Tage waren vergangen, seit unser Vater von zu Hause fortgegangen war, da schrieb er am 1. Juli 1940:

„... Es kommt mir vor, als ob ich schon lange von zu Hause weg wäre. Ich bin nicht der Mann, der lange von seinen Lieben getrennt sein kann. Bei der ersten passenden Gelegenheit werde ich mich zurück nach Wiesbaden melden. In Frankreich habe ich nun genug Schmutz und Elend gesehen. Ich muss immer nur staunen, mit welch großer Gleichgültigkeit die Menschen in Frankreich alles ertragen, mit welch primitiven Einrichtungen die armen Leute leben, wie Schweine hausen sie in Löchern von Wohnungen ..."

Chartres 3. Juli 1940

„Wir leben hier ganz einsam, bis heute hatten wir kein Radio, mussten ohne Nachrichten sein, ohne Zeitungen. Diese vermisse ich sehr. Mach bitte ein kleines Päckchen mit Zeitungen fertig, wenn diese auch schon ein paar Tage alt sind ... Es geht mir gut, bin gesund und wohne herrlich. Ich lege ein Bild bei von dem Chateau Leves, wo wir alle untergebracht sind. Der Pfeil zeigt an, in welchem Zimmer ich hause. Wenn wir nur recht lange bleiben und nichts Schlechteres beziehen müssen ... Habt Ihr nachts Ruhe oder kommen die Engländer immer noch und stören den nächtlichen Frieden? Hier herrscht Hochbetrieb. Es vergeht kein Tag und keine Nacht, in der nicht unsere tapferen, unerschrockenen Flieger den Engländern auf den Buckel klopfen. Wenn ich nur bald einmal nach Hause fahren könnte, das wäre für mich die größte Freude. Aber ich habe noch viel Arbeit vor mir. Unsere Stukas haben ganze Arbeit geleistet, alles ist auf den französischen Flughäfen zusammengeschmissen ...

Alles war geflohen. Als wir hier eintrafen war von der Bevölkerung fast niemand da. Jetzt kehren die Flüchtlinge allmählich wieder zurück und das zivile Leben nimmt seinen Lauf ..."

10. Juli 1940 „Meine Sehnsucht kennt keine Grenzen. Ich wünsche nur, dass ich bald das Frankreich voller Einöde, Schmutz und Elend verlassen kann. Ich bin nicht mehr geeignet, getrennt von meinen Lieben zu sein. Zu lange habe ich Euch alle vermisst. Doch auch dies geht vorüber, wie freue ich mich schon auf diesen Tag des Wiedersehens. Wie geht es zu Hause, wirst Du mit allem einig? Habt ihr Lieben nachts Ruhe? Hier sieht man keine englischen Flieger, vollkommene Ruhe, kein Kriegslärm, friedensmäßige Vorbereitungen. Damit sei gesagt, dass Du Dir keine Sorgen um mich zu machen brauchst. Die Arbeit verlässt mich nicht und das ist gut, um so leichter sind die Tage zu ertragen ..."

Leves, 12. Juli 1940

„Es ist nicht abzusehen, wann der Tag der Heimkehr anbricht, denn mit jedem Tag wächst mein Aufgabenkreis. Das ist gut so, denn so lange einen die Arbeit voll in Anspruch nimmt, sind die Tage leichter zu ertragen. Nur am Abend, da empfindet man allzu sehr, dass man weit entfernt von der Heimat ist. Aber auch Freude bringt so mancher Tag, junge Soldaten und Arbeitsdienstmänner aus Mannheim traf ich, vertraute Dialekte aus der Gegend von Karlsruhe, Darmstadt und dem Odenwald ...

Morgen fahre ich nach Orleans und demnächst an die Küste, ans Meer. Auf diesen Eindruck sind alle meine Erwartungen gerichtet. Habe schon viel gesehen, Paris mit seinem Eifelturm, Paris ist tatsächlich Frankreich, ohne diese Stadt kann das Land nicht leben. Viele Orte habe ich durchfahren, Stätten des Elends, in denen noch jetzt Tote unter den Trümmern geborgen werden. Der Franzose ist meistens ohne ein Empfinden. Die Granattrichter und Bombenlöcher werden zugeworfen und eben gemacht ungeachtet dessen, ob da Frauen und Kinder darunter liegen. Am meisten erschüttern mich die Gräber unserer jungen Soldaten, die an den Straßen einzeln und in Gruppen aufgerichtet sind. Dem Schöpfer müssen wir ewig dankbar sein, dass er uns all dieses unsagbare Elend erspart hat. Diese wilden Völker, die nun als Gefangene überall anzutreffen sind, mit den bestialischen Gesichtern in gelbbraun und schwarz hätten eine ungeheure Not und Pein über Frauen und Kinder gebracht. Und was tut Deutschland?

Überall ist die NSV [Abkürzung für Nationalsozialistische Volkswohlfahrt, einer Hilfsorganisation der NSDAP, d. Verf.] tätig, gibt kostenlos Lebensmittel und Benzin an die Flüchtlinge ab, damit diese alle wieder die Heimat erreichen. Seit einigen Tagen sind bei der Bevölkerung hier und in ganz Frankreich Lebensmittelkarten für Brot und Zucker eingeführt. Alles fügt sich in der Ordnung, ja die Menschen sind erstaunt über die Schnelligkeit und Gründlichkeit, mit der die deutschen Dienststellen durchgreifen ...

Jetzt bedaure ich sehr, dass meine Sprachkenntnisse sehr mangelhaft sind. Mit dem Wörterbuch allein komme ich nicht gut zurecht. Schau doch mal nach, ob nicht ein geeignetes Lehrbuch über die französische Sprache bei den Büchern ist. Schicke mir das dann zu. So habe ich dann zunächst den Erfolg, die französische Sprache zu erlernen. Die Gelegenheit möchte ich nützen, zumal ich täglich mit französischen Unternehmern zu tun habe und den Arbeitern Anweisungen geben muss ..."

Vierville sur Mer, 20. Juli 1940

„... so heißt der kleine Badeort an der Kanalküste gegenüber England, wo ich jetzt Quartier bezogen habe. Badegäste fehlen, dafür haben Soldaten und Bautrupps die Hotels und Pensionen bezogen. Schön ist's, heute hatten wir zum ersten Mal Sonnenschein und ich habe sofort die Gelegenheit benutzt, einmal im Meer zu baden. Ein herrliches Gefühl, von den mächtigen Wogen überflutet und getragen zu werden. Das Wasser ist sehr stark salzig und trägt einen viel besser. Hab keine Angst, ertrinken tu ich nicht, der Strand ist sehr flach, angefüllt von einem sehr feinen Sand. Herrlich wäre dies alles für die Buben, da könnten sie Burgen bauen und spielen. Auf einer Karte findest Du diesen kleinen Ort nicht. Er liegt ungefähr in der Mitte der Bucht zwischen Cherbourg und Le Havre. Meistens bin ich unterwegs und nur wenige Stunden am Tage an meinem Standort, nur allabendlich finde ich mich zu den anderen des Baustabes. Eine schöne Kameradschaft pflegen wir. Jeder hat sein Zimmer mit fließendem kaltem und warmem Wasser. Drei gefangene Franzosen sind unsere Diener, junge Kerle. Ein Elsässer ist dabei, der gut deutsch spricht. Alle drei sind froh, dass der Krieg für sie vorbei ist, sind willig und staunen mit jedem Tag mehr darüber, wie sie belogen und betrogen wurden, freuen sich alle drei, wenn sie nun bald nach Hause gehen dürfen. Aber auch ich freue mich auf diesen Tag."

Kein Mensch ahnte, dass es noch über sechs Jahre dauern würde, bis unser Vater geschlagen und abgemagert bis auf die Knochen wieder zu uns heimkehren würde. Keiner ahnte, dass am 6. Juni 1944 genau in dieser Bucht „der längste Tag" des Krieges stattfinden und die Invasion in der Normandie die letzte schreckliche Phase des Krieges einleiten würde. Auf die Erkenntnis, dass wir längst Opfer einer gewissenlosen Staatsführung und zugleich zu Tätern geworden waren, indem wir dieses Regime willig unterstützt und mitgetragen haben, mussten wir noch lange warten und haben noch viele bittere Erfahrungen sammeln müssen.

In der Schule in Wiesbaden war der Religionsunterricht bereits abgeschafft. Da unsere Mutter und unsere Großmutter Wert darauf legten, dass wir weiterhin im christlichen Glauben unterrichtet würden, ging in den ersten Monaten eine von beiden an Sonntagen mit meinem Bruder und mir in den Kindergottesdienst der Marktkirche, der im Anschluss an den Hauptgottesdienst stattfand. Die Marktkirche ist die Hauptkirche unserer Stadt. Sie hatte damals zwei Pfarrer, die im sonntäglichen Wechsel die Gemeinde zum Gottesdienst einluden. Der erste Pfarrer war der evangelische Landesbischof Dr. Dr. Dietrich, der die dem Nationalsozialismus zugewandten „Deutschen Christen" repräsentierte. An seiner Amtskette auf der Brust trug er als Zeichen seiner Bischofswürde ein großes silbernes Kreuz mit einem Hakenkreuz auf weißemailliertem Grund über seinem Talar.

Der zweite Geistliche war Pfarrer Dr. Borngässer, der zunächst ebenfalls den „Deutschen Christen" nahe stand, der aber in seinen Predigten, je weiter der Krieg fortschritt, immer schärfere Töne gegenüber dem Nationalsozialismus anschlug. Meine Großmutter, die glücklich war ihrer sonntäglichen Christenpflicht genügen zu können, ging zunächst jeden Sonntag in den Hauptgottesdienst. Irgendwann hatte sie von den Predigten des Landesbischofs Dr. Dr. Dietrich genug und hörte nur noch auf die von Pfarrer Borngässer, mit dem sie sich befreundete und der uns in den letzten Kriegsjahren zu Hause oft zum Tee besuchte.

Am 6. Juli 1940 schrieb meine Mutter in einem Brief an meinen Vater: „Heute am Sonntag war ich mit den Buben in der Marktkirche im Kindergottesdienst. Das war ein besonderes Erleben für sie, wurden sie doch zufällig mit einem anderen Jungen einem Hauptmann zugeteilt, weil sie ja immer in Gruppen verteilt werden, und so erzählte dieser ältere Herr in Uniform in so rührender Weise den Kindern, dass es ein richtiges Erleben war."

In jenem Kindergottesdienst erzählte und erläuterte uns der ältere Herr in der Uniform eines Hauptmanns die „Geschichte vom Hauptmann von Kapernaum", der Jesus bittet, seinen gichtbrüchigen Knecht zu heilen. Der Hauptmann machte uns klar, dass der Knecht ein kranker Soldat sei, um dessen Gesundheit der Hauptmann sich sorge, weil er eben nur mit gesunden Soldaten kämpfen könne. Das Haus, in das Jesus zu kommen verspricht, sei nichts anderes als eine Kaserne, in dessen Lazarett der kranke Soldat läge. Gicht verursache schreckliche Schmerzen, erläuterte unser Hauptmann und fügte hinzu, das Jammern untergrabe die Kampfmoral der übrigen Soldaten. Der Hauptmann in der Bibel habe es aber nicht für nötig befunden, dass Jesus sich extra in die Kaserne bemühte. Er meinte, er, Jesus, brauche doch nur zu befehlen, dass der Soldat gesund werden solle, so wie er, der Hauptmann, ja auch seinen Soldaten Befehle erteile, die diese dann unbedingt befolgen würden. Über diese Rede sei Jesus erstaunt gewesen und deshalb habe er sich an seine Gefolgschaft gewandt und gesagt: „Solchen Glauben habe ich in Israel bei keinem gefunden." Jesus habe dann den Hauptmann aufgefordert, er solle in seine Kaserne zurückkehren. Dort werde er seinen Soldaten gesund vorfinden. Das sei geschehen, weil der Hauptmann so sehr an die heilenden Kräfte des Jesus Christus geglaubt habe.

Damit wollte es der ältere Mann in der Hauptmannsuniform bewenden lassen. Doch ich wollte noch wissen, was es denn bedeuten soll, wenn Jesus weiter sagt, dass die Kinder des Reiches in die Finsternis hinab gestoßen werden und dort Heulen und Zähneklappern sein werde?

Der ältere Mann in der Hauptmannsuniform erklärte bereitwillig und beeindruckte mein junges Gemüt außerordentlich. Beruhigend hob er die rechte Hand, da ich meine Frage ziemlich erregt herausgesprudelt hatte und, wie es mir damals öfter passierte, ein bisschen ins Stottern gekommen war, wenn meine Gedanken schneller liefen als ich reden konnte: „Keine Angst! Die Kinder des Reiches, von denen Jesus spricht, seid nicht ihr. Ihr seid die Kinder des Großdeutschen Reiches. Jesus meint die Kinder Israels. Das sind die Juden. Wir werden die Juden hinausstoßen in die Finsternis, so wie es Christus gelehrt hat. Dort werden sie heulen und mit den Zähnen klappern. Deshalb führen wir diesen Krieg. Deshalb ist es ein heiliger Krieg. Wir alle müssen so unbedingt glauben wie der Hauptmann von Kapernaum. Was Jesus für den Hauptmann von Kapernaum war, ist für uns unser Führer Adolf Hitler."

Da war sie wieder, die Bestätigung der Gottgleichheit unseres Führers, der uns von Gott Gesandte, wie es ja schon in meinem badischen Schullesebuch mein Lehrer mir nahe gebracht hatte. Meine Augen müssen geleuchtet haben, denn von nun glaubte ich einen neuen Sinn erkannt zu haben, warum wir Krieg hatten. Aber ich hatte noch keine Vorstellung davon, wie die Finsternis und das Heulen und Zähneklappern sein würde.

Der Krieg erfasst die Heimat

Das Kriegs- und Zeitgeschehen spielte in den Briefen meiner Eltern eine untergeordnete Rolle. Im Mittelpunkt standen die Berichte über die Familie und der Schmerz über die andauernde Trennung, sowie die Ungewissheit, wie es weitergehen würde. Fast täglich erfuhr die Familie die Fürsorge unseres lieben Papas, indem Feldpostpäckchen den Weg von der Normandie nach Wiesbaden fanden. Meist schickte Papa Butter, Käse und Konserven, manchmal war zur hellsten Freude von Mutter und Großmutter auch ein Päckchen mit Kaffee oder Tee dabei, zuweilen auch eine Tafel Schokolade für die Kinder. Aber auch Stoffe und Kleidungsstücke enthielten die „Liebesgaben von der Front in die Heimat". Zumindest in den ersten beiden Kriegsjahren. Wir waren immer verblüfft, was unser Vater in dem besetzten Frankreich noch alles kaufen konnte. Zuweilen gab unsere Mutter regelrecht Bestellungen für die weit verzweigte Familie auf, schickte Geld nach Frankreich, damit Papa die vielen Wünsche erfüllen konnte. Der Briefwechsel ist auch in dieser Hinsicht außerordentlich genau und aufschlussreich, so dass an ihm beispielhaft „die privaten Handelsbeziehungen zwischen Deutschen und Franzosen" beschrieben werden könnten einschließlich der Entwicklung der Preise bei anhaltender Nachfrage und knapper werdendem Angebot.

Darüber hinaus beherrschten vor allem die Sehnsucht nach Frieden und die Sorge um das Leben unseres Vaters die Briefe meiner Mutter. Aber auch das Geschehen zu Hause. Im Frühling 1941 berichtete meine Mutter, dass die Fliegerangriffe nachgelassen hätten. Doch in der Nacht vom 5. auf den 6. Mai 1941 erlebten wir ganz überraschend den Bombenkrieg in nächster Nähe.

Am 6. Mai 1941 schrieb ich meinem Vater: „Du brauchst Dir keine Sorgen zu machen. Die Flieger waren wohl bei uns und haben auch in unserer Nähe Sprengbomben abgeworfen. Die Scheiben und Glasdächer am Bahnhof sind ganz kaputt. In der Wintermaierstraße sind 6 Häuser futsch. Bei uns geht alles gut."

Am 11. Mai kam Mutti in ihrem Brief auf die Ereignisse zurück: „Sind halt doch wieder zwei Tage vergangen, in denen ich Dir nicht geschrieben habe. Wenn ich nicht gleich am Morgen dazu komme, reicht es auch während des Tags kaum zum Schreiben und am Abend wird es zehn, bis man einigermaßen mit der Tagesarbeit fertig ist. Dann muss man wohl ins Bett, dass man noch ein bissel Ruhe hat, bevor die Flieger kommen. Den Winter über hatten wir es ja schön, aber jetzt scheint es anders zu werden. Den Auftakt dazu gab ja die Nacht vom 5. auf 6. Mai. Mein Lieb, ich hatte mir es schrecklich vorgestellt, aber so furchtbar niemals, was eine einzige Bombe alles anrichten kann. Ich habe mir die Sache angesehen. Es soll eine hochexplosive Bombe amerikanischer Herkunft gewesen sein. Man kann sich das nicht vorstellen, mitten in einem Villenviertel. Wie wird es wohl in Mannheim aussehen, auf das nun immer wieder Angriffe geflogen werden. Wie wird es wohl Vater gehen? [Opa Moos wohnte in Mannheim. D.Verf.]

Ich will sehen, ob wir während der neun Wochen Sommerferien ein Unterkommen außerhalb der Stadt finden, das man auch bezahlen kann. Vielleicht gibt es im Odenwald ein billiges Plätzchen. Aber das wird sich wohl alles nicht ausführen lassen."

Die Bombentreffer in der Wintermeyerstraße waren für die Bewohner der Stadt wochenlang Gesprächsthema. Die Bilder in der Zeitung gaben nur annähernd das Ausmaß der Zerstörung wieder. Jeder, der einigermaßen laufen konnte, wollte das Unheil, das so plötzlich über die Stadt gekommen war, mit eigenen Augen sehen. So wanderten tagelang die Wiesbadner in Scharen zu den zerstörten Häusern. Die Polizei musste weiträumig absperren und sogar den Verkehr in der Biebricher Allee regeln. Schon in einigen hundert Metern Entfernung konnte man den Trümmerstaub riechen, der tagelang in der Luft lag. Das Staunen über die gewaltige Explosionskraft von Fliegerbomben wollte kein Ende nehmen. Es wurde allen deutlich, welche Verheerungen Luftangriffe zur Folge haben können und viele hörten künftige Nachrichten über Fliegerangriffe mit einer neuen Vorstellungskraft. Allerdings mochte wohl keiner glauben, dass die folgenden Kriegsjahre auch Wiesbaden ein großes Maß solcher Zerstörungen bringen würde.

In seinem Brief vom 18.5.1941 antwortete Papa auf unsere Briefe:

„So rau hat nun die Härte des Luftkrieges auch nach Wiesbaden gegriffen, und doch ist es minimal gegen die Schläge, die England bekommt. Zu Hunderten werden schwere und schwerste Brocken fast täglich hinübergetragen. Recht bald sehne ich den vollen Erfolg gegen die Insel herbei, damit die Heimat in Ruhe leben und wirken kann. Wenn auch der Friede nicht einkehren will, denn das Judenpack wird versuchen den Krieg weiter von Kanada oder Amerika zu führen, so haben wir doch Ruhe in Europa und Asien ...

... Wenn auch der Krieg so bald nicht zu Ende sein wird, so hoffe ich doch sehnlichst, dass bald der Kriegslärm hier im Westen vorbei sein möge, und Du und die lieben Kinder zu Hause keine Angriffe feindlicher Flieger mehr zu fürchten braucht.

Es wird so werden: In Europa werden wir in diesem Jahr Frieden erhalten, aber einen Weltfrieden haben wir damit noch nicht. Das Judentum wird weiterhin von Amerika aus den Krieg suchen und außereuropäische Völker verhetzen und in die Katastrophe hineinjagen ...

Soeben höre ich im Radio die Nachricht, dass nun auch die Türkei einen Freundschaftsvertrag mit Deutschland geschlossen hat, bald wird der Beitritt zum Dreierpakt erfolgen. Damit wird bald ein vereinigtes Europa sein und Frieden eintreten außer mit dem verjudeten England ..."

Unsere Mutter gab mir oft die Briefe unseres Vaters zu lesen. So las ich etwa einen Monat später im Brief vom 23. Juni 1941, zwei Tage nach dem Überfall auf die Sowjetunion: „Die Ereignisse eilen. Ein neuer Feldzug wird sich siegreich den anderen anreihen ... Möge Gott uns allen für die gerechte Sache die Kraft geben, mit raschen Schritten den Teufel in alle Winde zu jagen ... So hoffe ich sehnlichst, dass bald die Befriedung Europas eintritt und wir alle das raue Kriegshandwerk beiseite legen und uns friedvollen und segensreichen Aufgaben zuwenden können ..."

Am 27.6.1941 schrieb Mutter:

„... Heute werde ich beim Schreiben dieses Briefleins immer abgelenkt durch die vielen Sondermeldungen, die durchgegeben werden. Die herrlichen Erfolge unserer Wehrmacht sind ja eine ganz große Sache. Da ist wohl das große Russland sehr bald erledigt. Wir wollen hoffen, dass auch recht bald Friede auf der ganzen Welt einkehren möge.

Ach, das viele Blutvergießen und das viele Leid beelendet mich doch sehr. Ich möchte wirklich uns und allen Völkern wünschen, dass der Friede bald einkehren möge, denn der Krieg ist wirklich ein raues Handwerk ..."

Ganz im Siegesrausch antwortete Papa am 2.7.1941: „Soeben höre ich die Sondermeldung: Riga in deutscher Hand. Es muss unserer vortrefflichen Führung gelingen, den Russenspuk bald zu beseitigen. Schön ist, dass ganz Europa sich gegen das Judentum, den Bolschewismus erhebt. Von allen Ländern Europas melden sich Freiwillige und eine Legion kommt zur anderen und wenn Russland vom Kommunismus befreit ist, wird sich Europa geeint gegen England wenden, um auch dort die Judenclique zu verjagen. Dann wird der tausendjährige Frieden nicht mehr allzu fern sein ..."

Mein Vater nahm es in seiner überschwänglichen Begeisterung nicht genau. Getreu der NS-Propaganda werden jetzt Judentum und Bolschewismus gleichgesetzt. Er hat ganz schnell die visionären Vorstellungen seines Kriegsherrn übernommen, sieht Russland vom Kommunismus befreit und die Völker Europas vereint gegen England und seine „Judenclique" kämpfen.

Am 6.7.1941 schrieb meine Mutter:

„Jetzt im Sommer sind die Tage so lang und dazu steht noch der volle Mond am Himmel, den ich sonst immer so gern hatte. Jetzt aber flößt er mir ein unheimliches Grauen ein, weil ich immer denke, die Flieger kommen und wenn nicht zu uns, dann zu so vielen anderen deutschen Menschen. Ich leide furchtbar unter dem Krieg. All das schreckliche Elend, das über die armen Menschen gekommen ist. Wenn es doch nur ein Ende hätte ..."

Mit keinem Wort ging sie auf die Vorstellungen ihres Mannes ein, setzte vielmehr seinen Visionen die Realität des Kriegselends entgegen.

Und am 24.7.1941 berichtete Mutti in ihrem Brief:

„Wir waren wieder mal drei Nächte hintereinander jeweils drei Stunden im Keller. Ich bin so froh, dass ich den Kindern ein richtiges Bett in den Keller geschafft habe, da können sie doch immer fein schlafen. Sie tun das auch bei der tollsten Schießerei ..."

Gut einen Monat später, am 29.8.1941 schrieb unsere Mutter: „Heute will ich mal die Zeit hier unten nicht so unnütz zubringen und Dir einen Gruß aus des Kellers Tiefen schicken. Zum fünften Mal in dieser Woche sitzen wir nun so vier bis fünf Stunden im Keller. Es ist wirklich nicht mehr schön. Doch nicht klagen wollen wir, wenn nur der furchtbare Kampf bald zu Ende geht ..."

Am gleichen Tag war Papas Brief vom 26.8.1941 angekommen. Er schrieb besorgt und wollte uns aber auch zugleich sagen, nicht nur bei euch ist etwas los. Auch bei uns an der Kanalküste kracht es zuweilen:

„Heute Mittag im Heeresbericht war die Kunde davon, dass die Flieger wieder in Süd- und Westdeutschland waren, sieben Maschinen seien abgeschossen worden. Ich dachte sofort an meine Lieben, stundenlang werdet ihr alle im Keller gewesen sein. Heute morgen waren feindliche Flieger hier. Im Tiefangriff flogen sie über den Flugplatz, etwa 20, aber unsere Flak war auch nicht schlecht, drei mussten gleich dableiben und die anderen werden ganz nette Treffer erhalten haben. Etwas Materialschaden, sonst weiter nichts. Im übrigen ist es sehr ruhig ..."

Schon am 3.9.1941 hatte Mutti wieder Grund, Papas ständige Sorge um uns zu mildern:

„Ich will Dir gleich schreiben, damit Du Dir keine unnötigen Sorgen machst, denn sicher hörtest Du ja auch wieder im Heeresbereicht, dass die Flieger wieder im Rhein-Main-Gebiet und somit auch bei uns waren. Vier Stunden waren wir wieder im Keller, auch wurden hier einige Bomben geworfen, doch wir blieben verschont. Es ist ein erhebendes Glücksgefühl, wenn man nach solch einer Nacht wieder zurück in seine Wohnung und in sein Bett kann. Doppelt dankbar ist man dafür. Den Kindern geht es noch sehr gut, sie schlafen immer im Keller und hören auch kaum, wenn es schießt. Nur heute Nacht, als die Bomben fielen, waren sie mit einem Satz aufgesprungen ..."

Des Nachts jagten uns in diesen Monaten die Fliegeralarme in den Keller. Am Tage verfolgten wir die Sondermeldungen über den Siegeslauf der deutschen Armeen auf Sowjetischem Boden und konnten nicht recht einordnen, wie es zu diesem Missverhältnis kam. Papa schrieb am 9.10.1941:

„Eine Sondermeldung jagt die andere und immer größer sind die Erfolge. So hoffe ich, dass nun bald der teuflische jüdische Satan in Menschengestalt vernichtet und geschlagen sein wird und dann ein hehrer Friede zum Wohl der Völker Europas einkehrt ..."

Unsere jüdischen Nachbarn

Unser Nachbarhaus in der Bahnhofstraße war zur gleichen Zeit vom gleichen Architekten um die Jahrhundertwende gebaut wie das Haus, in dem wir wohnten. Beide Häuser waren in ihrem Aussehen zum Verwechseln ähnlich. Lediglich die Souterrain-Wohnung im Nebenhaus war etwas kleiner, da noch eine Toreinfahrt mit Durchgang zum Hof vorhanden war.

In diesem Haus wohnten einige ältere Ehepaare sehr zurückgezogen, offenbar Pensionäre, deren es ja in unserer Stadt bekanntlich sehr viele gab. Da in diesem Haus keine Kinder oder Jugendliche wohnten, fielen uns seine Bewohner einfach nicht auf. Nur selten trafen wir eins der Ehepaare, die, wenn sie das Haus verließen, stets gemeinsam ausgingen. Da unsere Mutter uns immer dazu angehalten hatte, Nachbarn freundlich zu grüßen nach dem Motto: „Mit dem Hute in der Hand kommst du durch das ganze Land", folgten wir Kinder der Mahnung unserer Mutter, wenn wir den alten Leuten begegneten. Einige Male bot sich mir die Gelegenheit, ihnen eine gefüllte Einkaufstasche ins Haus zu tragen, wofür sie sich herzlich bedankten.

Ende September / Anfang Oktober 1941 begegnete ich vor unserem Nachbarhaus dem Ehepaar, das im ersten Stock wohnte. Ich wollte gerade wieder wie auch sonst freundlich „Guten Tag" sagen, – Heil Hitler zu sagen hatte uns meine Mutter verboten, das sage man nur zu Leuten in Uniform – doch ich zuckte erschrocken zurück und mein Gruß kam wohl ziemlich stottrig heraus. Auf der linken Brustseite des Ehepaars hatte ich den gelben Stern erblickt. „Das sind ja Juden, leibhaftige Juden", schoss es mir durch den Sinn. Ich hatte bisher noch nie mit Bewusstsein einen Juden gesehen. Ich stürzte die Treppe hinauf zu unserer Wohnung, um Mutti das Ungeheure zu verkünden. Juden unsere Nachbarn? Das wollte mir einfach nicht in den Kopf gehen. Juden, das sind doch nach den Aussagen meines Vaters in seinen Briefen die Engländer und Amerikaner, neuerdings auch die Russen. Alles „verjudetes Pack", aber Deutsche und dazu unsere Nachbarn?

Aus den Ankündigungen in der Presse wussten wir, dass alle Juden vom September an in der Öffentlichkeit einen gelben Stern tragen mussten. Wir hatten sogar in der Schule darüber gesprochen: Sie müssten einen Stern tragen, damit wir unsere inneren Feinde besser erkennen könnten und uns vor ihnen in Acht nähmen. Das internationale Judentum sei eine gefährliche Macht, die überall ihre Spione habe. Also Achtung: Feind hört mit!

In den letzten Tagen hatten die Klassenkameraden immer wieder untereinander gefragt, ob sie schon einen Juden mit Stern gesehen hätten. Alle mussten bisher verneinen. Ich wäre also der erste. Sollte ich darauf stolz sein? Behaglich war mir nicht so recht bei diesem Gedanken.

Als ich Mutti noch atemlos die Neuigkeit erzählte, schwieg sie erst sehr betroffen. Dann sagte sie langsam mit belegter Stimme: „Juden sind Menschen wie du und ich. Unsere Nachbarn haben uns nichts getan." Und sie fügte ernst und bestimmt hinzu: „Du wirst Deinen Klassenkameraden nichts erzählen. Du wirst dich damit nicht brüsten!" Als ich von ihr wissen wollte, warum ich nicht über die Juden reden dürfe, sagte sie: „Ihr habt doch neulich im Kindergottesdienst über die Aussätzigen geredet, die Jesus heilt?" „Ja", sagte ich. „Das sind doch die, die immer schreien mussten, wenn sich jemand ihnen näherte, damit sich keiner bei ihnen anstecken würde." „Siehst du, so wird es jetzt mit den Juden gemacht. Sie gelten als Aussätzige und der Judenstern ersetzt genau genommen das Schreien. Der Stern ist also das Zeichen und die Warnung für die anderen, dass sie sich fern halten sollten. Du weißt aber auch, Jesus ging zu ihnen und heilte sie." Nach einer Pause fügte sie hinzu: „Ich will, dass ihr beide, du und Brüder, weiterhin freundlich und hilfsbereit seid zu allen Leuten, auch zu diesen armen Menschen."

Am 13.11.1941 schrieb Papa:

„Heute erhielt ich die Nachricht, dass mein Vetter Fritz in den Steppen Russlands am 6. Juli gefallen ist ... Das ist der Krieg, reißt Lücke um Lücke, aber fester wird der Helm gebunden und durchgestanden bis zum Endsieg. Wie herrlich hat doch der Führer am 9. November gesprochen und Deutschland wird seine Mission erfüllen. Gott kann solch feigem Gesindel wie den Juden und Bolschewiken nicht seinen Segen geben und die Engländer sind nicht besser ..."

Wie sehr sich mein Vater von den Propagandareden Adolf Hitlers beeinflussen ließ, wird hier wieder einmal ganz deutlich. Das Bild vom Helm, der jetzt fester gebunden werde, und dass jetzt durchgestanden werden müsse bis zum Endsieg, hat er fast wörtlich der „Führerrede" vom 8. November 1941 entnommen, die Hitler traditionsgemäß im Löwenbräu-Keller in München gehalten hatte.

Vier Wochen später, wenige Tage, nachdem Deutschland den USA den Krieg erklärt hatte, hieß es in Vaters Brief vom 10.12.1941:

„Ja, wenn nur die Welt bald Frieden hätte, aber das Gegenteil scheint einzutreten. Immer größere Kreise zieht das Ringen des Guten mit dem Bösen. Der Lauf der Dinge nimmt für uns Kämpfer für das Edle und Gute einen immer günstigeren Weg. Auf diese Weise wird die Pest gleich auf der ganzen Erde ausgerottet. Einen tapferen und guten Bundesgenossen hat das deutsche Volk im fernen Osten gefunden. Die Japaner sind ein Volk, das gleichfalls großen Zielen entgegen strebt. Gott, der ja immer auf der Seite der Tapferen ist, wird seinen Segen geben und den Streitern in Ost und West, in Nord und Süd Sieg auf Sieg gewähren ..."

Im Gegensatz zu meiner Mutter war ich immer glücklich, wenn ich solche Zeilen in den Briefen meines Vaters lesen konnte. Ich teilte nicht die Besorgnis unserer Mutter um die armen Menschen, ganz gleich auf welcher Seite sie lebten. Ich zweifelte keinen Augenblick an unserem Edelmut, unserer Kraft, die uns auch gegen Amerika diesen Krieg gewinnen lassen würde. Ich wusste genau, was mein Vater mit der Pest meinte, die gleich auf der ganzen Erde ausgerottet werden müsste. Pest war noch viel schlimmer als Aussatz. Die Pest war eine Geißel der Menschheit, die mit Feuer und Schwert ausgerottet werden musste. Da war ich mir mit meinem Vater einig. Meine Mutter hat in den vielen hundert Briefen, die in diesen Jahren geschrieben wurden, sich nicht ein einziges Mal in diesem Sinne zu den Juden, den Bolschewisten, dem „verjudeten Pack", dem „internationalen Judentum" geäußert. Ich weiß, sie hat unter diesen Passagen in den Briefen unseres Vaters gelitten. Sie hat sie mit ihrer übergroßen Liebe zuzudecken versucht. Sie hat immer nur von den armen Menschen geschrieben, über die das Elend hereingebrochen sei und hatte gerade davon sehr klare Vorstellungen. Irgendwie fühlte sie, dass dieser Krieg zunehmend ein großes Unrecht werden würde und dass unter der Tünche seiner Siegesmeldungen sich Schreckliches vollzog, das eines Tages zur furchtbaren Rache führen würde. Oft suchte ich Mutter diese Gedanken auszureden und immer wies ich darauf hin, dass deutsche Menschen kein Unrecht tun könnten. Außerdem würde das unser Führer doch sofort unterbinden. So dachten viele Deutsche in dieser Zeit. In dieser absoluten Gläubigkeit an die gerechte Sache, die von der deutschen Führung zu vertreten vorgegeben wurde, liegt die oft gehörte Redewendung zu Grunde: „Wenn das der Führer wüsste...", und jeder, der dies sagte oder hörte, dachte: „dann würde es der Führer nicht zulassen oder sofort unterbinden." Wenn auch immer wieder andere Parteigenossen offenbar und offensichtlich versagten, so war der Glaube an die absolute Gerechtigkeit und bis zu einem gewissen Grad auch Unfehlbarkeit des Führers eine weithin verbreitete Überzeugung.

Am 12.7.1942 schrieb Papa:

„Und nun, mein Lieb, sehe nicht so schwarz. Die Siege müssen und werden erfochten und jeder Sieg bringt uns dem heißersehnten Frieden ein gutes Stück näher. Selbst wenn es noch Jahre dauern würde, so wird der Kampf leichter werden, sobald im Osten die Kampfhandlungen zu Ende sind. Aber vorher müssen deutsche Truppen noch im Irak und in Persien stehen, sonst gibt es keinen Frieden und der Jude mit seinem Klüngel gibt keine Ruhe bis demselben allüberall die Kehle durchschnitten ist."

Auch an diesem Briefausschnitt wird deutlich, wie sehr das Denken meines Vaters durch die Nazi-Propaganda vereinnahmt worden war. Er war sicher nur ein Beispiel für Millionen Deutsche. Auch ich gehörte dazu. Die Wehrmachtsberichte in diesen Sommermonaten nährten ja diese Vorstellungen: In Nordafrika stieß Rommels Afrikakorps bis über die ägyptische Grenze vor, schien sogar bald den Nil zu erreichen. In Russland stieß die Sommeroffensive weit in den Südostraum vor mit dem Ziel, die Ölquellen am kaspischen Meer bei Grosny und Baku zu erobern.

Wenn ich die Briefe meines Vaters heute nach über 55 Jahren lese, bin ich immer wieder fassungslos über den Widerspruch im Denken und Handeln meines Vaters. In seinem Handeln war er überaus hilfsbereit gegen jedermann, war offen und gradlinig, geliebt von allen, die ihm nahe standen, hoch geschätzt von seinen Kameraden und Vorgesetzten. In krassem Gegensatz dazu stand die verbohrte Blindheit gegenüber dem totalitären System, die das Denken meines Vaters beherrschte. Sein Glaube an Deutschland, an seinen geschichtlichen Auftrag, war bis in die letzten Kriegsmonate unerschütterlich. Der Glaube meines Vaters an das Tausendjährige Reich und an den unvermeidlichen Endsieg, während eine deutsche Stadt nach der anderen in Trümmer fiel, bleibt mir ein Rätsel. Rätselhaft aber erscheint nicht nur die Blindheit gegen die militärische Realität, sondern auch die unmenschliche Sprache, die verbale Barbarei, zu der er sich versteigt, die in einem unfassbaren Kontrast zu seinem persönlichen Handeln, seinem mitmenschlichen Umgang und zu seiner Friedfertigkeit steht.

Die Fixierung auf die Vorstellung, „der Jude mit seinem Klüngel" trage die Schuld am Krieg und dem Elend der Welt und deshalb müsse „demselben allüberall die Kehle durchschnitten" werden, ist so uralt wie das Christentum. Dieses Denken verbunden mit dem nationalsozialistischen Rassenwahn vom deutschen bzw. germanischen Übermenschen im Gegensatz zum Untermenschentum anderer Völker hat viele Vorläufer. Aber in der Nazi-Ideologie und in ihren vielfältigen Verbrechen gegen jede Menschlichkeit findet es seinen historischen Höhepunkt.

Wir und mit uns die meisten Deutschen wissen in diesen Monaten nicht, dass am 22. Juli 1942 mit dem Abtransport von 5000 Männern, Frauen und Kindern die Deportation der im Ghetto von Warschau zusammengepferchten Juden in das nahe gelegene Vernichtungslager Treblinka begonnen hat. Wir wissen nicht, hätten es aber ahnen können, dass der NS-Rassenwahn im Massenmord an Millionen Menschen, vor allem jüdischen Menschen, enden würde. Gewiss aber hätte unsere Vorstellungsfähigkeit nicht ausgereicht zu glauben, dass in deutschem Namen täglich Zehntausende in den Gaskammern der Vernichtungslager im Osten ermordet und vergast worden sind. Bis zum 3. Oktober 1942 waren von den 500 000 Ghettobewohnern Warschaus noch etwa 70 000 übrig.

Zu meinem zehnten Geburtstag am 22. Juli 1942 besuchten uns mein Vetter Hermann und seine Schwester Gerda aus Frankfurt. Wir waren seit unseren gemeinsamen Jahren im Schwarzwald in Furtwangen dicke Freunde. Es war immer ein Fest für uns, wenn sie von Frankfurt herüberfuhren und nach Möglichkeit auch einige Tage bei uns blieben. So geschah es auch dieses Mal. Die Sommerferien waren da und boten uns viele Gelegenheiten, uns auszutoben. Ich muss allerdings gestehen, dass ich meist der Anführer war, der die tollsten Unternehmungen ausheckte. Hermann war ein lieber, sehr zurückhaltender Junge, der mir im Alter mehr als zwei Jahre voraus war. Er war schon längst Pimpf im Jungvolk, aber seine Begeisterung hielt sich in engen Grenzen, was ich überhaupt nicht verstehen konnte. Viel mehr imponierte mir da sein Bruder Heinrich, der noch einige Jahre älter war, es längst zum Jungzugführer gebracht hatte und schon mit seinen 17 Jahren als Panzergrenadier vor Leningrad kämpfte. Hermann war im Gegensatz zu mir kein Angeber, wollte nie der Erste sein. Dazugehören, ja, aber die Führung überließ er lieber anderen. Hermann war ein hervorragender Bastler. In seinem Zimmer hatte er eine ganze Reihe von Flugzeugmodellen hängen, deutsche und englische, denen sich inzwischen auch amerikanische zugesellt hatten. Aber am liebsten baute er Modelle von Segelflugzeugen, die er mit einem Gummimotor oder mit einem Katapult, ähnlich einer Gummischleuder, ausgerüstet hatte, so dass er sie starten konnte. In diesen Dingen bewunderte ich ihn über alles und versuchte ihm meist ohne großen Erfolg nachzueifern.

An einem dieser Julitage 1942 lag die Mittagshitze über der Stadt. Hermann und ich hatten aus den nahe gelegenen Parkanlagen kleine Steinchen, etwa erbsengroß, nach Hause mitgebracht, ohne besondere Absicht. Eigentlich nur, weil sie so schön in der Sonne glitzerten. Jeder eine Hand voll. Wir setzten uns in einem der hinteren Zimmer unserer Wohnung auf die Fensterbank, von der aus wir in die im ersten Stock liegende Wohnung des Nachbarhauses hineinschauen konnten, weil beide Wohnungen einen L-förmigen Zuschnitt hatten und sich spiegelverkehrt gegenüber lagen. In diesem Nachbarhaus wohnte das schon erwähnte ältere jüdische Ehepaar.

Es herrschte absolute Ruhe. Hier zur Gartenseite hin hörte man keinen Straßenlärm, zumal die brütende Mittagshitze alles schläfrig machte. So hatte sich auch der Rest der Familie irgendwo zum Mittagsschläfchen niedergelegt.

Hermann und ich wussten nicht so recht, was wir tun sollten. Es war einfach langweilig und aus dieser Langeweile heraus betrachteten wir die Fenster der einen Stock tiefer gegenüber von uns liegenden Nachbarswohnung. Den Einblick durch das große halbgeöffnete Fenster verwehrte ein dichter Vorhang. Nichts rührte sich. Ich neigte mich zu Hermann und flüsterte ihm mein Geheimnis zu, über das zu sprechen mir meine Mutter verboten hatte. Bis zu diesem Augenblick hatte ich es auch gehalten. Hermann war ja kein Klassenkamerad und schon gar kein Geselle von der Straße. Hermann gehörte zur Familie. Ich sagte ganz leise: „Da drüben wohnen Juden!“ Hermann zuckte erschreckt zusammen. Das hatte ich nicht erwartet. Er rutschte von der Fensterbank und stand nun im Zimmer, wie wenn er sich fürchtete. Ungläubig schaute er mich an. „Du willst mich veräppeln!“, meinte er. Darauf erzählte ich ihm, wie ich die jüdischen Nachbarn entdeckt hatte und dass ich sie inzwischen mehrfach beobachtet hätte. Sie hätten zwar immer versucht, ihren Judenstern zu verbergen, aber meinem Adlerauge sei dies nicht entgangen, trumpfte ich auf.

Wir gingen zurück zum Fenster, duckten uns aber hinter den Fenstersims, schielten über den Rand hinüber und beobachteten die Wohnung. Da fühlte ich die Kieselsteinchen in der Tasche, holte sie heraus und legte sie fast geräuschlos vor mir auf die Fensterbank. Hermann sah mich fragend an. Dann ergriff ich ein Steinchen und warf es vorsichtig hinüber. Der Wurf war zu kurz. Das Steinchen fiel in den Hof und schlug mit einem sanften Klingen auf. Niemand hatte es gehört. Ich nahm das nächste Steinchen, gab dem Arm einen etwas größeren Schwung und diesmal traf das Steinchen an die Scheibe, ganz leise, ganz harmlos. Es hätte auch eine dicke Fliege sein können, die an die Scheibe brummte. Es gab keine Reaktion da drüben. Ich warf ein Steinchen nach dem anderen. Nach jedem geglückten Wurf, der in einem leisen Klirren endete, sahen wir gespannt über den Fensterrand. Auf einmal schob sich eine Hand, eine zarte faltenreiche Hand mit einem Ring am Mittelfinger, durch den Vorhang, hob langsam den Riegel in der Mitte des Fensters, ließ ihn vorsichtig einschnappen und schloss auf diese Weise das Fenster.

Wir hatten gespannt zugeschaut und waren überzeugt, nicht gesehen worden zu sein. Vor mir lagen noch zwei Steinchen, vielleicht ein wenig größer als die anderen. Die nahm ich zusammen zwischen meine Finger, holte aus und warf. Jäh durchbrach ein Knall die Mittagsstille. Die Scheibe war geborsten, klirrend und mit hässlichem Scheppern fiel das Glas aus dem Rahmen. Ein Teil fiel ins Zimmer gegen den Vorhang, ein anderer fiel in die Tiefe und zersplitterte im Hof.

Tief erschrocken duckten wir uns hinter die Fensterbrüstung. Zunächst rührte sich nichts. Dann stürzte meine Mutter zu uns ins Zimmer, überblickte sofort die Lage und sah völlig zu Recht in mir den Übeltäter. Sie eilte auf mich zu mit vor Zorn gerötetem Gesicht und schlug mich rechts und links auf die Backe, und noch einmal rechts und noch einmal links und noch einmal und noch einmal. Dann ließ sie erschöpft die Arme sinken. Niemals zuvor hatte mich meine Mutter geschlagen, auch niemals mehr danach. Ich war tief betroffen und erschüttert. Ich war auch nicht in der Lage, irgendwie zu reagieren. Aber meine Mutter war noch nicht fertig mit mir. Sie, die nie ihren Kindern mit lauten Worten gedroht hatte, schrie mich an: „Du gehst sofort hinüber und entschuldigst dich und zugleich unsere ganze Familie. Du weißt ja gar nicht, was du diesen armen Menschen, die nur in Angst leben, angetan hast! Ist das deine Nächstenliebe?" Ich stand wie erstarrt. Durch meinen Kopf jagten wilde Gedanken. Ja, es war nicht Recht, was ich da getan hatte. Ich hatte eine Fensterscheibe eingeworfen. Aber es war doch nur bei Juden. Es war doch nur bei der Pest, wie mein Vater geschrieben hatte. Es war doch nur das Geklüngel, es war doch der Feind, den ich getroffen hatte. So schlimm kann das doch nicht gewesen sein, dass ich, der ich mich schon längst als Hitlerjunge fühlte, mich bei den Juden entschuldigen sollte. Hätten sich mir die Haare zu Berg stellen können, sie hätten es getan. So stark war mein innerer Widergeist. Aber meine immer liebe, freundliche Mutter war erbarmungslos und zwang mir die Schmach der sofortigen Sühne auf. Sie fügte hinzu: „Wenn du dich entschuldigst hast, dann sagst du, dass ich morgen den Glaser schicken werde, um den Schaden wieder gut zu machen. Klingele sanft oder klopfe vorsichtig an die Tür, damit die alten Leute nicht noch mehr Angst kriegen." Es blieb dem angehenden

Die Mutter mit Gerd und Heiner im Juli 1942

Pimpf nichts anderes übrig. Er musste hinüber gehen. Ich war schon auf der Treppe, da rief mich Mutter zurück, drückte mir das Butterpäckchen unsres Vaters, das am Morgen die Feldpost gebracht hatte, in die Hand und sagte: „Das gibst du der Familie Strauß mit einem schönen Gruß von mir. Sie werden es gewiss gebrauchen können."

Ich hatte lange zaghaft klopfen müssen, bis mir die Tür einen Spalt geöffnet worden war. Ich sah in ein das blasse Gesicht unserer Nachbarin, stammelte meine Entschuldigung, richtete aus, dass morgen der Glaser käme und die neue Scheibe einsetzen würde und drückte der völlig erstaunten Frau, die jetzt ganz in die Tür getreten war, das Butterpäckchen in die Hand. „Mit einem besonders schönen Gruß von meiner Mutter. Sie könnten das sicher gut brauchen." Dann drehte ich mich um, stürzte die Treppe hinab und aus dem Haus. Später sagte ich voller Trotz zu Hermann: „Es hat nach Juden gestunken!"

Kaum hatte ich diese Lüge ausgestoßen, schoss mir das Blut in die Schläfen wie damals im Schwarzwald, als meine Mutter mich bei einer Lüge ertappt hatte. Damals hatte sie gesagt: „Du lügst. Ich sehe es auf deiner Stirn geschrieben." Verzweifelt hatte ich mir die Stirn gewischt, ohne Erfolg. „Ich, deine Mutter, kann es sehen. Da kannst du lange wischen." Wie gut, dass Hermann nicht die Augen meiner Mutter hatte.

Die Lüge verfolgte mich bis in die Träume. „Vor allem eins, mein Kind, sei treu und wahr. Lass nie die Lüge deinen Mund entweihen. Von alters her im deutschen Volke war der höchste Ruhm getreu und wahr zu sein." So hatte es in meinem Lesebuch gestanden. An diesem Abend sprach ich mein Abendgebet, das mich meine Großmutter gelehrt hatte, besonders andächtig: „... Hab ich Unrecht heut getan, sieh es, lieber Gott, nicht an.

Deine Gnad und Jesu Blut machen allen Schaden gut." Es hat lange gedauert, bis ich meiner Mutter wieder geradewegs in die Augen schauen konnte.

Mutter hatte unserem Vater immer geschrieben, wie es um uns Kinder stand. Diesen Vorfall hat sie ihm verschwiegen.

Wenige Tage später, am 29.7.1942, schrieb Mutter und beantwortete auf ihre Weise die zitierten Hetztiraden meines Vaters im Brief vom 12.7.1942:

„... Wann wird wohl dies Morden ein Ende nehmen? Es ist mir manchmal doch recht schwer, wenn ich an all das Elend denke, und wer weiß, was uns noch bevorsteht ..."

Und am 9.8.1942 fügte Mutti hinzu: „Wir leben ja in einer so schweren Zeit und der Krieg wird einmal furchtbare Spuren hinterlassen."

Noch in diesem Monat August war das Nachbarhaus leer. Keine Seele regte sich in ihm. Die Wiesbadener Juden waren deportiert worden. Aber davon nahm man nur unter der Hand Kenntnis. Wohin? Nach Osten, hieß es. Dort seien große Lager. Sie müssten dort wohl arbeiten. Diese „Schmarotzer" müssten endlich mithelfen, damit wir den Krieg gewinnen. Konzentrationslager? Das Wort kannte fast jeder und vielen kroch schon beim Hören die Angst in den Nacken. „Pass auf, du kommst noch ins KZ", warnte man mit gedämpfter Stimme einen Bekannten oder gar Freund, wenn er sich kritisch äußerte. Nazis drohten offen und brutal mit dieser Möglichkeit und Nazis, schlimmer noch die Spitzel der Gestapo, waren allüberall. Das Wort Konzentrationslager brachten wir in unserer Einfalt nicht mit der Deportation der Juden in Verbindung. Wir glaubten vielmehr, ins Konzentrationslager würden die kommen, „die nicht spurten", wie wir damals sagten, die abfällige Bemerkungen machten, die nicht an den Endsieg glauben wollten, die nicht ihre ganze Kraft für Großdeutschland und seinen Führer einsetzten, die Sabotage trieben, die nicht wollten, dass wir den Krieg gewinnen. Kurz: Die Konzentrationslager waren für diejenigen da, die umerzogen werden mussten, die begreifen lernen mussten, worum es in diesem Krieg ging. Das waren unsere oder wenigstens die Vorstellungen vieler von Konzentrationslagern. Heute frage ich mich, hätten wir es besser wissen können, besser wissen müssen? Ich glaube nicht, denn die Wirklichkeit der Vernichtung von Millionen hätte alle unsere Vorstellungsmöglichkeiten überfordert. Wir hätten nicht für wahr halten können, was wirklich in den Konzentrationslagern und vor allem in den Vernichtungslagern mit Juden, mit Sinti und Roma, mit Kommunisten und Sozialdemokraten, mit Christen, mit Russen und Polen geschah. Der vorsätzliche Massenmord an vielen Millionen Menschen aus allen Ländern Europas, die damals unter deutscher Herrschaft standen, hätte uns und wohl auch meinen Vater zur Verzweiflung gebracht.

Wir hatten andere Sorgen, wie aus Muttis Brief, drei Tage später, vom 12.8.1942 hervorgeht:

„Damit Du nicht so lange in Sorgen bist, schnell diesen Gruß. Der erste große Angriff auf Wiesbaden ... Doch durch Gottes Güte sind wir noch alle heil und gesund ..."

Wenige Tage später, am 16.8.1942, kam sie auf das Ereignis zurück:

„Ich konnte nicht früher schreiben, es war mir nicht möglich, wir waren so erfüllt von den zwei Schreckensnächten ... Wir sind jeden Tag glücklich, wenn wir noch ein Dach über uns haben ... Wiesbaden, die Innenstadt hat nicht viel von dem Bombardement abbekommen, aber Mainz. Das ist furchtbar zerstört, und dass dies auch für uns Schreckensnächte waren, das darfst Du glauben. Unser Balkonzimmer war hell erleuchtet von dem Feuerschein der Wiesbadener Brände dort oben bei den Kasernen und beim Blum'schen Holzhandel. Hinten raus war alles hell von Mainz her ... Gestern und heute hatten wir immer auch am Tage Alarm ..."

Die Angriffe auf Frankfurt, Rüsselsheim und Mainz häuften sich. Die Feuersbrünste, die den nächtlichen Himmel glutrot erleuchteten, ließen uns stets in einer tiefen, schweigenden Erstarrung am Fenster stehen. Die Färbungen des Himmels wechselten von einem Tiefrot in ein helles Gelbrot, wenn die Flammen wieder neue Nahrung gefunden hatten. Über unserer Stadt lag dann eine angstvolle Stille verbunden mit der bangen Frage: Und wann kommen wir dran?

Wir hatten große Sorgen um unsere Frankfurter Verwandten, aber auch in Mainz lebte eine uns eng befreundete Familie aus der Zeit in Neckarsteinach. Da wir von ihnen keine Nachricht hatten, wollten wir mit der Straßenbahn nach Mainz fahren. Das ging nicht. Die Schienen waren unterbrochen, die Oberleitungen zerstört. Aber mit dem Zug, da ging es noch. Wir fuhren alle zusammen: Großmutter, Mutter, Heiner, Hilde und ich. Wir wollten im Falle eines neuen Luftangriffs lieber zusammen zu Grunde gehen. Maders wohnten in einer Seitenstraße in der Nähe der Christuskirche zwischen Bahnhof und Rheinufer. Mit Mühe fanden wir durch die Ruinen und ausgebrannten Häuser den Weg und trafen schließlich auch Familie Mader in ihrer halb zerstörten Wohnung. Wir hatten Kaffee mitgebracht, einen Kuchen und ein bisschen Butter.

Am 20.9.1942 berichtete Mutti unserem Vater von diesem Besuch:

„Als wir am Abend wieder aus Mainz zurückkamen in unsere Wohnung unter dem erschütternden Eindruck des armen, zerstörten goldenen Mainz, war mir so elend zu Mute. Wir hatten einen kurzen Besuch bei Maders gemacht. Die armen Menschen sind ganz mitgenommen.

Direkt das Haus nebenan und das gegenüber sind abgebrannt. Etwa um halb acht kamen wir heim, müde und trostlos, wir waren noch nicht umgezogen, gab es Voralarm und sofort danach Hauptalarm und gleichzeitig begann das Schießen der Flak. Wir rannten in den Keller, furchtbar erregt unter den Eindrücken von Mainz ... Nun waren zwei Tage Ruhe, aber die vergangene Nacht verlebten wir wieder im Keller. Doch alles ist nicht so schlimm, wenn wir nach dem Alarm wieder in unsere Wohnung können ..."

Die Luftangriffe sollten zermürben, die Kampfmoral der Heimat untergraben. Aber bei manchen, vielleicht sogar bei vielen, erreichten sie das Gegenteil. Meine Kampfbereitschaft wuchs von Angriff zu Angriff und ich dachte, wenn ich erst einmal die Uniform habe und dann zu des Führers jüngsten Soldaten gehöre, dann würde ich mithelfen können an unserem großen Sieg.

Schon am 19. September 1940 hatte meine Mutter in ihrem Brief gemeint: Das Schrecklichste sei das gewaltige Flakfeuer, das an den Nerven zerre, und die ständige Angst, dass jetzt auch Wiesbaden das Ziel der englischen Flieger sein könnte. Wir Kinder hatten zu dieser Zeit auch noch Angst, wenn die Knallerei losging, denn den Krieg so unmittelbar über den Köpfen zu erleben, war uns noch neu. Im Laufe der Zeit hatte zumindest ich mich daran gewöhnt und schlich mich hinaus an den hinteren Kellerabgang, der zum Garten führte, weil ich dann das nächtliche „Feuerwerk", das gespenstische Leuchten der Scheinwerfer und das dumpfe Brummen der Flugzeugmotoren unmittelbar erleben konnte. Besonders aufregend wurde es, wenn die Leuchtspurmunition der Nachtjäger und der Zwei-Zentimeter-Flak wie große Sternschnuppen über den Himmel huschten oder das Strahlenbündel mehrerer Flakscheinwerfer einen feindlichen Bomber fest im Griff hatte und das Flakfeuer der schweren 8,8 cm Geschütze sich auf dieses Ziel konzentrierte. Dann starrte ich mit glühenden Backen in die Höhe. Durch das Belfern, Jaulen und Donnern des Geschützlärms fühlte ich mich wie berauscht und unfähig, mich von der Stelle zu bewegen.

Auf dem flachen Mansarddach unseres Nachbarhauses in der Bahnhofstraße 40 war schon längst ein Zwillingsflak-Stellung aufgebaut worden. Die Stellung war mit schweren Holzbohlen und Sandsäcken geschützt. Die Munition wurde nach Bedarf, manchmal mehrmals wöchentlich durch Lkw angeliefert. Der sehnlichste Wunsch von uns Jungen war natürlich, hinauf auf dieses Dach zu kommen. Das war nicht einfach, denn ab dem 4. Stock war das letzte Stück Treppenaufgang durch Stacheldraht gesichert und durch eine Holztür verschlossen.

Aber bald gelang es uns, die jungen Flaksoldaten mit „Spenden für die kämpfende Truppe", wie wir es nannten, für uns einzunehmen. Vor allem, als wir uns bereit erklärten, den Biernachschub sicherzustellen. So kamen wir immer mal wieder hinauf in die luftige Höhe.

Die Soldaten hatten ihre Unterkünfte in den unter dem Dach liegenden Mansarden, deren Decken und Wände und auch der Fußboden ebenfalls mit Balken und Bohlen zusätzlich verstärkt worden waren. Hier oben roch es immer nach Kernseife, Bier und verbranntem Pulver. Vor allem aus den leeren Geschosshülsen, die in Haufen herumlagen, ging ein scharf riechender Schwefeldunst aus. Besonders stolz waren wir, wenn wir helfen durften, die leeren Geschosshülsen einzusammeln und für den Munitionsaustausch hinunter in den Hausflur zu tragen.

Im Sommer war es auf den Dächern glühend heiß, lediglich ein dünner Wasserstrahl aus einem Gartenschlauch brachte wohltuende Kühlung. Am liebsten standen wir oben bei dem Geschütz, fassten die heißen Läufe an, aus denen des Nachts die Geschossgarben in den Himmel gejagt wurden. Sehr spannend fanden wir auch die Fernsprecheinrichtung, ein Kasten mit einer Kurbel und einem Hörer mit Sprechmuschel, über den die Einsatzbefehle und die Warnungen vor einfliegenden Verbänden durchgegeben wurden. In den späteren Jahren, etwa ab Mitte 1941, geschah es mehr als einmal, dass uns eine solche Warnung bei einem Besuch in der Stellung überraschte. Dann hieß es, schleunigst nach unten und in unseren Luftschutzkeller zu sausen.

Überraschend ließen mit Beginn des Septembers 1942 die Luftangriffe im Rhein-Main-Gebiet nach. Ja, auch die Fliegeralarme wurden merklich weniger. Irgendwie erfasste uns eine sorglose Stimmung, wie wenn der Krieg wieder in weite Ferne gerückt wäre und sich ein baldiges siegreiches Ende abzeichnen würde. Schließlich glaubten wir ja auch einigen Grund zu haben. In Nordafrika hatte Rommel den Engländern schwere Verluste bei Tobruk zugefügt. Unser Afrikakorps würde wohl bald den Nil bei Alexandria erreicht haben. In Russland waren die deutschen Truppen bis in den Kaukasus vorgestoßen und die Ölquellen am Kaspischen Meer schienen nicht mehr unerreichbar zu sein. Unsere Soldaten standen in heftigen Umzingelungskämpfen bei Stalingrad und es war in unseren Augen nur eine Frage der Zeit, bis die Russen auch hier sich geschlagen geben mussten.

Hatte unser Vater noch Ende Oktober geschrieben, dass er bestimmt an Weihnachten auf Urlaub kommen würde, war wenige Tage später schon wieder alles anders. Am 8. November teilte er in einem langen Brief mit, dass er an Stelle des erhofften Urlaubs im Dezember eine sechswöchige Grundausbildung als einfacher Soldat mitmachen müsse. Fünf Tage später war schon wieder eine neue Lage eingetreten. Amerikaner und Engländer landeten in Marokko und stießen nach Osten vor, was zur Folge hatte, dass Nordafrika schließlich von den deutschen und italienischen Truppen geräumt werden musste. Der bisher unbesetzte Teil Frankreichs wurde zum Schutz der Mittelmeerküste von deutschen Truppen besetzt. So erhielt unser Vater eine Kommandierung nach Südfrankreich in die Gegend von Avignon. Waren schon in den vergangenen Monaten die Päckchensendungen unseres Vaters aus der Normandie immer spärlicher geworden, so versiegten diese Quellen jetzt ganz. Mutti bemerkte dazu in einem Brief: „Deine fetten Päckchen haben wirklich aufgehört. So müssen wir den Krieg jetzt erst so richtig fühlen. Bisher hatten wir ja durch Deine liebevolle, treue Fürsorge keine Not ..."

Die tatsächliche Not, ja die Wende des Krieges begann sich endgültig im Dezember 1942 abzuzeichnen, als immer deutlicher wurde, dass die 6. Armee mit 250 000 Mann in Stalingrad eingeschlossen war. Wir waren sehr bedrückt. Eine vorweihnachtliche Adventsstimmung wollte sich nicht einstellen. Wir hatten sogar keinen Adventskranz kaufen können. Es gab einfach keine mehr. Hinzu kamen wieder verstärkt die Fliegeralarme und die Angst vor den Fliegerangriffen. In unserer großen Wohnung hatten wir nur noch das kleine Zimmer neben der Küche heizen können. Mit elektrischem Licht musste äußerst sparsam umgegangen werden. Wir hatten noch ein kleines Fünkchen Hoffnung, dass Papa doch noch an Weihnachten für ein paar Tage auf Urlaub kommen würde, doch daraus wurde nichts. Denn wenige Tage vor Heiligabend erreichte uns die Nachricht, dass er auf der englischen Kanal-Insel Alderney stationiert werden würde und dort noch vor Weihnachten ankommen müsse. Er schrieb am 15. Dezember: „Nun sitze ich seit gestern Abend in St. Malo und warte auf ein Schiff, das zu den Kanalinseln auslaufen soll ... Es kann auch morgen Abend werden ... Ich brenne nicht so sehr darauf, auf die Insel zu kommen. Ich bin ja keine Wasserratte und kein Seefahrer. Auch hat das Wasser keine Balken. Am liebsten würde ich hier auf dem Festland verbleiben. Ein jedes persönliche Missgeschick wäre mir willkommen, wenn damit diese Fahrt verhindert würde. Das klingt sehr feige. Ich bin ja nicht feige, wie Du weißt, aber ich bin leider des Schwimmens unkundig. Das weckt so sonderliche Gefühle, denn es ist ja keine K.d.F.-Fahrt [„Kraft durch Freude": NS-Erholungsorganisation, d. Verf.] ..."

Nach drei Tagen war die Fahrt gut überstanden. Papa war auf der in seinen Augen trostlosen Insel auf vorgeschobenem Posten angekommen und wir waren an Weihnachten wieder allein wie schon im letzten Jahr.

Im Januar 1943 hoffte Papa auf Urlaub und wir dachten, dass er ganz sicher als Überraschung zu Muttis Geburtstag am 21. Januar kommen würde. Jeden Tag gingen wir Kinder an den Bahnhof in der festen Hoffnung, dort unseren lieben Papa abholen zu können. Stattdessen kam dann Ende Januar die Nachricht, dass er nun seine sechswöchige Grundausbildung in der Nähe von Bordeaux antreten müsse. Einerseits waren wir darüber sehr traurig, andererseits trösteten wir uns mit dem Gedanken, dass Papa nicht nach Russland musste. Denn von dort erschütterten uns die Nachrichten über den Fall von Stalingrad und die Kapitulation der 6. Armee zutiefst. Am 3. Februar 1943 meldete der Wehrmachtsbericht: „Der Kampf um Stalingrad ist zu Ende. Ihrem Fahneneid bis zum letzten Atemzug getreu ist die 6. Armee unter der vorbildlichen Führung des

Generalfeldmarschalls Paulus der Übermacht des Feindes und der Ungunst der Verhältnisse erlegen. Die zweimal vom Gegner verlangte Übergabe fand stolze Ablehnung. Unter der Hakenkreuzfahne, die auf der höchsten Ruine von Stalingrad weithin sichtbar gehisst wurde, vollzog sich der letzte Kampf. Generale, Offiziere, Unteroffiziere und Mannschaften fochten Schulter an Schulter bis zur letzten Patrone. Sie starben, damit Deutschland lebe ..."

Wenige Tage später, am 7. Februar 1943, schrieb meine Mutter: „... Das große Geschehen lastet so schwer auf mir und doch bin ich froh, dass wir so spät geheiratet haben. Denn hätten wir zehn Jahre früher geheiratet, wären unsere Söhne vielleicht schon nicht mehr am Leben. Gerd und Brüder bedauern es, dass sie noch zu jung sind und sagen: Ach wären wir nur schon groß, dann könnten wir die Opfer von Stalingrad rächen ..."

Endlich ins Jungvolk

Im Juli 1942 hatte ich endlich meinen zehnten Geburtstag erreicht. Mit zehn kam man ins Jungvolk, der unteren Stufe der Hitlerjugend. Aufnahmetermin war der 1. April. Die Vorbreitungszeit bis zur Vereidigung auf den Führer am Vorabend seines Geburtstags war knapp drei Wochen. Ich versuchte alles, um schon in diesem Jahr aufgenommen zu werden, lief zur Kreisleitung, zum Bannführer, ja sogar zur Gebietsführung. Aber keiner hatte Erbarmen mit mir. Auf jeder dieser Dienststellen baute ich mich in strammer Haltung auf, rief zackig „Heil Hitler" und war fest überzeugt, dass mein Auftritt nicht ohne Wirkung bleiben würde. Doch alles Betteln war vergebliche Liebesmüh. Der Führer wollte mich nicht, noch nicht. Um Erfolg zu haben, hätte ich spätestens bis zum 30. April das zehnte Lebensjahr vollendet haben müssen. Ich war tief bedrückt in diesen Wochen, zumal das Schuljahr verlängert worden war und die Versetzung auf den Termin nach den Sommerferien verlegt wurde. Ich beneidete die wenigen Klassenkameraden, die schon ihren Einberufungsbefehl hatten und im Jungvolk Dienst tun durften. Aber viele mussten warten wie ich auch.

Jetzt, zum April 1943, war es endlich soweit. Am Dienstag, dem 6. April, musste ich mich auf der Dienststelle des Bannes 80 am Boseplatz melden, heute ist das der „Platz der deutschen Einheit". Ich war dem Fähnlein 1/80 zugewiesen worden. Am 6. April stand ich zum ersten Mal mit klopfendem Herzen vor meinem Fähnleinführer Wilhelm Ung. Nachdem er meine Personalien aufgenommen hatte, fragte er, ob ich derjenige sei, der unbedingt schon im letzten Jahr aufgenommen werden wollte. Als ich diese Frage freudig bejahte, nickte er anerkennend. Dann bekam ich einen Berechtigungsschein, mit dem ich beim Wirtschaftsamt einen Bezugschein für eine Sommeruniform beantragen konnte. Mit dem Hinweis, dass ich am kommenden Mittwoch um 15 Uhr in der Schule an der Bierstadter Straße mich zum Dienstantritt zu melden hätte, entließ er mich mit einem zackigen „Heil Hitler", das ich sicher nicht weniger zackig und glücklichen Herzens beantwortete. Dazu schlug ich die Absätze meiner Schuhe aneinander, dass die Eisen klirrten. Schließlich hatte ich den Hitlergruß ja schon in der Grundschule im Schwarzwald hinreichend geübt. Eisen auf den Absätzen trug damals jeder Junge, erstens, damit die Absätze sich nicht so schnell krumm liefen, und zweitens, damit man die Hacken zusammenschlagen konnte, was ja so herrlich militärisch klang. Wilhelm Ung rief mich noch einmal zurück. „Wo hast du denn das gelernt?" „In der Schule", antwortete ich voller Stolz. „Welche Schule? Und wie heißt dein Lehrer?" „Hebbel-Schule, Lehrer Kowalt", antwortete ich militärisch knapp. Als ich aber weitersprechen wollte, um zu sagen, dass ich das schon in der ersten Klasse im Schwarzwald gelernt hatte, winkte Wilhelm Ung ab, lachte und rief freundschaftlich, wie mir schien: „Es reicht, hau ab!"

Ich hatte nur die halbe Wahrheit gesagt. War das wieder eine Lüge oder wenigstens eine „Halblüge", die der liebe Gott und meine Mutter auf meiner Stirn sehen würden? Dieser Gedanke belastete mein Glücksgefühl, mit meinem Fähnleinführer mehr Worte als die anderem gesprochen zu haben.

Beim Wirtschaftsamt holte ich also den Bezugsschein für die Uniform. Mutti hatte mir Geld mitgegeben. Damit rannte ich zu Watzke, dem Geschäft für Uniformen und Arbeitskleidung in der Faulbrunnenstraße. Ich hoffte, die heiß begehrte Uniform gleich mitnehmen zu können. Doch da wurde mir wieder klar, was Kriegswirtschaft bedeutete. Die Uniformen für die Pimpfe würden erst Mitte April geliefert. Es könnte aber auch sein, dass sie erst im Mai oder später geliefert würden, schließlich seien Uniformen für die Soldaten wichtiger. Das sah ich zwar ein, aber meine Enttäuschung war riesengroß. Die Verkäuferin hatte Mitleid mit mir und sagte: „Du kannst ja die Teile schon mitnehmen, die ich da habe und ohne Bezugschein verkaufen darf." „Was wäre das denn?", fragte ich. „Na ja, das Koppel mit Schloss, den Schulterriemen mit den Laschen fürs Koppel, den Lederknoten für das Halstuch, den Aufnäher für das Hemd, der dein Fähnlein und den Bann angibt, also 1/80. Das Dreieck für die Gebietsangabe „West-Hessen-Nassau" kannst du auch schon haben." „Knorke! Prima! Vielen Dank", sagte ich. Das drückte damals Anerkennung und Zustimmung aus. Heute würde man einfach „geil" sagen. Meine Stimmung hellte sich auf. „Wenigstens etwas", dachte ich, verabschiedete mich auch hier mit einem lauten „Heil Hitler", allerdings ohne die Hacken zusammenzuschlagen.

An diesen Tagen schrieb meine Mutter in einem Brief an meinen Vater: „Morgen hat Gerd seinen ersten Dienst. Die ganzen Tage denkt er schon an nichts mehr anderes als an Uniform. Ist doch dies wieder ein ganz neuer Lebensabschnitt und so entgleiten die Kinder immer mehr dem Elternhaus ..."

Am Mittwoch stand ich schon um halb drei auf dem Schulhof der heutigen Gansbergschule in der Bierstadter Straße. Ich war der erste. Doch bald trabten noch mehr zukünftige Pimpfe auf den Schulhof. Die meisten Jungen kannte ich nicht. Keiner hatte eine Uniform. Einige hatten voreilig über ihrer Hose das Koppel umgeschnallt und den Schulterriemen über die rechte Schulter gezogen und am Koppel befestigt. Da die Hosen aber keine Schlaufen hatten, rutschte ihnen das Koppel über die Hose, was natürlich sehr komisch aussah. Schließlich waren gegen drei Uhr alle versammelt. 36 Jungen. Pünktlich um drei trat der Jungzugführer mit drei Jungenschaftsführern aus dem Haus. Die Vier blieben auf der Treppe stehen. Der Jungzugführer rief: „In Dreierreihe antreten!" Wir bauten uns vor der Treppe auf, aber da fast jeder in der ersten sein wollte, gab das eine sehr lange erste Reihe und dahinter war nichts. „Was seid ihr denn für ein Sauhaufen! Könnt ihr nicht bis drei zählen? Also das Ganze noch einmal." Nach einer kurzen Pause kam wieder das Kommando „In Dreierreihe antreten!" Wieder klappte die Sache nicht, aber immerhin wurden zwei Reihen gebildet. „Das werden wir üben, bis ihr es könnt." Dann kam das Kommando „Rührt euch". Damit wussten viele auch nichts anzufangen. Da erhob sich wieder die Stimme des Jungzugführers: „Rührt euch! Bedeutet: Linker Fuß um eine halbe Fußlänge nach vorn, Arme und Hände locker halten. Ich werde jetzt die Namen verlesen. Die ersten zwölf sind die Jungenschaft eins, die nächsten zwölf die Jungenschaft zwei, der Rest wird Jungenschaft drei. Merkt es euch. Ich lese nur einmal vor. Der, dessen Namen ich vorlese, ruft laut und deutlich: hier!"

Die Verlesung der Namen ging zügig vonstatten, aber nicht nach dem Alphabet. Ich war als Siebenter dran. Als alle aufgerufen waren, stellte sich heraus, dass keiner fehlte. Die drei Gruppen wurden jede in einen Klassenraum geführt.

Obwohl das alles sehr barsch und unfreundlich klang, frohlockte ich im Innern, genau so hatte ich es mir erhofft. Es war wie damals bei den Soldaten in der Waldkaserne im Schwarzwald.

Ich wurde der ersten Gruppe zugeteilt. Alfred Achte, drei Jahre älter als ich, war der Führer meiner Jungenschaft. Alfred war kein mitreißender Typ, er wirkte eher zurückhaltend und sehr ernst. Er hatte keine scharfe Kommandostimme, aber er sprach klar und deutlich ohne zu stocken. Unsere Namen standen schon in seinem Dienstbuch. Er rief uns noch einmal auf, dieses Mal mit unseren Vornamen. Dabei forderte er jeden auf, etwas von sich und seiner Familie zu erzählen, etwa wo er geboren sei, ob er Geschwister habe, ob der Vater im Krieg sei, in welche Schule er gehe. Er fragte das freundlich, aber bestimmt. Dann wollte er wissen, wieso denn keiner in Uniform erschienen sei. Da sprudelte es aus uns heraus, denn viele hatten wie ich bei Watzke die gleichen Erfahrungen gemacht.

Er versprach uns, sich darum zu kümmern, dass die Uniformen rechtzeitig zu Führers Geburtstag da seien. Dazu müsse aber der Dienstweg eingehalten werden. Ich hatte noch nie etwas von einem Dienstweg gehört und wollte daher wissen, was das sei. Alfred erläuterte lakonisch: „Ich melde das mit den Uniformen dem Jungzugführer Franz Adolf Kirbal, der meldet es dem Fähnleinführer Wilhelm Ung, der sagt es dem Stammführer, der wendet sich an den Bannführer, der wendet sich an den Gebietsführer und der sich schließlich an den Kreisleiter. Wenn der noch nicht helfen kann, wird es dem Gauleiter gemeldet, der sich letztendlich an die Reichsleitung wenden kann, zum Beispiel an den Reichsjugendführer Axmann." Das sei der Dienstweg. Na, das kann dauern bis die Uniformen bei Watzke angekommen sind, dachte ich.

Alfred machte uns dann klar, dass es nicht erlaubt sei, Uniformteile zu tragen. Es gibt nur eines, die ganze Uniform oder keine. Das Tragen von Teilen wie Koppel und Schulterriemen mache die Uniform lächerlich. Die sei aber ein Ehrenkleid und müsse daher auch dem entsprechend behandelt werden. Außerdem dürfe die Uniform nur zu dienstlichen Zwecken getragen werden. Verlegen steckten die angesprochenen Pimpfe ihre Schulteriemen in die Hosentaschen.

Dann ging es wieder in den Hof zum Exerzieren. Jede Gruppe hatte sich eine Ecke ausgesucht und bemühte sich, die Kommandos ihrer Führer zu befolgen. Immer wieder mussten die Kommandos erläutert werden. „Dem Kommando ‚Stillgestanden'", so erklärte Alfred, „geht meist das Kommando ‚Achtung' voraus. Das bedeutet ‚regungslos stehen bleiben', zugleich bereitet es auf das nächste Kommando vor, etwa ‚Stillgestanden' Das bedeutet: Hände mit gestreckten, zusammenliegenden Fingern an die Hosennaht legen, Ellenbogen leicht angewinkelt nach vorn drücken, Brust raus, Schultern gerade; Fußstellung: Absätze so aneinander stellen, dass die Füße zwischen Absätzen und Fußspitzen einen rechten Winkel bilden."

So übten wir an diesem Nachmittag noch zwei Stunden ohne Unterbrechung „Stillgestanden", „im Gleichschritt – Marsch", „ohne Tritt – Marsch", „Abteilung – halt", „rechts um – links um", „nach links durchzählen" und, und, und. Mit dem Auftrag, das nächste Mal Papier und Bleistift mitzubringen, wurden wir gegen 18 Uhr entlassen und schlichen ziemlich erschöpft und kleinlaut nach Hause. „Ach, ja genau so, wie damals die Soldaten in der Waldkaserne", dachte ich. Doch mein ursprüngliches Frohlocken war in ziemlichen Missmut umgeschlagen. Nichts als blöder Drill!

Am folgenden Samstag hielten wir uns nur eine knappe Stunde mit Exerzieren im Schulhof auf. Dann ging es in unseren Schulungsraum. Alfred hatte eine Hakenkreuzfahne mitgebracht, die wir sorgfältig am Kartenständer hissten. Dazu standen zwei Pimpfe in „Habacht-Stellung" – wir hatten sie gerade im Hof gelernt – rechts und links vom Kartenständer, während zwei weitere Pimpfe die noch zusammengerollte Fahne befestigten. Unser Jungenschaftsführer trat vor den Kartenständer. Dann kam sein Befehl „Heißt Flagge!" Nun entrollten die Pimpfe langsam die Fahne, indem sie den verschiebbaren Teil des Kartenständers ganz vorsichtig nach oben schoben. Da der Galgen des Ständers nicht hoch genug war, konnte die Fahne auch nicht ganz ausgerollt werden, so dass sie ein bisschen schlapp und traurig herunterhing. Das Ganze fand ich irgendwie lächerlich. Der Jungenschaftsführer grüßte die Fahne mit erhobenem rechten Arm und sprach bedächtig, indem er seiner Stimme einen feierlichen Klang zu geben versuchte: „Wer auf die Fahne des Führers schwört, hat nichts mehr, was ihm selber gehört." Er wiederholte diesen Satz langsam und einprägsam. Betroffen standen wir noch etwa eine Minute wie zu Stein erstarrt. Eine solche Minute dehnt sich scheinbar ins Unermessliche. In diesen langen Sekunden versuchte ich mir über die Bedeutung dieser Worte klar zu werden: „Wenn ich also auf die Fahne des Führers schwöre, dann gehört mir nichts mehr. Rein gar nichts? Keine Kleider, keine Mittelburg, keine elektrische Eisenbahn? Das kann doch nicht sein!" Dann belehrte uns Alfred: „Das ist einer von sechs Fahnensprüchen, die ihr lernen müsst."

Der Jungenschaftsführer ließ uns keine Zeit zum weiteren Nachdenken. Wozu auch? Denn er sagte: „Bis zur Aufnahme in das Jungvolk der Hitler-Jugend in wenigen Tagen gibt es noch viel zu lernen. Heute ist der zweite Teil unserer Nationalhymne dran, das Horst-Wessel-Lied. Ich nehme an, dass ihr die erste Strophe des Deutschlandliedes alle kennt. Wer noch nicht ganz sicher ist, lernt es bis zum nächsten Mal. Wer kennt das Horst-Wessel-Lied? Einige meldeten sich. Ich kannte es nur in Bruchstücken. Es war bei uns zu Hause bisher so gut wie nie gesungen worden.

Der Jungenschaftsführer diktierte:

Die Fahne hoch! Die Reihen fest geschlossen.
SA marschiert mit ruhig festem Schritt
Kam'raden, die Rotfront und Reaktion erschossen,
Marschier'n im Geist in unsern Reihen mit.

Die Straße frei, den braunen Bataillonen,
Die Straße frei dem Sturmabteilungsmann.
Es schau'n aufs Hakenkreuz voll Hoffnung schon Millionen,
Der Tag für Freiheit und für Brot bricht an.

Zum letzten Mal wird nun Appell geblasen!
Zum Kampfe steh'n wir alle schon bereit.
Bald flattern Hitlerfahnen über allen Straßen,
Die Knechtschaft dauert nur noch kurze Zeit.

Alfred fragte in die Gruppe: „Wer versteht etwas nicht?" Keiner meldete sich. „Seid ihr zu schlau oder zu doof?" Nach einer Pause fragte er Emil „Was bedeutet denn „Rotfront und Reaktion'?" Keiner wusste es. Also versuchte er, uns den Text zu erklären. „Die Wörter stammen aus der Kampfzeit! Was heißt Kampfzeit?" Ich meldete mich: „Damit sind die Jahre vor der Machtübernahme gemeint." „Gut. Wann war die Machtübernahme?" „Am 30.Januar 1933", antwortete ich weiter. „Also, die meisten von euch sind 1932 geboren und damit noch in der Kampfzeit. Ihr seid also alte Kämpfer, wie ich auch einer bin. Ich bin Jahrgang 1929." Dann fuhr er fort: „Rotfront, das ist doch klar. Das sind die Kommunisten und Sozialdemokraten gewesen, die unsere NSDAP bis aufs Blut bekämpft haben. Auch von denen wurden viele erschossen. Die Reaktion, das waren alle anderen. Von denen wurden auch viele erschossen. Auch wir hatten Verluste in den Straßenkämpfen und bei Überfällen auf unsere Versammlungen. Die Kämpfe gingen um Freiheit und Brot. Dazu brauchte die Partei die Macht im Staat, um das System der Republik von Weimar niederzuwerfen. Diese Macht errang sie, nachdem zum letzten Mal zum Angriff geblasen worden war. Dann, am 30. Januar 1933, war das erreicht und über allen Straßen flatterte die Hakenkreuzfahne."

Das hörte sich so an, als wäre Alfred dabei gewesen. Dann fuhr er fort: „Die Bataillone und Sturmabteilungen, das sind die Truppen der SA. SA ist die Abkürzung für Sturmabteilung. Das sind die, die an vorderster Front kämpfen mussten. Die hatten auch die meisten Verluste. Zu ihnen gehörte auch der SA-Sturmführer Horst Wessel, der dieses Lied kurz vor seinem Tod gedichtet hatte, bevor er von Rotfront erschossen wurde." Damit war seiner Meinung nach alles klar.

Dann lasen wir mehrfach den Text im Chor. Schließlich sangen wir die einfache Melodie und glaubten, viel gelernt zu haben. Bei mir hatte sich irgendwie eine Frage festgesetzt: Wer hat in der ersten Strophe wen erschossen und wer marschiert im Geiste mit? Offenbar marschierten jetzt alle mit, ganz gleich, wer wen erschossen hatte. Schließlich waren wir ja eine große Volksgemeinschaft. Es blieb mir aber keine Zeit, dieser Frage nachzugehen, genauso wenig wie dem Sinn des Fahnenschwurs vom Anfang dieses politischen Nachmittags.

„Bis zum nächsten Mittwoch lernt ihr das Horst-Wessel-Lied. Und dann lernen wir das wichtigste aller unserer Lieder, das HJ-Fahnenlied." Damit waren wir entlassen.

Am Abend heulten wieder einmal die Sirenen. Fliegeralarm! Bald hörten wir das tiefe Brummen der Flugzeugmotoren. Da fing auch schon die Flak an zu schießen.

Wir verbrachten die halbe Nacht im Keller. Zwischen die dumpfen Abschüsse der 8,8 cm-Flak (schweres Langrohrgeschütz mit Kaliber 8,8 cm) belferte rasselnd die leichte Flak und schickte ihre Leuchtspurmunition zum Himmel. Immer wieder schien der Boden von fernen Detonationen zu beben. Manchmal kamen die dumpfen Einschläge näher, meist aber blieben sie in der Ferne. Dafür hatten wir im Laufe der Zeit ein gutes Gefühl entwickelt. Wir hatten gelernt, die Nähe der Gefahr abzuschätzen. Diesmal ging der Kelch wohl noch einmal an uns vorüber. Die Hausbewohner saßen angespannt lauschend im Keller. Kaum einer sagte ein Wort. Meine Geschwister schliefen tief und fest. Sie hörten nichts von dem fernen Grollen.

Als wir weit nach Mitternacht nach dem beruhigenden Dauerheulton der Entwarnung wieder in unsere Wohnung gekommen waren und wir aus den hinteren Fenstern hinausschauten, glühte der Himmel im Osten tiefdunkelrot und in südlicher Richtung in auf- und abschwellendem Hellrot. Das war wieder das arme Mainz! Die Glut im Osten verwies uns auf Frankfurt. Schweigsam und tief betroffen schauten wir in die Nacht.

Am Sonntag berichtete der Heeresbericht, dass feindliche Flugzeuge planlos Spreng- und Brandbomben vorwiegend auf offene Landgemeinden in Südwestdeutschland abgeworfen hätten. Unser Eindruck war ein anderer.

Zur gleichen Zeit schrieb unser Vater, dass er wieder wohlbehalten auf seiner Kanalinsel angekommen sei und dass er wohl den Sommer über noch dort bleiben müsse. Offenbar hatte er nicht allzu viel zu tun. Mit Fliegerangriffen sei nicht zu rechnen, da die Engländer wohl kaum ihre eigenen Landsleute bombardieren würden. Er fuhr fort: „Im Sommer macht es Spaß hier zu sein. An den langen Abenden wollen wir im Kameradenkreise anfangen Tennis zu spielen. Heute habe ich selbst damit begonnen und viel Freude daran gehabt. Nur ein wenig leichtere Kleidung sollte ich haben, deshalb bitte ich Dich, mir als Päckchen die von mir erst im letzten Urlaub mitgebrachte Leinenhose zu senden. Die Hose hat einen angenähten Gürtel. Bitte auch die weißen Strandschuhe. Wenn möglich auch in einem weiteren Päckchen den weißen Pullover mit langen Ärmeln...“ Wir konnten es nicht fassen. Bei uns zu Hause war Krieg. Im Osten und in Nordafrika tobten schwere Schlachten, aber unser Vater spielte Tennis auf englischem Boden. Bei ihm, direkt vor Englands Küste, fiel kein Schuss, schien der Friede ausgebrochen zu sein. Das durfte ich niemandem erzählen. Es hätte wohl auch kaum einer geglaubt. Wir waren aber doch froh, unseren Vater trotz Krieg in ziemlicher Sicherheit zu wissen.

Ab Montag, dem 12. April, machte ich jeden Tag nach der Schule den großen Umweg über die Faulbrunnenstraße, um bei Watzke nachzufragen, ob die Uniformen schon da seien. Ohne Erfolg. Also trat unser Jungzug am Mittwochnachmittag wieder ohne Uniform an. Dieser blöde Dienstweg funktionierte offenbar nicht. Aber es war ja auch erst der 14. April.

Zunächst wurde wieder einmal Marschieren im Hof geübt. Das war stinklangweilig. Dann zog diesmal der ganze Jungzug in den größten

Raum, den die kleine Schule zu bieten hatte. An der Tafelseite waren zwei gekreuzte Fahnen angebracht. Die linke war die Jungvolkfahne mit der weißen Siegrune auf schwarzem Tuch, die rechte war die schwarze Fahne der Hitlerjugend mit dem weißen Adler, der das Gefieder der Flügel spreizt, und dessen Fänge in der Linken einen Hammer und in der Rechten ein Schwert umkrallen.

Wir waren beeindruckt. Der Jungzugführer genoss sichtlich unsere Überraschung.

Da ging die Tür auf und herein trat der Fähnleinführer. „Achtung!"rief der Jungzugführer. Wir schossen aus unseren Bänken. „Stillgestanden! Zur Meldung an den Fähnleinführer – Augen geradeaus!" Kirbal meldete: „Jungzug vier mit sechsunddreißig Pimpfen und drei Jungenschaftsführern vollzählig angetreten." Ung winkte mit einer knappen Handbewegung ab und sagte. „Danke, weitermachen!" Kirbal kommandierte „Rührt euch, setzen!" und begann mit seiner Erklärung: „Das sind unsere Fahnen. Die tragen bei unseren Aufmärschen die Fahnenträger. Das habt ihr sicher schon oft gesehen. Die germanische Siegrune ist euch auch vertraut. Die zweifache Siegrune ist das Zeichen der SS, der Schutzstaffel, daher die beiden S. Die SS ist die Elitetruppe des Führers. Nur die Tüchtigsten und Besten dürfen in die SS. Jeder von uns soll der Tüchtigste und Beste sein wollen. Die Fahne der Hitlerjugend trägt die Zahl 1/80. Daran erkennt ihr die Fahne unseres Fähnleins. Wir lernen jetzt unser Fahnenlied." Nach einer kurzen Pause fuhr er fort: „Ich trage euch jetzt den Text vor. Legt schon Papier und Bleistift auf die Bänke. Dann diktiere ich euch den Text."

Der Fähnleinführer nickte zufrieden. Kirbal hüstelte kurz. Wir warteten gespannt. Dann rezitierte er mit eindringlicher Betonung:

Vorwärts! Vorwärts!
Schmettern die hellen Fanfaren!
Vorwärts! Vorwärts!
Jugend kennt keine Gefahren.
Ist das Ziel auch noch so hoch,
Jugend zwingt es doch.

Unsre Fahne flattert uns voran.
In die Zukunft zieh'n wir, Mann für Mann.
Wir marschieren für Hitler durch Nacht und durch Not
Mit der Fahne der Jugend für Freiheit und Brot.
Unsre Fahne flattert uns voran.
Unsre Fahne ist die neue Zeit
Und die Fahne führt uns in die Ewigkeit.
Ja, die Fahne ist mehr als der Tod."

Während er uns nun den Text diktierte, schrieb ein Jungenschaftsführer das Lied an die Seitentafel. Als wir fertig waren, stand der Fähnleinführer auf und fragte: „Wer hat das Lied verstanden und möchte es erklären?" Ich meldete mich sofort, denn der Fähnleinführer war mir ja schon bei meiner Anmeldung sehr sympathisch geworden. Außerdem wollte ich ihm beweisen, dass ich ein richtiger Hitlerjunge sein wollte und, das war mir wohl das Wichtigste, ich wollte der Erste und vielleicht auch der Beste sein. Schließlich war es ja auch kein schwieriger Text. Ung nickte mir aufmunternd zu und ich begann, zunächst etwas stotternd, was mir immer passierte, wenn ich sehr erregt war, und sagte sinngemäß:

„Die Fanfaren schmettern klingt sehr eindringlich. Es ist mehr, als wenn nur Trompeten blasen. Das viermal wiederholte Vorwärts bedeutet wohl eine eindringliche Aufforderung, dass wir schnell marschieren sollen, nicht lahm dahintrotten. Wir fürchten keine Gefahr, weil wir sie nicht kennen. Dann folgt so eine Art Feststellung, dass wir, die Jugend, jedes Ziel erreichen werden, wenn es auch noch so hoch sein sollte.

Die Fahne weht nicht, sie hängt auch nicht schlapp herunter. Sie flattert uns voran. Sie flattert vielleicht, weil ein starker Wind uns entgegenbläst. Sie könnte auch flattern, weil wir nicht dahintrotten, sondern schnell marschieren. Wir marschieren durch eine dunkle Zeit und eine Zeit voller Not, wie wir sie täglich erleben. Aber wir marschieren mit der Fahne, die für uns die Zukunft ist. Unser Ziel ist die Freiheit und das tägliche Brot." Ich machte eine Pause.

Der Fähnleinführer warf ein: „Du sagst, wir fürchten keine Gefahr, weil wir sie nicht kennen. Meinst du, wenn wir die Gefahr kennen würden, dann würden wir uns fürchten?" „Vielleicht nicht fürchten, aber uns doch vor ihr in Acht nehmen," antwortete ich. „Nein, mein Lieber," sagte der Fähnleinführer, „ganz gleich ob wir Gefahren kennen oder nicht kennen, ‚Jugend kennt keine Gefahren' bedeutet, Jugend ist immer furchtlos. Das Fürchten überlassen wir den kleinen Kindern." Ich senkte etwas beschämt den Kopf und spürte, wie mir das Blut ins Gesicht schoss.

„Weiter", sagte Ung und fügte fragend hinzu: „Was soll den heißen: Unsere Fahne ist die neue Zeit?" Ich stutzte einen Augenblick. Keiner getraute sich zu lachen. „Jetzt nur nichts Falsches sagen", dachte ich.

Nach kurzem Zögern meinte ich: „Unsere Fahne ist das Zeichen für eine bessere Zukunft, weil uns der Gedanke, dass wir für den Führer durch Nacht und Not mit unserer Fahne marschieren, besonders wichtig sein soll. Am wichtigsten aber ist die Fahne. Sie bedeutet uns das Leben, den Sieg, nicht aber den Tod." Alle waren mucksmäuschenstill.

„Das hast du gut gemacht. Nur mit dem Schluss bin ich nicht ganz einverstanden. Der bedeutet nämlich, dass wir auch bereit sein sollen, für den Sieg der Fahne zu sterben. Die Fahne ist wichtiger als der Tod. – Noch Fragen?" Alle schwiegen. Ung hatte das mit dem Tod so bestimmt gesagt, dass sich keiner mehr traute noch etwas einzuwenden.

„Dann lernt ihr jetzt die Melodie." Er sang zusammen mit dem Jungzugführer und den Jungenschaftsführern das Lied vor. Dann sang der ganze Jungzug, indem Ung den Takt auf das Pult vor sich trommelte. Wir wiederholten das Lied zweimal. Dann gab er das Kommando „Aufstehen! – Auf der Stelle – im Gleichschritt – marsch!" Das Lied dröhnte durch den Klassenraum und der Marschtritt der Kolonne ließ uns fast außer Rand und Band geraten. Wir wollten gar nicht mehr aufhören, so trunken hatten uns Lied, Melodie und das Stampfen unserer Stiefel gemacht. Zum Abschluss sangen wir noch einmal auf die gleiche Art das Horst-Wessel-Lied.

So habe ich das Fahnenlied der Hitlerjugend gelernt und nie mehr vergessen.

Noch ein Liedtext hatte mich damals ungeheuer beeindruckt, weil er vor meinem geistigen Auge nicht nur mich und die jungen toten Soldaten des Krieges, sondern auch die Heldenahnen, also die gefallenen Brüder meiner Mutter, meine Vorbilder, die mit sturmzerfetzten Fahnen marschieren, mit einschloss. Der Text lautet:

„Ein Junges Volk steht auf – zum Sturm bereit,
reißt die Schranken hoch – zusammen Kameraden!
Wir fühlen nahen unsere Zeit, die Zeit der jungen Soldaten.
Vor uns marschieren mit sturmzerfetzten Fahnen
Die Toten, die Helden der jungen Nation
Und über uns die Heldenahnen –
Deutschland, Vaterland – wir kommen schon!"

Das Gelöbnis – „Wer auf die Fahne des Führers schwört ..."

Am Donnerstag, dem 15. April, lief ich wieder zu Watzke. Die Uniform war da. Ich war glücklich und bewunderte zugleich den „Dienstweg", der so gut funktioniert hatte.

Ich konnte nun nicht nur an den Führer, sondern auch an den schnellen Dienstweg glauben, was ebenfalls ein fundamentaler Irrtum war, wie ich noch oft in meinem Leben erfahren sollte.

Auch den letzten „Dienst-Tag" vor unserer feierlichen Aufnahme ins Jungvolk habe ich in guter Erinnerung.

Es war Samstag, der 17. April 1943. In der Nacht hatten wir wieder viele Stunden im Keller zugebracht, während starke feindliche Bomberverbände einen schweren Luftangriff auf Mannheim und Ludwigshafen flogen. Der Wehrmachtsbericht meldete, dreiundfünfzig meist viermotorige Bomber seien abgeschossen worden, während nur drei deutsche Jagdflugzeuge als vermisst gemeldet seien. Unsere Mutter war in großer Sorge um unseren Großvater und die übrigen Mannheimer Verwandten. Ich verschwendete wohl kaum einen Gedanken an die ferne Verwandtschaft. Auch in der Schule hatte ich wie die meisten Klassenkameraden nichts anderes im Kopf als die Uniform. Bevor ich am Nachmittag zum Dienst loszog, stolzierte ich wohl eine Stunde lang vor dem großen Spiegel am Kleiderschrank der Eltern herum, schob immer wieder das schwarze Halstuch durch den Lederknoten, prüfte, ob das Schiffchen kühn genug auf dem Kopf saß und ob Mutti die Aufnäher an der richtigen Stelle am linken Hemdsärmel angenäht hatte. Am längsten brauchte ich, bis ich den Schulterriemen in die richtige Länge gebracht hatte. Er durfte nicht zu stramm sitzen, da sonst das Koppel einseitig hochgezogen worden wäre, aber auch auf keinen Fall zu schlaff über die rechte Schulter geführt sein. Am liebsten hörte ich das „Klack – Klack", wenn das Koppelschloss einrastete. Dann fuhr ich ganz sorgfältig mit der Hand über die Siegrune, die als erhabenes Relief das Koppelschloss zierte.

An diesem Nachmittag war im Schulhof der Oranienschule das ganze Fähnlein 1 angetreten. Auch der Musikzug mit Trommeln und Fanfaren war dabei. Zunächst wurde in dem großen Schulhof marschiert, mit und ohne Musikzug. Immer wieder sangen wir das HJ-Fahnenlied. Während die älteren Jungzüge weiterhin vor allem Marschübungen vollführten, ging Jungzugführer Kirbal mit uns in einen Klassenraum. Dort belehrte er uns über den Ablauf der Feierstunde am Montagnachmittag: „Antreten des gesamten Jungstamms im Bann 80 in blitzsauberer Uniform mit geputzten Schuhen um 16 Uhr vor dem Kurhaus. Abmarsch der einzelnen Fähnlein. Dann marschiert der Jungstamm in Dreierreihen über Wilhelmstraße, Sonnenbergerstraße hinauf zum Paulinenschlösschen. Die Trommlerzüge marschieren vor jedem Fähnlein, dahinter die Fahnenträger. Einmarsch in den Festsaal. Die älteren Jungzüge bleiben im Hintergrund geschlossen stehen, alle Pimpfe, die vereidigt werden, marschieren vor die Bühne im Saal, auf der die Fanfarenzüge stehen und euch erwarten werden." Wir schrieben wieder eifrig mit. Kirbal ließ uns genügend Zeit.

„Wenn alle versammelt sind, folgt das Kommando ‚Achtung – Habt acht!'", fuhr er fort. „Ihr nehmt also Habachtstellung ein. Inzwischen betritt der Stammführer die Bühne, vielleicht auch der Bannführer und der Kreisleiter, gefolgt von einigen SA-Führern und Offizieren der Waffen-SS." Aha, ein Teil des Dienstweges, dachte ich voller Spannung zuhörend. Der Stammführer grüßt die Hitlerjugend mit „Sieg Heil!" Darauf antwortet der ganze Saal mit einem dreifachen „Sieg Heil!" Dann marschieren die Fahnenträger der Fähnlein auf die Bühne, vier rechts und vier links vom Rednerpult. Von jedem Jungzug Vier wird ein Junge bestimmt, der mit dem Fahnenträger auf die Bühne geht. Wer macht das von euch?" Viele meldeten sich, ich auch, aber zu meiner Enttäuschung wurde der bullige Emil genommen. „Dann gibt es einen Fanfarenstoß. Danach singen wir alle gemeinsam unser Fahnenlied. Anschließend wird das Musikkorps spielen bis die Übertragung der Rede des Reichsjugendführers beginnt, der wir alle zuhören. Sie wird über alle Rundfunksender übertragen. Wieder folgt ein Fanfarenstoß. Dann gibt es eine kurze Ansprache des Stammführers zur Bedeutung der Schwertworte. Die Fahnenträger werden ihre Fahne etwas senken, so dass die Pimpfe auf der Bühne ihre Fahne mit der rechten Hand berühren können. Merk dir das gut, Emil! Ein Pimpf wird die Schwertworte vorsprechen, alle anderen sprechen sie nach. Die Schwertworte lauten:

„‚Jungvolkjungen sind hart, schweigsam, tapfer und treu.
Jungvolkjungen sind Kameraden.
Der Jungvolkjungen Höchstes ist die Ehre.'

Ich sage die Schwertworte jetzt noch einmal langsam zum Mitschreiben."

Er wartete, bis alle fertig waren. Dann mussten wir den Text mehrfach wiederholen. Schließlich fuhr er fort: „Es wird wieder Fanfare geblasen, die Fanfarenstöße gehen über in Trommelwirbel, die leiser werden. Nun spricht ein Pimpf auf der Bühne das Gelöbnis und den Fahnenspruch, den ihr schon kennt: ‚Wer auf die Fahne des Führers schwört, hat nichts mehr, was ihm selber gehört'. Das Gelöbnis lautet: ‚Ich verspreche, in der Hitler-Jugend allzeit meine Pflicht zu tun in Liebe und Treue zum Führer und unserer Fahne.' Diese Worte sprechen alle Pimpfe nach. Es folgen wieder Fanfaren und Trommeln. Dann singen wir die erste Strophe des Deutschlandliedes und das Horst-Wessel-Lied. Damit klingt die Feierstunde aus."

Der Ablauf wurde nun mehrfach besprochen und eine ganze Reihe von Fragen geklärt. Aber alles schien so verwirrend, dass uns der Kopf rauchte. Plötzlich ging die Tür auf, ein Jungenschaftsführer trat ein und übergab dem Jungzugführer, einen Zettel. Als der wieder aufblickte, deutete er auf mich und rief: „Ab zum Fähnleinführer!" Verdattert stand ich auf und folgte dem Jungenschaftsführer.

Was hatte das zu bedeuten? Der wusste es auch nicht. Hatte Wilhelm Ung herausgefunden, dass ich vor drei Wochen bei der Vorstellung nicht die ganze Wahrheit gesagt hatte, als er mich fragte, wo ich das zackige Grüßen gelernt hätte? Hatte er sich bei Lehrer Kowalt erkundigt oder gar bei Rektor Metzler? Also ich hatte kein gutes Gefühl, während wir die Treppe in den ersten Stock hinaufstiegen, wo der Fähnleinführer und der Stammführer uns erwarteten.

Ich grüßte so vollendet wie ich nur konnte beim Eintreten mit „Heil Hitler", indem ich den rechten Arm kerzengerade ausstreckte und die Absätze zusammenschlug. Ich musste an die Lektion denken, die mir der Lehrer Bunk von der Parallelklasse erteilt hatte, als ich zweimal mit dem dämlichen Gruß „Guten Morgen" in seine Klasse gekommen war, um für Lehrer Kowalt um ein Stück Kreide zu bitten, und an die beiden Ohrfeigen, die ich damals quittiert hatte. „Das heißt ‚Heil Hitler!'", hatte er gesagt.

Der Fähnleinführer winkte mich freundlich herbei und sagte zum Stammführer: „Das ist der Pimpf aus dem Jungzug Vier meines Fähnleins, von dem ich dir erzählt habe. Der ist offenbar nicht mundfaul. Kann laut und deutlich sprechen. Der kann die Schwertworte, das Gelöbnis und den Fahnenspruch sprechen." „Gut", sagte der Stammführer, „machen wir ein paar Proben." Er gab mir einen Zettel, worauf die Sätze standen, die wir gerade im Jungzug gelernt hatten, schickte mich in eine hintere Ecke des Klassenzimmers und sagte. „Also, lies vor, aber laut und deutlich."

Ich versuchte es, aber in meiner Aufregung las ich viel zu schnell. „Du musst langsamer sprechen und nach jedem Satz eine Pause machen, denn die anderen sollen das, was du sagst, nachsprechen." Wir übten das ein paar Mal. Dann kam das Gelöbnis an die Reihe: „Ich verspreche, - - in der Hitler-Jugend - - allzeit meine Pflicht zu tun - - in Liebe und Treue - - zu unserem Führer - - und unserer Fahne." Schließlich noch der Fahnenspruch.: „Wer auf die Fahne des Führers schwört, - - hat nichts mehr, was ihm selber gehört." Als sie einigermaßen zufrieden waren, gingen wir hinaus auf den langen Schulflur. Ich stand an einem Ende, die beiden Führer am anderen und wieder musste ich laut und deutlich sprechen, dass es durch den Gang hallte.

Schließlich ging es in den Hof. Das Fähnlein musste wieder antreten, das Vor- und Nachsprechen wurde jetzt im Schulhof geübt. Ich stand mindestens dreißig Meter vor dem Fähnlein und sprach so laut ich konnte. Nach mehreren Versuchen klappte es, dass das Fähnlein geschlossen antworten konnte. Wir sangen noch einmal unser Fahnenlied. Dann war dieser aufregende Nachmittag vorbei.

Einige Kameraden beneideten mich. Einige bewunderten mich. Die meisten aber, so schien es mir, waren froh, dass es nicht sie getroffen hatte. Ich aber war unbändig stolz und erfüllt von meinem Auftrag.

Am Montagmorgen in der Schule musste mich Lehrer Kowalt mehrfach ermahnen, da ich kaum dem Unterricht folgte. Als er mich aufrief, war ich verwirrt und stotterte unbrauchbare Antworten. In der großen Pause nahm er mich beiseite und fragte, was mit mir los sei. Da erzählte ich ihm von meinem Auftrag. Er klopfte mir auf die Schulter und schickte mich nach Hause, mit mir sei heute ja doch nichts anzufangen. Die Stunden bis zum Nachmittag dehnten sich endlos. Zum Mittag konnte ich kaum etwas essen. Immer wieder übte ich meine Rolle und Mutti musste sich das immer wieder anhören. Zuweilen seufzte sie, schien bekümmert den Kopf zu schütteln. Ihre Gefühle drückten mehr Sorge als Stolz aus. Dann zog ich meine Uniform an und machte mich auf den Weg.

An diesem Abend schrieb meine Mutter in einem Brief an meinen Vater auf der Kanalinsel Alderney: „Ach, was könnte das Leben so schön sein, wenn nicht so viel Hass wäre auf der Welt und nicht der schreckliche Krieg. Es ist ein so schönes Frühjahr in diesem Jahr. Die Bäume stehen in herrlicher Blüte, die Blumen blühen so schön. Nur das Herz ist so schwer, es sehnt sich nach Liebe und stillem Glück in der Familie. Der furchtbare Krieg und die damit verbundene Trennung lasten in diesem Jahr mehr denn je auf meiner Seele. Einmal werden wir auch noch andere Zeiten erleben.

Gerade habe ich der Rede von Reichsjugendführer Axmann im Radio zugehört. Gerd hat ja heute seine große Feierstunde im Paulinenschlösschen und wird dort wohl auch die Rede mitgehört haben und sie sich hoffentlich auch zu Herzen nehmen. Es ist ja wirklich eine sehr ernste und schwere Zeit, die das deutsche Volk erlebt.

Vorgestern saßen wir fünf Stunden im Keller. Die Kinder schliefen zwar die ganze Zeit, aber die Flieger waren in Mannheim-Ludwigshafen. Von Maria hörte ich, dass der Bahnhof in Mannheim, das Schloss, das Rathaus und die Lanzwerke kaputt seien. Von Vater habe ich noch nichts gehört. Will ihm nachher schreiben; hoffentlich geht es den Lieben dort noch gut.

Wie glücklich sind wir, wenn wir nach solcher Nacht wieder in unser Bett dürfen, anstatt draußen herumirren zu müssen. Nicht dankbar genug können wir sein..."

Solche düsteren Gedanken lagen mir völlig fern. Für mich war es ein glücklicher Tag. Es war ein überwältigender Anblick, den ganzen Stamm angetreten zu sehen, weit mehr als tausend Jungen. Der Marsch zum Paulinenschlösschen klappte einigermaßen. Immer wieder ertönten die Kommandos „Im Gleichschritt, eins, zwo, drei vier!" Aber oft genug kamen die Gruppen außer Tritt, vor allem, als es den Berg hinaufging. Endlich kam das Kommando „Ohne Tritt, marsch!" Da wurde getuschelt, mancher holte ein Stück Brot aus der Tasche und fing beim Gehen an zu futtern. Ich auch, denn ich hatte inzwischen einen riesigen Hunger. Vor dem Eingang zum Paulinenschlösschen drängten sich schließlich die Pimpfe. Die Ordnung der Fähnlein war weitgehend aufgelöst. Jeder wollte nur einfach hinein. Erst im Innern des Festsaales gelang es, wieder einigermaßen die Reihen zu ordnen und Disziplin in die Menge zu bringen. Die Jungpimpfe wurden vor der Bühne aufgestellt. Erst jetzt hatte ich Gelegenheit, die Ausschmückung des Saales in mich aufzunehmen. Alle Wände waren hinter riesigen Hakenkreuzfahnen verschwunden. Der Sockel der Bühne war ebenfalls mit rotem Tuch abgehängt. Auf der Bühne wurden die Fanfaren- und Trommlerzüge geordnet, halbrechts erkannte ich das Rednerpult mit dem Mikrophon, in das ich meine Sprüche sagen sollte. Dann wurden die Fahnenträger mit ihren Fahnen aufgestellt. Vor meinen Augen schien alles zu verschwimmen, als ich mit den anderen Pimpfen, die im entscheidenden Augenblick ihre Fahne berühren sollten, auf die Bühne stieg. Noch nie hatte ich auf so viele Gesichter hinabgesehen. Ich fuhr verstohlen mit der Hand über meine Stirn, um nicht schwindlig zu werden. Dann nahm das Geschehen nicht ganz wie geplant seinen Gang, denn der Aufmarsch der Fahnenträger war anders gestaltet worden, weil wir schon zu viel Zeit verloren hatten. Im Saal standen die Fähnleinführer bei ihren Fähnlein. Mein Blick traf für einen Moment den Blick Wilhelm Ungs, der mir aufmunternd zunickte.

Dann schallte laut das Kommando „Achtung!“ durch den Saal, und es wurde ganz still. Neben mir standen plötzlich der Stammführer und einige Männer in SA-Uniformen. Ich hatte ihren Auftritt vor Aufregung gar nicht bemerkt. Der Stammführer trat ans Mikrophon und grüßte das versammelte Jungvolk mit lauter Stimme: „Heil Hitler!“ und aus dem Saal schallte dreifach zurück: „Sieg heil!“

Fanfaren! – Jetzt sollte eigentlich das HJ-Fahnenlied gesungen werden, doch es knackte in den Lautsprechern, etwas verzerrt kam eine Ansage, bruchstückhaft: „Hier ... Reichs ... nder Berlin.“ Weiteres Knacken, Pause, Knacken, Störgeräusche. Dann hörte ich eine Männerstimme, die mitten im Satz angefangen zu haben schien. Offenbar ist das schon die Rede des Reichsjugendführers, dachte ich, konnte aber nicht zuhören, da ich meine Gedanken zu sammeln versuchte. Wieder unterbrachen Geräusche die Rede, so dass ich nur noch ein Stammeln zu hören vermochte. Ging das nur mir so? War die Übertragung zu Ende, wurde sie abgebrochen? – In meinen wirren Gedankentaumel schallte abrupt das Kommando: „Achtung! HJ-Fahnenlied!“ Schon fing die Menge im Saal immer lauter werdend an zu singen: „Vorwärts! Vorwärts! Schmettern die hellen Fanfaren ...“

Das Lied war zu Ende. Wie ging es jetzt weiter? Kam ich schon dran?

Die Fanfarenbläser hoben ihre Instrumente. An jeder Trompete hing eine kleine Fahne mit der Siegrune. Kräftig bliesen die Fanfarenbläser in ihre Instrumente. Dann setzten sie die Trompeten mit einer schnellen Bewegung auf dem leicht gebeugten rechten Oberschenkel ab. Zögerliche Pause. War ich jetzt dran? –

Nein. Der Stammführer trat an das Mikrophon und sprach irgendetwas. Ich verstand nur „Schwertworte“. Ich versuchte mich zu konzentrieren. Der Stammführer endete. Kam jetzt wieder ein Fanfarenstoß? Nein! Es war soweit. Ich trat ans Mikrophon. Es war für mich zu hoch. Ich stellte mich auf die Zehenspitzen. Aber das reichte auch noch nicht. Ich fing an, sprach die erste Zeile, doch nur ich hörte meine Worte. Im Saal rührte sich nichts. Lediglich die vor den Fahnenträgern stehenden Pimpfe fingen an zu murmeln. Zu meiner Rettung trat ein gütiger Mensch neben mich und schraubte das Mikro tiefer und flüsterte: „Fang noch mal an.“ Ich begann erneut und noch lauter. Da erschrak ich. Noch nie hatte ich meine Stimme über ein Mikrophon gehört. Aus über tausend Kehlen schallte nun die Wiederholung herauf, zunächst eher wie das Gemurmel einer Kirchengemeinde, wenn sie das Glaubensbekenntnis sprach. Aber dann bei der Zeile „Jungvolkjungen sind Kameraden“ kam die Wiederholung laut und gleichmäßig und verstärkte sich bei der dritten Zeile:

„Der Jungvolkjungen Höchstes ist die Ehre." Ich war erleichtert. Der erste Teil lag hinter mir.

Wieder setzten die Fanfaren ein, Trommelwirbel kamen hinzu. Mit einem scharfen Ton brach der Klang der Fanfaren ab, die starken Trommelwirbel wurden leiser und verstummten schließlich. Die Fahnenträger senkten ihre Fahnen, die vor ihnen stehenden Pimpfe erfassten mit der Rechten das Tuch und ich sagte meinen Spruch: „Wer auf die Fahne des Führers schwört - - hat nichts mehr, - - was ihm selber gehört." Der Widerhall aus dem Saal glich wieder eher der verhaltenen Antwort einer Kirchengemeinde. Besser wurde es, als ich das Gelöbnis vorsprach: „Ich verspreche, --- in der Hitlerjugend allzeit meine Pflicht zu tun --- in Liebe und Treue --- zu unserem Führer und unserer Fahne."

Es war geschafft. Mit einer riesigen Erleichterung trat ich vom Mikrophon zurück. Trompeten, Trommelwirbel. Nun hätte eigentlich das Deutschland- und dann das Horst-Wessellied folgen müssen, doch an meine Stelle trat ein offenbar hochrangiger SA-Mann. Wie ich später erfuhr, war es der Kreisleiter Pikarski. Der sprach noch einige Worte, in denen er Hinweise gab, wie der Führer seine Jugend haben wolle. Mir blieb in Erinnerung: Hart wie Kruppstahl, zäh wie Leder und flink wie die Windhunde. Das habe ich bis 1945 noch oft gehört und war entschlossen, diesem Ziel nachzueifern. Wir sangen die Nationalhymnen, wir hatten ja schließlich mit dem Horst-Wessel-Lied zwei. Dann war die Feierstunde beendet.

Meine gute Mutter, die bisher so stolz war, wenn ihr Ältester von seinen Erlebnissen erzählte, reagierte mit immer mehr Zurückhaltung. Wie ich fünf Jahrzehnte später aus der Lektüre ihrer Briefe an meinen Vater erfuhr, beklagte sie, wie sehr ich mich verändert hätte, wie ich mit jeder Woche in der Hitlerjugend mich mehr und mehr dem Elternhaus entfremden würde, dass ich nur noch Sinn hätte für rohe Kampfspiele, wozu sie auch das Fußballspielen zählte. Ich würde nicht nur den von mir verlangten Dienst erfüllen, sondern würde auch alle freiwilligen Dienste übernehmen, wie Nachtwachen auf Dienststellen, um im Ernstfall für Meldedienste zur Verfügung zu stehen. Bei den vielen Sammelaktionen für die NSV, für Altmetalle und Altpapier sei ich immer dabei, würde meine freie Zeit am liebsten auf einem Sportplatz verbringen, um zäh wie Leder und flink wie ein Windhund zu werden. Uns Buben würde die straffe Hand des Vaters immer mehr fehlen. Selbst am Muttertag hätten wir das Fußballspielen einem Spaziergang mit unserer Mutter vorgezogen. Das sei ihr doch recht bitter angekommen. Lediglich die kleine Hilde habe sie in den Kurpark begleitet und mit ihr auf der Kurhausterrasse Eis gegessen, wo sie dann Großmutter getroffen hätten, die aus einem Konzert in der Marktkirche gekommen sei. Die Schule und das Lernen würde ich völlig vernachlässigen.

Geilnau – Erster Härtetest

Die Pfingsttage kamen heran. Mein Fähnleinführer bot mir an, als einziger der Jungpimpfe an der Pfingstfahrt ins Lager Geilnau an der Lahn teilzunehmen. Die Fahrt war freiwillig. Auch von den älteren Jungzügen wurden nur bewährte Jungvolkjungen mitgenommen. Ich bestürmte meine Mutter, mir die Fahrt zu erlauben. Sie lehnte ab. Es gab eine heftige Auseinandersetzung, in der ich auf meinen „Fahneneid" verwies, dass ich nun dem Führer gehören würde. Meine Mutter brach in Tränen aus. Aber sie rührten mich nicht. Schließlich hatte mich durchgesetzt.

Mein Fähnleinführer lieh mir, was ich für die Fahrt brauchte: einen Tornister mit herrlich braunem Fell, eine Decke und eine Dreieckszeltplane. Er zeigte mir, wie ich Decke und Zeltplane zu rollen hatte und wie ich sie auf dem Tornister befestigen müsse. Er lieh mir auch eine mit braungrauem Stoff überzogene Feldflasche, ein Kochgeschirr und einen Brotbeutel.

Mein Tornister war schwer. Die gefüllte Feldflasche baumelte am Koppel. Den Brotbeutel hatte ich umgehängt. Das Kochgeschirr war auf den Tornister geschnallt. Wir, etwa eine Gruppe von 30 Jungen, hatten uns am Bahnhof getroffen. Mit der Aartalbahn fuhren wir bis Flacht, der letzten Station vor Limburg. Nun ging es nach Karte und Kompass querfeldein, hügelauf, hügelab, über Felder und durch Wälder, oft ohne Weg bis nach Balduinstein an der Lahn. Von da entlang der Lahn nach Geilnau. Schon nach halber Strecke drückte der Tornister fürchterlich auf die Schultern. Der umgehängte Brotbeutel rieb am Hals. Die Füße begannen zu schmerzen. Ich biss die Zähne zusammen. Nur nicht schlapp machen. An einem steilen Anstieg konnte ich nicht mehr Schritt halten mit den anderen. Alles keuchte, kaum einer sprach ein Wort. Mein Jungzugführer wartete auf mich: „Gib mir deinen Tornister!" Ich wollte nicht und zögerte. „Das ist ein Befehl!" sagte er. Erleichtert und dankbar führte ich den „Befehl" aus. Auf der Höhe rasteten wir. Alle lagen wir ziemlich ermattet am Waldrand im Gras, packten Brote und Äpfel aus und schlürften Tee aus den Feldflaschen. Nach einer guten halben Stunde ging es weiter. Wir hatten bis jetzt etwa zehn Kilometer zurückgelegt und sahen in das Lahntal hinunter auf Balduinstein. Links von uns lag Schloss Schaumburg. Diese wunderschöne Landschaft im satten Grün der Junitage richtete die Ermattteten wieder auf. Die letzten fünf Kilometer bis Geilnau auf fast ebener Straße schafften wir dann auch noch. Am späten Nachmittag kamen wir im Zeltlager an, das auf einer Wiese vor dem Ortseingang zwischen der Straße und dem Lahnufer errichtet war. Über dem Lagertor prangte ein großes, langgezogenes Schild mit der Aufschrift:

„Gelobt sei, was hart macht!“ Rechts und links vom Eingang standen zwei Pimpfe Posten, die stündlich abgelöst wurden. Der Lagerführer wies uns unsere Zelte an. Der Boden war hart, aber trocken. Jeder baute sich so gut es ging sein Lager: Zeltplane auf den Boden. Der Tornister war das Kopfkissen. Es standen etwa 15 Zelte im Halbrund. Jedes konnte 10 Jungen aufnehmen. Die Gruppen waren zum Teil aus der Umgebung oder von Gießen und Wetzlar gekommen. Wir waren die einzigen Pimpfe aus Wiesbaden. In einiger Entfernung war eine große Feuerstelle, in der noch dicke Holzscheite glimmten. Der Rauch zog Lahn abwärts an unseren Zelten vorbei. An dem einen Ende der Wiese standen grobgezimmerte Bänke und Tische, neben denen zwei Gulaschkanonen der Wehrmacht dampften. Dorthin richteten sich immer wieder unsere Blicke voll hungriger Sehnsucht. Etwas rechts ab davon befand sich eine Wasserstelle, die aus mehreren Wasserhähnen über einer etwa drei Meter langen Zinkwanne bestand. Bei der Einweisung hatte uns der Lagerleiter eindringlich darauf hingewiesen, dass innerhalb des Lagers nicht gepinkelt und nicht geschissen werden dürfe. Das Lager müsse peinlich sauber gehalten werden. „Seuchengefahr“. Ja, dieses in meinen Ohren schreckliche Wort benutzte er. Der Donnerbalken sei jenseits der Straße im Wald. Wir sollten ihn uns rechtzeitig ansehen, damit wir ihn auch nachts finden würden. Er läge etwas versteckt. „Immer der Nase nach. Je mehr es stinkt, desto näher seid ihr dran“, hatte er noch hinzugefügt.

Wie Recht er hatte. In kleinen Gruppen machten wir uns auf die Suche. Selbst am Tage war das Finden und erst recht das Benutzen nicht einfach. Der Weg dorthin ging durch Gebüsch, war steil und glitschig. An einigen Stellen musste man sich an stärkeren Büschen festhalten, um nicht auszurutschen oder um sich hochzuziehen. Der Donnerbalken war in Sitzhöhe zwischen zwei Bäumen befestigt. Der Tannenstamm war roh entrindet, aber keineswegs glatt. Etwa in Brusthöhe verlief eine Stange zum Festhalten, doch man musste erst unter ihr hindurchkriechen, um sich dann auf den Balken setzen zu können. An den beiden Bäumen war jeweils ein großer Nagel eingeschlagen, an dem Zeitungspapier aufgespießt werden konnte, das aber meist fehlte. Unterhalb des Donnerbalkens war eine tiefe Kuhle gegraben, in der die Fäkalien aus dem Lager dampften und einen fürchterlichen Gestank verbreiteten. „Da müssen ja schon Tausende hineingeschissen haben“, dachte ich ziemlich entsetzt. Das war für mich eine ganz neue Erfahrung.

Wir waren alle sehr hungrig. Das einzige, was uns jetzt noch interessierte, war die Frage, wann gibt es endlich etwas zu essen? Es dauerte noch eine ganze Weile. Die Kochgeschirre lagen längst bereit. Das Besteck hatte jeder schon in der Tasche. Dann kam das ersehnte Kommando: „In Einerreihe antreten zum Essenfassen!“ Die Essensausgabe ging erst los, als alles in einer Reihe stand, die schließlich durch das ganze Lager bis zur Straße reichte.

Jeder erhielt seinen Schlag Erbsensuppe mit Speck, dazu zwei Scheiben Kommissbrot. Niemals später hat mir ein Lageressen so gut geschmeckt. Da waren die Suppen auch schon viel dünner geworden und den Speck musste man sich dazudenken. Der Speisezettel der Hauptmahlzeit am Abend änderte sich an diesen Tagen nicht. Auch morgens und mittags blieb er gleich: Zwei Scheiben Kommissbrot mit Rübenmarmelade oder Kunsthonig mit schwarzem Kaffee oder Tee, dazu ein Apfel oder eine Birne.

Nachdem in einer feierlichen Zeremonie die Lagerfahne eingeholt war, schleppten wir Holz herbei. Das Lagerfeuer wurde neu entfacht. Wir saßen im weiten Kreis um das Feuer. Es war ziemlich kalt geworden. Viele zogen Pullover über, andere holten sich ihre Decken. Einige der Führer hatten Gitarren dabei, die Klampfen genannt wurden. An beiden Abenden begleiteten sie auf ihren Instrumenten die Lieder, die wir einübten und sangen, bis das Feuer heruntergebrannt war. Dann verkrochen wir uns in die Zelte, wickelten uns in die Decken. Keiner hatte sich gewaschen, keiner hatte sich ausgezogen. Mutter hatte mir zwar einen warmen Schlafanzug eingepackt, aber den nahm ich zusätzlich als Kopfkissen. Jeder wickelte sich in seine Decke, so gut und so eng er konnte, denn es war bitter kalt geworden. Obwohl ich hundemüde war und erst jetzt so richtig meine Knochen spürte, konnte ich lange nicht einschlafen. Während um mich herum das Geflüster der Kameraden immer gedämpfter wurde und die Atemzüge bis hin zum Schnarchen immer lauter, einige sogar gewaltige Fürze streichen ließen, lauschte ich still und ließ die Bilder des Tages noch einmal an mir vorüberziehen. Als es endlich ruhig geworden war im Zelt, dachte ich an meine Lieben zu Haus und plötzlich wurde mein stolzes Glücksgefühl von Heimweh verdrängt. Voller Sehnsucht dachte ich an meine Mutter, an meinen Bruder und das kleine Hildele, das sich schwer mit dem Keuchhusten herumplagte, und an meine liebe Großmutter. Ich fühlte mich einsam und ungeborgen. Endlich erlöste auch mich ein tiefer Schlaf.

Am nächsten Morgen zeigten sich die Schattenseiten des Lagerlebens. Statt strahlender Sonne zogen Nebelschwaden von der Lahn über das Lager. Alles war feucht und klamm vom Tau und der Kühle der Nacht. Mir schlotterten alle Glieder und den anderen ging es nicht besser. Viele mussten zum Donnerbalken. Auch ich. Der Weg war noch glitschiger geworden. Jeder hangelte sich mühsam hinauf. Oben musste man warten, bis ein Platz frei wurde. Dann kam das Kunststück: Mit einer Hand an der oberen Stange festhalten, mit der anderen Hand das Koppelschloss öffnen und die Hose herunterziehen, aber nur bis zum Knie, sonst hing sie im Matsch. Jetzt unter der oberen Stange durchkriechen, keinesfalls loslassen, sich umdrehen und so auf den Balken setzen, dass die Haufen auch in das Loch platschen konnten. Da mehrere auf dem Balken saßen, wippte der unentwegt wie eine Schaukel, schien zu ächzen und zu stöhnen. Papier war keines vorhanden. Also Hose wieder hoch und Abmarsch. Alles musste schnell gehen, denn dauernd rief einer: „Scheiß nicht so lange!“ Es war schon recht dramatisch. Erfahrene Pimpfe hatten Klopapier in der Tasche, aber davon gab keiner etwas ab. Ein Stück Brot war eher zu haben. Beim Klopapier hörte die Kameradschaft auf. Für mich war das eine Lehre fürs Leben. Ich habe niemals mehr ein Fahrt unternommen, auch später keine Reise an unbekannte Orte, ohne genügend Klopapier dabeizuhaben.

Im Lager wieder angekommen, drängten sich viele an der Waschstelle, die natürlich für Stoßbetrieb viel zu klein war. Also stiegen viele an die Lahn hinunter, legten am Ufer ihre Kleider ab und stiegen in das trübe fließende Wasser. Ich konnte noch nicht schwimmen und hatte schlicht Angst. Andererseits musste ich dringend meinen Hintern abwaschen. Ich zögerte lange. Erst als ich sicher war, dass man an einer Stelle stehen konnte, überwand ich mich und kletterte auch hinunter. Kaum war ich unten, rutschte ich aus und die Wellen schlugen über mir zusammen. Panik erfasste mich, aber schreien wollte ich auf keinen Fall. Ich ruderte mit den Armen, schluckte eine gehörige Portion Wasser. Der Boden unter meinen Füßen fühlte sich ganz weich an. So fest ich es in dem weichen Modder konnte, stieß ich mich ab, hatte den Kopf wieder über Wasser und paddelte prustend wie ein Hund ans Ufer zurück. Keiner hatte von meiner Not Notiz genommen. Meine Morgenwäsche war erledigt.

Der Pfingstsonntag ging mit Kampfspielen aller Art und Ausmärschen in die Umgebung dahin. Am Pfingstmontag wurden wieder die Tornister gepackt, Zeltbahnen und Decken eingerollt, die Marschverpflegung empfangen: drei Scheiben Kommissbrot mit einem Klacks Margarine, zwei Äpfel oder Birnen. Dann traten wir den Rückmarsch an, den ich schon nicht mehr ganz so beschwerlich fand wie den Anmarsch.

Nach meiner Rückkehr schrieb Mutter dazu in einem Brief: „Für Gerd war Pfingsten ein hohes Fest, machte er doch zum ersten Mal eine dreitägige Fahrt mit der Hitlerjugend in ein Zeltlager an der Lahn. Das war so was für Gerd. Mit vollgepacktem Tornister zog er freudestrahlend hinaus. Tage vorher war er schon zu nichts mehr zu gebrauchen. Sein ganzes Denken war nur noch ausgefüllt von der Pfingstfahrt. Das Wetter war leider nicht gar so schön und recht kalt. So hatte ich denn meine Sorgen, bis der Bub wieder daheim war. Gestern Abend kam er dann auch ermattet und von der Jagd bestaubt wieder zurück. Ich war natürlich glücklich, als ich ihn wieder sah. Heute Abend liegt er erschöpft und mit Fieber im Bett. Es war wohl doch ein bisschen viel für ihn ...“

Seitdem die guten Feldpostpäckchen unseres Vaters ausblieben, hatte unsere Mutter besondere Sorge, uns täglich etwas zum Essen auf den Tisch zu stellen. Immer wieder erfuhr unser Vater aus ihren Briefen, dass Kisten und Kasten leer seien, dass sie die nächste Zuteilungsperiode herbeisehne, damit sie endlich wieder Lebensmittel kaufen könne. Stundenlang müsse man anstehen, um bei den seltenen Sonderzuteilungen etwas abzubekommen, während Papa berichtete, dass er Kartoffel, Gemüse und Fisch die Fülle habe, allerdings kein Fleisch und keine Wurst. Sonntags aber gebe es zwei Stück Kuchen zum Kaffee.

Ich sah das damals alles ganz anders. Ich musste mich auf das Jugendsportabzeichen vorbereiten, dessen Prüfung alsbald erfolgen sollte. Dazu musste jeder Pimpf 60 Meter in mindestens zwölf Sekunden laufen, 2,75 Meter weit springen und den Schlagball mindestens 25 Meter weit werfen können. Wir mussten eine Reihe von Liedern können, von denen ich einige schon im Lager gelernt hatte. Diese Bedingungen erfüllte ich leicht. Aber ich wollte ja viel schneller sein, viel weiter springen und werfen. Ich wollte bei den Ersten sein. Schließlich hatte der Fähnleinführer nach den Osterferien zu mir gesagt, „Wenn du so weiter machst und durchhältst, haben wir noch viel mit dir vor". Im übrigen glaubte ich, nur meine Pflicht zu tun, während mein Vater statt zu kämpfen Tennis spielte, denn schließlich stand es in Nordafrika ganz schlecht. Bis zum Juni war das Afrikakorps aufgerieben, in Russland tobten am Kubanbrückenkopf schwerste Abwehrkämpfe und immer mehr alliierte Luftgeschwader griffen Städte an der Küste und im Ruhrgebiet an. Es war nur eine Frage der Zeit, bis auch wir drankommen würden.

Mutti hatte mit ihrem Vorwurf Recht: Ich war immer seltener zu Hause. So bekam ich auch erst Anfang Juni mit, dass Mutti das Elternschlafzimmer ab 1. Juni 1943 an zwei Soldaten der SS vermietet hatte. Sie versahen ihren Dienst im Nebenhaus, in dem noch im August 1942 die alten jüdischen Ehepaare gewohnt hatten. Längst war dort eine SS-Dienststelle eingezogen. Der eine Mieter war ein meist fröhlicher, rundlicher SS-Scharführer mit roten Backen, im Zivilberuf Weingutsbesitzer und Sektfabrikant aus Oppenheim, der andere ein hagerer, stiller, blässlicher SS- Sturmführer, der im Zivilberuf als Justizinspektor tätig war und auf seiner Nase eine Nickelbrille trug wie sein großer Chef Heinrich Himmler. Er hatte zwei kleine Kinder und stammte aus Neuburg an der Donau. Die beiden zahlten zusammen 50 Mark Miete. Für die beiden Mieter bekamen wir eine Sonderzuteilung an Brennstoff, weil sie nicht mit uns verwandt waren, und außerdem brauchten wir in unsere große Wohnung zunächst keine Flüchtlinge oder Fliegergeschädigte aufzunehmen. Auch gab uns die Anwesenheit der beiden SS-Leute ein Gefühl von Sicherheit. Mit der Zeit wurden wir mit ihnen immer vertrauter, aber keiner von uns hatte eine Ahnung, was sie auf ihrer Dienststelle zu tun hatten. An manchen dienstfreien Abenden kamen sie herüber in Großmutters Wohnzimmer, wo der große Kachelofen im Winter wohlige Wärme spendete, brachten Wein und Sekt mit, manchmal auch Brot und Speck. Großmutter setzte sich dann ans Klavier, spielte aus Lohengrin, den Meistersingern oder anderen Wagner-Opern Arien und die Balladen von Löwe. Sie hatte ein reiches Repertoire. Kamen schließlich Volkslieder und vaterländische Lieder dran, sangen wir alle mit. Es waren meist fröhliche Abende, die uns bis zum 2. Februar 1945 manchen schweren Tag vergessen ließen. Der Sektfabrikant hat den Krieg überlebt. Der Sturmführer ist in den letzten Kriegswochen im April 1945 an der Donau gefallen.

Ende Mai 1943 plagte meine Mutter noch eine weitere Sorge. Sie schrieb an unseren Vater: „Ach, mein Lieb, was wäre ich gerade jetzt wieder so froh, wenn Du daheim wärest, gilt es doch in den nächsten Tagen die Entscheidung zu fällen, in welche Schule ich Gerd schicken soll – auf das Gymnasium oder in die Oberschule. Ich war dieser Tage bei Gerds Lehrer. Der meinte, das käme halt darauf an, ob ich Gerd studieren lassen wolle oder könne. Auf der einen Seite wäre ich sofort für ein Studium, dann denke ich wieder, wir können es nicht verkraften. Ich hätte Dir schon eher mal davon schreiben sollen, denn immerhin kostet ein Studium acht- bis zehntausend Mark und woher sollen wir das nehmen? Und doch wäre es halt schön, wenn man seinen Kindern das Beste vom Besten mit ins Leben geben könnte. Auf jeden Fall schicke ich ihn in die Gutenbergschule, das ist die bei der Lutherkirche. Da sind zwei Schulen drin, eine Oberschule und das Gymnasium. Welche es nun sein wird, in der Gerd Aufnahme findet, weiß ich noch nicht ..."

Wenige Tage später war die Entscheidung gefallen. Am 2. Juni 1943 schrieb Mutti: „Gestern habe ich unseren Ältesten auf dem Gymnasium angemeldet. Wir waren lange Zeit im Zweifel, welche Schule wir uns wählen sollten. Wir sind nun zu dem Schluss gekommen, dass wohl doch das Gymnasium das Richtige sei, denn sollte es uns vergönnt sein, die Kinder einmal studieren zu lassen, dann ist wohl die Vorschulung auf dem Gymnasium besser ..." Von meinen Klassenkameraden aus der Volksschule wurden einige an der Gutenbergschule, einige an der Oranienschule angemeldet, je nachdem, welche Schule näher lag. Bei mir war das gleich weit, egal, wo ich hinkomme. Ich wäre wohl lieber zur Oranienschule gegangen, weil in deren Schulhof in der Regel die Dienstnachmittage meines Fähnleins stattfanden.

Unser Vater antwortete wenig später: „Gerd soll das Abitur machen, ganz gleich in welcher Schule. Das Abitur sollen alle drei Kinder erreichen. Das schadet keinem etwas. Dabei ist es ganz gleich, welchen Beruf oder welches Studium ein jedes ergreift. Hart soll die Zeit ruhig sein, denn nur dann werden die Jungens zu ganzen Kerlen. Das ist bei allem sehr wertvoll. Erziehe heute schon alle zu größter Einfachheit, Sparsamkeit im Wünschen und Begehren, so werden es die Buben nie bereuen. Das Abitur ist in allen Dingen von großem Vorteil, und wenn es prachtvolle Jungen werden, dann findet sich sicherlich auch ein Weg zum Studium. Die Zukunft wird es lehren. Lass bitte den Kopf nicht hängen ..."

Aber noch etwas anderes schrieb Vater in diesem Brief: Es habe heute, am Sonntagmorgen, auf der Insel Fliegeralarm gegeben, aber, wie sich dann herausstellte, glücklicherweise nur zur Probe. Doch mit dem beschaulichen Sonntagmorgen sei es vorbei gewesen und fügte wörtlich hinzu: „Das ist der Krieg. Er wird noch härter werden, das wurde in beiden Rundfunkreden gestern ganz unverblümt gesagt. Und ausgehalten wird, ob daheim oder draußen. Das ist eisernes Gesetz. Alle warten wir und wünschen, es möge das große Geschehen bald folgen, damit dieser unselige Krieg sein Ende finde. Wenigstens möchte es so sein, dass zu Hause keine Luftangriffe mehr erfolgen und alles wieder hell erleuchtet sein kann. Eine Befriedung in Europa wird bald erfolgen, dessen bin ich gewiss. Sollte es wider Erwarten noch Jahre dauern, so wird uns der Gegner nur noch verbissener und härter finden. Gerade hier auf den Inseln, wenn wir tagelang, ja es waren schon Wochen, auf Post und andere Dinge warten, da fühlt man so recht, wie hart und fest entschlossen man werden kann in dem Gedanken, komme, was kommen mag ..." Ich weiß nicht, welche Ansprachen mein Vater gehört hatte, dunkel blieb uns seiner Rede Sinn. Probealarm und Warten auf Post – das war doch kein Krieg? Hatte er beim Tennisspielen auf der Insel jeden Bezug zur Wirklichkeit verloren?

Auch meine Mutter schrieb an diesem 6. Juni 1943 einen Brief an unseren Vater. Sie berichtete, dass es unserer Großmutter sehr schlecht ginge. Ihre Nervenschmerzen im Arm und im Gesicht seien oft unerträglich, so dass sie kaum schlafen könne. Hildekind sei wieder einmal kränklich und, da alle Kinder in der Nachbarschaft den Keuchhusten hätten, glaube sie, dass auch das „Hildele" jetzt nicht davon verschont bliebe.

Sie erzählte auch: „Gerd hatte heute seinen großen Tag, d.h. er hatte Vorspiel auf dem Konservatorium. Es ist nur schade, dass Du nicht dabei sein kannst, wenn Dein Ältester seine Verbeugung macht und sich dann flott ans Klavier setzt. Er hat auch recht gut gespielt. Es wäre doch sehr schade, wenn ich ihn dort weggenommen hätte, wenn's mir auch manchmal hart angekommen ist, das Geld dafür aufzubringen. Aber sicher ist, er wird uns einmal später dankbar dafür sein ..."

Ach, leider war ich, wie in vielen anderen Dingen, keineswegs dankbar. Die Klavierstunde war für mich eine sehr lästige Pflicht, der ich mich entzog, wo ich nur konnte. Ich ging nur Mutter und Großmutter zuliebe ins Konservatorium, das damals in der Wilhelmstraße untergebracht war, in dem heute das Kulturamt der Stadt residiert. Meist kam ich verspätet in die Klavierstunde, da mich viel mehr das Spielwarengeschäft Haiber am Anfang der Wilhelmstraße interessierte. Seine Auslagen waren zwar immer spärlicher geworden, aber man konnte wenigstens einige unverkäufliche Ausstellungsstücke bewundern, die jedes Knabenherz höher schlagen ließen.

Das halbjährliche Vorspielen, bei dem die Lehrer und Lehrerinnen des Konservatoriums den Eltern der Schüler deren Fortschritte zeigen wollten, waren mir ein Graus. In meinen Augen spielte ich miserabel und so war es ja auch in Wirklichkeit. Meine gute Mutter sah mich allerdings bei diesen „Konzerten" stets mit verklärtem Blick, war es doch ein Tun, das ganz ihrem friedfertigen und humanen Denken entsprach und mit dem Geist der Zeit in Widerspruch stand. Ich aber hatte kein Verlangen, meine Finger mit „Cernys Schule der Geläufigkeit" über die Tasten des Klaviers zu jagen. Dieses ewige Tonleiterüben empfand ich als körperliche Tortur, die meinen Widerstandsgeist unentwegt herausforderte. Meine gute Mutter habe ich das spüren lassen und sie oft genug in tiefe Betrübnis versetzt, wenn ich ihr bedeutete, dass Dienst im Jungvolk, Fußballspielen und sportliche Ertüchtigung wichtiger seien. Wenn ich heute zurückdenke, unter welchen großen Opfern mir meine Mutter den Klavierunterricht ermöglichte, bin ich immer wieder sehr betroffen über meine herzlose Störrigkeit.

Neben allen Mühen des Alltags stand für unsere Mutter die Sorge um die Gesundheit der Kinder im Vordergrund. Auch in dieser Hinsicht wurde sie auf harte Proben gestellt. Kaum eine Krankheit wurde von uns Kindern ausgelassen. Erkältungskrankheiten und Masern waren da noch die harmloseren Erscheinungen. Aber auch von Mittelohrentzündungen, Keuchhusten und Diphtherie wurden wir heimgesucht. Vor allem unsere kleine Schwester Hilde machte großen Kummer in dieser Zeit.

Am 20. Juni 1943 schrieb Mutti: „Sonntagabend über der Stadt und unserem Heim. – Der erste Sonntag nach wochenlangem Ringen. Feiertagsstimmung nach innen und außen, denn sehr , sehr schwere Tage liegen hinter mir. So ist dieser Sonntagabend eine reine Wohltat. Dass unser Hildekind den Keuchhusten hat, habe ich Dir ja bereits geschrieben. Dass er aber Kind und Mutter derart mitnehmen würde, das hätte ich nie gedacht: Schlagartig, alle halbe Stunde in der Nacht, bekommt das Kind einen Hustenanfall. Schnell springt man aus dem Bett, um dem Kind behilflich zu sein. Kaum hat man sich dann wieder zurecht gelegt, die Augen zugemacht, fängt es wieder von neuem an, und so geht dies bis zum Morgen, Nacht für Nacht, bis man dann erschöpft von der Nacht wieder aufsteht und sein schweres Tagewerk beginnt. Am schwersten waren die letzten drei Tage und Nächte. Heutzutage bekommen die Kinder meistens Spritzen, damit der Keuchhusten nicht so gar lange dauert. Hilde bekam drei. Die ersten verliefen normal, doch die dritte brachte ein Nachspiel. Ach, mein Lieb, das war furchtbar. Das arme Kind hatte fürchterliche Schmerzen. Es konnte nicht mehr auf seinem Beinchen stehen. Das Beinchen war hart und geschwollen. Ich durfte das Kind nicht mehr anrühren, so jammerte es vor Schmerzen. Dazu immer wieder der entsetzliche Husten. Ich kann es gar nicht arg genug schildern. Mit Müh und Not ließ sich Hilde Essigsaure-Tonerde-Umschläge machen. Heute Nacht noch war ich ganz verzagt. Doch heute Morgen – welch ein Wunder war geschehen: Hilde konnte wieder stehen und laufen. Wie glücklich ich war, kann ich Dir gar nicht sagen.

Ich war so dankbar, dass ich gerade in der vergangenen Woche so viel Post von Dir erhielt. Das war mir ein großer Trost in all den schweren Tagen ..."

Eine Woche später, am 27. Juni 1943, schrieb meine Mutter über den weiteren Verlauf der Krankheit: „Von uns aus kann ich Dir auch berichten, dass es wieder besser geht. Die Hustenanfälle bei Hildele sind zwar noch nicht vorbei, aber sie sind seltener geworden und somit auch die Nächte etwas ruhiger. Brüderle bekam diese Woche seine zweite Spritze gegen den Keuchhusten und musste auch im Bett bleiben, auch er konnte sein Bein nicht mehr bewegen. Doch waren wir durch die Erfahrung, die wir bei Hilde gemacht hatten, nicht mehr so ängstlich. Die Umschläge halfen auch hier ... Gottlob haben wir gegenwärtig wenig Alarm. Aber was die armen Menschen an Rhein und Ruhr aushalten müssen, ist gar nicht zu beschreiben. Manchmal denke ich, wenn dort alles kaputt ist, dann kommen sie weiter runter zu uns und verwüsten unsere schöne Stadt. Mein Lieb, das Elend ist nicht zu beschreiben. Doch wollen wir nicht länger darüber nachsinnen, sondern uns so lange freuen an und in unserem Heim, wie wir es eben können ...

Eine große Freude kann ich Dir auch noch berichten. In dieser Woche, am Donnerstag, dem 24. Juni, fand die Aufnahmeprüfung in das Gymnasium statt. Es war mir ganz eigen zu Mute. Mit klopfendem Herzen und nicht ohne heimliche Sorge ließ ich Gerd an diesem Morgen ziehen. Die schriftliche Prüfung dauerte von 9 bis 13 Uhr. Am nächsten Tag fand die mündliche Prüfung statt, doch nur für die Schüler, die das Schriftliche nicht ganz gut bestanden haben. Gerd war bei denen, die von der Prüfung befreit waren. Er hat also mit gut bestanden. Damit war mir eine große Sorge genommen. Ich glaube, die Kinder werden dort im Gymnasium zu rechten Menschen herangebildet ...

Gerd hat heute Dienst auf dem Frankfurter Sportplatz ..."

An diesem Sonntag legte ich mit vielen Pimpfen die Prüfung für das Jugendsportabzeichen ab.

Drei Wochen später, kurz vor den Sommerferien, überreichte uns der Fähnleinführer das Fahrtenmesser mit dem HJ-Abzeichen und der Aufschrift „Blut und Ehre". Ich wurde wegen besonders guter Führung zum Hordenführer befördert. Ab jetzt durfte ich auf dem linken Oberarm einen weißen Winkel auf schwarzem Grund tragen. Gleichzeitig wurde ich zu einem Unterführerausbildungs-Lehrgang einberufen, der in den Sommerferien in Balduinstein stattfand. Meine Güte, war ich stolz!

An den Abschied von der Hebbel-Schule, von meinem geliebten Lehrer Kowalt und von meiner Klasse habe ich keinerlei Erinnerung. Das Neue, das mich nun erwartete, nahm offenbar mein ganzes Denken gefangen. Mutti schrieb am 11. Juli 1943 an unseren Vater:

„... Gerd ist in diesem Jahr zum ersten Mal in seinem Leben an seinem Geburtstag nicht daheim. Es wird ihm wohl ein bisschen schwer sein und uns allen wohl auch. Am Mittwoch, dem 15.7. geht die Fahrt los. Ich hätte nichts dagegen, wenn die vierzehn Tage schon um wären, und ich hätte alle Schäflein wieder in meinem Pferch ... Manchmal ist es mir recht schwer bei dem Gedanken, dass der Junge nun auf einmal dem Elternhaus immer ferner rückt. Er hat nur Sinn und Gedanken für die Hitlerjugend. Wenn das nur nicht so weiter geht, denn, wenn die Ferien herum sind, verlangt das Gymnasium seine ganzen Kräfte. Doch kommt er jetzt schon in das Führerausbildungs-Korps, und wenn er von diesem Lehrgang zurückkommt, ist er schon Jungenschaftsführer. Es ist dies ja alles recht gut und schön und gewiss auch ehrenvoll. Wenn nur mal die Schule nicht darunter leidet ..."

Balduinstein – Vormilitärische Ausbildung

Am 18. Juli schrieb Mutti: „Seit Donnerstag sind wir ohne unseren Ältesten. Hättest sehen sollen, wie er wieder bepackt war. Diesmal ja für vierzehn Tage. Du glaubst nicht, wie er mir fehlt, der gute Bub. Sein froh Gemüt, sein glückliches Lachen fehlt überall und nicht zuletzt auch bei so manchem Dienst, den er mir schon abnehmen konnte. Jetzt muss ich alles selber tun ... Leider kann ich ihm zu seinem Geburtstag nicht einmal ein Küchlein backen, da ich ja keine Butter und kein Mehl mehr habe. Ich wollte, die nächsten acht Tage wären schon herum, dann gibt es neue Lebensmittelmarken ..."

Einige Tage später antwortete Papa: „Unser großer Bub hat Dich wiederum für einige Tage verlassen, um dem Traum eines jeden rechten Jungen nachzugehen. Lass ihn nur. Es erinnert mich sehr an meine eigene Jugendzeit, wie jungenhaft glücklich war ich doch da, wenn ich ein paar Tage mit gleichgesinnten Kameraden in der Natur weilen konnte und wir uns austoben konnten. Dass Gerd so rasch in der HJ hervortritt, ist sehr schön und auch ehrenvoll. Es ist ein Zeichen, dass er aufgeweckt ist. Es wird aber auch von ihm verlangt, dass er sich auf den Hosenboden setzt und fleißig lernt. Zum Führen können gehört auch Wissen und auch das in der Schule Gelernte ist wichtig ..."

Unser Ziel, die Jugendherberge in Balduinstein, erreichte unsere kleine Gruppe mit dem Zug. Mit unseren schwer bepackten Tornistern wäre es auch kaum anders möglich gewesen. Die Jugendherberge, unweit des Bahnhofs gelegen, war eine Holzbaracke mit einem Schlafraum mit acht Doppelstockbetten, einem kleineren Aufenthaltsraum mit rohen Bänken und Tischen, einem kleinen Waschraum und einer Art Miniküche, in der auf einem kleinen Kohlenherd Kaffe oder im Notfall auch mal eine Suppe gekocht werden konnte. Wir waren zwölf Pimpfe, die von zwei Hauptjungzugführern unterrichtet und gedrillt wurden. Auf dem schmalen Geländestreifen zwischen Bahndamm, der direkt an der Lahn entlang lief, und der Ortsstraße stand ein Fahnenmast, an dem morgens und abends der Fahnenappell stattfand und, nur wenige Schritte entfernt, befand sich ein Häuschen, dessen Einrichtung aus einem zweisitzigen Plumpsklo bestand. Gegenüber den Verhältnissen im Lager Geilnau, zu dem wir jeden Tag zum Mittagessen und zum Verpflegungsempfang marschieren mussten, geradezu luxuriös. Nur Klopapier war auch hier eine Rarität, aber in dieser Hinsicht hatten alle diesmal vorgesorgt.

In diesen vierzehn Tagen wurde uns nichts geschenkt. Meist schien die Julisonne gnadenlos. Es gab kaum einen Baum in der Nähe unserer Baracke, der uns hätte Schatten spenden können. So waren wir froh, dass wir meist unmittelbar nach dem Frühstück in die umliegenden Wälder marschierten, um dort zu lernen. Lehrstoff gab es übergenug: Immer wieder der Lebenslauf des Führers, die Geschichte der Partei, die Punkte des Parteiprogramms, aber auch viele Kampflieder. Hinzu kam das Kartenlesen, Gelände beschreiben, Gelände aufnehmen und skizzieren. Markante Punkte einprägen und in den Skizzen eintragen. Bei den Geländespielen kam es darauf an, eine Gruppe, die jeder mehrfach bei wechselnden Einsätzen zu führen hatte, unter der besten Ausnutzung der Deckung im Gelände zu einem bestimmten Ziel zu bringen, ohne dass sie bemerkt wurde. Dazu gehörte auch, dass man sich vor den anderen verstecken und sachgerecht tarnen konnte. Wichtig war das Zurechtfinden im Gelände mit Hilfe von Karte und Kompass. Bei Nacht das Erkennen des großen Bären und des Polarsterns, um die Himmelsrichtungen bestimmen zu können. Am Tage kam es u.a. darauf an, die verschiedenen Baum- und Buscharten zu bestimmen, Wildspuren zu lesen, den Vogelflug zu beobachten und den Schrei des Hähers zu deuten. Wir mussten lernen, wie man mit geeigneten Hilfen Hindernisse im Gelände überwindet oder umgeht. Vor allem mussten wir lernen, Gefahren ein- und abzuschätzen.

Es waren spannende und anstrengende Tage. Vor allem die Hin- und Rückmärsche nach Geilnau waren eine Qual. Hier halfen uns oft nur noch der Hunger und die stumpfsinnigsten Sprüche auf die Beine wie: „Links, links, links ne Eiche, rechts ne Eiche, in der Mitt ne Pferdeleiche, links ..." oder „Links ne Pappel, rechts ne Pappel, in der Mitt nen Pferdeappel, links, links ..." Jeder durfte solche Kraftsprüche erfinden, wenn sie nur die dahintrottende Kolonne aufmunterten. Kam das Kommando „Tiefflieger von rechts!“ oder „Panzer von links!“, hatte sich die Gruppe in den entgegengesetzt liegenden Straßengraben zu stürzen und volle Deckung zu nehmen. Auch wenn nur „volle Deckung“ kommandiert wurde, lag ohne Zögern alles flach im Dreck, Arme über dem Kopf. „Denkt immer daran: Ohne Rücksicht hinschmeißen; als ging es um euer Leben! Je schneller ihr das begreift, desto mehr Chancen habt ihr im Ernstfall davonzukommen.“ Wir hatten längst begriffen; es war keine Spielerei mehr, es ging um den Krieg!

An jedem Abend wurde einer für den nächsten Tag zum UvD (Unterführer vom Dienst) ernannt. Der musste an diesem Tag nach Anweisung unserer Ausbilder die Gruppe führen und alle entsprechenden Befehle erteilen, vom Raustreten und Flaggenhissen am Morgen bis zum letzten Lied, dem Flaggeneinholen und dem Schlusskommando „Licht aus!“ am Abend. Immerzu wurde unser Verhalten überprüft und der Eindruck, den wir bei unseren Ausbildern hinterließen, schriftlich in Dienstbüchern festgehalten. An meinem Geburtstag hatte ich als Geburtstagsgeschenk den Auftrag, UvD zu sein. Besonders stolz war ich, als einer unserer Ausbilder mich auf einen Hügel am Straßenrand schickte, um dort den Vorbeimarsch der Truppe abzunehmen. Da mir der Vorbeimarsch mit Ehrenbezeugung nicht ernsthaft genug erschienen war, kommandierte ich kurz entschlossen: „Das Ganze zurück!“ Ließ den Trupp fünfzig Meter Straße zurückmarschieren, nochmals antreten und den Vorbeimarsch wiederholen. Das machte auf meine Führer mächtigen Eindruck. „Zu selbständigem Handeln besonders befähigt“, schrieb einer in sein Dienstbuch.

Die Verpflegung war knapp. Warmes Essen gab es nur in Geilnau aus Gulaschkanonen. Wenn wir zu spät kamen, war für uns oft nur noch ein kleiner Schlag Gemüse mit Stampfkartoffeln übrig. Unser Abendessen und das Frühstück, d.h. Kommissbrot und Marmelade, alle zwei Tage ein dickes Stück Dauerwurst oder Hartkäse, mussten wir am Abend müde und erschöpft von Geilnau nach Balduinstein schleppen. Die Margarine mitzunehmen brachte mehr Verdruss als Freude, denn sie war in der Sommerhitze, die weit bis in den Abend reichte, meist zerflossen. Sie verdreckte unsere Brotbeutel so sehr, dass wir sie im Lager gegen zusätzliches Brot oder Äpfel eintauschten. Unsere Getränke bestanden in der Regel aus Leitungswasser, aufgewärmtem Malzkaffee oder aus Pfefferminztee mit Süßstoff, das war dann etwas Besonders.

Vom Krieg spürten wir rein gar nichts. Es gab keine feindlichen Flugzeuge, es gab keinen Fliegeralarm, es gab kein Flakfeuer. Es gab natürlich auch keinen Luftschutzkeller. Nur in der Nacht erinnerten die verdunkelten Fenster, das fehlende Licht auf den Gassen an den Krieg. Wir hörten kein Radio, hatten keine Zeitungen. Friede, ganz ungewohnter Friede lag über dem Land an der Lahn. Es waren herrlich ungestörte Schlafnächte. Balduinstein liegt ja auch ganz verborgen zwischen den

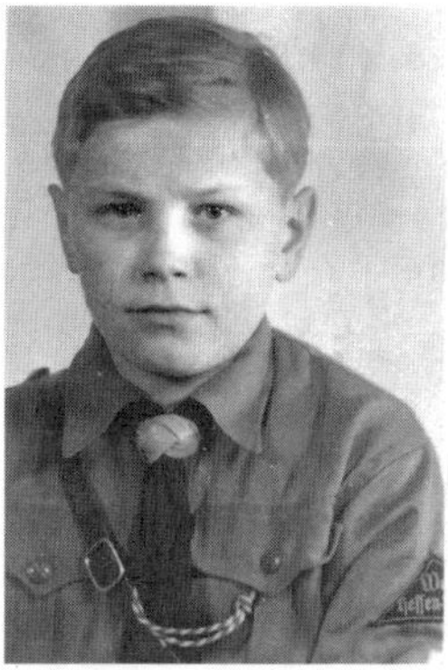

Gerd Moos als „Jungenschaftsführer" im Herbst 1943

„Pimpf" Gerd Moos mit Großmutter, Mutter und Geschwistern im Sommer 1943

hohen Bergen, duckt sich im Tal in ihre Schatten. Es ist nur wenig Platz am schmalen Ufer der Lahn. Heute, 55 Jahre später, hat es sich ausgebreitet, ist die Berge hinaufgewachsen bis auf die Höhen. Wo einst die Baracke der Jugendherberge stand, hat heutzutage ein angenehmes Straßenkaffee geöffnet, in dem man unter Platanen an einem Brunnen sommerliche Nachmittage verträumen kann. Die Spuren von einst sind längst verwischt. Selbst die Straßenbrücke über die Lahn ist nicht mehr die alte.

Nach meiner Erinnerung hatte uns der Krieg bei der Rückfahrt im Bahnhof von Bad Schwalbach wieder erreicht. Kaum hatte unser Zug gehalten, krachte es plötzlich einige Male ganz in der Nähe. Staubwolken, Erdklumpen, Steinbrocken, Eisensplitter flogen durch die Luft, durch die offenen Fenster unseres Waggons. Einer brüllte: „Volle Deckung!" Ein anderer: „Alles raus!" Nach wenigen Sekunden lagen wir zitternd unter dem Waggon zwischen den Geleisen. Nichts rührte sich mehr. Keine weiteren Explosionen, kein Flakfeuer. Minutenlage Stille. Aus dem Bahnhof kamen ein paar Soldaten, schauten sich ratlos um. Als sich der Staub verzogen hatte, erkannten wir, dass neben dem Bahngelände und auch auf einem Geleis neben uns einige Bomben eingeschlagen waren. Ob die uns galten? Nein, so wichtig waren wir wohl nicht. Schließlich vermutete man, dass eine beschädigte feindliche Maschine auf dem Rückflug einen Notabwurf machte, was sehr oft vorkam. Den Trichtern nach zu urteilen waren es leichte Sprengbomben. Aber uns war ganz mulmig zu Mute. In meiner Erinnerung dauerte es ewig lange, bis unsere Lok mit ihren drei Wagen endlich wieder losfuhr. Es war in den letzten Julitagen 1943, in denen Kassel durch einen schweren Tagesangriff amerikanischer Bomber große Zerstörungen erlitt und Hamburg im Rahmen der Operation „Gomorrha" erneut schreckliche Zerstörungen und schwere Verluste unter der

Bevölkerung hinnehmen musste. Am 30. Juli wurde der letzte von drei Angriffen im Rahmen der Operation „Gomorra" gegen Hamburg geflogen. Insgesamt werden in diesen Tagen in Hamburg über 30 Tausend Menschen getötet und rund 280 Tausend Wohnungen völlig zerstört.

Am Samstag, dem 31. Juli 1943, wurde ich zum Jungenschaftsführer ernannt und zum Oberhordenführer befördert und als jüngster Führer einer Jugenschaft vor dem angetretenen Bann 80 ausgezeichnet. Der Bannführer überreichte mir das Buch „Quax, der Bruchpilot" mit Widmung des Kreisleiters. Ich platzte fast vor Stolz. Ab jetzt trug ich zum Zeichen meiner „Würde" am linken Ärmel zwei Winkel und von dem Knopf an der linken Brusttasche meines Braunhemdes bis zum mittleren Knopf auf der Hemdleiste eine kleine weißrote Schnur. Ich plusterte mich auf wie ein Pfau und konnte vor Kraft kaum laufen. Am darauffolgenden Sonntagmorgen sagte meine Cousine Gerda zu mir, als ich sie am Bahnhof abgeholt hatte, voller Stolz auf ihren Vetter: „Wenn du so weitermachst, wirst du noch Gauleiter in Sibirien."

Die Wende bahnt sich an – Im Gymnasium

Zu solchen Gedanken stand die Frontlage in krassem Widerspruch. Die Zeit der Siege war endgültig vorbei.

Die Frontlage hatte sich inzwischen erheblich verschlechtert. Das Afrikakorps hatte aufgehört zu existieren. Nordafrika musste aufgegeben werden. An der Ostfront tobten schwere Abwehrschlachten. Der Heeresbericht überbot sich in Formulierungen, die allgemein beruhigen sollten, die uns suggerieren sollten, die Front stehe felsenfest – überall. Bestenfalls wurden Frontbegradigungen eingestanden, Durchbruchsversuche der Gegner wurden vereitelt. An allen Fronten erlitt der Feind schwerste Verluste. Doch in unserer Zeitung wurden die Anzeigen für die gefallenen Soldaten immer kleiner und immer zahlreicher. Die Zerstörung deutscher Städte nahm von Nacht zu Nacht und zunehmend auch am Tag immer größere Ausmaße an. Im August landeten die Alliierten auf Sizilien und nach wenigen Wochen war auch diese große Insel und Brücke nach Afrika in der Hand des Feindes. Im September landeten die „Amis" und die „Tomis" in Süditalien, während im Osten dem „Iwan" an vielen Stellen der Durchbruch durch unsere Linien gelang. Wir sprachen wie die Landser nur noch vom Iwan. Das war sozusagen das Schreckenswort schlechthin. Der Iwan, das war der Sammelbegriff für die Untermenschen im Osten. Der Tomi stand für die menschenverachtende, feige Zerstörung der Städte, feige, weil die englischen Geschwader in aller Regel nur Nachtangriffe flogen. Mit dem Ami verbanden wir die Vorstellung ungeheurer materieller Überlegenheit, die jedoch genau wie die Massenheere des Iwan an unserer Entschlossenheit, jeden Kampf aufzunehmen und siegreich zu bestehen, zerschellen sollte. Der totale Krieg, wie Goebbels ihn dem deutschen Volk nach dem Fall von Stalingrad versprochen hatte, wurde jetzt für die meisten sichtbar und nur zu oft hautnah erfahren.

Als mein Vater Mitte August 1943 für vierzehn Tage auf Urlaub gekommen war, erlebte er erstmals unsere nächtlichen Kelleraufenthalte, das nervenzerfetzende Flakfeuer, das oft Stunden anhaltende tiefe Brummen der uns überfliegenden feindlichen Bomberverbände, die planlosen und verzweifelten Notabwürfe beschädigter Maschinen. Mein Bruder Heiner erinnert sich, dass unser Vater vor lauter Wut über dieses Erleben jede Vorsicht außer Acht lassend im Luftschutzkeller vor der ganzen Hausgemeinschaft gerufen habe, er werde den Reichsmarschall nur noch Maier nennen. Schließlich habe der zu Beginn des Krieges erklärt, er wolle Maier heißen, wenn ein feindliches Flugzeug in das Reichsgebiet einfliegen würde. Wir hatten uns schon längst an all das gewöhnt und hatten große Mühe, unseren Vater zu beruhigen.

Ende August waren die wenigen Urlaubstage wieder vorbei und die Freude über Papas Anwesenheit dem Schmerz über das erneute Getrenntsein gewichen. Am 3. September hatte er wieder seinen Posten an der Kanalküste erreicht und schrieb über seine Abfahrt: „Die unvermeidliche Zeit der Trennung ist nun wieder da. So recht von Herzen war ich dem Schicksal dankbar, dass Herbert nochmals am Abend da war und dann zur Abschiedsstunde unsere Einquartierung [die bei uns wohnenden SS-Soldaten] die Minuten verkürzten und den Abschied Dir und mir leichter werden ließen. Zur Ruhe bist Du ja nicht gekommen, denn kaum war ich fort, gab es ja schon Fliegeralarm und neben die Sorgen und Mühen um die Kinder gesellte sich Dein sorgendes Gedenken an mich. Ich hoffe, dass es für Dich und meine Lieben gut abgelaufen ist und ihr alle noch gesund seid. Solange ich den Luftkampf beobachten konnte, sind keine Bomben auf Wiesbaden, Mainz und Umgebung gefallen. Ohne besondere Vorkommnisse kam ich nach Mainz. Auf einmal, während ich auf meinen Zug wartete, wurde alles dunkel, schon hörte man das Brummen der Flugzeugmotoren. Die Sirenen begannen zu heulen, eine Stimme aus den Lautsprechern rief: Alles in die Luftschutzräume! Da fing die Flak auch schon an zu schießen. Da mein Zug in wenigen Minuten einlaufen musste, bin ich auf dem Bahnsteig geblieben, und das war gut so, sonst hätte ich meinen Zug versäumt. Kaum war er eingefahren, fuhr der Zug schon weiter unter kräftigen Abschusssalven der Flak. Es war ein schönes Schauspiel, jedoch schaurig der Gedanke, dass nun die Lieben daheim wartend, bangend und vielleicht frierend im Keller sitzen. In dieser Nacht wurde wieder einmal Dir, Mutter und den Kindern nichts erspart, denn kaum war Alarm gegeben, hat ja die Flak schon geschossen ..."

Von diesem September an fehlen leider alle Briefe, die unsere Mutter bis zum Kriegsende an unseren Vater geschrieben hatte. Bei jedem Urlaub hatte unser Vater Muttis Briefe mit nach Hause gebracht. Doch nun kam er nicht mehr auf Urlaub. So sind die Briefe unserer Mutter ab Herbst 1943 bei der Flucht aus Frankreich nach der Invasion am 6. Juni 1944 verloren gegangen. Lediglich einige Briefe aus dem Sommer 1944 sind erhalten geblieben, da sie die Feldpost nicht mehr zustellen konnte und an die Absenderin zurückschickte mit dem Vermerk „Neue Feldpostnummer abwarten".

Mit der Aufnahme in das „Staatliche Gymnasium mit Oberschule für Jungen" in der Mosbacher Straße ab Mitte August 1943 war mein Schulweg um die Hälfte kürzer geworden. Ging ich ohne Hast, brauchte ich etwa zwölf Minuten; musste ich rennen, schaffte ich den Hinweg in sieben, den Rückweg in fünf, denn dann ging es bergab. Diese Feststellung wurde zunehmend wichtiger, denn wer nur fünf Minuten bis zur Schule brauchte, konnte bei Fliegeralarm nach Hause rennen. Damit wurde der beschränkte Luftschutzraum in der Schule entlastet. Allerdings musste man bei Entwarnung sofort wieder in die Schule, falls die Entwarnung in die Unterrichtszeit fiel.

Nach den großen Ferien begann meine Zeit im Gymnasium. Am ersten Schultag traten die etwa siebenhundert Schüler im Schulhof zwischen Nord- und Südflügel der Schule an. Auf dem Dach über dem Eingang zum Südflügel flatterte die Hakenkreuzfahne. Hausmeister Kohlhepp, ein knorziger, aber lieber, dienstbeflissener, kleiner Dicker, der zur Feier des Tages seinen knielangen Kittel, den er sonst immer trug, gegen seine SA-Uniform getauscht hatte, baute sich neben den klassenweise angetretenen Schülern auf, die von den „Klassenleitern" „befehligt" wurden. Am Gymnasium gab es keinen Klassenlehrer, sondern den Klassenleiter. Es gab auch eigentlich keine Lehrer, sondern Studienräte und einige Oberstudienräte. Daran mussten wir Sextaner uns erst gewöhnen. Man nannte uns Sextaner, obwohl die Ordnungszahl unserer Klasse die römische I mit dem Zusatz a war, denn es gab noch eine zweite I mit dem Zusatz b. Also wäre man konsequent gewesen, hätten wir eigentlich Primaner genannt werden müssen. Die Prima, also die achte Klasse, war die oberste Klasse und schon sehr ausgedünnt, da viele Schüler bereits ihre Einberufungsbefehle erhalten hatten. Manche hatten sich freiwillig gemeldet. Ein noch recht jugendlicher Studienrat, auch in Uniform, meldete schließlich an den Herrn Oberstudiendirektor, sobald dieser in Zivil aus der Tür des Südflügels herausgetreten war und die Mitte der Front erreicht hatte: „Heil Hitler! Das Staatliche Gymnasium mit Oberschule für Jungen zum Schulbeginn angetreten, Herr Direktor." Der Direktor antwortete, dabei hob er die rechte Hand betont lässig und so unvorschriftsmäßig, dass es den meisten auffallen musste: „Heil Hitler! Meine Jungens! Liebe Kollegen!" Ja, er sagte immer „meine Jungens".

Oberstudiendirektor Dr. Willy Hoernecke, geboren am 15.9.1886, war mittelgroß, hatte ein großes rundes Gesicht mit gütigen Augen. An Stel-

Die wiederhergerichtete Gutenbergschule Anfang der 1950er Jahre

le des wallenden Haupthaares, wie man es aus Filmen bei Professoren und Schuldirektoren kannte, prangte ein spiegelnde Glatze, die im Sommer leicht gerötet war. Ich habe ihn nie anders gesehen als korrekt gekleidet mit dunklem Anzug, passender Weste und Krawatte. Auf dem linken Revers trug er das Parteiabzeichen. Traf man ihn außerhalb der Schule, ging er stets mit Hut und Regenschirm. An kühlen Sommertagen hatte er einen leichten, hellen Regenmantel übergezogen.

Nach dem Hitlergruß hielt der Direktor eine kleine Ansprache, die vom Ernst der Zeit und vom Ernst der Schule handelte. Dabei wippte er zwischen Zehenspitzen und Absätzen leicht hin und her, so dass die Befürchtung aufkommen konnte, dass er irgendwann nach vorne oder nach hinten kippen könnte. In seiner Rede waren auch aufmunternde Passagen, in denen er die Worte „Wohlfühlen“, „Schulgemeinschaft“ und „unsere Schule“ besonders hervorhob.

Dann sagte er: „Nun singen wir gemeinsam unsere Nationalhymnen und beginnen dann mit dem Unterricht.“ Hausmeister Kohlep blies mit Begeisterung seine Posaune und die Schulgemeinde sang, wie ihr befohlen. Damit war die „Feierstunde“ beendet.

Wir, die Neuen, wurden in die Aula im ersten Stock geleitet. Sie lag zwischen Nord- und Südflügel und bildete eine fast unüberwindliche Trennung zwischen den beiden Baukörpern. Man konnte sie nur vom ersten Stock aus durch zweiflügelige Türen betreten, die am Ende des Flurs lagen. Der Durchgang durch die Aula, diese Verbindung von Nord nach Süd, war dem Lehrkörper vorbehalten. Wollten Schüler von einem Gebäudeteil in den anderen, mussten sie über den Hof gehen. An den Stirnseiten der Aula ließen hohe Fenster das Tageslicht herein, nach Osten hin sah man auf die mächtige Lutherkirche, nach Westen hin auf die Dreifaltigkeitskirche. So war sie ganz im Sinne des Nassauischen Simultan-Schulgesetzes von 1817 von beiden Konfessionen eingerahmt. Die Bestuhlung bestand aus einfachen Klappstühlen, die beim Aufstehen einen schrecklichen Lärm machten, wenn die Sitzflächen an die Rücklehnen anschlugen. Wie in vielen Gymnasien aus der ersten Hälfte des 20. Jahrhunderts standen an den Wänden rechts und links der Bühne auf der Ostseite zwei große Ehrentafeln zwischen von Eichenlaub umrankten Säulen, auf denen in goldenen Lettern in langen Reihen, dem Alphabet folgend, die Namen ehemaliger Schüler und Lehrer standen, die in den Kriegen 1870/71 und 1914/18 gefallen waren. Die Schule bestand 1943 schon über 90 Jahre. Für die gefallenen Schüler aus dem gegenwärtigen Krieg war eine weiße Tafel aufgestellt, in der ebenfalls schon viele Namen in Reihen aufgeführt waren, in schwarzer Schrift in der zeitlichen Reihenfolge der Todesmeldungen, wie sie der Schule bekannt wurden. Die große Tafel war schon ziemlich ausgefüllt, aber es gab auch noch viel Platz für weitere Eintragungen, die der Kunstlehrer der Schule jeweils auf Anordnung des Direktors nachzutragen hatte. Über den Tafeln las ich den Satz, den ich erst einige Monate später übersetzen lernte: „Dulce et decorum est pro patria mori", „Süß und ehrenvoll ist es, für das Vaterland zu sterben." Damals glaubte ich, dass es gut sein würde, wenn eines Tages auch mein Name auf solch einer Tafel zu lesen wäre.

Der Direktor sprach einige sehr freundliche Worte zu uns. Betonte, dass er immer für uns da sein würde, dass wir den Mut haben sollten, zu ihm zu kommen, wenn wir Sorgen hätten. Langsam verlas er unsere Namen, dabei schaute er jeden Schüler freundlich an, als wolle er sich schon jetzt sein Gesicht merken. Dann stellte er uns unseren Klassenleiter vor, Herrn Dr. Pag, der uns, die Ia, in Mathematik und aushilfsweise auch in Sport unterrichten würde. Die Schule habe leider nicht mehr genügend Sportlehrer. Dann rückten wir, die jüngsten Schüler der Schule, in unseren Klassenraum im untersten Geschoss des Nordflügels ein.

Der Unterricht umfasste vier Bereiche: 1. Leibeserziehung, dazu gehörten Leichtathletik, Schwimmen und Spiele. 2. Deutschkunde: Dieses Gebiet umfasste die Fächer Deutsch, Geschichte, Erdkunde, Kunsterziehung und Musik. 3. Naturwissenschaften: Hier Biologie und Mathematik. 4. Fremdsprachen: In unserem Falle Latein.

Das Schuljahr war in Drittel eingeteilt. Zeugnisse gab es an Weihnachten, an Ostern und im Sommer. An den Unterricht in den letzten Kriegsjahren erinnere ich mich kaum. Nach meinen Zeugnissen des ersten Schuljahres 1943/44 im Gymnasium versäumte ich 96 Schulstunden, angeblich wegen Krankheit, in Wahrheit aber im Wesentlichen durch Sondereinsätze im Jungvolk. Hinzu kommen ungezählte Stunden, die durch Fliegeralarm ausfielen. Das war im Schuljahr 1944/45 insofern dramatisch anders, als sich nun die Fliegeralarme ins Unermessliche häuften. Ab Ostern 1944 wurde der Schulbeginn auf 7.15 Uhr vorverlegt. Das half aber nicht viel, weil die Bestimmung eingeführt worden war, dass bei nächtlichen Fliegeralarmen, die bis nach Mitternacht dauerten, die ersten beiden Unterrichtsstunden ausfielen. In aller Regel machten wir 1944, wenn überhaupt, Schulaufgaben nur noch für die ersten drei Schulstunden. Denn spätestens ab halb elf gab es Fliegeralarm und die näher wohnenden Schüler sausten nach Hause. Montags und dienstags wurden anfangs die ausgefallenen Stunden auf den Nachmittag verlegt, falls es bis dahin wieder Entwarnung gegeben hatte. Doch je weiter das Jahr 1944 voranschritt, desto öfter gab es erst gegen Abend Entwarnung, bis dann gegen zehn oder elf Uhr in der Nacht wieder die Sirenen heulten. Im Schuljahr 1944/45 gab es nur einmal Zeugnisse, an Weihnachten, und nur in den Fächern Deutsch, Biologie, Mathematik und Latein. Ab dem 3. Februar 1945 gab es keinen Unterricht mehr. Die Schule war weitgehend zerstört. Schüler und Lehrer blieben sich selbst überlassen. Es wundert mich also nicht, dass ich an die ersten Jahre meines Unterrichts im Gymnasium kaum noch Erinnerungen habe. Aber von dem Wenigen will ich berichten.

Der Lateinunterricht beeindruckte mich sehr. Unser Direktor höchstpersönlich gab in unserer Klasse Latein und Deutsch. In bester Erinnerung ist mir der rote Einband unsers Lateinbuchs „Fundamentum Liguae Latinae". Es begann mit der a-Deklination und der erste lateinische Satz lautete nach meiner Erinnerung: Agricola arat, der Bauer pflügt. Latein machte mir Spaß. Es schien mir leicht zu sein. Die Vokabeln konnte man sich gut merken, die Grammatik war klar gegliedert. Nach etwa einem Jahr waren wir soweit, dass in alphabethischer Reihenfolge in täglichem Wechsel ein Schüler dem in die Klasse eintretenden Dirktor den Personalbestand der Klasse an diesem Tag auf lateinisch zu melden hatte. Das hörte sich dann etwa so an: „Heil Hitler! Classis secunda cum sedecim discipulis adest. Tredecim discipuli absunt." Also: die zweite Klasse ist mit 17 Schülern angetreten, 13 Schüler sind abwesend. Ob krank, wegen Fliegeralarms nicht aus dem Bett gekommen oder sonstige Gründe? Es wurde nicht mehr gefragt. Hauptsache, es waren genug da, denn „tres faciunt collegium". Waren drei da, fand Unterricht statt. Da wir viele auswärtige Schüler aus dem Rheingau und dem Taunus hatten, fehlten diese natürlich zuallererst. Sie kamen mit dem Zug und das war ab Mitte 1944 schon oft gefährlich genug.

Unser Klassenleiter Dr. Pag hatte sich schon im Frühsommer 1944 recht unbeliebt bei uns gemacht. Nicht durch den Mathe-Unterricht. Den fanden wir ganz gut. Aber durch den lahmen Unterricht in Sport, der meist in unserer kleinen Turnhalle unter der Aula stattfand und uns recht einfallslos zu sein schien. Sport lag meist in den Randstunden und die fielen aus den genannten Gründen oft aus. Besonders übel nahmen wir ihm folgenden Vorfall: Anfang Juni 1944 musste die Klasse auf einen riesigen Kartoffelacker an der Frankfurter Straße Richtung Erbenheim marschieren. Es war heiß. Keiner hatte gewusst, was uns bevorstand. Gut, wir hatten tags zuvor den Auftrag erhalten, jeder solle ein leeres Marmeladenglas mit Deckel mitbringen. Das hatte uns neugierig gemacht. Im Biologieunterricht zuvor war uns der Kartoffelkäfer als Volksschädling besonderer Art vorgeführt worden. Nun standen wir also vor dem riesigen Acker, der vom Südfriedhof bis nach Erbenheim zu reichen schien. Wir wurden in den Furchen aufgestellt, jeder erhielt eine Furche. Nun schlichen wir gebückt das Feld entlang, drehten jede Staude mehrfach um und suchten Kartoffelkäfer. Unsere Ranzen trugen wir auf dem Rücken, die Marmeladengläser meist in der Hosentasche. Die Sonne stieg höher und höher, es wurde warm und schließlich heiß. Nach zwei Stunden gab es eine Pause. Wir kauten unsere Brote. Aber nun kam auch der Durst und weit und breit war kein Wasserhahn zu finden. Trotz eifrigsten Bemühens hatten wir keinen einzigen Volksschädling auf dem Acker gefunden. „Lasst uns aufhören, hier gibt es keine Kartoffelkäfer." Aber Dr. Pag war nicht zu erweichen. Wir mussten weitersuchen, wurden immer mürrischer, sehnten uns nach einem kühlen Nass oder wenigstens nach Fliegeralarm. Das wäre ja mal etwas Neues, so auf freiem Feld, vielleicht sogar einen Luftkampf über uns beobachten können, sehen, wie unser Erbenheimer Jagdgeschwader den Feinden das Leben zur Hölle macht. Aber nichts dergleichen geschah. Endlich, nach Stunden, war der Acker durchgekämmt. Kein einziger Kartoffelkäfer war unserer Mühe Lohn. „Stellt euch vor, ihr hättet das Gebiet nach Partisanen absuchen müssen. Seid froh, dass es nur diese Viecher waren." „Nun gut", dachten wir, „jetzt ist es genug. Jetzt geht's nach Hause." Doch unser Lehrer tat etwas, was wir als höchst anmaßend empfanden. Unseren Jungvolkführern wären wir willig gefolgt, aber unserem Lehrer? Er ließ die Klasse in Dreierreihen an der Landstraße antreten, befahl „im Gleichschritt marsch", aber nicht etwa Richtung Innenstadt, sondern Richtung Erbenheim. Wir trotteten los, aber nicht im Gleichschritt, wir schwätzten, schimpften, fluchten. Es kam zu erbitterten Wortgefechten. Die Art, wie er Befehle erteilte, erschien uns geübten Befehlsempfängern geradezu lächerlich. Jeder von uns hätte das besser machen können. Schließlich blieben wir einfach stehen. Dr. Pag tobte: Soweit sind wir schon gekommen. Das Wort eines Lehrers gelte nichts mehr! „Gehorsamsverweigerung, Befehlsverweigerung." Er werde das dem Direktor melden! Er werde das der HJ melden! Da sagte einer zu ihm: „Wir zeigen Ihnen jetzt mal, wie man das macht." Zur Klasse gewandt, die gespannt wartete, was jetzt passieren würde, rief er: „Achtung! Alles hört auf mein Kommando!" Die Klassenkameraden gehorchten feixend und spielten mit. Und nun kamen die üblichen Kommandos. Alles klappte wie am Schnürchen. Dann zogen wir im Gleichschritt Richtung Stadt und sangen dazu noch ein Lied. Etwa „Die blauen Dragoner, sie reiten ..." oder „Es zittern im Arsch die Knochen ..." Nach einigen hundert Metern kommandierte einer „Ohne Tritt marsch", und es wurde noch ein recht vergnügter Heimweg. Wir beachteten den Lehrer nicht weiter und trotteten scheinbar unbeeindruckt, aber mit Bangigkeit im Herzen nach Hause. Das Ganze hatte kein Nachspiel. Ob er uns wirklich gemeldet hatte? Ich glaube es nicht. Nach den Sommerferien wurde Dr.Pag zu Schanzarbeiten an den Westwall abkommandiert. Die Mehrzahl der Schüler verzichtete gerne auf ihn. Er war damals 46 Jahre alt. Ich habe ihn dann erst wieder in der Oberstufe erlebt. Da war er wieder mein Lehrer in Mathematik und Physik und ich hatte nichts zu lachen.

Unser Musikunterricht erschöpfte sich im Singen vaterländischer Lieder. Er fand zusammen mit unserer Parallelklasse zweimal wöchentlich in der letzten Stunde des Vormittags statt und fiel aus den besagten Gründen oft aus. Wir versammelten uns im Musiksaal im dritten Stock des Südflügels. Der Raum lag über dem Lehrerzimmer und bot Platz für mehr als einhundert Schüler. Beherrschendes Instrument war ein großer, schwarzer Flügel. Dort erwartete uns, den Taktstock in der Hand, ein kleines, hageres Männlein: Musiklehrer Barsch. Seine Stirn lag stets in Falten, was seinem Gesicht den Ausdruck ernster Würde und absoluter Strenge verlieh. Energisch klopfte er mit dem Taktstock auf den Flügel und noch bevor wir uns niedergesetzt hatten, gab er das Zeichen zum Aufstehen, schlug die Stimmgabel an, gab den Ton vor – und wir wussten, als erstes kommt „Deutschland, heiliges Wort, du voll Unendlichkeit. Über die Zeiten fort seist du gebenedeit! Heilig sind deine Seen, heilig dein Wald und der Kranz deiner stillen Höhn bis an das blaue Meer." Einige von uns waren schon im Stimmbruch, auch ich. Es blieb also gar nicht aus, dass in das redliche Bemühen der beiden Klassen sich auch eine ganze Reihe von Brummern mischten. Das Brummen fiel besonders im zweiten Teil auf, wenn die Worte kamen „heilig sind deine Seen, heilig dein Wald", da ging die getragene, feierliche Melodie nämlich ziemlich in die Höhe. Zur Katastrophe aber wurde stets der Schluss von „Höhn bis ans blaue Meer". Da musste der hohe Ton sozusagen „verschwebend" gehalten werden.

Sobald also Barsch einen Brummer vernahm, sauste er durch die Reihen, um den Brummer herauszufinden, klopfte ihm energisch auf die Schulter, hieß ihn niederzusetzen und zu schweigen. Das Ganze wiederholte sich so lange, bis fast die halbe Klasse saß und damit aus dem Sängerwettbewerb ausgeschieden war. Glaubte er nun den Chor „ins Reine" gebracht zu haben, wurden vier Gruppen gebildet für den Kanon. Wir, die wir sitzen durften, langweilten uns, mussten in unserem Liederbuch blättern und neue Texte lernen. Am meisten aber interessierten uns die Einritzungen auf unseren Tischen, in denen offenbar schon Generationen von Pennälern bei Barsch Musikunterricht erlitten hatten. Auf jeder Bank stand klein oder groß, in gotischen oder in lateinischen Buchstaben, manchmal sogar in germanischer „Runenschrift“: „Barsch – o weh! Was wärst Du ohne B?“ Um uns die Zeit zu vertreiben, fingen einige an, während des Singens im Kanon mitzubrummen. Das brachte Barsch zur Weißglut. Zu unserer Freude tobte er dann vor uns herum wie Rumpelstilzchen, schrie, dass sich seine Stimme überschlug und sein Toben durch die Gänge hallte. Meist retteten uns die Sirenen auf dem Dach der Lutherkirche, die uns das Zeichen zum Aufbruch in die Luftschutzkeller gaben.

Unser gesamter Schulunterricht war genau genommen „fächerübergreifend“ gestaltet. Egal, welches Fach unterrichtet wurde, es ging um Rasse, Volk, Vaterland, Führer und Heldentum. Im Lateinunterricht, ausgehend von den pflügenden Bauern bis hin zu den heldenhaften, eigentlich germanischen Spartanern; im Deutschunterricht von den germanischen Heldensagen bis hin zum „Meldegänger Rott“ oder zu Hans Zöberleins „Der Schrapnellbaum“ und Gedichten wie: „Du sollst an Deutschlands Zukunft glauben, an Deines Volkes Auferstehen! Lass diesen Glauben Dir nicht rauben, trotz allem, allem, was geschehen!“ In Geschichte bedrängten wir mit den Goten das Römische Weltreich und begruben fast mit Tränen in den Augen Alarich nächtlich am Busento. Unsere Kolonien eroberten wir mit Lettow Vorbeck zurück und schufen mit dem „Flieger von Tsingtau“ in Asien Platz für das Volk ohne Raum. Schließlich war Hans Grimm, der Verfasser des Buches „Volk ohne Raum“, ein hoch verehrter ehemaliger Schüler unserer Anstalt. Das Leben und die Heldentaten des Führers in der Darstellung des Propagandaministeriums kannten wir in allen Facetten. Der Biologieunterricht wurde bestimmt vom Überlebenskampf der Arten, vom Wert der nordischen Rasse und ihrer Überlegenheit gegenüber dem Untermenschentum, das in Juden und Bolschewisten, den Nachfahren der Hunnen, zur Bedrohung unseres Volkes geworden sei. Neben dem Unterricht gab es viele Feierstunden, die meist von Lehrern und Schülern der oberen Klassen gestaltet wurden und die Festigung des Durchhaltewillens der Heimatfront zum Ziel hatten. Schließlich erlebten wir den versprochenen „totalen Krieg“ mit jeder Woche eindringlicher. Höhepunkte bildeten die Stunden in der Aula, in denen ehemalige Schüler, hoch dekoriert, auf Heimaturlaub uns von ihren Heldentaten an der Front erzählten. Da lauschten wir in höchster Spannung, denn nun hatten wir leibhaftige Kämpfer vor uns, solche, die noch nicht auf den Ehrentafeln der Schule verewigt waren. Offenbar wussten sie genau, was sie uns erzählen sollten. Da fiel kein kritisches Wort über das Elend, das Gemetzel des Krieges, über das Jammern der Verwundeten und Sterbenden. Der Krieg als heldische Herausforderung, der Krieg als die große Bewährung, das war der Tenor, den zumindest ich begierig in mich aufnahm. Der nicht enden wollende Applaus von Schülern und Lehrern war der Dank der Schule an ihre jungen Helden. Während Lehrer dieser ehemaligen Schüler nach deren Vortrag auf sie zugingen, um ihnen persönlich und zum Teil überschwänglich die Hand zu schütteln, hielt sich unser Direx auffallend zurück. Er saß stets in der ersten Reihe, erhob sich, wenn seiner Meinung nach genügend Beifall gespendet worden war, wartete, bis wieder Ruhe einkehrte, sprach ein paar kurze Dankesworte und erklärte schließlich knapp: „Die Feierstunde ist beendet."

Der Krieg verändert die Stadt

Bis zum Jahr 1944 hatte sich das schöne Bild der Stadt Wiesbaden völlig verändert. Es gab schon längst keine Pferdekutschen mehr. Die roten Wagen der Paketpost, deren einst leuchtende Farbe längst verblichen und rissig geworden war, wurden von klapprigen Mähren gezogen, die müde durch die Straßen trotteten. Die Busse fuhren nur noch selten. Da es kaum noch Benzin gab, waren sie auf den Betrieb mit Stadtgas umgestellt worden. Über die ganze Länge ihrer Dächer war ein fast ein Meter hoher Stoffbehälter gespannt, der mit Stadtgas gefüllt war. Die wenigen Autos und Lastwagen, die noch fuhren, waren zu Holzvergasern umgebaut. Im Kofferraum des Pkw oder hinter dem Führerhaus des Lasters war ein großer geschlossener Zylinder mit Deckel eingebaut, der mit Holzstücken gefüllt wurde. Am unteren Ende des Zylinders wurde das Holz entzündet und kohlte dann allmählich durch. So entstand Holzgas, das den Motor antrieb. Oftmals blieben die Fahrzeuge stehen. Dann musste der Fahrer den Zylinderdeckel öffnen, der war natürlich heiß, und mit einer großen Stange die Holzstücke durchrütteln, um wieder genügend Gasdruck zu erzeugen oder gar, um den Zylinder neu mit Holz aufzufüllen. Es musste also unbedingt noch ein Sack mit Holzstücken mitgeführt werden. Das Holzgas verbreitete einen erheblichen Gestank in den Straßen. Kein Wunder, denn aus dem Auspuff, der senkrecht neben dem Zylinder angebracht war, quollen dicke, rußige Wolken. Die Straßen wurde nur noch selten gefegt, die Wege in den Anlagen sich selbst überlassen. Unkraut wucherte in den Beeten. Es fehlte überall an Arbeitskräften. Die Bordkanten der Gehwege waren mit Leuchtfarbe markiert worden, damit man sich im Dunkel der Nacht besser zurecht finden konnte. Überall an den Häusern zeigten große weiße Pfeile und die aufgemalten Buchstaben LSR den nächsten Weg in die Luftschutzräume. Auf vielen Plätzen, so auch auf dem Gutenbergplatz vor unserer Schule, waren tiefe Wasserbecken betoniert worden, um bei Bränden über genügend Löschwasser zu verfügen.

Während unsere Mutter den Glauben an den Endsieg wohl schon aufgegeben hatte, war der Glaube unseres Vaters offenbar noch nicht erschüttert. So antwortete er in dem Brief vom 3. Oktober 1943 auf die Befürchtungen unserer Mutter: „Glaube fest daran, mein Liebes, der Krieg nimmt sein baldiges Ende. Keiner weiß wann, aber alle wissen wir, er wird siegreich für uns enden. Etwas anderes kommt nicht in Betracht. Dann lieber untergehen, als das Leben in jüdischer Knechtschaft beenden ..." Wenige Zeilen weiter berichtet er, was er von einem Urlauber über die Luftangriffe in Mannheim gehört habe: „Drei Viertel der Häuser sind zerstört, nur noch Ruinen. In Vaters Haus U4.2 sind die Ziegel abgedeckt. Materialschäden können nicht zermürben, solange uns allen das Glück geschenkt ist zu leben ..."

Wenige Tage später, am 6. Oktober 1943: „... Gestern früh bekam ich fernmündlich die Nachricht, dass Wiesbaden bombardiert worden sei. Wie groß die Schäden sind, konnte mir noch niemand sagen. Die Bomben seien in der Taunusstraße in der Nähe des Luftgaukommandos und im Kurviertel gefallen ... Aber Frankfurt, die schönen alten Häuser, Mannheim und Ludwigshafen erneut, Worms und Saarlautern müssen schwer getroffen sein. Immer größer wird der Kreis der Zerstörungen. Wenn die Vergeltung kommt, und diese kommt, dessen können wir alle gewiss sein, o wehe England!! ... Das ist kein Krieg mehr, nur ein fürchterliches Morden und Zerstören höchster Kulturwerte ..."

Im Brief vom 30. Oktober 1943 schrieb unser Vater: „J a, ich glaube es gerne, dass das Leben auch in Wiesbaden nicht mehr angenehm ist. Die vielen Luftalarme, die Nerven und Gesundheit ruinieren. Aber, mein Lieb, wohin die Schritte lenken? ... Immer wieder denke ich, es kann nicht dem Willen des Schöpfers entsprechen, dass alles in des Teufels Namen so sinnlos zerstört wird ..."

Durch verschiedene kleinere Bombenabwürfe hatte es schon 1943 geringe Veränderungen im Stadtbild von Wiesbaden gegeben. Anfang des Jahres 1944 wurden Häuser in Biebrich zerstört. Doch gemessen an den Bombenangriffen auf Mainz, Groß Gerau, Frankfurt und Offenbach, die wir stets als riesige Feuersbrünste wie gewaltige Unwetter mit Blitz und Donner erlebten, waren die Zerstörungen in Wiesbaden noch ohne große Bedeutung. Unter dem Schock des schweren Luftangriffs auf Frankfurt am 24. März 1944 schrieb uns meine Patentante eine Postkarte: „Liebe Großmutter! Wir haben gestern am 24. fluchtartig Frankfurt verlassen. Nach dem Angriff am Morgen waren wir so fertig, dass ich nur noch bedacht war, meines und Hermanns Leben zu retten. Ich hatte tagelang eine Frau gepflegt, die nicht mehr laufen konnte. Deren Mann bekam dann ein Auto und wir gingen auch noch drauf. So sind wir fluchtartig fort. Das Haus steht noch, alle Fenster und Türen kaputt. In der Beethovenstraße gibt es kein Haus mehr, unsere Ecke dort ist noch einigermaßen gut. Brände ringsum. Nun hätte ich einen Wunsch: Bitte verlasst doch Wiesbaden, ehe die Katastrophe da ist. Sonst kommt ihr alle unmöglich durch. In Frankfurt konnte sich kein Mensch um den andern kümmern. Schafft alle Betten in den Keller. Nehmt, was ihr tragen könnt und kommt in den Schwarzwald. Hier ist es noch ruhig ... Macht es bitte, ehe es zu spät ist ..." Wir waren sehr erschrocken, aber wir gingen nicht, wir waren des festen Glaubens, Wiesbaden, diese einstmals so schöne Stadt würde verschont bleiben.

Ab dem Sommer 1944 wurden die Lücken größer. So trafen im Juli Sprengbomben das Quellenviertel, die Schiersteiner Straße, die Karl- und Albrechtstraße und ein Haus in der Eckenfördestraße. Nach einem Tagesangriff lagen die Häuser am Bismarckring/Ecke Dotzheimer Straße, in der Eleonorenstraße, in der Nettelbeck- und Westendstraße in Trümmern. Das Landeshaus gegenüber unserer Schule verlor sein Dach und vor dem Apollo-Kino war ein Blindgänger eingeschlagen, der entschärft werden konnte. Die Gleisanlagen hinter dem Bahnhof wurden getroffen und der Bahnhof am Chausseehaus zerstört. Am 19. September 1944 um 15 Uhr griff ein alliierter Bomberverband mit 50 Flugzeugen die Industriewerke in Wiesbaden-Biebrich an. Allein auf das Werksgelände von Albert fielen 400 Bomben, die das Werk zu 90 % zerstörten. Es gab 38 Tote. Der Angriff dauerte eine halbe Minute.

Immer wieder zerbarsten Tausende von Fensterscheiben. Viele konnten nur notdürftig wieder verglast werden. Viele Fenster, vor allem die Schaufenster in den Läden, wurden einfach mit Brettern zugenagelt.

Im Oktober 1944 ereigneten sich einige mysteriöse Bombenexplosionen. Es war nachts gegen elf Uhr, als wir von ungeheuren Detonationen geradezu aus unseren Betten herausgeschleudert wurden, in denen wir angezogen lagen. Die Fensterscheiben in den vorderen Zimmern waren wieder einmal hereingeflogen. Einige Türen hingen nur noch schräg in ihren Angeln. Wir stürzten, ohne auf irgendwelche Dinge zu achten, durch das mit Scherben übersäte Treppenhaus hinunter in den Luftschutzkeller. Erst jetzt fingen die Sirenen an zu heulen. Es war stockdunkel. Das Licht war ausgefallen. Mit zitternden Händen zündeten wir eine Kerze an. Nichts rührte sich mehr, keine weiteren Detonationen, kein Flakfeuer, kein Brummen von Motoren. Totenstille. Keiner hatte eine Erklärung für das, was geschehen war. Spät gab es Entwarnung, aber in dieser Nacht und in vielen folgenden Nächten blieben wir im Keller.

Am nächsten Tag war das Ausmaß der Zerstörungen zu übersehen. Der Häuserblock zwischen Herderstraße, der Oranienstraße und dem Kaiser-Friedrich-Ring, der Häuserblock zwischen Jahnstraße, Karlstraße und Adelheidstraße wurden völlig zerstört. Heute steht auf diesem Gelände die Jahnschule. Es gab zahlreiche Todesopfer, darunter auch zwei ehemalige Klassenkameraden aus der Hebbelschule. Die Bergungsmannschaften arbeiteten in dem weiträumig abgesperrten Areal rund um die Uhr. Gespenstisch wirkte der nächtliche Einsatz des Baggers „Anna 20" mit seinem Suchscheinwerfer. Tage nach der Katastrophe wurden Verschüttete noch lebend geborgen. Die Stadt war voll von Gerüchten. Augen- und Ohrenzeugen wollten gesehen und gehört haben, dass einige kleine Flugzeuge mit einem Feuerschweif auf die Stadt zugerast seien, abstürzten und mit einem riesigen Feuerball explodiert seien. So vermutete man, dass es einige Exemplare der deutschen „Wunderwaffe V1“ gewesen seien, die damals in großer Zahl auf London abgefeuert wurde und deren Steuerungssystem zuweilen versagte. Das wurde natürlich offiziell energisch bestritten. In Wahrheit sei es ein besonders heimtückischer anglo-amerikanischer Terrorangriff gewesen. War es tatsächlich die V1 oder gar die V2, dann hatten wir wenigstens eine Ahnung davon, was die Bevölkerung von London seit Juni 1944 auszuhalten hatte.

Auf dem Weg in die Adolf-Hitler-Schule

„Meine Pädagogik ist hart. Das Schwache muss weggehämmert werden. In meinen Ordensburgen wird eine Jugend heranwachsen, vor der sich die Welt erschrecken wird. Eine gewalttätige, herrische, unerschrockene, grausame Jugend will ich. Es darf nichts Schwaches und Zärtliches an ihr sein. Das freie, herrliche Raubtier muss erst wieder aus ihren Augen blitzen. Stark und schön will ich meine Jugend ...“ (Adolf Hitler, zit.n. Frank Grube, Gerhard Richter, Alltag im Dritten Reich)

Im September 1943 bekam ich die Mitteilung, dass ich an einem weiteren HJ-Führerlehrgang in den Herbstferien teilnehmen sollte. Er fand an fünf Tagen im Oktober in der Blücherschule statt. Er lief jeweils vormittags von 9 bis 15 Uhr. Wir mussten Aufsätze und Diktate schreiben, zwei Mathematikarbeiten und zwei Arbeiten mit geometrischen Aufgaben. Viel Raum nahmen die Geschichte der NSDAP und das Leben des Führers ein. An jedem Tag wurden wir zwei Stunden in Sport geprüft und natürlich auch in all den Dingen, die wir in der Unterführerausbildung gelernt hatten. Jeder musste einen Lebenslauf schreiben und darin ausführlich über seine Familie berichten. Es waren ziemlich anstrengende Tage. Unsere Ausbilder, oder besser Prüfer, waren höhere HJ-Führer und Lehrer, die sonst an einer Napola (Nationalpolitische Erziehungsanstalt) unterrichteten. Das Ergebnis wurde uns wenige Tage später mitgeteilt. Ich war ausgewählt für weitere Auswahl-Lehrgänge. Zugleich erhielt ich eine Vorladung zur Untersuchung beim Gesundheitsamt der SS. Außerdem musste ich einen Vordruck ausfüllen, der den arischen Nachweis bis zu den Urgroßeltern enthalten musste. Den Stammbaum herzustellen und die entsprechenden Dokumente beizufügen war nicht schwierig, da mein Vater alle diese Unterlagen schon bei seiner Beförderung zum aktiven Offizier hatte vorlegen müssen. Mein Stammbaum hatte schon Tage vor der Untersuchung eingereicht werden müssen.

Dann kam der Morgen, an dem ich vor drei Ärzten, die den weißen Kittel über ihre SS-Uniformen gezogen hatten, mit klopfendem Herzen stand. Es war das Haus in der Rheinstraße unterhalb des Luisenplatzes, über dessen Eingang noch heute ein aus Sandstein gemeißelter Adler zu sehen ist. Ich musste zwei Passbilder, die Gesicht und Profil zeigten, vorlegen, meine Uniform und schließlich auch die Unterwäsche ausziehen. Es war mir peinlich, nackt vor diesen Männern zu stehen. „Hab dich nicht so. Wir fressen dich nicht!" Ich merkte, dass ich mir mit meinem Zögern schon einen Minuspunkt eingehandelt hatte. Dann begann die Untersuchung. Abhören, Puls messen, 10 Kniebeugen, wieder Puls messen, wieder abhören; nach 10 Liegestützen die gleiche Prozedur. Das Knochengerüst wurde in allen Einzelheiten überprüft, Größe und Gewicht gemessen. „Stehst ja noch ganz gut im Futter," meinte einer. Sie fummelten an meinem Glied herum, schoben mit einiger Mühe die Vorhaut zurück und prüften die Festigkeit meiner Hoden. Über jeden Befund führten sie Protokoll. Dann wurde nach allen Regeln der Rassekunst mein Schädel vermessen. Das Ergebnis war nicht ganz eindeutig, denn sie führten einen Wortwechsel, indem immer wieder die Worte fälisch, ostisch und dinarisch vorkamen. Ich hatte nun wirklich keinen nordischen Langschädel, aber ich war blond und hatte kurze, glatte Haare mit einem starken Wirbel, wie sie feststellten. Schließlich einigten sie sich auf fälisch-ostische Rasse. Mehrfach prüften sie Augenabstand und Stirn auf den Millimeter genau. Die Stirn war hoch genug, der Augenabstand richtig, die graublaue Augenfarbe passte ins Rassebild und die Ohren ließen genügend Raum zwischen Stirn und Hinterkopf. An der Wand hingen große Tafeln, auf denen Köpfe junger Menschen von vorn und von der Seite abgebildet waren. Mit denen wurde meine Kopfform immer wieder verglichen, bis das Urteil „fälischer Bauernschädel" endgültig feststand. Ich durfte mich wieder anziehen.

Da fiel mein Blick auf meinen Stammbaum, der auf dem Schreibtisch lag. Oben stand mein Name: Gerhard Hermann Moos mit meinem Geburtsdatum. Hinter dem Namen Moos war mit Bleistift ein Gleichheitszeichen eingetragen, dann stand da „Moses", wieder ein Gleichheitszeichen, dann „Jude" und dahinter ein Fragezeichen. Also: „Moos = Moses = Jude?" Ich erschrak fürchterlich. Ich stand wie erstarrt. Ich spürte, das könnte ein vernichtendes Urteil sein. Einer der Ärzte musste bemerkt haben, was in mir vorging, nahm das Blatt vom Tisch und sagte lachend zu mir: „Das hat irgend ein Idiot dahin geschrieben, der sich wichtig machen wollte." Mir lief es dennoch eiskalt über den Rücken. Ich war heilfroh, als ich endlich entlassen war.

Wenige Tage später erhielten wir die Nachricht, dass ich ausgewählt sei für weitere Vorbereitungslehrgänge für den Besuch der Adolf-Hitler-Schule. Der nächste wurde bereits angekündigt für den Januar 1944. Eine Einberufung würde mir rechtzeitig zugehen. Meine Mutter war mit dieser Entwicklung ganz und gar nicht einverstanden. Sie schrieb ihre großen Bedenken meinem Vater. Der antwortete am 20. November 1943: „... Mit Stolz habe ich davon gelesen, dass Gerd erneut aufgefordert wurde, die

Adolf-Hitler-Schule zu besuchen, ja, dass er zur Untersuchung vorgeladen und für tauglich befunden sei. Es ist ein schönes und stolzes Gefühl zu wissen, dass der Junge keinen Schaden hat, geistig und körperlich gesund ist. Mein Liebes, stehe dem Bub nicht im Weg, lass ihn ziehen, es ist nicht sein Schade. Bedenke, in zwei bis drei Jahren würde er spätestens seine Wege gehen. Vergiss auch nicht, dass die Nation Männer braucht, ganze und gesunde Kerle, gesund an Körper und Geist. Sei stolz darauf, dass Dein Junge dazu bestimmt ist, in das Führerkorps der deutschen Nation hineinzuwachsen, denn im Kampf um die heilige Sache des Großdeutschen Reiches muss alles persönliche Wollen zurückstehen, gehört keinem von uns mehr sein Leben. So war es, so ist es und wird es allezeit bleiben! ..."

Drei Tage später, am 23.11.43, kam Papa noch einmal auf Mutters Einwände zurück: „Für unseren großen Jungen freue ich mich, dass er dazu ausersehen ist, zur Elite der deutschen Jugend zu gehören. Hoffentlich hat er sich tapfer gehalten und alle Prüfungen bestanden. Wenn ja, mein Lieb, sei so gut und ebne dem Bub den Weg. Mache ihm das Herz nicht schwer, lass ihn ziehen, es wird nur sein Vorteil sein. Dabei möchte ich nur an einige große Deutsche erinnern, die in frühester Jugend von Heim, Haus und Hof zogen, um in eiserner Schule sich auf ihre große Aufgabe vorzubereiten. Ich denke an Moltke, Scharnhorst und andere.

Ich glaube es Dir gerne, dass Du es Dir als Mutter kaum vorstellen kannst, den Jungen nicht mehr bei Dir zu haben. Auch für den Buben ist es nicht einfach, hatte er doch eine sorgenfreie schöne Jugend daheim. Aber in den neuen Kreis und das neue Geschehen wird er sich finden, sobald er erkannt hat, dass dies alles als eine besondere Auszeichnung zu werten ist. Mit Stolz wird er dann seine Aufgaben meistern und seinen Weg gehen zum Wohle für sich, zur Freude seiner Eltern sein und zum Wohle für sein Volk. Also, mein Lieb, fördere den Gedanken, dass unser Gerd in jungen Jahren das Haus verlässt, um ein Meister, ein Streiter für deutsche Art und Sitte zu werden. Lass den Jungen seinen Weg gehen, der ihm vorgeschrieben ist. Deutschland braucht Männer aufrechten Sinnes, ganze Kerle, auf dass die Welt genesen kann und soll am deutschen Wesen ..."

Heute würde ich meinen Vater gerne fragen, was er denn gemeint hat mit seinen Worten „ein Meister, ein Streiter für deutsche Art und Sitte zu werden"? Meinte er das, was manche heutzutage unter „Deutscher Leitkultur" verstehen?

Mutter hatte inzwischen meinem Vater das Ergebnis der Überprüfungen mitgeteilt, aber auch gleichzeitig ihre großen Bedenken erneuert, denn schon am 27. November 1943 kam Vaters Antwort: „Für Deinen kurzen, aber liebevollen Brief mit freudigem Inhalt danke ich Dir bestens und will Dir gleich sagen, es hat mich wirklich mit Stolz erfüllt, dass unser Gerd als einer der Besten die Prüfung bestanden hat ... Ich wünsche nicht, durch Sentimentalität dem Jungen in seiner Entwicklung hinderlich zu sein. Tapferen Herzens wollen wir dem Bub den Weg ebnen, ihm weiterhin Mut und Begeisterung zusprechen für seine Aufgabe ..."

Mir brauchte niemand in dieser Zeit zuzureden. Ich war erfüllt von meiner Aufgabe. Mein Aufwand an Zeit für das Gymnasium hielt sich in Grenzen, dafür nahm ich meine Pflichten im Jungvolk doppelt und dreifach wahr. Ich meldete mich freiwillig zur Ausbildung als Luftschutzhelfer und wurde auch sogleich angenommen. Zusammen mit anderen Hitlerjungen, älteren Männern und Frauen lernte ich in zehn Doppelstunden am Nachmittag auf dem damals wilden Gelände, auf dem heute das Finanzministerium steht, die Bekämpfung von Brandbomben aller Art. Am einfachsten waren die Stabbrandbomben zu beseitigen. Sie bestanden aus Sechskantzylindern mit einem Aufschlagzünder, der das Brandpulver im Innern zur Zündung brachte. Sie waren etwa 40 Zentimeter lang und hatten einen Durchmesser von cirka 7 Zentimeter. Kam man rechtzeitig an die Bombe heran, konnte man sie packen und zum Fenster hinaus auf die Straße werfen. Im Übrigen waren sie leicht mit einem Eimer Wasser oder einer Schaufel Sand zu löschen. Schwieriger waren da schon die schweren Brandbomben mit Mehrfach-Zündern zu bekämpfen. Beim Aufschlag schleuderten sie einen Brandsatz aus, dem nach etwa 10 Sekunden ein zweiter folgte und in kurzen Abständen weitere vier. Dabei drehte sich die Bombenhülle um ihre Achse, so dass die Brandsätze in verschiedene Ecken flogen. Man musste beim Löschen also warten, bis alle Brandsätze herausgeflogen waren, dann konnte man mit Wassereimer, Feuerpatsche und Sand ihnen zu Leibe rücken. Für eine Person war es sehr schwer, alle Brandsätze unter Kontrolle zu bringen. Immer wieder entzündeten unsere Ausbilder von der Feuerwehr die Bomben und wir mussten dann einzeln oder in kleinen Gruppen die zutreffenden Löschmaßnahmen durchführen. Meist hoffnungslos gestalteten sich unsere Bemühungen, wenn ein Brandkanister mit Phosphor gezündet wurde. Das Phosphor lief als brennende, zähflüssige Masse aus dem Kanister, lief über den Boden, brannte durch Holzböden, lief Mauern hinab und war mit Wasser nicht löschbar. Bestenfalls mit Sand oder chemisch hergestelltem Brandpulver. Aber wer hatte schon soviel Sand am richtigen Ort oder gar das Brandpulver? Phosphorkanister waren die schrecklichste Waffe im Luftkrieg gegen die Zivilbevölkerung. In den Jahren 1944 und 45 warfen die ersten Wellen der Bombergeschwader Sprengbomben und Luftminen aller Kaliber bis zu zehn Zentnern ab, deren Explosionen die Gebäudekörper aufrissen. Die nachfolgenden Wellen warfen dann neben Sprengbomben vor allem die gefürchteten Phosphorkanister ab, die dann die aufgerissenen Leiber der Häuser, die noch stehen geblieben waren, mit fließendem Feuer durchtränkten. Die Folge waren die ungeheuren Feuerbrünste in den bombardierten Städten. Doch im Dezember 1943 waren wir noch guten Mutes. Die Erfahrung mit den Feuerorkanen war der deutschen Bevölkerung noch vorbehalten. Es gab so unendlich viel zu tun. Jede Hand wurde irgendwo gebraucht. Dafür gab es genaue Einsatzbefehle. So schenkten wir an den Durchgangsbahnhöfen in Wiesbaden-Ost und Biebrich zusammen mit der NSV Kaffee und Tee an haltende Züge mit Kindern aus, die zur Kinderlandverschickung unterwegs waren. Schnitten Brote mit einem Stück Hartwurst zurecht, wobei mancher Zipfel auch für uns abfiel. Ähnliche Einsätze gab es nach langen Fliegeralarmen oder gar Luftangriffen für die zermürbten und zum Teil ausgebombten Volksgenossen.

Zusammen mit den Pimpfen meiner Jungenschaft oder später meines Jungzugs schleppten wir für Alte und Behinderte Briketts und Kohlen in die Keller. Wurde wieder zu einer Geld-Sammlung aufgerufen, liefen wir bei Wind und Wetter mit unseren Sammelbüchsen durch die Straßen. Wir sammelten Altmaterial, indem wir von Haus zu Haus zogen und an jeder Wohnungstür klopften oder klingelten und höflich, aber zackig und bestimmt nach dem Gesuchten fragten. Nur wenige warfen uns die Tür vor der Nase zu.

Auch für die Meldedienste, zu denen die Jungvolkführer herangezogen wurden, gab es genaue Pläne. Manchmal musste ich mich an zwei Abenden in der Woche bei einer Einsatzleitung, meist einem Polizeirevier, einem öffentlichen Luftschutzbunker oder einer Feuerwache melden, um im Ernstfall als Melder zur Verfügung zu stehen, wenn die Telefonverbindungen ausgefallen waren und es galt, Einsatz- oder Bergungskräfte herbeizuholen. Hinzu kamen für die im Luftschutz ausgebildeten Helfer die Nachtwachen auf den Dächern öffentlicher Gebäude. Waren wir dazu eingeteilt, dann schliefen jeweils drei Mann im obersten Stockwerk eines Gebäudes in einem Luftschutzwachzimmer auf Pritschen, um bei Fliegeralarm den Brandschutz des Daches zu übernehmen. Jeder hatte dafür zu sorgen, dass überall geeignetes Löschgerät einsatzbereit war.

Während ich mit Freuden meinen Dienst versah, war meine Mutter zunehmend verzweifelt. Ihre Vorhaltungen wies ich weit von mir. Sie versuchte mir immer wieder klar zu machen, dass ich mich auf einem schrecklichen Irrweg befinden würde, dass dieser Krieg nur noch ein furchtbares Ende nehmen könne. Dem widersprach ich aufs Heftigste, warf ihr Defätismus vor, ein beliebtes Wort in dieser Zeit und zugleich ein fürchterlicher Vorwurf. Ihr Verhalten sei wehrkraftzersetzend. Auf Volksverhetzung und Wehrkraftzersetzung stand die Todesstrafe. In ihrer Not wandte sich meine Mutter an den Direktor meiner Schule, zu dem sie Vertrauen hatte, seit sie mit ihm bei meiner Anmeldung gesprochen hatte. Dieser hatte natürlich längst erfahren, dass ich Prüfungen für die AHS (Adolf-Hitler-Schule) ablegte und dabei sehr erfolgreich war. Direktor Hoernecke war ganz auf ihrer Seite. Er riet ihr dringend ab, die Erlaubnis zu erteilen und mich für den Besuch der AHS freizugeben. Von diesen Gesprächen erfuhr ich erst sehr viel später. Aber ich wusste, dass Mutti mit dem Direx gesprochen hatte und ich merkte, dass ihr Widerstand gegen meine Absichten sich verstärkte. Sie muss auch darüber meinem Vater Andeutungen gemacht haben, vor allem dass ich mich auf diesem Weg völlig in die Abhängigkeit des Systems begeben würde, denn mein Vater schrieb am 11. Dezember 1943:

„Nun ja, wollen wir abwarten, was aus dem weiteren Verlauf der Dinge wird, denn das mit der Aufnahme in die Adolf-Hitler-Schule, das hat wohl noch seine Zeit, nehme ich an. Bevor diese erfolgt, wird noch manche Prüfung zu bestehen sein. Das heißt für Gerd, weiterhin die Ohren steif zu halten. Ganz so, wie Du angenommen, ist es nicht. Durch den Besuch der AHS ist der Bub nicht an die Partei und Politik gebunden, kann immer noch sein Werden frei gestalten. Und da ist schließlich noch der Krieg! Ja, gerade weil Krieg ist, der nur von uns gewonnen werden kann – eine andere Lösung als Sieg oder Untergang gibt es nicht, und wir alle wählen den Sieg, dessen sei gewiss – braucht Deutschland Menschen mit tapferem Herzen, gestählt in einer eisernen Schule, gefüllt mit reichem Wissen und Können. Dazu will ich heute nicht mehr sagen ..."

Gebietsführerschule – „Stark und schön will ich meine Jugend"

Anfang Februar 1944 hatte ich wieder einen vierzehntägigen Lehrgang in der Gebietsführerschule zu bestehen. Sie war ein mächtiges Gebäude in der Händelstraße. Das Gelände gehört heute zum Bundeskriminalamt. Der Lehrgang hatte drei Schwerpunkte, nationalpolitische Schulung, Sport und vormilitärische Ausbildung. Zur Napolaschulung (NAPOLA=Nationalpolitische Erziehungsanstalt) gehörte unter anderem Rassenkunde, das Erkennen von Rassemerkmalen und die Herstellung und Erhaltung der Reinheit von Rasse und Volk. Wir sahen Filme wie „Der ewige Jude" oder „Jud Süß" und Filme von Leni Riefenstahl, in denen Siegeswille, „Glaube und Schönheit" verherrlicht wurde. Beim Anblick der Mädchen und jungen Frauen in ihrer eng anliegenden Sportkleidung regten sich bei uns gewaltige erotische Gefühle. Wir erfuhren, „wie sich edles Blut zu edler Rasse" vermischt, wobei uns schließlich an Schaubildern deutlich gemacht wurde, wie das vor sich ging, wenn deutsche junge Männer sich mit deutschen Mädchen zu paaren hatten. Die Paarung hatte der Fortpflanzung und der Rassereinheit der Nation zu dienen. Diesem Unterricht folgten wir mit hohem Interesse. Heimlich rieben wir an unserem Glied herum, spürten, wie es immer steifer wurde und schließlich zu einer lustvollen Entladung kam. Es fiel mir sehr schwer, das Lustgefühl zu unterdrücken. Nachts hatte ich zuweilen wilde Träume und längst vergessene Erinnerungen überwältigten mich. So stand eines Nachts ganz plötzlich wieder ein Erlebnis vor mir, das ich als Sechsjähriger hatte. Es war noch im Schwarzwald. Unsere Mutter stand kurz vor der Niederkunft unserer Schwester. Da Komplikationen erwartet wurden, sollte die Geburt dieses Mal im Krankenhaus in Schwenningen erfolgen. Das bedeutete, dass mein Bruder und ich etwa 14 Tage allein in der Obhut von Großmutter bleiben sollten. Damit Großmutters Nachtruhe ungestört bleiben sollte, übernahm ein etwa achtzehnjähriges BDM-Mädchen meinen Bruder und mich in ihre Obhut. Das Mädchen kam gegen Abend, schlief bei uns im Zimmer auf einer Liege. Sie war schlank, dunkelblond, hatte zartes, langes Haar, das sie meist zu einem Zopf geflochten hatte. Von ihrer Haut ging ein angenehmer Duft von Blüten aus. Sie kam an den heißen Augusttagen des Jahres 1938 in kurzem schwarzem Rock und einer weißen BDM-Bluse. Mit Einbruch der Dunkelheit brachte sie uns zu Bett. Sie räumte noch in der Küche auf und wartete, bis sie vermutete, dass wir eingeschlafen seien. Dann legte auch sie sich zur Ruhe.

immer fester, steifer und praller. Auch ich begann nun, ihre Bewegungen nachzuahmen. Der Druck ihrer linken Hand auf meine Hand wurde stärker und stärker, ihre Bewegungen heftiger. Ich fühlte Feuchtigkeit in meiner Hand und irgendetwas Glitschiges zwischen meinen Fingern, das ich nun ebenfalls vorsichtig rieb und drückte. Das ging so eine ganze Weile. Plötzlich fasste mich Inge mit beiden Händen, hob mich hoch, drückte meinen Unterkörper mit meinem steifen Glied zwischen ihre geöffneten Schenkel, bewegte sich mit kräftigen Stößen hin und her, auf und nieder, flüsterte immer wieder, ganz leise keuchend: „Oh, mein kleiner Liebling!" Ich wusste nicht, wie mir geschah. Ich fühlte aber, dass das alles ein ganz besonderes Geschehen war. Schließlich entspannte sich Inge mit einem Seufzer der Erleichterung und auch ich hatte das Gefühl, nun unendlich müde zu sein. Glücklich schlief ich in Inges Armen ein. Als ich am nächsten Morgen aufwachte, war Inge verschwunden. Mein Bruder fragte mich, warum ich mitten in der Nacht mit Inge Ringkampf gespielt hätte. Er sei zu müde gewesen, um mitzuspielen und gleich wieder eingeschlafen. Ich wusste keine rechte Antwort und sagte: „Ach nur so, weil wir nicht schlafen konnten." Das genügte ihm. Am Abend wartete ich auf Inge. Doch Inge kam nicht wieder. Mein Vater erklärte, sie hätte eine andere Aufgabe übernehmen müssen. Ich war sehr traurig. Ob er etwas gemerkt hatte? Ich habe es nie erfahren.

Oft hatte ich an die Nacht mit Inge denken müssen. Aber mit den Jahren verflüchtigten sich die Bilder. Jetzt, beim Anblick dieser „rassereinen" deutschen Mädchen in den Filmen und auf den Bildern, kamen die Erinnerungen zurück. Meine Augen und die meiner Kameraden konnten sich an den Venushügeln und an den Brüsten der Maiden nicht satt genug sehen. Abends in den Stuben wurde geflüstert und getuschelt. Manche machten kein Geheimnis daraus und prahlten mit ihren Erfahrungen. Einige onanierten offen, bis eine helle Flüssigkeit aus ihrem Schwanz spritzte, andere zögerten. Auch ich hielt mich widerstrebend zurück, da Mutti mir eines Tages erklärt hatte, Selbstbefriedigung führe zur Gehirnerweichung und schädige das Rückenmark. Wenn ich dann doch einmal mein Glied so lange rieb, bis es zum Erguss kam, überfiel mich ein fürchterlich schlechtes Gewissen. Tat mir dann einmal der Rücken weh, dachte ich, das sei der Anfang der Gehirnerweichung. Ich gewöhnte mir an, beim Schlafen die Hände über der Decke zu lassen. Erst als ich längst erwachsen war, erfuhr ich, dass meine Sorgen unbegründet waren und der Rat meiner Mutter auf schlichter Unkenntnis beruhte.

Sportunterricht und Wehrertüchtigung gingen ineinander über. Hier kam es kaum noch auf die Einzelleistung an. Die Gesamtleistung der Gruppe war entscheidend. Kameradschaft wurde groß geschrieben. Einer für alle, alle für einen, wurde uns eingehämmert. So wurde zum Beispiel in der großen Sporthalle, die uns zur Verfügung stand, eine Reihe von Hindernissen aufgebaut, die von jeder Gruppe in möglichst kurzer Zeit überwunden werden mussten. Zunächst wurden niedrige Bänke hintereinander aufgestellt, durch die man hindurchkriechen musste, Hinter ihnen waren etwa zwei Meter hohe Kästen aufgebaut, die überklettert werden mussten. Ihnen folgten zwei Barren, die so hoch gestellt waren, dass man sich nur an ihnen entlang hangeln konnte, wenn man mit einer Hand sich festhielt, den anderen Arm über die Stange legte und noch mit einem Kniehang nachhalf. Dann kam der Schwebebalken, über den man balancieren musste usw. Die Bänke sollten Drahtverhaue darstellen, die Kästen, die Mauern von Bunkern, Barren und Schwebebalken sollten in unserer Fantasie über tiefe Schluchten und reißende Bäche führen. In einer Hand musste jeder eine Keule halten. Diese sollte eine Sprengladung markieren, die am Schluss der Bahn an den nächsten weitergegeben werden musste, ohne den Boden zu berühren. Fiel die Keule, so „explodiere" die Ladung und der Unglücksrabe schied aus. Die Gruppe erhielt Strafpunkte, durfte aber weitermachen.

Unsere Ausbilder waren in der Erfindung ihrer „Spiele" außerordentlich ideenreich. Es waren immer Kampfspiele, so auch das römische Wagenrennen. Vier Pimpfe bildeten eine Gruppe: Zwei waren die Pferde, indem sie sich nebeneinander stellten und an den Armen einhakten. Der Dritte hakte sich in gebeugter Haltung bei den vor ihm Stehenden ein. Sein Rücken war der Streitwagen. Der Vierte kletterte auf den Rücken des Dritten, bewaffnet mit einer etwa zwei Meter langen Bambusstange, an deren Spitze ein wattierter Lederkopf angebracht war. Die Kampfgruppen standen sich so weit wie möglich gegenüber. Auf Kommando stürmten sie aufeinander los und die Lanzenträger versuchten einander vom „Streitwagen" zu stürzen. Das gab natürlich stets ein wildes Gerangel, wenn nicht der Gegner schon beim ersten Ansturm zu Boden geworfen werden konnte. Es gab immer blaue Flecken, aber auch Verrenkungen und zweimal sogar Knochenbrüche. „Gelobt sei, was hart macht".

Eines Tages traf auch mich das Unglück. Ich war dieses Mal der Streitwagen, doch auf mir stand ein Kamerad, der wohl ein bisschen zu schwer war. Der Kampf wütete hin und her. Plötzlich schlug ich zu Boden und blieb mit starken Schmerzen im Genick liegen. Mein Kopf war zur Seite gedreht und ich konnte die Halswirbelsäule nicht mehr bewegen. Der Kampf wurde abgebrochen, man schob mir vorsichtig eine Decke unter den Kopf. Ich musste liegen bleiben, bis ein Arzt kam. Der diagnostizierte „verrenkter Halswirbel, vermutlich nichts gebrochen". Als ich in der Obhut eines SS-Arztes und zweier Wehrmachtssanitäter mit einem „Sanka" (Abkürzung für Sanitätskraftwagen) ins Standortlazarett gefahren wurde, kam ich mir vor wie ein schwer verwundeter Soldat, der zum Verbandsplatz gefahren wird. Bei allen Schmerzen war ich auch noch stolz auf diesen üblen Zustand. Zunächst wurde die Halswirbelsäule geröntgt. Als endgültig feststand, dass nichts gebrochen war, bekam ich eine Spritze. Ich merkte nicht, wie mir ein Arzt den Wirbel wieder einrenkte. Als ich wieder aufwachte, lag ich mit einer steifen Halskrause im Krankenrevier der Gebietsführerschule und durfte den Hals wochenlang auch nach Beendigung des Lehrgangs nicht bewegen. Ich trug meine Halskrause wie ein Ritterkreuz. Trotz des Unfalls hatte ich den Lehrgang bestanden und wurde befördert. Auf meinem linken Hemdärmel musste Mutti anstelle der zwei Winkel ein silbernes Viereck aufnähen. Darauf war ich besonders stolz.

Meine Mutter hatte offenbar diesen Unfall meinem Vater sehr dramatisch geschildert und dabei nicht mit Vorwürfen gespart, denn im Brief vom 29. Februar 1944 schreibt Papa zurück: „... Schreibe mir bitte laufend, wie es unserem Gerd ergeht. Jetzt kann ich mir auch erklären, warum ich von ihm aus seinem Lehrgang keinen Gruß erhalten habe." Dann fuhr er fort: „Warum haben diese Lümmel von HJ-Führern nicht mehr Verantwortungsgefühl und ordnen beim Spiel die Jungen nicht nach ihren Kräften ein? Warum wird in dem Jungen ein Selbstbewusstsein geweckt, das über seine Kräfte geht? Warum dieser blinde Gehorsam, so dass er sich nicht dagegen wehrt? ..."

Das waren aus dem Munde meines Vaters ganz ungewohnte Worte und Feststellungen. Da sprach er plötzlich vom „blinden Gehorsam", ja was hatte er denn erwartet, wozu die ganze Schinderei dienen sollte? Da sprach er von „Selbstbewusstsein", das über meine Kräfte gehe. Erinnerte er sich plötzlich an das Frühjahr 1933, als er sich gegen den „blinden Kadavergehorsam", den die Partei damals von ihm forderte, zur Wehr gesetzt hatte, um schließlich doch noch klein beizugeben?

In den Briefen der nächsten Wochen kamen die Eltern immer wieder auf dieses Thema zu sprechen. Meine Mutter schien sich mit ihren Einwänden durchgesetzt zu haben, denn schließlich erklärte Papa im Brief vom 29. März 1944, nachdem er wieder nach meiner Gesundheit gefragt hatte: „... Bleibt bei ihm kein Schaden? Ich bin so froh bei dem Gedanken, der Junge bleibt daheim. Den Gedanken an die Adolf-Hitler-Schule habe ich ganz auf die Seite gelegt. Er kann auch so ein rechter, guter Deutscher werden ..." Hatte mein Unfall bei meinem Vater einen Sinneswandel bewirkt?

Mein Bruch mit der Kirche

Während ich meine Halskrause tragen musste, war ich vom Dienst im Jungvolk freigestellt. Ich folgte in diesen Wochen dem Wunsch meiner Mutter und begleitete meine Großmutter sonntags in den morgendlichen Gottesdienst, meist zu den Predigten von Pfarrer Dr. Borngässer, der sich mit meiner Großmutter und meiner Mutter als regelmäßigen Besucherrinnen seiner Gottesdienste angefreundet hatte. Er war des Öfteren bei uns zu Hause und genoss die Tasse Kaffee oder Tee aus den Feldpostpäckchen meines Vaters. Alle drei sahen sich nicht nur in Glaubensfragen verbunden, sondern auch in ihrer zunehmenden Ablehnung der Nazi-Partei und ihres alles umfassenden Systems. Noch im Jahr zuvor, Weihnachten 1942, war ich zusammen mit Pfarrer Borngässer, meinem Bruder und einigen anderen Kindern aus dem Singkreis der Marktkirche am Heiligen Abend von Tür zu Tür gezogen, um alten und einsamen Gemeindemitgliedern mit Weihnachtsliedern eine kleine Freude zu machen. Der Herr Pfarrer kannte mich also gut. Mit Sicherheit wusste er von meiner Mutter oder meiner Großmutter, dass ich die Adolf-Hitler-Schule besuchen wollte und ich bin mir heute sicher, dass er meine Mutter in ihrer ablehnenden Haltung bestärkt hatte.

Seit Mitte April 1944 hatte ich wieder meinen Dienst im Jungvolk aufgenommen. Am Sonntagmorgen trat unser Fähnlein mit Fanfarenzug in der Zeit des Hauptgottesdienstes regelmäßig auf dem Schlossplatz vor der Marktkirche an. Die fünf Jungzüge des Fähnleins waren in Dreier- oder Sechserreihen mit dem Gesicht zur Marktkirche aufgestellt. Nicht viele von uns Jüngeren dachten sich etwas dabei, wenn wir mit kraftvollem Singen und mit kraftvoll tönenden Fanfaren die dünnen Gesänge aus der Kirche übertönten. Schließlich war es unser Auftrag, den Gottesdienst zu stören. Meine Großmutter hatte sich bitterlich bei mir beklagt und mir schwere Vorwürfe gemacht, dass ich mich zu solchem Sonntagsfrevel – ja, Frevel hatte sie gesagt –, hergeben würde.

An einem strahlenden Morgen Anfang Mai 1944 waren wir wieder angetreten und sangen mit aller Kraft. Die Fanfaren schienen mir lauter zu tönen als sonst. Da packte mich mein schlechtes Gewissen und ich verließ intuitiv, ohne mir selbst über meine Absicht im Klaren zu sein, meine Jungenschaft, ließ das Fähnlein stehen, ging auf das rechte Portal der Marktkirche zu, die Stufen hinauf, trat durch den vorgelagerten Quergang bis zur Mitte, um dann durch den Hauptgang in das Innere des weiten, hohen Kirchenraums zu treten. Vorsichtig, wie auf Zehenspitzen, ging ich langsam nach vorn, während Pfarrer Borngässer rechts oben auf der Kanzel stand und seine Predigt hielt. Plötzlich sah er mich, stockte und rief mit einer Donnerstimme, die mich erschauern ließ: „Mach, dass du rauskommst! In diesem Gotteshaus will ich keine braune Uniform sehen. Das gilt auch für dich. Verschwinde auf der Stelle! Du schändest dieses Haus!"

Ich stand wie vom Donner gerührt. Die Gemeinde hatte sich umgedreht, ich fühlte aller Augen auf mich gerichtet. Ich hätte im Boden versinken wollen, so sehr verspürte ich die Schmach und die Ausgrenzung, die mir widerfuhr. Ich drehte mich um, ging schnell zurück in den Vorraum vor dem Ausgang. Dort schossen mir die Tränen in heißen Bächen über die Backen. Ich hatte doch keine Schändung gewollt, ich hatte doch nur meine Zugehörigkeit zeigen wollen, nur einmal Widerstand gegen unser Tun draußen zeigen wollen. Während ich mir die Tränen abzuwischen versuchte, tönten vom Schlossplatz schrill unsere Fanfaren herein. Als das HJ-Fahnenlied, das meine Kameraden gerade gesungen hatten, zu Ende und eine kleine Pause eingetreten war, öffnete ich die Kirchentür und trat aus dem Dunkel in die strahlende Helle des Maisonntags. Verblüfft sahen mich meine dreihundert Kameraden an. Ich zögerte auf der obersten Treppe einen Augenblick, dann hörte ich die Stimme meines neuen Fähnleinführers – Wilhelm Ung war schon Soldat geworden – rufen: „Seht, Kameraden, dieser Jungenschaftsführer hat Farbe bekannt. Er hat es den Schwarzröcken gezeigt, wo gekämpft wird und wo die jungen Soldaten des Führers stehen!" Er rief „Sieg Heil" und das ganze Fähnlein wiederholte den Gruß dreifach. Die Fanfarenbläser hoben ihre Instrumente und die Trommler schlugen die Heroldtrommeln noch lauter als sonst. So wurde ich mit großem Jubel bedacht und fühlte mich durch das doppelte Missverstehen meines Handelns zweifach beschämt.

Vierzehn Tage später wurde ich für meine „Heldentat" außer der Reihe zum Jungzugführer befördert. Ich war darüber nicht glücklich. Ich war zu feige, die Beförderung abzulehnen und die Wahrheit über den Vorfall öffentlich zu gestehen. Pfarrer Borngässer verschwand wenig später hinter Gefängnismauern. Die Gestapo hatte ihn schon lange im Visier. Ob dieser Vorfall das Fass zum Überlaufen gebracht hatte, ich weiß es nicht. Aber ich fühlte eine große Schuld. Jahrzehnte habe ich diese Kirche gemieden und erst im Sommer des Jahres 2000, als der von mir hochgeschätzte Pfarrer Martin Heinemann als erster evangelischer Stadtdekan in sein Amt eingeführt wurde, habe ich in der Marktkirche wieder einem Gottesdienst beigewohnt.

Der Glaube an den Endsieg bleibt unerschüttert

Wenn ich die Briefe meines Vaters heute nach über 55 Jahren lese, bin ich immer wieder fassungslos über seine verbohrte Blindheit gegenüber dem totalitären System, die das Denken meines Vaters völlig umnebelt haben muss. Sein Glaube an Deutschland, an seinen geschichtlichen Auftrag, war bis in die letzten Kriegswochen unerschütterlich. Dass ich als Zwölfjähriger völlig dem System des Nazi-Deutschlands und seiner Propaganda erlegen war, kann ich nur meiner Jugend zu Gute halten. Doch der Glaube meines Vaters und mit ihm vieler Millionen in Deutschland an das Tausendjährige Reich und an den unvermeidlichen Endsieg, während eine deutsche Stadt nach der anderen in Trümmer fiel, an allen Fronten sich die Niederlagen häuften, die Russen die Front im Osten immer mehr ins Wanken brachten, die Alliierten in Italien kurz vor Rom standen, unsere italienischen Bundesgenossen zum Feind übergelaufen waren, Griechenland und viele Inseln aufgegeben werden mussten, auf dem Balkan Tito mit seinen Partisanen die Wehrmacht schwer bedrängte, das bleibt mir unerklärlich. Die Blindheit gegenüber den realen Auswirkungen des Kriegsverlaufs findet ihren adäquaten Ausdruck in der unmenschliche Sprache der NS-Propaganda vom totalen Krieg, die auch in manchen Briefen meines Vaters ihren Niederschlag findet.

Während die vielen Hinweise meiner Mutter auf die schwierige Frontlage, die schrecklichen Ergebnisse der Luftangriffe und der Blick in den Atlas mir durchaus Anlass zur Nachdenklichkeit gaben, bestärkten mich die Briefe meines Vaters in der Erfüllung dessen, was ich für meine Pflicht ansah. Wie viele meiner Kameraden sah ich in meinem Tun einen wesentlichen Beitrag für den Endsieg.

Seit dem Frühjahr 1944 verdichtete sich immer mehr die Auffassung, raffiniert durch die NS-Propaganda gesteuert, dass gewaltige Wunderwaffen vom Führer in Auftrag gegeben worden seien, dass es nur eine Frage der Zeit sei, bis die Feinde vernichtend geschlagen würden, so wie vor Urzeiten das große Heer des übermächtigen Pharao im Roten Meer untergegangen sei. Mit Zuversicht fügten wir beim Singen unserer Lieder während der Märsche durch die Stadt folgende Zeilen an: „Die Juden ziehen dahin – daher. Sie ziehen durchs Rote Meer – die Wellen schlagen zu – die Welt hat Ruh!“ Das war zwar geradezu eine Umkehrung des geschichtlichen Mythos, denn es war ja schließlich das Heer des Pharao, das vernichtet wurde, während Moses sein Volk heil ins gelobte Land zu führen vermochte. Aber darauf kam es ja nicht an. Vielmehr wurde die mythische Überlieferung einfach mit der vom politischen System gewünschten Vorstellung in Übereinstimmung gebracht. Damit war für schlichte Gemüter der Wunderglaube verstärkt worden, der durch den beliebten Liedtext jener Zeit: „Ich weiß, es wird einmal ein Wunder geschehen ...“ bereitwillig gestützt wurde.

Das Ringen um die Entscheidung, ob ich nach den Sommerferien die Adolf-Hitler-Schule besuchen dürfe oder nicht, ging weiter. Am 11. Mai 1944 schrieb mein Vater an meine Mutter: „Jetzt hast Du wieder Deine Sorgen um Gerd und die Adolf-Hitler-Schule. Was soll ich dazu sagen. Bis Du meine Antwort hast und ich meine Meinung kund getan habe, sind schon längst von Dir die Entscheidungen verlangt worden. Du weißt, ich sehe es gerne, wenn unsere Buben vorankommen. Der Sohn soll ja immer weiter streben als der Vater. Was wohl das Richtige sein wird, Adolf-Hitler-Schule oder der normale Weg, das ist schwer zu sagen. Ein echter, rechter und ganzer Kerl wir der Junge auf jeden Fall ... Stets wird es sein Vorteil sein, wenn unser Bub sagen kann, er hat eine nationalpolitische Schule besucht und dort gut abgeschlossen ...“ Dann berichtete er, dass die Urlaubssperre weiter bestehe, „alle warten auf die Dinge, die da kommen sollen. Nun ja, wir sind gerüstet und es wird wirklich ein heißer Tanz werden. Das weiß auch der Gegner. Er scheut die riesigen Verluste und ich glaube, ja wir alle sind der Meinung, eine Invasion werden die Anglo-Amerikaner kaum wagen ..." So mein Vater, knapp vier Wochen vor der Invasion in der Normandie.

Der Kampf um den Besuch der Adolf-Hitler-Schule wurde nun zwischen Mutter und mir ausgetragen. Ende Mai hatte ich ihre Zustimmung ertrotzt und bekam wenige Tage später meinen Einberufungsbefehl zum letzten Auswahl-Lehrgang in die Gebietsführerschule nach Oberliederbach, der letzten Prüfung vor Aufnahme in die Adolf-Hitler-Schule. Oberliederbach liegt wenige Kilometer vor Frankfurt-Höchst.

Zwei Tage vor der Invasion, am 4. Juni 1944, schrieb meine Mutter: „Es ist doch furchtbar, wenn man bedenkt, wie viele Jahre wir nun schon getrennt sind. Wie viele Stunden und Tage sind dahin gegangen, die uns beiden allein gehört hätten. Mein Lieb, manchmal wird mir das Herz so schwer, so sehr schwer; die schönsten Jahre unseres Lebens, niemand gibt sie uns mehr zurück ... Für unsere Kinder, für ihre Erziehung, wäre es so notwendig, wenn der Vater da wäre. Ich bin oft so machtlos. Gerd ist nun schon ein großer Junge, gewiss mit allerlei Fähigkeiten ausgerüstet, intelligent, und doch fehlt die starke Hand über ihm. Brüder ist wohl in seinem Charakter der Sanftere und besser zu leiten; Hildekind kann sehr lieb sein, aber auch sehr eigensinnig. Ich habe sie dieser Tage in der Schule an der Bierstadter Strasse angemeldet ... Es wird mir wohl schwer werden, wenn ich das letzte Kind nun zur Schule geben muss. Aber so ist das Leben, die Kinder werden groß und wir beide alt. Die schönsten Jahre sind dahin gegangen und wir hatten nichts davon. Dieser unselige Krieg. Aber ich will nicht zu den Miesmachern gehören, die ständig murren. Wir haben hier in Wiesbaden ja auch noch gar keinen Grund, wenn ich an all die vielen Städte denke und die vielen Menschen, die kein Obdach mehr haben, wie groß ist da das Elend ...

Mein Lieb, ich bin oft sehr, sehr in Sorge um Dich, wenn Dir nur mal nichts zustößt, dann wäre ich wohl ganz, ganz arm dran. In den letzten Wochen war man hier allgemein der Meinung, irgendetwas geschieht, aber nichts von alledem ist geschehen. Ob es wohl mehr oder weniger eine Irreführung des Feindes war? Statt dessen nur Bombenterror, immer und immer wieder. Bald ist nichts mehr übrig von unseren schönen deutschen Städten ..." Dies ist der erste von drei erhaltenen Briefen, die mit dem Vermerk „unzustellbar, neue Feldpostnummer abwarten" zurückkamen. Am 6. Juni hatte die Invasion begonnen.

Ende Juni 1944 begann mein letzter Lehrgang, der war wieder ganz auf Einzelleistung und Härte abgestellt. Die etwa 30 Jungen kamen aus verschiedenen süddeutschen Gauen. Ich kannte keinen von früher. Unsere Ausbilder waren neben HJ-Führern, die von der Front abkommandiert waren, schwer verwundete Offiziere der Waffen SS. Alle trugen hohe Auszeichnungen, manche hatten einen Arm verloren, einer ein Bein. Alle trugen blitzsaubere Uniformen und glänzende Stiefel. Sie waren nicht älter als Mitte zwanzig. Wir waren sehr stolz, solche Männer als unsere Ausbilder zu haben. Neben der üblichen politischen Schulung und Geländeübungen spielten Mutproben eine herausragende Rolle. Dazu gehörte das Springen aus einem Fenster im zweiten Stock in ein Sprungtuch, das von den übrigen Jungen gehalten wurde. Es gehörte schon einige Überwindung dazu, den Sprung zu wagen. Keiner wurde gezwungen. Nicht wenige lehnten den Sprung ab, denn wenn er missglückte, waren schwere Prellungen unvermeidlich.

Mit Grausen erinnere ich mich an eine Form von Geländespiel, das ich als teuflisch empfand: Fünf Jungen mussten in einem Waldstück einen Wimpel verstecken. Jedes Versteck war erlaubt, doch einer musste bei dem Versteck bleiben und sich selbst so gut es ging tarnen. Die übrigen vier kannten das Versteck, mussten sich aber im Umkreis von 100 Schritten ebenfalls verstecken. Nach einer vorher bestimmten Zeit ging die Meute auf die Suche. Wurde einer aus der Wimpelgruppe erwischt, durfte er das Versteck des Wimpels keinesfalls verraten, obwohl er mit Brennnesseln gequält oder mit dünnen Buchenreisern geschlagen werden durfte, während die anderen weitersuchten. Wenn die Wimpelgruppe dann endlich aufgegriffen und hinreichend drangsaliert worden war, war meist auch der Wimpel entdeckt. Schmerzen ertragen lernen. Durchhalten war die Parole. Geheimnisse auch unter Folter nicht preisgeben!

Jeden zweiten Tag wurde geboxt. Wir nannten das „Blutrühren“. Zunächst wurden zwei etwa gleichstarke Kämpfer ausgewählt. Die Gruppe saß im Kreis auf dem Boden, einer hatte eine weiße Schüssel im Schoß und rührte während des Kampfes mit einem Kochlöffel darin herum. Es wurde so lange gekämpft, bis einer aufgab oder der „Ringrichter“ den Kampf abbrach, weil einer der Kämpfer vor Nasenbluten nichts mehr sehen konnte. Dann musste der sich zu dem „Blutrührer“ über die Schüssel beugen, bis das Nasenbluten aufhörte. Am nächsten Tag kämpften die Sieger der Vorrunde gegeneinander. So ging es weiter bis zum „Endkampf“, den nicht immer der Stärkere für sich entscheiden konnte. Ich war froh, dass meine Mutter diese Prügeleien nicht sehen konnte. Sie wäre wegen der Rohheit der Kämpfe verzweifelt.

Eines Abends wurde angeordnet: „Morgen früh 5 Uhr wecken, Tornister packen, für drei Tage Verpflegung empfangen, Abmarsch 6 Uhr nach dem Frühstück." Es ging auf Fahrt, wohin, wusste keiner. Wir marschierten zum Bahnhof, schleppten neben unseren Tornistern und Brotbeuteln fünf große Hordenpötte, Nudeln, Reis und Brühwürfel, Kommissbrote und Kunsthonig. In Höchst stiegen wir um und weiter ging es nach Westen. Ich jubelte, als wir in den Bahnhof von Wiesbaden einfuhren, und erzählte meinen Kameraden, dass ich hier zu Hause sei. Doch nach wenigen Minuten ging die Fahrt weiter durch den Rheingau bis Rüdesheim. Es war wohl gegen 10 Uhr, als wir ankamen. Die Sonne lachte vom strahlend blauen Himmel. Wir waren bester Laune, schulterten unsere Tornister „Unser Marschziel ist Aulhausen. Dort gibt es kein Wasser, deshalb müssen alle Feldflaschen und die Hordenpötte mit Wasser gefüllt werden", wurde uns mitgeteilt. Damals gab es in Rüdesheim noch Brunnen, aus denen klares Trinkwasser floss. Wir füllten unsere großen Gefäße und marschierten los. Jeweils zwei Pimpfe schleppten zu ihrem Gepäck einen Hordenpott gefüllt mit Wasser. Kein Mensch kannte Aulhausen.

Hinter Rüdesheim liefen wir die immer steiler werdende Strasse durch die Weinberge hinauf. Von oben grüßte das Niederwalddenkmal. Das Wasser schwappte aus unseren Hordenpötten. Alle paar hundert Meter mussten die Träger gewechselt werden. Die Sonne schien immer kräftiger, wir schwitzten und fluchten. Das Wasser in unseren Pötten wurde immer weniger und bis wir endlich den Waldrand erreicht hatten und rasteten, waren sie nur noch zu zwei Dritteln oder gar nur noch zur Hälfte gefüllt. Aus unseren Feldflaschen durften nur wenige Schlucke getrunken werden. „Wasser sparen!" Als wir endlich das Niederwalddenkmal erreicht hatten, gab es die nächste Rast. Doch weder die kraftstrotzende Germania noch der herrliche Blick auf das Rheintal weckte unsere müden Sinne. Erst als von Bingen und Rüdesheim die Luftschutzsirenen zu uns heraufheulten, fiel die Mattigkeit von uns ab. Es dauerte nur wenige Minuten, dann sahen wir einige hundert dieser starren silbernen Vögel in großer Höhe über das Rheintal hinweg nach Osten fliegen. Für viele von uns ein längst gewohnter Anblick. „Für Frankfurt fliegen sie zu hoch. Vielleicht Schweinfurt oder Nürnberg." Die Meinungen waren geteilt. Wir fühlten uns nach aller Erfahrung völlig sicher. Gefährlich wurden immer nur einzelne Maschinen oder kleine Pulks auf dem Rückflug von Osten. Wenn die noch Bomben an Bord hatten, warfen sie diese wahllos in die Gegend dorthin, wo sie kleinere Ziele vermuteten. Vor denen musste man Angst haben und sich in Sicherheit bringen.

Am späten Nachmittag erreichten wir Aulhausen. Das Ziel war ein großes Gehöft etwa einen Kilometer außerhalb des Dorfes. Dorthin schleppten wir unsere Pötte mit dem verbliebenen Wasser. Unsere Verblüffung und Empörung war unendlich. Inmitten des weitläufigen

Gehöfts plätscherte eine große Viehtränke. Es gab Wasser die Fülle! Wir lieferten unsere Brühwürfel, die Nudeln und den Reis in der Gutsküche ab und erhielten dafür ein ausgezeichnetes Eintopfessen, von dem wir Nachschlag bekamen, bis unser Hunger gestillt war. Dazu das herrliche Wasser aus dem Brunnen in großen Krügen. Unser Zorn war besänftigt. Nach uns kam eine Gruppe von Zwangsarbeitern, die damals euphemistisch Fremdarbeiter genannt wurden, vor allem Polen und Ukrainer, von den Feldern, begleitet von zwei Wachtposten mit Gewehr, die sich nun an unserer Stelle auf ihr Essen stürzten. Uns interessierten sie nicht, denn der Anblick solcher Gruppen war jedem Deutschen geläufig. Sie weckten bei der Mehrzahl der Deutschen weder Interesse noch Mitgefühl. Kontakte mit diesen Leuten aufzunehmen, war sowieso verboten.

Wir hatten noch genügend Zeit, die großen Stallungen zu besichtigen. Dann verschwanden wir in einer Scheune im Stroh und fielen in tiefen Schlaf.

Mitten in der Nacht wurden wir durch leises Flüstern geweckt. „Aufstehen, draußen sammeln!“ Aus dem warmen Stroh in die Kühle der Nacht. Wir fröstelten. Einer unserer Führer sagte leise: „Es sollen Spione abgesprungen sein und sich im Wald versteckt halten. Wir haben den Auftrag, den Waldrand zu besetzen. Alle hundert Meter wird einer von euch als Posten liegen. Wenn ein Feind sich nähert, beobachten, dann zieht ihr euch zurück und macht Meldung.“ Bis zum Waldrand war es nicht weit. Wir legten uns im befohlenen Abstand in die Büsche und harrten der Dinge, die da kommen sollten. Keiner hegte Zweifel an der Ernsthaftigkeit des Auftrags.

Meine Position war die äußerste ganz links. Ich legte mich unter eine junge Tanne, dort war der Waldboden wenigstens trocken. In der Kühle der Nacht fror ich in meinem Braunhemd und den kurzen Manchesterhosen erbärmlich. Auf dem Bauch liegend, das Fahrtenmesser in der Hand, lauschte ich angespannt in den Wald. Nichts bewegte sich. Manchmal zog ein leises Rauschen durch die Stille, wenn ein Windhauch durch die Blätter und Äste streifte. Meine Augen suchten die Dunkelheit zu durchdringen, schemenhaft konnte ich Baumstämme und niedriges Gehölz in meiner Nähe erkennen. Die Zeit dehnte sich endlos, die Augen wurden müde. Immer wieder ertappte ich mich dabei, dass meine Lider zufielen. Ganz selten war ein leises Knacken zu hören, das mich dann aber zur besonderen Aufmerksamkeit wieder ermahnte. Endlich konnte ich erkennen, dass im Osten der Himmel ganz zögerlich sich erhellte. Plötzlich glaubte ich Schritte zu hören. Es knackte lauter im Wald. Dann wieder Stille. War das der Feind? Das Geräusch, wie wenn etwas auf dem Boden durch den Wald geschleift würde, kam näher, verharrte, verstummte. Das Herz schlug mir bis zum Hals. Ich spürte es überall pochen. Meine Sinne spannten sich aufs Äußerste. Sollte ich abhauen und Meldung machen? Noch nicht. Ich sollte ja erst beobachten. Die Geräusche kamen näher, wurden lauter. Kräftiges Grunzen und Scharren mischte sich dazu. Das kann doch kein Spion sein. Der wäre ja bekloppt, einen solchen Lärm zu machen, sagte ich mir. Die Morgendämmerung war stärker geworden. In ihrem fahlen Licht sah ich, wie sich Körper über den Boden bewegten, grunzend und scharrend. Ein Rudel Sauen! Erleichtert löste sich die Anspannung der letzten halben Stunde. Dann traten nur wenige Meter von mir entfernt die Sauen aus dem Wald und stürzten auf den Rübenacker in meinem Rücken und wühlten und mampften und grunzten und wälzten sich. Ich hatte meine Freude bei diesem Anblick und war heilfroh, dass ich nicht davongeschlichen war, um „Feindberührung" zu melden. Die anderen hätten sich totgelacht.

Inzwischen war es hell geworden. Die Sauen hatten sich wieder in das Dickicht des Waldes zurückgezogen. Einer unserer Ausbilder holte uns vom Waldrand zurück. Keiner hatte einen Feind gesehen. Wir durften frühstücken. Hier auf dem Bauernhof gab es sogar Kakao mit Milch, Brot mit Butter, echten Bienenhonig und Dörrfleisch. Ein Schlaraffenland. Am Nachmittag halfen wir bei der Heuernte. Am nächsten Tag ging es wieder zurück in die Wirklichkeit. Schade. Das Leben auf dem Bauernhof hätte uns noch eine ganze Weile gefallen.

Auf der Rückfahrt hielt unser Zug wieder in Wiesbaden. Der Lautsprecher verkündete, dass er erst in etwa vierzig Minuten weiterfahren würde. Ich bat meine Führer um eine halbe Stunde Urlaub, da ich unmittelbar am Bahnhof wohnen würde. Ich musste meine genaue Anschrift angeben und mit der strengen Maßgabe, in einer halben Stunde zurück zu sein, wurde mein Wunsch genehmigt. Glücklich rannte ich die Bahnhofstraße entlang und brauchte sicher nicht länger als drei Minuten, bis ich an der Wohnungstür klingeln konnte. Mein Bruder öffnete und rief voll Jubel: „Der Gerd ist da!" Mutti und Großmutti saßen am Kaffeetisch. Als ich in ihre Arme flog, schossen ihnen die Tränen in die Augen. Mutti schmierte mir ein Brot, Großmutti schenkte Kaffee ein. Ich sprudelte geradezu über, musste schnell erzählen, schnell fragen, denn ich musste ja gleich wieder weg. Bei der Frage, ob Mutti etwas Neues von Papa wüsste, schüttelte sie den Kopf und fing wieder zu weinen an. Ich nahm sie in meine Arme und versuchte sie zu trösten. Die Zeit verstrich. Ich stürzte ans rückwärtige Küchenfenster, von dem aus man den Turm des Bahnhofs mit der Uhr sehen konnte. Die halbe Stunde war längst überschritten, keine Chance mehr, rechtzeitig den Zug zu erreichen. Ich jammerte und wollte unbedingt fort, irgendwie nach Oberliederbach kommen, jedenfalls schauen, wann die nächste Zugverbindung sein würde. Es war etwa 17 Uhr. Mutti ließ mich unter keinen Umständen ziehen. Ich stammelte, dass mein Verhalten mit Sicherheit bestraft würde, zumindest würde ich den Lehrgang nicht bestehen, dann sei es aus mit der Adolf-Hitler-Schule. Da hellte sich Muttis Gesicht auf. Das sei doch eine gute Lösung, die sie vieler Sorgen entheben würde. Ich war empört und verzweifelt.

Es klingelte an der Wohnungstür. Ich öffnete und war starr vor Schreck. Vor mir stand einer unserer Ausbilder, begleitet von zwei Soldaten mit Stahlhelm im Rang eines Feldwebels und eines Unteroffiziers und den berühmten Schildern der Militärpolizei, die an Ketten über die Brust hingen. Daher wurden sie „Kettenhunde" genannt und waren allgemein gefürchtet. Nun ging alles sehr schnell. „Da bist du ja", sagte der Ausbilder und schon ließ der Unteroffizier Handschellen um mein rechtes Handgelenk zuschnappen. Der Feldwebel sagte zu meiner Mutter: „Wir nehmen ihren Sohn fest wegen unerlaubten Fernbleibens von seiner Einheit." Sie nahmen mir das Fahrtenmesser ab, schlugen die Wohnungstür hinter mir zu und ließen meine völlig sprachlose Familie zurück. Das Ganze dauerte höchstens eine Minute. Ich leistete keinerlei Widerstand. Er wäre ja auch zwecklos gewesen und hätte meine Lage nur verschlimmert. Ich hatte das ja irgendwie kommen sehen, fand das Vorgehen auch gerecht und war im Grunde meines Herzens erleichtert, weil ich keinen Ausweg aus der drohenden Lage gesehen hatte. Auf der Straße wartete ein Kübelwagen mit Fahrer. Die beiden „Kettenhunde" wurden am Bahnhof abgesetzt. Die Handschellen wurden mir abgenommen. Der Kübelwagen brachte den Ausbilder und mich nach Oberliederbach.

Die Begegnung mit den „Kettenhunden" erinnerte mich an ein schreckliches Erlebnis im Sommer 1942. In den Herbert-Anlagen an der Einmündung des Verbindungsweges zwischen Kronprinzen- und Kaiserstraße stand mein Lieblingsbaum, in dem man weit hinaufklettern und das Geschehen auf dem anschließenden Sportplatz wie auch auf dem Verbindungsweg gut übersehen konnte. Ich saß gegen Mittag auf diesem Baum und ließ mich im Sommerwind wiegen. Da sah ich aus dem Schatten der Allee-Bäume der Kaiserstraße einen jungen Soldaten ohne Kopfbedeckung in schnellem Lauf auf den Verbindungsweg einbiegen. Er rannte mit aller Kraft auf mich zu, ich hörte seinen keuchenden Atem. Wenige Augenblicke später, es mögen wenige Sekunden gewesen sein, folgten ihm zwei Soldaten im Stahlhelm mit gezogenen Pistolen und schrieen: „Halt! Stehen bleiben! Wir schießen!" Der Soldat rannte weiter, seine Verfolger schossen ohne weiteres Zögern. Der Soldat strauchelte, stürzte im Stolpern vornüber und blieb reglos liegen. Er lag verkrümmt auf der rechten Gesichtshälfte, um das sich auf dem sandigen Weg schnell eine große Blutlache ausbreitete. Die Verfolger waren stehen geblieben, senkten ihre Waffen zur Erde und gingen mit schweren Schritten langsam auf den am Boden Liegenden zu. Einer beugte sich über ihn und jetzt erst erkannte ich das große Blechschild der Militärpolizei, das an einer Kette hängend von seinem Hals baumelte. Sie steckten ihre Pistolen zurück in die Taschen am Koppel. Der, der sich niedergebeugt hatte, drehte den Gestürzten auf den Rücken. Sein Blut troff aus Stirn und dem halb geöffneten Mund. Der Körper lag regungslos. Der Soldat machte eine Handbewegung, die ich so deutete, dass der am Boden Liegende tot war. Ich sah auf das für mich kaum fassbare Geschehen und saß wie erstarrt in meinem Baumwipfel. Die Soldaten mit den Schildern der Kettenhunde sahen sich um. Niemand war zu sehen. Sie zogen den Leichnam auf die Wiese und dann entfernte sich einer von den beiden in Richtung Kaiserstraße. Eine ältere Frau kam von der Kronprinzenstraße die wenigen Stufen herab auf den Verbindungsweg, verlangsamte ihre Schritte, kam zögernd näher, betrachtete die Szene und wagte schließlich den Posten zu fragen, was denn los sei. Der antwortete knapp: „Ein Deserteur." Und fügte nach einer kurzen Pause hinzu: „Auf der Flucht erschossen." Die Frau schüttelte den Kopf, wie wenn sie das Gehörte verneinen wollte, schlug die Hände vors Gesicht und lief laut weinend davon. Nach wenigen Minuten kam ein geschlossener Militärlaster, bog von der Kaiserstraße ab, fuhr über den Weg auf die Wiese, drei Soldaten sprangen ab, darunter ein Offizier, der eine Kamera ans Auge hielt, einige Aufnahmen machte, den Befehl gab, die Leiche aufzuladen, einem der Soldaten befahl mit einem Besen und einem Rechen die Blutlache so gut es ging zu überdecken, aufzusitzen und davonzufahren.

Nach meinem Zeitgefühl dauerte es wohl bald eine halbe Stunde, bis ich mich aus meiner Erstarrung lösen konnte. Ich kletterte vom Baum, ging zu dem Ort des grausigen Geschehens, lief die kurze Strecke bis zu unserer Wohnung, holte meine Mutter, die nicht glauben wollte, was ich ihr stammelnd erzählte. Schließlich ging sie sehr zögernd mit mir und sah die in der Mittagshitze vertrockneten Blutreste und die Reifenspuren des Lastwagens. Ihr Entsetzen hatte ihr die Sprache verschlagen.

Auf der Fahrt nach Oberliederbach hatte ich viel Zeit zum Nachdenken. Als Führer eines Jungzugs hatte ich zusammen mit meinen Unterführern auch stets die Anwesenheit der Pimpfe im Dienst zu überprüfen. Fehlte einer zweimal, musste ich die Eltern aufsuchen und nach den Gründen fragen und sie auffordern, ihren Jungen pünktlich zum Dienst zu schicken, andernfalls müsste ich die Polizei verständigen. Für manche Eltern war mein Erscheinen mit einem großen Schrecken verbunden. Bei einigen spürte ich an ihren mürrischen und abweisenden Reaktionen, dass sie wohl das Verhalten ihrer Söhne billigten. Doch ich brauchte nie meine Drohung wahr werden zu lassen. Sie erschienen dann wieder zum Dienst, um bei nächster Gelegenheit den Dienst erneut zu schwänzen. Ich hatte dafür überhaupt kein Verständnis. Wenn ich voller Wut davon zu Hause erzählte, war es meine Mutter, die meinen Zorn jeweils beschwichtigte und mir eine Meldung an die Gestapo ausredete. Jahre später, als ich lernte, den NS-Staat zu durchschauen, meine eigene Haltung in dieser dunklen Zeit überprüfen konnte, war ich froh, wenigstens hier mich nicht durchgesetzt zu haben. Jetzt aber, in der Stunde der Rückfahrt nach Oberliederbach, war ich mir meiner Verfehlung voll bewusst. Unerlaubte Entfernung von der Truppe war die Vorstufe der Fahnenflucht.

In der Gebietsführerschule wurde ich mit eisernem Schweigen und höchster Verachtung empfangen. Das Abendessen wurde gestrichen. Am nächsten Morgen trat ein HJ-Dienstgericht zusammen, das sich aus drei unserer Ausbilder zusammensetzte, Vorsitzender war der SS-Offizier, der in Russland sein rechtes Bein verloren hatte. Ein HJ-Führer wurde zum Verteidiger bestimmt. Der Ausbilder, der mich mit den Kettenhunden abgeholt hatte, war der Ankläger. Vor der Verhandlung musste ich meinem Verteidiger den gesamten Vorgang nochmals schildern und die Gründe darlegen, wie es zu meinem Versäumnis gekommen war. Ich beteuerte, dass ich ohne Absicht gehandelt hätte, dass ich rechtzeitig hätte zum Bahnhof zurückkehren wollen, dass aber die Frage nach meinem Vater, der in der Normandie eingesetzt sei, wo jetzt die schwersten Abwehrkämpfe toben würden und meine Mutter ohne Nachricht und in größter Sorge sei, der eigentliche Grund für mein Versagen läge. Dann begann die Verhandlung.

Die Anklage war kurz und klar. Schließlich sei ich nur beurlaubt worden mit dem festen Versprechen, pünktlich zur Abfahrt wieder zur Stelle zu sein. Der Verteidiger berichtete dem Gericht meine Schilderung, hob besonders die Verzweiflung meiner Mutter über das ungewisse Schicksal meines Vaters hervor. Dann wurde ich gefragt, ob ich noch etwas sagen wolle, worauf ich mit Tränen in den Augen nur stammeln konnte, dass ich mir meiner Schuld bewusst sei und dass sich dieses nie wiederholen dürfe. Während der kurzen Verhandlung verzog keiner der Richter eine Miene. Ungerührt saßen sie vor mir, während ich mit Zittern in den Knien vor ihnen stand. Nach kurzer Beratung wurde das Urteil verkündet: Da der stärkste Junge des Kurses meinen Tornister habe nach Hause schleppen müssen, habe er sich einen Boxkampf mit mir gewünscht. Den solle er haben. Im Übrigen würde ich damit bestraft, an zwei Tagen nicht an den gemeinsamen Mahlzeiten teilnehmen zu dürfen. Ferner müsse ich mich bei einem Sonderauftrag, der noch bestimmt würde, besonders bewähren.

Der Boxkampf fand in der üblichen Weise noch am Vormittag statt und war fürchterlich. Wieder war ein „Blutrührer“ bestimmt worden, der eifrig mit seinem Holzlöffel in der noch weißen Emailleschüssel herumrührte. Mein Gegner war einen Kopf größer. Er brauchte eigentlich nur seine Arme mit den Boxhandschuhen auszustrecken, um mich ins Leere schlagen zu lassen. Es war ein ungleicher Kampf. Schon in der ersten Runde ging ich zu Boden. In der zweiten blutete die Nase, in der dritten platzte die rechte Augenbraue auf. Obwohl ich verbissen kämpfte, erlag ich schließlich der Schlagkraft meines Gegners, dessen Sieg die anderen johlend begrüßten. Ich konnte kaum noch aus den Augen sehen, fühlte mich beschämt und ausgestoßen. Ein schreckliches Gefühl der Einsamkeit hatte mich erfasst. Es war mir schließlich alles egal. Der Kampf wurde abgebrochen. Als ich genügend Blut in die Schüssel gespendet hatte, hörte ich noch das Kommando „Wegtreten!“ und schlich davon wie ein geprügelter Hund. Der „Blutrührer“ war auf seine Kosten gekommen. Keiner reichte mir ein Tuch, wie es sonst üblich war, keiner zeigte auch nur eine Spur von Mitleid. Im Waschraum wischte ich das Blut ab, versuchte mit kalten Waschlappen mein Nasenbluten zu stoppen. Das dauerte. Dann klebte ich mir aus meinem Verbandspäckchen ein Pflaster auf meine rechte Braue, warf mich auf mein Bett und schlief verzweifelt ein. Ich verschlief den ganzen Tag, alle Mahlzeiten, keiner fragte nach mir.

Am Abend kamen meine drei Zimmerkameraden und suchten mich zu trösten. Sie erzählten mir, dass alle den strikten Befehl gehabt hätten, keinerlei Mitleid zu zeigen. Aber in ihren Gesprächen untereinander hätten sie den Kampf als äußerst unfair empfunden. Ich hätte das Beste daraus gemacht und meine Haut teuer verkauft. Auch die Nase des anderen habe schließlich geblutet. Diese Zuwendung meiner Zimmerkameraden baute mich allmählich wieder auf. Ich merkte, dass Kameradschaft keine leere Floskel war.

Am nächsten Morgen erhielten alle Lehrgangsteilnehmer ihre Sonderaufträge, die sie bis zum Mittag erledigt haben mussten. Einer sollte zum Beispiel feststellen, wie viele Übergänge es über den Liederbach gab in einer Entfernung von zwei Kilometern, ein anderer, wie viele Fahrzeuge in zwei Stunden auf der Straße nach Höchst fuhren, ein dritter, welche Arten von Viehzucht, ein anderer welche Handwerke in Oberliederbach betrieben wurden. Oft wurden zwei Pimpfe mit der gleichen Aufgabe betraut. Während meine Kameraden ihre Aufgaben mehr oder weniger geschickt zu lösen versuchten, musste ich Küchendienst leisten, wozu meist diejenigen kommandiert wurden, die durch irgendetwas aufgefallen waren, zum Beispiel, weil die Schuhe nicht ordentlich geputzt waren, die mangelnde Ordnung beim Bettenmachen oder die Ordnung im Spind bei der täglichen Stubenabnahme gerügt worden waren. Also auch der Küchendienst war ein Teil meiner Strafe. Meine Mahlzeiten nahm ich abseits von den anderen ein. Nach dem Abendessen wurde ich zum Lehrgangsleiter befohlen und erhielt meinen schriftlich formulierten „Sonderauftrag zur Bewährung“ mit Stempel der Gebietsführerschule und Unterschrift:

„Abmarsch 22 Uhr. In Frankfurt-Höchst ist festzustellen:

1. Welche Schuhgröße trägt der Leiter der Feuerwehr von Höchst?

2. Welche Hutgröße hat die Dienstmütze des Ortsgruppenleiters der NSDAP?

Die Angaben sind von der genannten Person oder der entsprechenden Dienststelle durch Unterschrift zu bestätigen. Anfertigen einer Wegeskizze mit Eintragung der Zielpunkte. Rückkehr spätestens 4 Uhr. Der Auftrag ist nur befugten Personen bekannt zu geben. Meldung bei der Wache.“

Diesen Auftrag empfand ich als herabsetzend, ja geradezu ehrenrührig und lächerlich. Sollte ich mich jetzt wehren, den Ausbildern meine Meinung sagen, den Auftrag ablehnen? Wäre dies jetzt Ablehnung von Kadavergehorsam oder wäre es einfach nur Befehlsverweigerung? Es war mir klar, würde ich den Auftrag ablehnen, dann wäre es mit dem Besuch der Adolf-Hitler-Schule endgültig vorbei.

Vor diese Wahl gestellt, entschied ich mich schließlich zur Ausführung des Auftrags.

Den „Marschbefehl" in der linken Brusttasche machte ich mich pünktlich zur angegeben Uhrzeit auf den Weg zur Landstraße, die ich bald erreichte. Die Strecke nach Höchst war ja nicht allzu weit, vielleicht fünf Kilometer. Die rauchenden Schlote der IG-Farbenwerke wiesen mir die Richtung. In der Nacht gab es keinen Zug mehr. Die kurze Sommernacht hatte sich herabgesenkt. Das Brummen eines Lastwagens mit abgedunkelten Scheinwerfern kam näher, ich winkte, der Fahrer beugte sich heraus: „Na, wo willst du dann noch hie?" „Zur Feuerwehrzentrale in Höchst." „Was willste dann do?" fragte er leutselig. „Das darf ich nicht sagen. Ich muss den Kommandanten der Feuerwehr sprechen", war meine Antwort. Der Fahrer stutzte, aber im Krieg war man ja vielerlei gewohnt, dann sagte er: „Na komm e nei, do setz ich dich an de Feuerwehr ab, ich misst do sowieso vorbei."

Nach wenigen Minuten hatten wir das Ziel erreicht. Ich hatte bisher kaum eine halbe Stunde gebraucht. Wenn das so weiter geht, dachte ich, bin ich ja bald wieder zurück und kann melden „Auftrag ausgeführt!"

Im Wachraum der Feuerwehr fragte ich nach dem Kommandanten. Auch hier die Frage „Was willsde dann von dem?" Wieder mein Hinweis, dass ich das nicht sagen dürfe. „Der is no net do, der leit noch dehaam uf'm Ohr und wart' uf de nächste Fliescheralaam. Wenns Alaam gibt, dann kimmt er gerennt." Nach einigem Hin und Her gaben sie mir seine Anschrift. Dorthin war es nicht weit, eigentlich nur ein paar Straßen um die Ecke. Ich bedankte mich und wollte noch wissen, wo die Ortsgruppenleitung der NSDAP sei. Auch das wussten die freundlichen Männer von der Feuerwehr. Ich eilte hinaus in die Nacht und suchte zunächst die Wohnung des Feuerwehrkommandanten. Da fingen die Sirenen an zu heulen, ohne Vorwarnung gab es gleich Hauptalarm. Nur jetzt die Suche nicht abbrechen, dachte ich, und wurde nach wenigen Minuten belohnt. Ich klingelte an der Wohnungstür. Eine Frau öffnete und sah mich erstaunt an. Ich grüßte und fragte ganz höflich nach ihrem Mann. Wieder die Frage, die ich ja nur befugten Personen beantworten durfte. War die Frau eine befugte Person? Ihr Mann sei schon zum Dienst, ob sie helfen könne. „Nein", sagte ich, sie sei keine befugte Person. Da stutzte sie. „Warte einen Augenblick", griff den Telefonhörer im Flur, drehte die Kurbel, bekam Verbindung und flüsterte in die Sprechmuschel etwas, das ich nicht verstehen konnte und legte auf. „Willst du ein Glas Wasser?" Ich bedankte mich und wartete, bis sie aus der Küche zurückkam. Während ich genüsslich trank und meinen Durst zu löschen suchte, klingelte es. Die Frau, die mich bisher offensichtlich mit Argwohn betrachtet hatte, riss die Tür auf. Draußen standen zwei Polizeibeamte, die sofort mich zu verhören begannen. Name, wohnhaft, Dienstrang, Jungvolkausweis – eben das Übliche. Was ich hier mitten in der Nacht zu suchen hätte? Ich stotterte, sagte etwas von geheimem Auftrag und fragte mich in Gedanken, sind Polizisten befugte Personen oder nicht? „Bürschlein, dich nehmen wir mit zur Wache. Da kriegen wir schon raus, was für einen geheimen Auftrag du hast." Draußen fing die Flak an zu ballern. Das gefürchtete Brummen der Fliegermotoren wurde stärker. „Ab in den Luftschutzkeller" und schon schoben mich die Polizisten vor sich her. Die „Frau Feuerwehrhauptmann" – ich nenne sie jetzt so der Einfachheit wegen - folgte mit einem Köfferchen. Drunten hatten sich die Hausbewohner schon versammelt. Erstaunt sahen sie die beiden Polizisten und mich an.

Ich sei wohl aufgegriffen worden. „Was, nach dem Feuerwehrhauptmann hat er gefragt? Vielleicht ist das ein Edelweißpirat." Die waren damals als angebliche Widerstandgruppe in HJ-Uniformen in aller Munde. „Vielleicht baldowert er die Möglichkeit für einen Anschlag aus?" So und ähnlich schwirrten die Meinungen durch den Raum, während droben die Flaksalven durch die Nacht donnerten. Das waren die Leute ja gewohnt. Aber das Erscheinen von zwei Polizeibeamten mit einem herumstreunenden Gefangenen in Uniform, das war etwas Neues.

Gott sei Dank fielen keine Bomben. Das Geschwader hatte offenbar fernere Ziele im Visier. Aber zur Sicherheit wegen der ungeklärten Umstände meiner Anwesenheit und wegen drohender Fluchtgefahr waren schon wieder Handschellen an meinem rechten Arm zugeschnappt. Zum zweiten Mal innerhalb einer Woche! Die Bewohner des Kellers waren es zufrieden. Ihre Polizei hatte wieder alles fest im Griff. Da sagte der eine Beamte schließlich zu seinem Kollegen: „Schau doch mal, was der in seinen Taschen hat." Dagegen wollte ich mich wehren, aber eh ich es mich versah, waren mir die Arme auf den Rücken gedreht und die Handschellen klappten an beiden Handgelenken zu. Schnell hatten sie meinen „Geheimbefehl" aus einer Brusttasche meines Hemdes herausgezogen, lasen und sahen sich völlig verblüfft an. Sie besprachen sich leise. Lasen wieder und wieder. Während mir der eine die Handschellen abnahm, flüsterte der andere der neben ihm sitzenden „Frau Feuerwehr" ins Ohr, was er gelesen hatte. Dann reichte er ihr den Zettel mit einem Bleistift. „Die Frau Feuerwehr" las, schaute erleichtert zu mir herüber und schrieb: „Größe 45" und bestätigte die Zahl mit ihrer Unterschrift. Kichernd gab sie dem Beamten den Zettel zurück. Die Sirenen heulten den Dauerton: Entwarnung. Die Bewohner strebten hinauf in die Betten. Die „Frau Feuerwehr" gab mir die Hand, bot mir aus ihrer Handtasche einen Apfel an und sagte: „Entschuldsche, awer in denne Zeite heit muss mer asch ufbasse." Also die Polizei, dein Freund und Helfer, hatte die „Frau Feuerwehr" zur befugten Person erklärt.

Die Polizei war noch weiter behilflich, brachte mich zur Wachstube der Ortsgruppenleitung der NSDAP. Dort trafen wir auf drei wachhabende SA-Männer, die Bier tranken und Skat spielten. Ich grüßte vorschriftsmäßig mit dem Hitlergruß. Die SA-Männer ließen sich erst stören, als das laufende Spiel zu Ende war. Dann fragte ich nach dem Ortsgruppenleiter. Wieder die blöde Gegenfrage, was ich von ihm wolle. Da platzte ich heraus: „Die Hutnummer!" Ein schallendes Gelächter hallte durch die Stube. Die SA-Leute schlugen sich ungläubig auf die Schenkel. War ja auch komisch, da schneit mitten in der Nacht ein Pimpf herein und will die Hutnummer des Ortsgruppenleiters wissen. Auch meine beiden Polizisten mussten grinsen. Dann sagte ich: „Für mich ist das kein Spaß, meine Herren! Ich muss das noch heute Nacht wissen." Einer der Polizisten mischte sich ein: „Spaß beiseite, Kameraden! Der Junge hat einen Sonderauftrag. Was für ne Hutnummer hat euer Chef?" „Na so zwische siwenefuffzisch und seschzisch werns schon sei!" „Der hot doch aan rischtische Schwellkopp. Der is noch greeser!" meinte ein anderer. „Nein, das müssen wir schon genauer wissen", warf einer meiner Polizisten ein. Die SA-Männer einigten sich schließlich auf Größe 60. „Wer ist der Wachführer von euch?", fragte der eine Polizist streng. Zögerlich meldete sich einer. „Hier eintragen und unterschreiben! Keine Widerrede!", befahl der andere meiner Freunde und Helfer. Dann gab er mir den „Sonderauftrag" zurück. Kurzer Gruß: „Heil Hitler." Wir verließen das Wachlokal. Ich bedankte mich überschwänglich. Sie zeigten mir noch den kürzesten Weg nach Oberliederbach. Der Tag begann im Osten zu grauen, ich würde rechtzeitig zurück sein.

Doch kaum hatte ich die Felder erreicht, gab es erneut Fliegeralarm. Die Bomber waren auf dem Heimflug. Die Strahlen der Flakscheinwerfer irrten wie lange Finger über den Himmel. Bald blitzte wieder das Mündungsfeuer der Flak auf, krachten die Abschusssalven der Achtacht-Geschütze rund um Höchst, surrten die Flaksplitter durch die Luft. Ich hatte Deckung im Straßengraben gefunden und schaute auf dem Rücken liegend dem Schauspiel zu. Manche Maschinen zogen dicke Rauchfahnen hinter sich her. Die würden wohl kaum noch nach Hause kommen. Ich wünschte sie alle zum Teufel. Im Liegen malte ich die befohlene Wegskizze auf den Block, soweit ich mich eben erinnerte. Markierte das Haus, in dem der Feuerwehrhauptmann wohnte und das Lokal der Ortsgruppenleitung. Das Flakfeuer wurde schwächer. Die wenigen Kilometer zur Gebietsführerschule legte ich im Dauerlauf zurück, meldete mich außer Atem bei der Wache: „Befehl ausgeführt!" Der Wachhabende trug die Uhrzeit auf meinem Zettel ein. Es war halb vier. Ich hatte die Scharte ausgewetzt.

Meine Ausbilder waren zufrieden. Was aber das Wichtigste war, meine Kameraden waren wieder so freundlich und hilfsbereit wie zuvor. Selbst derjenige, der mich so schrecklich zusammengeboxt hatte, gab mir die

Hand und sagte: „Dich zusammenzuschlagen war ein mieser Auftrag." Nun war ich froh, auch vor meinem Auftrag nicht gekniffen zu haben. Ich habe in meinem Leben noch oft vor der Entscheidung gestanden, Gehorsam oder Widerstand. Oftmals ist mir die Entscheidung nicht leicht gefallen. Oft habe ich mich für den Gehorsam entschieden. Zu oft?

Am letzten Tag besuchte uns der Gauleiter Jakob Sprenger. Er war nicht groß, untersetzt, ja rundlich. Für die schlechten Zeiten hatte er eigentlich einen zu dicken Bauch. Es war heiß und der Schweiß tropfte ihm unter seiner eleganten Schirmmütze hervor auf die glänzend in hellem Braun schimmernde Uniform mit den vielen goldenen Tressen. Er drückte jedem von uns die Hand. Als ich an der Reihe war und meinen Namen sagte fügte ich hinzu: „Mein Gauleiter!" Ja, ich sagte „mein", was sonst. Auf der Parteiebene sagten Untergebene zu den Oberen „mein". Sogar Goebbels sagte „mein Führer". Die Oberen nannten die Untergebenen nur beim Namen oder bei ihrem Dienstgrad ohne jeden Zusatz. Bei der Wehrmacht war das anders üblich. Da wurden, angefangen beim Schützen Arsch bis zum Feldwebel, die Leute nur mit ihrem Namen oder von unten nach oben mit ihrem Rang angesprochen. Erst ab dem Leutnant wurde man zum Herrn: Herr Hauptmann, Herr Major und so weiter, das war die korrekte Anrede. Auch das hatten wir gelernt. Also „Mein Gauleiter", sagte ich, „Ich soll Sie von meinem Onkel, ihrem Gauhauptstellenleiter, dem Parteigenossen Herbert Leitz grüßen." „So, so, vom lieben Leitz. Ich werde ihn heute Nachmittag noch treffen und werde mich bedanken." Er hatte „mein lieber Leitz" gesagt, also auch hier war klar, wer der Untergebene war, obwohl Onkel Herbert immerhin als „hohes Tier" eingeschätzt wurde, als er ein Jahr später unter der Anklage stand, Hauptkriegsverbrecher gewesen zu sein. Sein Chef Jakob Sprenger hatte sich das erspart und sich erschossen.

Als ich den Gruß ausgerichtet hatte, tätschelte der Gauleiter mir auf die Schulter, so wie es unser Führer auch immer machte, wenn er mit seinen „jüngsten Soldaten" sprach. Mir war nicht wohl zu Mute. Mein Verhalten empfand ich auf einmal als reine Angeberei. War es ja wohl auch! Doch „angeben ist das halbe Leben!" Das war einer der Kraftsprüche jener Zeit.

Am Nachmittag erfuhren wir, dass alle die Prüfungen bestanden hatten. In den nächsten Wochen würden wir unsere Einberufungsbefehle für die verschiedenen Adolf-Hitler-Schulen bekommen und nach den Sommerferien sei es dann soweit. Endlich würden wir Adolf-Hitler-Schüler sein. Doch in den kommenden Wochen überschlugen sich die Ereignisse. Auf meinen Einberufungsbefehl, den ich mir so hart erkämpft zu haben glaubte, wartete ich vergebens. Heute kann ich nur sagen: Gott sei Dank!

Gestern war ich wieder zu Hause angekommen. Von meinem Vater hatten wir immer noch keine Nachricht.

Großmutters Geranien und Begonien blühten rot und violett leuchtend auf dem Balkon in der Bahnhofstraße. Die Hitze des Sommertages hatte nachgelassen. Die Mauersegler stürzten mit wildem Geschrei durch die Straßen und über die heißen Schieferdächer. Ich lag auf dem Balkon, hörte Radiomusik. Der Tagesalarm war vorbei. Es hätte Frieden sein können. Große Sorgen machten wir uns jetzt auch um unsere Mutter, die wegen einer Bruchoperation seit einigen Tagen im Krankenhaus liegen musste. Sie war darüber hinaus völlig mit den Nerven fertig. Großmutter hielt sich auch nur noch mühsam aufrecht. Alle Last für die Familie ruhte nun weitgehend auf mir und meinem Bruder. Aber auch die kleine Hilde, die nun bald in die Schule kommen sollte, half, wo sie konnte. Wir alle versuchten unseren Aufgaben gerecht zu werden. Gott sei Dank waren die Sommerferien da.

Die Ätherwellen waren das große Medium der allerdings sehr einseitigen Kommunikation zwischen Führung und Volk. Gegen 18.45 Uhr wurde das Musikprogramm unterbrochen und eine Sondermeldung aus dem Führerhauptquartier angekündigt. Eine längere Pause trat ein. Alles wartete gespannt. Ich dachte, jetzt kommt die Wende. Der große Gegenschlag. Jetzt wird das Wunder geschehen, von dem Zarah Leander schon so oft gesungen hatte, wenn aus dem Radio ihre rauchige Stimme erklang: „Ich weiß, es wird einmal ein Wunder geschehen ..." Nach einer längeren Pause verkündete eine tiefernste Stimme, auf den Führer sei ein Attentat im Führerhauptquartier verübt worden. Er habe aber überlebt. Mir stockte das Herz. Wie war das möglich? Ein Attentat auf meinen Führer? Millionen in unserem Land werden mit mir tief erschüttert gewesen sein. Den ganzen Abend hing ich am Radio, trotz neuem Fliegeralarm und über uns hinwegziehenden Geschwadern. Die Flak schoss nicht, wie wenn auch sie von einer völligen Lähmung befallen worden sei. Spät, aber wiederholt, wurde eine Ansprache des Führers angekündigt. So warteten viele auf diesen Augenblick. Erst gegen ein Uhr nachts ertönte die Stimme des Führers durch den Rundfunk. Der gepresste Klang seiner Stimme liegt mir noch im Ohr, als er herausstieß: „Eine ganz kleine Clique ehrgeiziger, gewissenloser und zugleich verbrecherischer, dummer Offiziere hat einen Komplott geschmiedet, um mich zu beseitigen ... Es ist ein ganz kleiner Klüngel verbrecherischer Elemente, die jetzt unbarmherzig ausgerottet werden ... Diesmal wird nun so abgerechnet, wie wir das als Nationalsozialisten gewöhnt sind." (Chronik Deutscher Zeitgeschichte, Bd. 2/II)

War es der liebe Gott, der den Führer und uns vor dem Schlimmsten bewahrt hatte, oder die Vorsehung? Ich entschied mich für die Vorsehung, denn seit jenem schrecklichen Missverständnis in der Marktkirche im Mai, das ja mein lieber Gott zugelassen hatte, ohne einzuschreiten, war mein Glaube an seine Allmacht und seinen fürsorglichen Schutz stark erschüttert. Wir ohne Führer, von dessen Klugheit alles abhing, der ohne Rast und Ruh sich Tag und Nacht für unseren Endsieg einsetzte und ohne den alle Hoffnung verloren zu sein schien? Nicht auszudenken! Der Wehrmachtsbericht sprach von erbitterten Kämpfen in der Normandie, vor allem südwestlich von Caen und Saint Lo. An der Ostfront tobten Abwehrkämpfe im Raum Lemberg und an der Italienfront wurde um Livorno gekämpft, während feindliche Bomberverbände wieder schwere Luftangriffe auf das Reichsgebiet flogen. Als besondere Ziele mit schweren Beschädigungen und Verlusten unter der Zivilbevölkerung werden am 20. und 21. Juli genannt: München, Koblenz, Schweinfurt, Saarbrücken, Friedrichshafen, Wetzlar und Hamburg. Das hieß aber nicht, dass dies die einzigen Städte waren, die in diesen Tagen und Nächten mit Bomben belegt worden waren.

Die Nachrichten von unserem Vater waren spärlich geworden. Wenn tatsächlich ein kurzer Brief bei uns eintraf, war er drei und mehr Wochen alt.

So erreichte uns Mitte August ein Brief vom 31. Juli 1944. „... Wieder ist ein Monat Juli zu Ende gegangen und die Mitte des Jahres 1944 überschritten. Keine Aussichten weisen darauf hin, dass das gewaltige Ringen ein Ende erfahren würde. Jeden Tag nimmt der Kampf an Härte und Verbissenheit zu ... Nun liegt die Revolte gewissenloser Offiziere hinter uns. Leider hat das Ganze seine Schatten bis zu den Fronten geworfen ... Keine Nachrichten, keine Zeitung erreichen uns, nur Gerüchte. Wo ich mit meinen Leuten liege, da gibt es seit Wochen kein elektrisches Licht mehr ..."

6. August: „... heute will ich Dir sagen, dass es mir noch gut geht und ich mich auf dem Rückmarsch nach Paris befinde ..." Mein Vater nannte es Rückmarsch. In Wahrheit war es eine wilde Flucht, gejagt von Jagdbombern und Partisanen.

13. August (Papas Geburtstag): „... Paris liegt hinter mir. Bis zur deutschen Grenze sind es noch 150 Kilometer ... Traurig sieht es überall aus. Alles flutet zurück. Ich frage mich, was soll werden? Wann kommt ein gebieterisches Halt?"

22. August: „... Komme immer näher zur Heimat und das stimmt mich traurig. Wo ist die siegreiche deutsche Wehrmacht? Das ist die Frucht des 20. Juli. Wie war denn so was möglich? Diesen Halunken haben wir unsere Lage zu verdanken, doch hoffe ich, dass sich noch alles zum Guten wenden wird ... Wie habt ihr alle den Angriff auf Wiesbaden überstanden? Habt ihr noch ein Dach über dem Kopf?"

26. August: „Es geht mir noch gut. Sitze in einem Soldatenheim in Verdun. Wenn's klappt, komme ich zum Einsatz im Raum Heidelberg. Das wäre wunderschön ..."

Es klappte nicht ganz. In den ersten Septembertagen überschritt er die deutsche Reichsgrenze, dicht gefolgt von den nachsetzenden Amerikanern. Er wurde in der Südpfalz stationiert und baute mit seiner Einheit in aller Eile Bunker und Panzergräben, MG-Stellungen und Laufgräben, versuchte die Energieversorgung von Flugplätzen in der Südpfalz aufrecht zu erhalten und erlebte nun den täglichen Luftkrieg mit aller Härte. Am 30. September schrieb er: „Die feindlichen Luftangriffe der jüngsten Zeit müssen ungeheuerlich gewesen sein. Ich muss nun annehmen, dass meine Briefe nicht angekommen sind. Heute schreibe ich zum sechsten Mal und bin immer noch ohne Nachricht von meinem Lieb ... In der Jetztzeit ist das schönste Glück zu wissen, alles lebt ..."

9. Oktober: „Heute bekam ich den ersten Brief von Dir, Deinen Brief vom 25. September. Ihr lebt! ... Ich bin von 7 Uhr morgens bis in die Dunkelheit beim Stellungsbau. Habe dreitausend Menschen, die fürs Vaterland schanzen, Jung und Alt, Frauen, Männer, Mädels und Jungen. Mein sehnlichster Wunsch, es möge alles für die Katz sein. Die Pfälzer hier sagen: Was ist der Unterschied zwischen einer Wursthaut und unseren Panzergräben? Die Antwort ist verblüffend einfach: Keiner. Beides ist für die Katz! ..."

Dem Ende entgegen

Die Fliegeralarme währten oft Tag und Nacht. Die Stunden eines Tages ohne Alarm konnte man fast an einer Hand abzählen. Seit Ende August die Schule wieder begonnen hatte, fielen immer mehr Stunden aus. An manchen Tagen fand überhaupt kein Unterricht statt, und wenn er doch abgehalten wurde, war die Konzentration meist auf dem Gefrierpunkt, der Lernerfolg schrumpfte gegen Null. Die Menschen waren übernächtigt und zermürbt, hungrig und weitgehend ohne Hoffnung. Wer es irgendwie konnte, suchte sich eine Unterkunft auf dem Land. Zugleich wuchs die Stadtbevölkerung durch Zuzüge von Flüchtlingen. Die vielen Zerstörungen hatten den Wohnraum knapp werden lassen. Wir lebten nur noch in Luftschutzkellern. Der Soldatensender Belgrad, der jeden Abend das Lied von der Lilli Marlen gespielt hatte, war längst verstummt. Unser Radio war meist auf die Frequenz des Flakfunks eingestellt, dessen monotones Ticken eines Metronoms anzeigte, dass er auf Sendung war. Wir schreckten auf, wenn das Metronom aussetzte und eine männliche Stimme eine Luftlagemeldung durchgab wie zum Beispiel: „Achtung, Achtung. Starke feindliche Verbände sammeln sich im Raum Kreuznach-Bingen. Voraussichtlicher Kurs Ost. Wir kommen wieder." Dann setzte erneut das Metronom ein und durchbrach gleichförmig unser angespanntes Schweigen, bis das Metronom wieder aussetzte und die nächste „Luftlagemeldung" herausgegeben wurde. Dann erfuhr man meist nach wenigen Minuten, ob man Zielpunkt eines Angriffs wurde oder ob der Kelch noch einmal an einem vorübergehen würde.

Auch der Dienst in der Hitlerjugend musste als gemeinsamer Dienst des gesamten Fähnleins stark eingeschränkt werden. Das betraf aber nicht die Führer und die große Schar der Freiwilligen. Wir mussten meist Sicherungs- und Meldedienste sowie Hilfsdienste aller Art übernehmen. Ohne das Jungvolk wäre zum Beispiel die Versorgung vieler Wohnungen und Dienststellen mit Koks, Kohlen und Briketts kaum möglich gewesen. Selbst wenn das Brennmaterial noch häufig mit holzgasbetriebenen Lastwagen angefahren wurde, so gab es keine Männer mehr, die den spärlichen Brennstoff in die Keller schleppten.

Auch Jungvolkführer waren knapp geworden, nachdem schon längst auch die Fünfzehnjährigen als Flakhelfer eingezogen waren. Wer halbwegs etwas zu taugen schien, wurde befördert. Im Oktober wurden einige Jungvolkführer und das hieß, Jungen von zwölf bis vierzehn Jahren, an etwa 20 Tagen in die Gersdorff-Kaserne, dem späteren Camp Lindsay und heutigen Europaviertel, befohlen, um eine militärische Grundausbildung zu erhalten und an scharfen Waffen ausgebildet zu werden. Dazu gehörte in meinem Fall des Gewehr 98, das leichte MG 34, die uralte Stielhandgranate und der Umgang mit der Panzerfaust. Das war kein Spiel mehr. Jeden Tag verkündete der Wehrmachtsbericht, wie die Fronten sich immer enger um das Land zogen. Die große Hoffnung nicht nur von uns Jungen waren die Wunderwaffen, die von der Propaganda immer wieder vollmundig versprochen wurden. Wann ging endlich Zarah Leanders Lied „Es wird einmal ein Wunder geschehen ..." in Erfüllung? Doch an Stelle von Wunderwaffen sahen wir Filme wie „Der große König", „Die Schlacht von Leuthen" oder den Durchhaltefilm „Kolberg", während unsere Mütter immer wieder unsere abgewetzten und zerschlissenen Uniformen flicken mussten.

Am 22.12.1944 bekam ich mein letztes Schulzeugnis. Es enthielt nur noch Noten in Deutsch, Biologie, Mathematik und Latein. In allen Fächern waren befriedigende Leistungen vermerkt. Wir fragten uns, worin denn diese Leistungen bestanden haben sollen. An Fehlzeiten war vermerkt worden: „21 Tage aus anderen Gründen". Merkwürdig. Die zahllosen Fehlzeiten durch Fliegeralarme wurden einfach unterschlagen.

Weihnachten gab uns nur wenig Trost. Das kümmerliche Bäumchen, das Brüder und ich auftreiben konnten, hatten wir zwar reich mit Lametta geschmückt, aber an Kerzen waren nur vier und einige Stummel vom letzten Jahr übrig geblieben. An irgendwelche Geschenke kann ich mich nicht mehr erinnern. Aber als unsere liebe Großmutter wieder am Klavier saß und „Ihr Kinderlein kommet“ spielte, standen wir dicht aneinandergeschmiegt hinter ihr und wollten gar nicht mehr aufhören mit dem Singen. Schließlich hatte Mutti den runden Tisch am Kachelofen gedeckt und Zauber, oh Zauber dampfte ein Ring Fleischwurst auf einer weißen Platte, dazu gab es den herrlichsten Kartoffelsalat, den unsere Mutter je zu Stande gebracht hatte. Die Fleischwurst ergab fünf daumenlange Stücke und am Kartoffelsalat konnten wir uns alle so richtig rundum satt essen. Seele, was willst du mehr!

Der Heeresbericht am späteren Abend ließ unsere gute Stimmung weiter steigen, verkündete er doch, dass unsere Angriffsverbände in den Ardennen weit über die Ourthe vorgestoßen seien und zahlreiche feindliche Kampfgruppen eingekesselt ihrer Vernichtung entgegengingen. Die amerikanischen Gegenangriffe zwischen Elsenborn und Stavelot seien zerschlagen worden. Bei der Nennung von Elsenborn richteten sich unsere Großmutter und unsere Mutter in ihren Sesseln auf. Auch ich kannte den Namen des Ortes aus ihren Erzählungen. In Elsenborn hatte im Februar 1915 ihr ältester Sohn Heinrich seine Ausbildung als Kompanieführer erhalten. Als der Wehrmachtsbericht beendet war, holte sie aus einer der vielen kleinen Schubladen ihres Sekretärs einen kleinen Umschlag heraus, faltete die Bogen auseinander und begann mit leiser Stimme vorzulesen:

„18.2.1915. Meine Lieben. Nun bin ich also in Elsenborn, dem Truppenübungsplatz in der Eifel nicht weit von der belgischen Grenze. Hier sieht man nur Leute, die des Kaisers Rock tragen“ – bei diesen Worten straffte sich Großmutters Stimme – „Tausende davon könnte die Barackenstadt aufnehmen, die sich aus lauter kleinen Blech- und Steinhäuschen zusammensetzt. Überall sind kleine Tannenanlagen, zwischen denen die Miniaturkasernen liegen, und Tannenwälder umgeben das Ganze. Zur Zeit, wo hoher Schnee hier liegt, bieten sich dem Auge reizende Bilder. Ich freue mich jetzt schon in dieser prächtigen, freien Natur einige Wochen leben zu dürfen. Um Aachen, die alte, schöne Kaiserstadt zu erreichen, muss man von hier aus eine Stunde zu Fuß durch eine einsame Landschaft wandern und dann etwa zwei Stunden mit der Bahn fahren ...“ Großmutti brach ab, die Sirenen heulten. Wir machten uns wieder auf in den Luftschutzkeller.

Ich schaltete das „Kellerradio“ ein. Aus dem Lautsprecher tönte die salbungsvolle, zuweilen geifernde und sich überschlagende Stimme des Reichspropagandaministers Josef Goebbels, der sich in einer Weihnachtsansprache an das deutsche Volk wandte: „Unseren Feinden ist das Lachen bereits vergangen. Sie reden nicht mehr von einem Spaziergang nach Berlin; ganz im Gegenteil. Unsere im Angriff befindlichen tapferen Divisionen der Winterschlacht im Westen haben sie mit hartem Zugriff wieder auf den Boden der unerbittlichen Tatsachen gestellt. Wenn ich Ihnen und allen deutschen Soldaten an den kämpfenden Fronten über den Äther unsere Weihnachtsgrüße übermittle, so mache ich mich damit zum Sprecher unseres ganzen Volkes. Es ist ein Gruß aus dem dankerfüllten Herzen der Nation. Er gilt ebenso unseren deutschen Gefangenen, die verwundet oder nach einem Kampf bis zur letzten Patrone in die Hand des Gegners fielen. Sie sitzen weitab von der Heimat in den Lagern in Feindesland, von Sehnsucht nach Deutschland erfüllt, aber mit festem Glauben an den kommenden Sieg unserer Waffen im Herzen ..." Ach wie wohltuend hoffnungsvoll schienen mir diese Worte zu sein. „Ja, bis zur letzten Patrone!" Dieser Gedanke setzte sich fest in meinem jugendlichen Hirn. Es kann nur Sieg oder Untergang geben. Das hatte doch auch mein Vater oft genug in seinen Briefen als Losung ausgegeben.

Schon am zweiten Weihnachtsfeiertag war der Siegesrausch im Westen erloschen. Die deutschen Divisionen waren wieder in die Defensive gedrängt. In diesen Tagen werden Trier mehrfach, Kaiserslautern, Koblenz, Fulda, Bingen von schweren Luftangriffen heimgesucht. Auch wir bekommen immer wieder einen Teil davon ab, aber noch bleiben wir in Wiesbaden im Großen und Ganzen verschont.

Am Silvesterabend ertönte wieder die Stimme Goebbels' aus dem Rundfunk: „Was dieser Krieg noch von uns fordern mag, müssen wir auf uns nehmen; aber wir werden dafür den doppelten und dreifachen Lohn davontragen. Nach ihm wird eine neue Blütezeit des Deutschtums anbrechen, wie sie die Geschichte noch nicht gesehen hat. Dahin haben wir den Weg freizulegen. In diesem Sinne gelten meine innigsten Wünsche zum Jahreswechsel dem Führer und seinem Volke. Beide sind heute eine einzige Einheit. Ein Volk von Arbeitern, Bauern und Kriegern, und an seiner Spitze ein Führer, der sein Volk nicht nur führt, sondern auch verkörpert. Unsere Feinde werden sich an dieser Einheit noch die Zähne ausbeißen. Im Feuer des Krieges wurde sie geschweißt und von den Hammerschlägen des Schicksals gehärtet. Sie wird die Zeit überdauern ..."

Während wir im Luftschutzkeller saßen und der Rede des Propagandaministers zuhörten, wurden neben anderen Orten besonders Kassel und Kaiserslautern, Köln, Hannover, Hamburg, Oberhausen und Berlin bombardiert und von neuen Feuerstürmen verzehrt.

2. Februar 1945: Der schwerste Luftangriff auf Wiesbaden

Bei den letzten Luftangriffen auf Frankfurt am Main waren die Wohnungen von Tante Malchen, der Witwe meines Onkels Hermann, in der Josef-Haydn-Straße und von Onkel Herbert in der Gutzkow-Straße zerstört worden. Tante Malchen war erst in den Schwarzwald, dann nach Heidelberg geflüchtet, Onkel Herbert konnte seine Familie nach Lauterbach in Sicherheit bringen. Vetter Hermann und Cousine Gerda lebten in einem KLV-Lager (Kinderlandverschickung) in Oberreifenberg und Hettenhain. Schon im April hatte uns Tante Malchen beschworen, doch irgendwo im Schwarzwald eine Unterkunft zu suchen. Es sei doch nur eine Frage der Zeit, wann Wiesbaden an der Reihe sei. Opa Moos mühte sich, für uns im Odenwald in der Nähe der Kordeleshöhe eine Unterkunft zu finden. Doch ohne „Vitamin B", ohne Beziehungen, war das unmöglich.

Irgendwie brachte es Anfang Januar 1945 Onkel Herbert fertig, für uns im 12 Kilometer entfernten Naurod, das heute zur Stadt Wiesbaden gehört, in einem alten Bauernhaus zwei winzige Zimmerchen und eine kleine Küche als Zufluchtsort aufzutreiben. Wir mieteten die kleine Wohnung an, schafften Mitte Januar 1945 auf einem kleinen Lastwagen mit Holzvergaser die beiden Betten aus dem Elternschlafzimmer, ein großes Bett von Großmutter und ihren Sekretär nach Naurod in die Obergasse 17, dazu einiges Nötige für die Küche. Den Fahrer mit Laster bekamen wir für den Gegenwert von fünf Paar neuen Schuhen, die ebenfalls Onkel Herbert aus den Restbeständen der Firma Leitz & Co besorgt hatte. Die Nauroder Wohnung war als Zuflucht gedacht, falls Wiesbaden ein ähnliches Schicksal wie viele andere Städte ereilen und unsere Wohnung in der Bahnhofstraße nicht mehr bewohnbar sein würde.

Wir wohnten also weiterhin in Wiesbaden. Das hatte mehrere Gründe. Im Gegensatz zu dem Haus in Naurod hatten wir in Wiesbaden einen stabilen Luftschutzkeller, der uns sicher genug schien, auch einen schweren Bombenangriff zu überstehen, wenn das Haus nicht gerade von einem Volltreffer erwischt werden würde. Außerdem galten unsere Lebensmittelmarken nur in Wiesbaden. Nur so konnte die Versorgung der Bevölkerung noch einigermaßen aufrecht erhalten werden. Wollte man umziehen, musste man sich ummelden. Das war inzwischen höchst beschwerlich geworden. Außerdem bestand dann sofort die Gefahr, dass unsere Wohnung für Ausgebombte oder Flüchtlinge aus anderen Städten beschlagnahmt würde. Wir wollten also nur in der größten Not unsere Stadt verlassen. Schon lange schliefen wir in der Nacht nur noch im Keller, konnten aber wenigstens am Tag für einige Stunden in die Wohnung zurückkehren, einen Raum heizen und einigermaßen kochen. Außerdem konnten Heiner und ich in alarmfreien Stunden die Schule besuchen.

Der Januar war bitterkalt geworden. Wir trugen meist zwei Pullover übereinander und, wenn es ganz schlimm wurde, auch noch einen Mantel. Viele Fenster unserer Wohnung waren schon mit Brettern vernagelt oder mit Decken zugehängt. Durch die Wohnung heulte dennoch ein eisiger Wind. Stadtgas gab es nur noch stundenweise und auch der elektrische Strom war rationiert und wurde häufig abgeschaltet. Kerzen und Streichhölzer waren zur Mangelware geworden. Die Tage waren noch kurz und so lebten wir oft auch am Tage in tiefer Dämmerung. Die Zeit war freudlos geworden und die tapfersten Herzen waren von Furcht befallen. Die Wiesbadener fanden Trost in dem Gedanken: „Wiesbaden wollen sie verschonen, denn da wollen sie wohnen." Die Sieger natürlich, denn dass dieser Krieg für uns noch siegreich zu Ende gehen würde, das glaubten zu dieser Zeit nur noch wenige. Aber die Hoffnung, dass Wiesbaden verschont werden würde, trog. In der Nacht vom 2. auf den 3. Februar schlug auch für Wiesbaden die Stunde.

Am 2. Februar 1945 war das 1942 noch riesige Herrschaftsgebiet der deutschen Armeen zu einem kleinen Fleck auf der europäischen Landkarte zusammengeschmolzen. Im Westen wurde im Raum Colmar / Straßburg und im Hagenauer Forst erbittert gekämpft. Die Saar war schon an verschiedenen Stellen vom Feind überschritten worden. In der Eifel standen die Amerikaner vor Monschau, im Rheinland standen die feindlichen Truppen vor dem Ruhrgebiet. Das hieß, der Feind war nur noch höchstens 150 Kilometer Luftlinie von uns entfernt. Im Osten war die Kurlandarmee eingekesselt. Millionen Flüchtlinge flohen über das zugefrorene Kurische Haff unter schrecklichen Verlusten nach Westen, wo aber die sowjetischen Truppen schon vor Schwerin und im Süden Pommerns standen. Die Weichselfront war ins Wanken geraten. An der Drau, an der Donau in Ungarn und den Karpaten wurde erbittert gekämpft. An der Italienfront war der Gegner bis in die südliche Poebene vorgestoßen. Die militärische Lage war bei genauer Betrachtung hoffnungslos. Aber wer hatte bei den Sorgen des alltäglichen Lebens noch Zeit, sich einen Überblick über die Frontlage zu verschaffen?

In der Nacht vom 1. auf den 2. Februar 1945 durchlebte wieder – zum wievielten Mal? – Mainz einen schweren Luftangriff, der auch an unseren Nerven gezerrt hatte. Doch die Wiesbadener hatten noch eine kurze Galgenfrist.

Dem Voralarm in der nasskalten Winternacht vom 2. auf den 3. Februar 1945 folgte nach wenigen Minuten gegen 23 Uhr der Vollalarm. „Feindliche Bomberverbände sammeln sich zwischen Mosel und Nahe", meldete der Flaksender. Wenig später wurde wieder das monotone Pochen des Senders unterbrochen: „Die gemeldeten Verbände nehmen Kurs Ost auf Wiesbaden." Der Flaksender verstummte. Stille. Allmählich war das dumpfe gleichmäßige Brummen tausender Flugzeugmotoren, das anschwoll und immer stärker wurde, zu hören. Wir saßen und lagen im Luftschutzkeller in der Bahnhofstraße 44. Wir prüften, ob die eiserne Tür zu unsrem Schutzraum mit beiden Riegeln richtig verschlossen war, jeder seine Gasmaske bei sich hatte, Eimer, Wasserpatschen, Sandsäcke, Erste Hilfe-Kasten bereit standen, Pickel und Vorschlaghammer zum vorbereiteten Mauerdurchbruch an der richtigen Stelle lagen. Taschenlampe, Kerzen und Streichhölzer hatte jeder neben sich liegen. Um 23.24 Uhr war es dann soweit. Fernes Pfeifen und Rauschen, wie wenn ein fürchterlicher Gewittersturm losbräche, gefolgt von dumpfem Grollen, das näher und näher kam, sich am Boden entlang zu wälzen schien, die Erde erschauern ließ und die Häuser in den Grundfesten erschütterte. Splittern und Krachen, flackerndes Licht in der Glühbirne. Dunkelheit. Für wenige Sekunden Stille – oder waren es Minuten, bis neue Bomberstaffeln ihre Schächte öffneten und das orkanartige Erbeben sich wiederholte? Immer wieder aufs Neue. Der Sturm schien durch die festen Mauern hindurchzudringen, denn immer wieder erloschen die Kerzen, die wir zitternd zu entzünden versuchten. Manche von uns stammelten sinnlos, andere murmelten Gebete, die sie noch nie gesprochen hatten, husteten in den Staub, tränkten Tücher mit Wasser, hielten sie vor Mund und Nase, um noch atmen zu können. Der Kalk von den Wänden und der Decke knirschte bereits zwischen den Zähnen. Und neue Bombenteppiche gingen auf uns nieder, schienen die Stadt emporzuschleudern, um sie wieder in sich zusammensacken zu lassen. So ähnlich musste ein Erdbeben sein. Irgendwoher kam starker Brandgeruch. Woher nur? Der Keller war doch eigentlich dicht, luftdicht, brandsicher. Doch die Luftminen und Sprengbomben hatten längst feine Risse geschlagen. Zur Straßenseite war der Wandputz unseres Kellers herabgebrochen. Durch einen schmalen Mauerriss unterhalb der Decke leuchtete Feuerschein. Schreckliche Angst ergriff uns. Sah so das Ende aus? Mussten wir verbrennen, wie es mir die Bilder aus der Geschichte der Reformation als Kind schon gezeigt hatten? Sah so die Hölle aus? War dies das Reich der Finsternis, in das eigentlich die Kinder Israels gestürzt werden sollten mit Heulen und Zähneklappern, wie uns der Hauptmann in der Kirche damals erklärt hatte?

Immer neue Explosionen erschütterten das Haus, ließen es ächzen und stöhnen, hoben es aus ihren Grundmauern und setzten es wieder mit hartem Stoß auf. Aber es hielt stand, brach nicht in sich zusammen. Noch nicht.

Während die Furien des Bombenkrieges weiter über uns tobten, hatte ich mit meinem Bruder begonnen, den Mauerdurchbruch in den Keller der SS im Nebenhaus zu schlagen. Abgesehen von dem zierlichen, alten Professor Dipper waren wir die einzigen „Männer" im Keller. Auch drüben herrschte Aufregung, laute Stimmen, Kommandos. Offenbar hatten sie gehört, dass wir versuchten die Kellerwand zu durchbrechen. Schließlich merkten wir, dass auch die SS-Soldaten im Nachbarkeller versuchten, die Brandmauer zu durchbrechen und uns entgegen zu arbeiten. Es dauerte viel länger, als erwartet. Wir brauchten viel Kraft. Die Bruchsteine, aus denen der Keller gemauert war, ließen sich nur mit Pickel und Brecheisen herausbrechen. Endlich war der Durchbruch frei. Auch drüben war kaum etwas zu erkennen, Staub und Rauch überall. Auch drüben schienen alle noch am Leben zu sein.

Zehn Minuten im Bombenhagel sind eine lange Zeit. Doch fast eine Stunde, da dehnt sich Zeit zur Ewigkeit. Es war fünfzehn Minuten nach Mitternacht. Die Explosionen und die damit verbundenen Erschütterungen wurden geringer. Das Brummen der Flugzeugmotoren wurde schwächer.

Stille, Knistern, nur noch vereinzelte Explosionen. Dann war der Angriff vorüber, die Boten des fliegenden Todes waren wieder abgezogen. Bald folgte der erlösende Dauerheulton der Entwarnung. Inzwischen brannten Kerzen. Alles war gelblich weiß, alle sahen aus, als hätten sie sich in Mehl gewälzt. Alle standen unter Schock.

Ich öffnete mit einiger Mühe die schwere Eisentür unserer Zuflucht. Die Kellertreppe lag voll Schutt. Das Treppenhaus lag voll Steinbrocken, geborstenen Geländerteilen und einer Unmenge von Scherben aus Fenstern und Türen. Das Treppenhaus war dunkel. Unser Haus schien nicht zu brennen. Die Haustür hing nur noch schief in ihren Angeln, war zur Hälfte eingedrückt. Auf der Straße alles übersät mit Trümmern jeder Größe. Das Hotel Prinz Nicklas auf der anderen Straßenseite, in dem vor dem Ersten Weltkrieg mit Vorliebe russische Großfürsten abgestiegen waren, schien getroffen, das Hotel Berg an der Ecke Albrechtstraße und Bahnhofstraße brannte lichterloh. In der gegenüber liegenden Herrngartenstraße schlugen hohe Flammen aus einigen Dächern und in den Hinterhäusern schlugen die Flammen doppelt hoch in den Himmel der Nacht, da die Hinterhöfe die Sogkraft eines Kamins entwickelt hatten. Viele Häuser unserer Straße in Richtung Rheinstraße brannten oder lagen in Trümmern. Über der Innenstadt um Marktplatz, Rathaus und der Altstadt wütete schon jetzt ein Feuersturm, wie wir ihn bisher nur aus fremden Schilderungen kannten.

Ich rannte die Treppen nach oben so gut und so schnell es ging zum Dachgeschoss. So hatte ich es bei den Luftschutzübungen gelernt und viele Male trainiert. Suche nach Brandbomben. Ich riss die wenigen Türen auf, die der Luftdruck nicht schon herausgerissen hatte. Das Dach hatte schwere Schäden. Viele Schieferplatten waren vom Explosionsdruck fortgeschleudert worden. Durch die großen Lücken leuchtete der Feuerschein herein. Durch eine Dachluke konnte ich erkennen: Unser Haus brannte nicht, auch nicht die unmittelbaren Nachbarhäuser. Ich sah hinüber zur Flakstellung auf dem Haus Nummer 40. Die jungen Soldaten der Geschützmannschaft saßen erschöpft, ja lethargisch auf ihrer Deckung. „Braucht ihr Hilfe?", schrie ich hinüber. Ein müdes Abwinken war die Antwort. Offenbar waren auch sie heil davongekommen.

Merkwürdig, auf der Straße herrschte eher Stille, kaum laute Rufe. Oder hatte ich mein Gehör verloren? In einigen der brennenden Häuser versuchten Bewohner aus den unteren Stockwerken Habseligkeiten herauszuholen, ziellos, planlos. Meist standen sie wie wir auch fassungslos auf der Straße und stierten in die Flammen, die mit loderndem Krachen die Dunkelheit durchbrachen. Die Hitzewellen trieben die Menschen zurück und auseinander. Löschen hatte keinen Sinn. Lediglich das Übergreifen der Flammen auf die Nachbarhäuser zu verhindern war noch möglich. Ich versuchte meinen Melderstützpunkt, das Polizeirevier in der Oranienstraße zu erreichen. Doch ich kam nicht durch die Herrngartenstraße, auch nicht durch die Adelheidstraße. Herabstürzende Feuerwände und Dachteile versperrten mir immer wieder den Weg. Schließlich versuchte ich es über die Rheinstraße. Dort kam ich bis zum Luisenplatz. Hier war der Anblick der zerborstenen Häuser geradezu gespenstisch. Aber ich kam auch hier nicht über die Moritzstraße hinaus. Es schien, als ob ganz gezielt alle Eckhäuser mit Brand- und Sprengbomben getroffen worden seien.

Zurück in unserer Wohnung: Ein wüstes Durcheinander. Keine Scheibe mehr ganz. Viele Türen, vor allem die schweren Schiebetüren, waren aus den Angeln gerissen, lagen über den Möbeln, die zum Teil nur noch als Brennholz zu verwenden waren. Ein Teil des Stucks an den Decken war herabgebrochen. Die Rollladenkästen der großen Fenster zur Straßenseite lagen entweder auf dem Fußboden oder waren zur Straße hinausgedrückt und aus ihren Schienen herausgerissen. Überall das trostlose Bild der Zerstörung einer noch vor wenigen Stunden wunderbaren Wohnung in der Größe eines Einfamilienhauses. Aus den Fensterhöhlen der nach Osten liegenden Zimmer hatte man einen weiten Blick auf das Villenviertel in Richtung Bierstadter Höhe. Auch hier überall Feuersäulen. Besonders markant das gewaltige Dach des Viktoria-Bades mit seinen Ecktürmchen und der großen Kuppel in der Mitte. Dort schlugen die Flammen wie aus dem Kraterschlund eines Vulkans in den Nachthimmel.

Am Morgen lag beißender Rauch über der Stadt, in den Straßen, in den Wohnungen. Die Trümmer qualmten noch lange. Jetzt erst konnten wir das Ausmaß der Schäden richtig überblicken, zugleich aber auch das unerhörte Glück erkennen, das uns während der Angriffs nicht verlassen hatte. Der Sportplatz zwischen Kronprinzenstraße und Kaiserstraße, desgleichen die Herbert- und Reisinger-Anlagen waren von Bombentrichtern übersät. Dieser Bombenteppich, vielleicht waren es auch mehrere, sollte wohl eher die Bahnhofstraße treffen. An der Mauer unseres Gartens hinter dem Haus hatte sich eine Zehn-Zentner-Luftmine in den weichen Boden des anschließenden Schrebergartens gebohrt. Sie steckte in steilem Winkel nur zur Hälfte im Erdreich. Ein gewaltiger Blindgänger, der uns die Angst in alle Glieder trieb. Es war uns klar, wäre diese Bombe explodiert oder hätte gar der Bombenschütze den Bruchteil einer Sekunde früher den Bombenschacht geöffnet, unser Haus und auch die anschließenden Gebäude wären nur noch ein Trümmerhaufen gewesen vergleichbar dem Schicksal der Schlossplatzschule. Ob wir das im Keller überlebt hätten? Diese Frage hat uns lange beschäftigt.

50 Jahre später veröffentlichte der Wiesbadener Kurier eine Bilanz jener Bombennacht. In der knappen Stunde von 23.24 Uhr bis 0.15 Uhr hatten 463 britische Bomber 1 271 Tonnen Sprengbomben, darunter 456 Luftminen schwersten Kalibers, und 805 Tonnen Brandbomben auf die Innenstadt geworfen.

516 Wiesbadener fanden in dieser Nacht den Tod, mehrere Tausend wurden verletzt. 28 000 Menschen wurden in einer knappen Stunde obdachlos. Etwa 30 Prozent der Stadt war zerstört worden.

In den nächsten drei Tagen versuchten wir die Trümmer unserer Wohnung einigermaßen zu beseitigen und wenigstens einen Raum durch Einsetzen der Tür und das Zunageln der Fenster mit Brettern und Rollglas, eine Art Drahtglas, dicht zu bekommen. Unser Bemühen war vergeblich und wurde immer wieder durch Fliegeralarme unterbrochen.

Am 5. Februar, einem Montag, ging ich zu meiner Schule in der Mosbacher Straße. Schon auf dem Weg dorthin überall das gleiche Bild: ausgebrannte oder durch Sprengbomben zerstörte oder beschädigte Häuser. Auch das Landeshaus am Kaiser-Friedrich-Ring war schwer getroffen worden. Als mein Blick auf die Gutenbergschule fiel, schien sie noch ziemlich in Ordnung zu sein. Klar, keine Fenster mehr, die Vorhänge hingen matt im Schneeregen. Als ich aber um den Nordflügel gebogen war, sah ich, dass der Südflügel vom Dach bis zum Keller einfach weggeputzt war. Der ganze Schulhof war mit Trümmern übersät. Wo der Südflügel einmal stand, türmte sich ein riesiger Schuttberg. Der Mittelteil und der Nordflügel waren stehen geblieben, wiesen aber schwere Beschädigungen auf. Es gab noch einige Schüler, die sehen wollten, ob Unterricht stattfand. Wir standen ratlos in Gruppen zusammen. Bleich und mit starren Gesichtszügen erschien unser Direx Dr. Hoernecke und sagte lediglich: „Jungs, geht nach Hause. Bis auf Weiteres findet kein Unterricht mehr statt." Etwas leiser fügte er wie abwesend hinzu: „Es hat sowieso keinen Sinn mehr." Wir trollten uns, sehr bedrückt. Keiner kam auf die Idee zu jubeln.

Am 3. Februar waren die Lebensmittelkarten der 72. und 73. Zuteilungsperiode um jeweils eine Woche verlängert worden. Das hieß, jedem Normalverbraucher standen 1600 Kalorien täglich zu. Das galt aber nur, falls die Lebensmittel vorrätig waren.

Keiner von uns wusste, dass an diesem Wochenende die Konferenz von Jalta begonnen hatte, die bis zum 12. Februar dauerte und auf der Stalin, Churchill und Roosevelt ein grundsätzliches Übereinkommen über die Aufteilung Deutschlands in vier Besatzungszonen sowie über die Bildung eines Alliierten Kontrollrats getroffen hatten.

Knapp zwei Monate später waren wir Einwohner der amerikanischen Besatzungszone. Es sollten mehr als 15 Monate vergehen, bis der Unterricht in der Gutenbergschule notdürftig wieder aufgenommen werden konnte. Da waren wir schon mehr als ein Jahr Bewohner der amerikanischen Besatzungszone. Unser Direx war abgesetzt und viele Lehrer waren als NSDAP-Mitglieder suspendiert oder entlassen worden.

Zuflucht: Naurod im Taunus

Die zerstörte Wohnung machte unseren Umzug unumgänglich. Am Nachmittag des 5. Februar packten wir das Nötigste zusammen.

Am Dienstag, dem 6. Februar, vormittags meldete ich mich bei meiner Einsatzstelle in der Oranienstraße ab, erhielt aber die Auflage mich zweimal in der Woche zu melden, um gegebenenfalls Einsatzbefehle entgegennehmen zu können. Das war mir recht, denn ich musste ja auch sehen, wie wir zu unseren Lebensmitteln kamen. Denn unsere Lebensmittelkarten galten ja nur in Wiesbaden und mussten bei den Kaufleuten eingelöst werden, bei denen unsere Stammkarten lagen.

Am Nachmittag machten wir uns auf den Weg zum Bahnhof. Es war neblig trüb und empfindlich kalt geworden. Raureif hing in den Bäumen, junger Schnee hatte den Anblick der geschundenen Stadt erträglicher gemacht. Unsere Habseligkeiten hatten wir auf unseren Rodelschlitten geladen. Ein anderes Transportmittel hatten wir nicht. Mein Bruder und ich hatten noch einen großen Rucksack auf dem Buckel, Mutter und Großmutter schleppten in der einen Hand eine Tasche, in der anderen einen Koffer, vor allem gefüllt mit den Lebensmitteln, die wir noch auf unsere Marken kaufen konnten. So verließen wir schweren und bangen Herzens unsere Wohnung und strebten einer ungewissen, ja aussichtslosen Zukunft entgegen. Wir hofften, dass der Nachmittagszug nach Niedernhausen fahren würde und dass bei diesem nebligen Wetter keine Tieffliegerangriffe zu befürchten wären.

Der Zug, eine Tenderlok, ein Personenwagen und ein Gepäckwagen, fuhr zwar nicht pünktlich, aber immerhin nur mit einstündiger Verspätung. Drei Stationen, dann mussten wir in Auringen-Medenbach aussteigen. Der Mini-Bahnhof lag in den Feldern ziemlich in der Mitte zwischen den beiden Dörfern. Der Schnee lag hier wesentlich höher als in der Stadt. Das war gut für unseren Schlitten, aber schlecht für Mutter und Großmutter. Der Weg bis zu unserem Ziel in Naurod, Obergasse 17, war ja immerhin noch fünf bis sechs Kilometer lang. Es nieselte Regen mit Schnee vermischt und über die weiten Ackerflächen wehte ein kalter Wind, der beißend durch unsere Kleidung drang.

Als wir endlich Auringen durchquert hatten, verkündete uns ein Wegweiser: Naurod 3 Kilometer. Wir rasteten am rissigen Stamm eines alten Apfelbaums. Unsere Mutter verteilte an jeden eine halbe Scheibe Brot und einen halben Apfel. Wir luden den Schlitten um, indem wir die Koffer von Mutter und Großmutter noch auf den Schlitten packten, banden alles fest und setzten unsere kleine Schwester oben drauf. Mein Bruder und ich spannten uns wie junge Pferde vor den Schlitten, Großmutter schob und Mutter schleppte die beiden Taschen. Wir kamen im Schneematsch nur langsam vorwärts, außerdem stieg der Weg wieder leicht an.

Der Abend war hereingebrochen, als wir unser Ziel erreicht hatten. Wir klopften in der Obergasse 17 am Hoftor. Wir mussten mehrfach klopfen, bis sich jemand rührte. Das alte, gebeugte, verhutzelte „Kathrinchen", wie die Frau im Dorf genannt wurde, öffnete uns umständlich und grußlos das Tor, schlurfte vor uns die steinernen Stufen zur Haustür voran und rief: „Edmund, de Leit saan do!" Ein junger Mann, wie sich bald herausstellte ein polnischer Zwangsarbeiter, kam die Treppe herab. Er sagte zur Begrüßung: „Gude", wie die Leute in dieser Gegend sagen, und half uns, den Schlitten abzuladen und unsere Koffer und Taschen die schmale Stiege hinauf in den Oberstock zu tragen. Edmund war freundlich, sah, dass wir sehr erschöpft waren, machte das Feuer im Küchenherd an und sagte mit einem harten Akzent: „Wir haben euch schon viel eher erwartet." Neben der Küche lag seine Kammer, auf der anderen Seite ging es in die beiden winzigen Zimmer, die in Zukunft unsere Wohnung sein sollten. Wir zogen unsere nassen Kleider aus und hängten sie über den Tisch und die Stühle so nahe wie möglich an den Herd. Dann erschien Kathrinchen, wir sollten runterkommen, sie hätte noch warmen Kaffee und „Latwerje".

Ihre Küche war so klein wie die unsere. Sie hatte fünf Blechtassen auf den Tisch gestellt, eine große schwarze Blechkanne mit Deckel stand auf dem Herd. Sie stellte ein Einmachglas mit fast schwärzlichem Brei und dazu eine kleine irdene Schüssel mit weißem Käse auf den Tisch. Von einem dunklen Brotlaib, den sie vor die Brust hielt, schnitt sie mit einem großen Messer fünf dicke Scheiben ab. „Do setzt eich hi, esst was, awer nur heit. Morje misst er seh, wi er zu eurer Sach kimmt." Wir saßen etwas ratlos um den matt erleuchteten Tisch. Da griff Kathrinchen beherzt zu einem Messer, schmierte den Käse dick aufs Brot und dann den „Latwerje", eine Mischung aus Pflaumenmus und Zückerrüben, wie sich bald herausstellte. Der heiße Malzkaffe, das Brot, alles schmeckte uns wie himmlisches Manna.

Das „Bechte Kathrinchen" war eigentlich nicht unfreundlich, nur fürchterlich misstrauisch, vor allem gegenüber jedem Fremden und besonders gegen die „Leit aus der Stadt". Aber knauserig war sie auch und sehr wohl auf ihren Vorteil bedacht. Bauernschlau könnte man sagen. Das stellte sich bald heraus, denn ihre erste wirklich echte Frage an uns war die, ob wir das Geld für die Miete gleich bezahlen würden. Mutti bezahlte sofort.

Edmund, der junge Pole, sprach recht gut deutsch. Er war wohl Anfang Zwanzig und besorgte Kathrinchens kleine Landwirtschaft, molk jeden Morgen und jeden Abend die Kuh, versorgte das Pferd im Stall und fütterte die zwei Schweine mit Kartoffeln und Rüben, streute der kleinen Hühnerschar zweimal am Tag das Körnerfutter. Bei dem gegenwärtigen miserablen Wetter hatte er wenig zu tun. Da er immer durch unsere Küche gehen musste, um in seine Kammer zu kommen, setzte er sich oft zu uns an den Tisch, trank mit uns den Malzkaffee und brachte manchmal ein bisschen Milch oder auch zwei Eier mit. Mutti kochte meist einen Gemüseeintopf aus Weißkohl, Wirsingkraut und Kartoffeln. Edmund zauberte zuweilen ein Stückchen Speck herbei, das den Eintopf zu einem Festtagsgericht werden ließ. Keiner fragte, woher er den Speck denn genommen habe. Er erwartete sehnlichst das Ende des Krieges. Samstags und sonntags traf er sich mit anderen jungen Polen, die ebenfalls im Dorf arbeiten mussten. Er erzählte uns, nicht alle hätten es so gut getroffen und könnten so selbständig arbeiten wie er. In den kommenden sechs Wochen lernte ich von ihm sehr viel, was die Arbeit im Stall und die Arbeit auf dem Feld betraf. Schon nach vierzehn Tagen, als das Wetter immer besser wurde, fuhr ich mit ihm in aller Frühe aufs Feld, um zu pflügen, den „Puddel" auf die Wiesen und die Äcker zu fahren, Holz aus dem Wald einzubringen, die Ställe zu misten, das Futter für die Tiere zuzubereiten, das Stroh für die Streu zu häckseln und das Heu an der richtigen Stelle aus dem ersten Stock der großen Scheune herabzuholen. Die Arbeit machte mir Spaß und erinnerte mich an vielerlei, was ich auf den Bauernhöfen im Schwarzwald schon kennen gelernt hatte. Auf meine Frage, warum wir denn immer im frühesten Morgengrauen auf das Feld fahren würden, meinte er lakonisch: „Wegen der Jabos". Damit waren die schnellen einsitzigen Jagdbomber gemeint, die wir auch Tiefflieger nannten. Mit denen sollte ich bald enge Bekanntschaft machen.

Im Übrigen hatten wir uns in Naurod schnell an ein recht sorgloses Leben gewöhnt, denn hier gab es kaum Sirenengeheul. Nachts schliefen wir beruhigt in unseren Betten, auch wenn die Flakbatterien loslegten, denn kein Mensch erwartete hier einen Luftangriff. Außerdem gab es sowieso keinen Luftschutzkeller. Also dann lieber im Schlaf im Bett sterben. Völlig ungewohnt war es für uns am Morgen ausgeschlafen zu sein. Trotz der sich täglich verschlechternden Frontlage schöpfte ich wieder ein wenig Hoffnung. Vor allem glaubte ich immer noch an die versprochenen Wunderwaffen, die jetzt sicher bald eingesetzt würden.

Ich musste, wie gesagt, mich zweimal in der Woche in der Stadt melden. Außerdem musste ich versuchen, für unsere Lebensmittelkarten in dem kleinen Harth-Laden in der Albrechtstraße Nudeln, Reis, Gemüse, Kartoffeln und dergleichen und nebenan in der Bäckerei Bretschneider Brot, das zur Mehlersparnis stark mit Kleie und Spelz durchbacken war, oder Mehl zu bekommen. Bei der Metzgerei gegenüber musste ich stundenlang anstehen, um wenigstens ein Stück „Plunse" zu erbetteln. Plunse gab es ohne Fleischmarken. Sie bestand aus scharfgewürztem Blut, das mit Bindemitteln zu einer Art Ersatzwurst verarbeitet worden war. Man konnte sie nur in der Pfanne gebraten essen. Außerdem musste ich bei diesen Gelegenheiten nach unserer Wohnung schauen. Da ich längst ein geübter Marschierer war, bildeten die zwölf Kilometer Weg über Rambach und Sonnenberg in die Stadt kein großes Problem. Aber ich benötigte für diese Strecke immerhin fast zwei Stunden hin und zwei Stunden für den Rückweg. Zurück meist etwas länger, da ich dann ziemlich bepackt war. Hatte ich keine Lebensmittel bekommen, schleppte ich Sachen aus unserer Wohnung nach Naurod, die wir dort gebrauchen konnten. Ich bemühte mich daher um Mitfahrgelegenheiten, die ich einige Male in der Flakstellung am Erbsenacker fand. Dort hatte ich erfahren, dass morgens häufig ein Lkw der Luftwaffe in die Stadt fahren würde, um auf der Rückfahrt Versorgungsgüter und Munition in die Stellung zu befördern. Der nahm mich manchmal mit und fischte mich auf dem Rückweg in der Sonnenberger Straße wieder auf. So konnte ich viel Zeit sparen.

Tieflieger

Mit dem Beginn des März wurden die Tage strahlend blau. Kaum ein Wölkchen trübte den Himmel. Es wurde tagsüber fast sommerlich warm und je weiter man ins Tal kam, um so kräftiger blühten die Krokusse und die Forsythien. Überall begannen die Knospen aufzubrechen und die zertrümmerten Häuser, vor allem die ausgebrannten Ruinen der Häuser in Rambach und der Villen auf meinem Weg durch die Sonnenberger Straße nahmen freundlichere Züge an. Mit jedem Tag steigerten sich aber auch die Angriffe der Tieflieger. Diese griffen bei dem klaren Wetter alles an, was sich irgendwo bewegte, am meisten natürlich Züge, deren Dampfwolken sie weithin verrieten, ferner Fahrzeugkolonnen, aber auch einzelne Fahrzeuge, Fuhrwerke, Bauern auf den Feldern, ja sogar Fußgänger wurden nicht geschont.

An einem der ersten Märztage war meine Mutter in aller Frühe mit mir auf „meinem" Lkw in die Stadt gefahren. Gegen Abend machten wir uns zu Fuß auf den Rückweg. In der Sonnenberger Straße kurz nach der Einmündung zur Tennelbachstraße, wir gingen auf dem linken Bürgersteig, sagte ich zu meiner Mutter: „Um diese Zeit gabelt mich hier meistens mein Lkw auf", und ich schaute zurück, ob er nicht gerade kommen würde. Da sah ich einen Jabo im Tiefflug heranbrausen. Mein Schrei: „Tieflieger!" war kaum ausgestoßen und schon feuerte er aus allen Rohren die hier schnurgerade verlaufende Straße entlang. Ich riss meine Mutter zu Boden, wir krochen mit zerschundenen Knien hinter eine Gartenmauer. Schon hatte der Jabo über Sonnenberg gewendet, brauste zurück, nahm wieder die Straße unter Feuer. Ein dritter Anflug folgte. Die Geschossgarben seiner Leuchtmunition schlugen wiederum kleine Löcher in die Straßendecke, während uns die Querschläger um die Ohren pfiffen. Unverletzt, aber tief geschockt blieben wir liegen, bis die Dämmerung vollends hereingebrochen war. Dann kam endlich wieder unser Lkw und nahm uns mit bis zur Flakstellung am Erbsenacker. Er hatte sich zum Glück verspätet. Ob der Pilot des Jagdbombers wohl Wind bekommen hatte, dass um diese Zeit üblicherweise ein Militärlaster die Straße entlangfahren würde? Jedenfalls beschloss der Fahrer künftig die Straße über Bierstadt zu nehmen.

Wenige Tage später war ich früher als üblich aus der Stadt zurückgekehrt. Ich schlich ins Haus und fand meine Mutter mit einer Decke über dem Kopf vor dem Radio sitzend, wie sie Nachrichten der Feindsender abhörte. Es war wohl BBC-London. Ich war entsetzt und zugleich tief erschrocken. Auf Abhören von Feindsendern stand die Todesstrafe. Das war uns hundertmal beim Jungvolk eingebläut worden und wir waren verpflichtet, jeden anzuzeigen, den wir dabei erwischen würden. Ich machte meiner Mutter die heftigsten Vorwürfe: „So können wir den Krieg doch nie gewinnen. Du weißt doch genau, dass ich dich anzeigen muss. Und wenn ich dich noch einmal erwische, werde ich meine Pflicht tun und dich anzeigen. Darauf kannst du dich verlassen! Du weißt, was das heißt." Ich war in höchster Erregung. Meiner Mutter liefen die Tränen herab, sie schluchzte. Ich stand voller Zorn und mit geballten Fäusten vor ihr. Im Geiste sah ich mich schmerzerfüllt Meldung machen, sah wie meine Mutter abgeführt würde und nach kurzem Prozess erschossen oder aufgehängt würde wegen Sabotage und Wehrkraftzersetzung. Das waren ja alles Begriffe und zugleich Nachrichten, die jeden Tag in der Zeitung standen. Dann überwältigten mich die Tränen meiner Mutter. Ich nahm sie, die ich über alles liebte, in die Arme und weinte auch. Wir saßen lange so eng umschlungen und beide hatten wir wohl das Gefühl, dass eine Lockerung unserer körperlichen Verbundenheit nur in eine Katastrophe führen würde.

Mitte März 1945 hatten die Amerikaner schon seit acht Tagen ihren Brückenkopf bei Remagen ausbauen können. Am 16. März meldete der Heeresbericht: „Im Mosel-Rhein-Dreieck zwischen Koblenz und Simmern sind heftige Kämpfe mit vordringenden amerikanischen Panzerspitzen im Gange." Wenn der Wind von Westen kam, hörten wir den Geschützdonner. Zwei Tage später wird in Koblenz, in Kreuznach und Bingen erbittert gekämpft.

Am 19. März war ich wieder in Wiesbaden. Auf den Dienststellen herrschte große Nervosität. An mehreren Stellen waren Truppen zusammengezogen. Ich sah in der Rheinstraße einen Trupp alter Männer mit der Volkssturmbinde um den linken Arm. Die Gerüchte überschlugen sich: Der Ami hat Bingen erobert, die Panzer stehen kurz vor Mainz. Bald werden die Brücken gesprengt. Am Rhein bricht der Angriff zusammen. Über den Rhein kann er nicht kommen. Überall haben wir Stellungen ausgebaut. Auf der Banndienststelle versicherte mir ein Stammführer: „Pass auf, jetzt geht's los. Jetzt kommen die Wunderwaffen." Ich fragte, ob sie mich nicht brauchen könnten. Ich wäre doch militärisch ausgebildet. Könnte mit der Panzerfaust und dem leichten MG 34 umgehen. Doch er wies mich ab. „Bleib du dort, wo du bist. Da wirst du schon noch gebraucht werden." Der Stammführer hatte wohl Angst, dass ich ihm den Krieg wegnehme, dachte ich. Arschloch! Wenn ich doch nur kämpfen dürfte, dann wäre der Krieg bald vorbei. Ich fühlte mich bei diesem Gedanken, als hätte ich überirdische Kräfte, wäre unverwundbar und unsterblich.

Dieses Mal hatte ich mich mit dem Lkw-Fahrer für den späteren Nachmittag in Bierstadt verabredet, denn er kam an diesem Tag von Erbenheim. Ich hatte auf meinem Weg schon die Siedlung an den Fichten hinter mir gelassen, als der Lkw stoppte und mich aufnahm. Ich setzte mich auf den rechten Kotflügel und hielt Ausschau nach Tieffliegern. Als wir den Abzweig nach Hessloch überquert hatten, war es soweit. „Jabos!", schrie ich. Der Fahrer stoppte abrupt, sprang aus dem Fahrerhaus in den Straßengraben. Ich lag auch schon im Straßengraben auf der anderen Seite, als der Jabo mit seinen Bordwaffen unseren Straßenabschnitt abgraste. Ich war heilfroh, dass ich meinen Tornister nicht abgelegt hatte. So konnte er mir noch zusätzlichen Schutz bieten. Kurz über dem anschließenden Waldstück zog der Jabo eine Steilkurve zum erneuten Angriff. Dieses Manöver wiederholte er noch einige Male, dann hatte er sein Ziel erreicht, unser Motor brannte, die Scheiben waren zerschossen. Der Jabo drehte ab. „Glück gehabt", sagte der Fahrer. Ich zitterte an allen Gliedern. Nun hatte ich nicht mehr das Gefühl, unsterblich zu sein. „Nur keine Angst, er ist ja weg", meinte der Fahrer gleichmütig. Zu Fuß zogen wir weiter. Nie mehr werde ich diese Straße gehen, war mein Gedanke.

Freitag, 23. März 1945.

Ich bin zum letzten Mal in der Stadt. Bingen war am Tag zuvor von amerikanischen Truppen erobert worden. „In der Stadt Mainz sind erbitterte Straßenkämpfe um die Zitadelle und den Gefechtsstand des Kampfkommandanten im Gange." (Wehrmachtsbericht vom 23.3.1945) Der Gefechtslärm dringt deutlich über den Rhein. Ob die Brücken schon gesprengt sind? Ich weiß es nicht. Die SS-Dienststelle im Nachbarhaus liegt verlassen. Widersprüchliche Gerüchte laufen durch die Stadt. Kreisleiter Pikarsky habe die Verteidigung bis zum letzten Mann angeordnet. Es bestehe ein Befehl des Gauleiters Sprenger, die Wasserversorgung, die Strom- und Gasversorgung der Stadt zu sprengen. (Heute wissen wir, dass es sich um den sogenannten „Nerobefehl" Hitlers handelte. Mit ihm war angeordnet worden, alle Versorgungseinrichtungen ohne Rücksicht auf die Bevölkerung vor den anrückenden Feinden zu zerstören). Unklar bleibt, ob die Zivilbevölkerung die Stadt verlassen soll. Ich versuche alle restlichen Lebensmittelkarten einzutauschen. Packe meinen Tornister voll und verlasse noch am Vormittag die Stadt, dieses Mal wieder über Sonnenberg und Rambach. Da die Stadt zur Festung erklärt ist, will ich auf keinen Fall einer Streife in die Arme laufen. So gehe ich große Umwege, möglichst durch den Wald. Die Angst vor den Jabos, die immer wieder blitzschnell über der Stadt auftauchen, sitzt mir tief in den Knochen. Schließlich erreiche ich unterhalb des Kellerskopfs Nauroder Gebiet. Ich gehe an der großen Fichtenschonung entlang und sehe weit ab die Landstraße liegen. Auf einem Acker pflügt oder eggt ein Bauer sein Feld. „Der ist wohl nicht ganz dicht", denke ich. Er zieht seine Furchen, als drohe ihm keinerlei Gefahr. Wenige Minuten später jagt ein Tiefflieger, ein „Mosquito", heran. Wieder rattern die MGs. Ich sehe, das Pferd scheut, jagt quer über den Acker, auf und davon. Der Bauer ist gestürzt, bleibt liegen. Ob er tot ist oder nur verwundet? Ich dränge mich weiter in die Fichten. Der Jabo zieht ab. Was soll ich tun? Unschlüssig bleibe ich in meinem Versteck. Versage ich gerade wieder einmal? Ist das unterlassene Hilfeleistung? Wo bleibt mein Mut, mein Heldentum, von dem ich immer geglaubt habe, dass ich in der Not das Richtige und Rechte tun würde? Ich schaue auf meine Uniform, auf meine Rangabzeichen, greife zu meinem Fahrtenmesser. Aber ich habe nur Angst. Ganz erbärmliche Angst. Zugleich ohnmächtige Wut. Gegen Jabos gibt es keine Gegenwehr. Man ist nur ausgeliefert, hofft, dass die Geschossgarben weit streuen, dass sie nicht treffen. Ich will nur einfach heil nach Hause kommen. Wo bleiben die Wunderwaffen? Der Stammführer war doch ganz sicher, dass sie jetzt kommen werden. Meine Siegeszuversicht ist im Strudel der Angst untergegangen.

Ich sehe, wie der Bauer sich rührt, sich aufstützt, schließlich aufsteht und davongeht. Hinter seinem Pferd her, das irgendwo stehen geblieben ist. Auch er hat Glück gehabt. Ich bin wieder einmal davongekommen. Erleichtert setze ich meinen Weg fort. Noch sehr aufgewühlt erreiche ich zur Mittagszeit die Obergasse in Naurod. Die Jabos kurven weiter.

Am Nachmittag große Freude im Dorf. Jenseits der Autobahn sei ein Jabo in den Wald gestürzt. Mit anderen renne ich über den Zubringer, an dem großen Horchgerät vorbei, das im Tal am Waldrand steht, durch die Autobahnunterführung Richtung Eppstein. Da liegt vor uns das Waldstück. Junger Fichtenwald. Das abstürzende Flugzeug hat eine tiefe Schneise gerissen. Etwa hundert Meter entfernt liegen die rauchenden Trümmer. Soldaten ziehen vorsichtig den toten Piloten heraus. Ich sehe nur einen rotblonden Haarschopf an dem leblosen Körper. Mein Gefühl schwankt zwischen Genugtuung und Mitleid. Auch er war trotz seiner schnellen Maschine und seiner todbringenden Waffen nicht unsterblich. Hatte er am Morgen den pflügenden Bauern angegriffen und mir Angst und Schrecken eingejagt? Nachdenklich gehe ich ins Dorf zurück.

Samstag, 24. März 1945:

Aus dem Wehrmachtsbericht erfahren wir: „Die Besatzung von Mainz kämpfte sich unter harten Gefechten auf das rechte Rheinufer zurück. Unter Einsatz von Schwimmpanzern konnten die Amerikaner bei Oppenheim den Rhein überschreiten und einen kleinen Brückenkopf bilden." Das rechte Rheinufer, das ist unsere Seite. Während am Tag die Tiefflieger den Luftraum beherrschen und jeden Verkehr unterbinden, sammeln sich in den Wäldern um Naurod größere Truppenverbände. Sobald der Abend hereinbricht, setzen sich die Kolonnen und Fahrzeuge in Bewegung Richtung Osten. Das geht so die ganze Nacht über. Sobald der Morgen graut, breitet sich Ruhe aus. Nur ferner Geschützlärm ist zu hören.

Sonntag, 25. März 1945:

Mutter, Großmutter und wir drei Geschwister sind in unserer Nauroder Wohnung. Später Vormittag, Jabos kreisen wie Raubvögel über die Hügel und suchen Ziele. Die gut getarnte Flakstellung am Erbsenacker schweigt. Zu schießen hätte auch keinen Sinn, denn mit den 8,8-Zentimeter-Geschützen trifft man keinen Jabo. Vielleicht ist sie auch schon aufgegeben worden.

Plötzlich ohrenbetäubender Lärm, Geschossgarben peitschen durch die dünnen Lehmwände des Fachwerkhauses, zischen über unsere Köpfe hinweg, schlagen in die gegenüberliegende Wand ein. Fensterscheiben splittern. Wir liegen am Boden, kriechen unter die Betten, unter den Tisch. Neuer Angriff. Dieses Mal liegen die Einschüsse tiefer. Schlagen ins Untergeschoss. Wir klammern uns aneinander. Wenn das unser letztes Stündlein ist, dann wollen wir zusammen sterben. Neuer Angriff, wieder rattern die Bordwaffen, zieht der Jabo über uns hinweg mit laut aufheulenden Motoren. Keiner von uns ist verletzt. Brandgeruch zieht von der Straße her. Ganz langsam krieche ich zu Großmutters kleinem Fenster, dem einzigen, von dem aus man auf die Straße sehen kann.. Ein offener Militärlastwagen ohne jede Ladung, den irgendein Idiot in der Nacht hier stehen gelassen hat, war das Ziel. Er brennt. Hoffentlich greift das Feuer nicht auf das Haus über. Im Hof holen wir Wasser und schütten die vollen Eimer über den Kühler. Das Feuer erlischt. Der Lkw hatte keinen Tropfen Sprit mehr.

Wir stehen im Hof. Die elektrischen Leitungen, die von Dach zu Dach gespannt waren, sind zerschossen und liegen wirr im Hof. Ich fasse sie mit einer Hand, will sie beiseite ziehen. Ein fürchterlicher elektrischer Schlag zuckt durch meinen Körper, ich taumle, tanze, schlage Purzelbäume, versuche den Draht abzustreifen, was nicht gelingt. Edmund schlägt mit einem Rechen den Draht aus meiner Hand. Ich bin gerettet.

Am späten Nachmittag geht der Rathausdiener mit der großen Glocke durchs Dorf und gibt bekannt, dass Naurod verteidigt werden soll. Auf Befehl des Gauleiters sollen alle Frauen und Kinder in einem gemeinsamen Treck das Dorf verlassen. Große Aufregung. Noch zögernd stehen die Leute auf der Straße, andere packen schon. Wir diskutieren. Sollen wir gehen, sollen wir bleiben? Wohin? Den Tieffliegern preisgegeben? In den noch kühlen Nächten auf der Straße liegen? Edmund ist eifrig dafür. Er will nach Osten, nach Hause. Nach langem Hin und Her stimmen wir zu. Was nehmen wir mit? Auf jeden Fall Kleider, Decken, Bettzeug, ein paar Gerätschaften zum Kochen und die noch vorhandenen Vorräte. Edmund holt den großen Leiterwagen aus der Scheune, spannt das Pferd ein, lädt einen Sack mit Hafer auf und Heu. Wir verstauen unsere Bündel auf dem Wagen. Legen Bretter quer über den Wagen als Sitzflächen.

In der Obergasse stauen sich schon andere Leiterwagen. Wir kommen erst gar nicht aus dem Hof. Warten. Ich laufe die Obergasse hinab zur Kreuzung an der Kirche. Militärfahrzeuge, Motorräder, Pferdewagen mit Soldaten oder Zivilisten, eine endlose Schlange wälzt sich die Straße aus Richtung Wiesbaden durchs Dorf. Kradmelder der Feldjäger sperren die Straße Richtung Niedernhausen. Der Fahrzeugwurm muss in Richtung Auringen abbiegen. Das hemmt den Fluss zusätzlich.

Wir gehen zurück in die Wohnung und hören den Wehrmachtsbericht. Zunächst berichtet er von der Ostfront, genannt werden Ungarn, Schlesien, Küstrin, Gotenhafen, Danzig. Das alles liegt für uns ganz weit weg.

Dann wird berichtet von der Landung englischer Fallschirmjäger im Rücken unserer Front am Niederrhein. An der Ruhr und an der Lippe seien Amerikaner gelandet. Endlich kommt unser Frontabschnitt an die Reihe. „...Östlich Neuwied drang der Feind in unsere Stellungen ein. Bei Braubach, Boppard und St. Goarshausen sind heftige Gefechte mit amerikanischen Stoßtrupps im Gange, die unter Nebelschutz mit Sturmbooten über den Strom setzten. Die Schlacht im Brückenkopf östlich Oppenheim nahm an Heftigkeit zu. Aus dem Raum von Griesheim stoßen die Amerikaner über Pfungstadt weiter vor." In Wirklichkeit hatten sie bereits Darmstadt besetzt und waren mit Panzerspitzen schon bis Hanau und Aschaffenburg vorgedrungen.

Diese Nachrichten geben den Ausschlag. Wir beschließen zu bleiben, laden wieder ab. Das Pferd wird ausgespannt und wieder in den Stall zurückgeführt. Viele Nachbarn machen es genauso. Lieber das Ende hier erwarten. Gegen den Willen meiner Mutter trage ich noch immer meine Uniform.

Kinder an die Front

Montag, 26. März 1945:

Am späten Nachmittag werden die Hitlerjungen des Dorfes zum Rathaus befohlen. Am Abend rückt der Trupp von Vierzehn- bis Sechszehnjährigen ab zur Unterstützung unserer Verbände im Kampfgebiet von Idstein. Hier soll eine Riegelstellung entstehen. Auch sie tragen ihre Uniformen. Die Flüchtlinge, zu denen auch ich zähle, sollen als Reserve zurückbleiben. Jetzt, wo es darauf ankommt, werde ich wieder abgewiesen. Wir sollen uns am nächsten Abend wieder melden.

Der Fahrzeugstrom aus Richtung Wiesbaden ist verebbt. An den östlichen und westlichen Zufahrten nach Naurod errichten Pioniere und einige Männer des Volkssturms aus dicken Buchenstämmen Panzersperren. Gefechtslärm von Süden und Westen, ferne Leuchtkugeln wie Sternschnuppen am Himmel begleiten die gespenstische Szenerie.

Dienstag, 27. März 1945:

Der Tag bleibt im Ganzen ruhig, abgesehen von dem fernen Grollen der Geschütze, das der Wind zu uns trägt. Lediglich Jabos kreisen ab und zu über das Tal und die Höhen.

Die Tage sind weiterhin strahlend schön. Ein einmalig wunderbarer Frühling. Überall sind die Knospen aufgesprungen, Forsythien und Osterglocken blühen längst in den Bauerngärten, auch die Tulpen in bunten Farben. Nächsten Sonntag ist Ostern.

Die Frontlage in unserer Gegend, wie wir sie am Abend aus dem Heeresbericht erfahren, sieht so aus: „Die Abwehrschlacht im Westerwald hat unsere Front an einigen Stellen durchlöchert. Nach schweren Orts- und Waldkämpfen konnten die Amerikaner bis Altenkirchen vordringen und beiderseits der Autobahn in Richtung Limburg an der Lahn Boden gewinnen. Zwischen Niederlahnstein und Kaub konnte der Gegner weitere örtliche Brückenköpfe bilden und die bisherigen zum Teil erweitern. Aus dem Raum südlich Frankfurt schiebt sich stärkerer Feind gegen den unteren Main vor. Offenbach ging nach schweren Straßenkämpfen verloren. Auch im Südteil Frankfurts wird gekämpft."

Wir wissen, dass dies eigentlich die Frontlage von gestern ist, die heute bekannt gegeben wird. Also muss der Feind heute schon ganz nahe sein. Es kann doch eigentlich nur noch Stunden dauern.

Ich trage immer noch meine Uniform. Mutti ist wütend und sehr aufgeregt.

Es ist später Abend. Ich gehe zum Rathaus, wo zwei schwere MGs in Stellung gebracht sind. Naurod sei jetzt im Verteidigungszustand.

Nach und nach versammeln sich acht, neun „Flüchtlings"-Pimpfe und Hitlerjungen. Wir werden nach unserem Alter gefragt. Als ich an der Reihe bin, sage ich mit fester Stimme „fünfzehn". Dieses Mal soll mir der Krieg nicht durch die Lappen gehen. Ich zeige auf meine grüne Schnur, die mich als Jungzugführer ausweist. Der Unteroffizier nimmt es gleichmütig hin. Ich bin ja auch recht groß und mache einen robusten Eindruck. Zwei werden wieder weggeschickt. Sie sind erst zwölf. „Na, siehste", denke ich.

„Wer kann mit einer Panzerfaust umgehen?" Ich melde mich sofort. „Dann erklär' mal deinen Kameraden, wie das geht." Aus einem Stapel Panzerfäuste fischt der Unteroffizier eine und reicht sie mir herüber. Voller Stolz zeige ich, wie man das Ding auf die Schulter legt, über die primitive Zielvorrichtung das Ziel anpeilt, wie man den Sicherungshebel umlegt und dann ruhig den Abzug bedient. Warne vor dem starken Rückstoß, weise darauf hin, dass man das Rohr sehr fest halten muss, dass unbedingt darauf geachtet werden muss, dass keiner hinter einem steht, wegen der Stichflamme, die beim Abschuss aus dem rückwärtigen Rohrende schießt. Die günstigste Entfernung für einen Treffer sei etwa 50 Meter, fügt der Unteroffizier hinzu.

Jeder von uns muss das einige Male nachmachen, einen Abschuss simulieren. Dann erhält jeder ein halbes Kommissbrot, ein großes Stück Dauerwurst als Marschverpflegung und eine Feldflasche mit kaltem Tee, dazu eine Decke, die als flache lange Wurst über die Schulter gehängt wird. Darauf packt der Unteroffizier zwei Panzerfäuste, nachdem er bei jeder nochmals sorgfältig die Sicherung geprüft hat. Dann geht es im Gänsemarsch durch die Gärten in den nahen Wald Richtung Niedernhausen. Die Stimmung unter uns ist nicht schlecht. Endlich dürfen wir mehr als nur Krieg spielen.

Die Nacht ist sternenklar, doch im Wald ist es stockdunkel. Wir tasten uns langsam durch die Dunkelheit, der Unteroffizier voran. Ich gehe hinter ihm. Wir bleiben öfter stehen, damit alle wieder aufschließen können. Ab und zu Geschützdonner aus der Ferne, deren Abschüsse wie Wetterleuchten am südlichen Horizont aufblitzen. Als wir nach einer knappen Stunde die Autobahn erreichen, liegt vor uns, etwa fünf Meter tiefer, die langgezogene Brücke, die in großer Höhe das enge Tal überspannt. Die Brücke ist nur halbseitig befahrbar. Lediglich zwei Fahrspuren waren noch vor dem Krieg fertig geworden. Der Unteroffizier weist uns in unsere Stellung ein. Eine Mulde, deren oberer Rand mit Gebüsch bewachsen ist, genau oberhalb der Brücke, bildet eine natürliche Verteidigungsstellung und bietet ein ideales Schussfeld für unsere Panzerfäuste, die wir vorsichtig am Muldenrand ablegen. Der Unteroffizier überblickt seine Kampfgruppe und stellt fest: „Da haben sich ja zwei dünne gemacht." Langes Schweigen. Ich bin entsetzt. Feiglinge, ist mein einziger Gedanke. Mir ist dennoch mulmig zu Mute. Vielleicht, um mir und den anderen Mut zu machen, sage ich es laut: „Feiglinge, Vaterlandsverräter, Deserteure!" Die anderen schweigen. Keiner kennt den anderen. Der Unteroffizier schaut mich scharf an und stößt schließlich hervor: „Du übernimmst das Kommando!" „Ich, ich?", stottere ich fragend zurück und eine unbestimmte Angst erfasst mich ... „Ja, du!" Damit war alles klar. „Euer Auftrag lautet", fuhr er fort, „zu warten bis die Amipanzer auftauchen. Die werden vorsichtig auf die Brücke zufahren. Ihr wartet seelenruhig, bis sie etwa Zweidrittel der Brücke überquert haben, dann schießt ihr drei Panzerfäuste auf den Führungspanzer ab. Das wird für den reichen. Mit den restlichen sieben Panzerfäusten knallt ihr die nächsten ab, damit ist die Brücke blockiert. Ihr haut sofort ab, hier zurück in den Wald und dann heim zu Muttern. Verstanden?"

Er hatte das ziemlich langsam, klar und bestimmt gesagt. Wir hatten es kapiert, zumindest ich. Er wiederholte: „Verstanden?" „Jawohl, Herr Unteroffizier!", kam meine Antwort. „Macht's gut, Jungs. Ich muss weiter", sagte er noch und war mit wenigen Sätzen im Wald verschwunden. Wir lagerten uns auf unsere Decken, legten die Panzerfäuste griffbereit neben uns und schielten über den Muldenrand. So sehr wir uns anstrengten, es war nichts zu sehen und kaum etwas zu hören. Auf jeden Fall kein Rasseln von Panzerketten.

Einer holte sein Kommissbrot und die Wurst hervor und bald säbelten wir alle mit unseren Fahrtenmessern an unseren Broten und den Dauerwurststücken herum. Wir wurden müde, teilten Wachen ein. Die sollten stündlich abgelöst werden, wenn die Turmuhr aus dem nächsten Dorf die volle Stunde schlug. Die übrigen wickelten sich in ihre Decke. Ich hatte die erste Wache übernommen. Gerade waren die Zwei-Uhr-Glockenschläge verhallt.

Ich versuchte meine Gedanken zu ordnen. Ich trug also jetzt die Verantwortung für das Gelingen oder das Scheitern unseres Auftrags. Wann werden sie wohl kommen? Ob sie überhaupt kommen? Gestern sind doch Hitlerjungen aus dem Dorf nach Idstein abgerückt, um dort eine Riegelstellung zu bilden. Die müssten die Amis ja erst mal überwinden. Nein, der Riegel wird sie auffangen. Da werden sie zerrieben, bis keiner übrig ist. Hackfleisch werden sie aus den Amis machen. Ja Hackfleisch, noch besser Corned beef! – Diese Gedanken beruhigten mich. Ich lauschte und sah wieder in die Nacht, an die sich die Augen längst gewöhnt hatten und die Umrisse erkennen konnten. Aus dem Wald war manchmal ein Knacken zu hören. Aus dem Tal fernes Motorengeräusch, immer leiser werdend. Kein Gefechtslärm mehr.

Ich überdachte unsere Stellung. Die war wirklich sehr gut. Eine bessere hätten auch meine Ausbilder in den Auswahllehrgängen für die Adolf-Hitler-Schule, die mit dem EK I, dem Deutschen Kreuz in Gold, der Nahkampfspange und den vielen anderen Orden und Ehrenzeichen ihre Brust schmücken konnten, nicht aussuchen können.

Aber sie hatten uns auch immer eingeschärft: Versetzt euch in die Lage des Gegners. Was würdet ihr an seiner Stelle tun? Diese plötzlich in meiner Erinnerung auftauchende Frage elektrisierte mich. Ja, was würde ich tun, wenn ich der Häuptling der Amis wäre? Würde ich einfach langsam mit meinem Führungspanzer auf die Brücke zurollen, wie es der Unteroffizier vorausgesagt hatte? Nein, natürlich nicht. Ich würde meine Panzer schön in Deckung halten, einen Spähtrupp durch das Tal auf die andere Seite schicken, der klären müsste, ob da nicht im Wald eine Gruppe mit panzerbrechenden Waffen liegt. Schon die unzerstörte Brücke würde mich misstrauisch machen. Aber, ob die Amis auch so schlau sind? Und wenn sie so schlau wären und schlichen tatsächlich mit ihrem Spähtrupp durch den Wald? Ja, dann müssten sie uns eigentlich entdecken und von hinten abknallen. Mir brach der kalte Schweiß aus bei diesen Gedanken. Was aber, wenn die Amis gar nicht von Norden kommen? Hatte der Wehrmachtsbericht nicht gemeldet, dass sich der Feind südlich von Frankfurt an den unteren Main vorschiebe? Den Main überwinden sie doch mit Leichtigkeit. Dann ist unsere Stellung hier doch völlig sinnlos. Ratlosigkeit fällt über mich. Die Morgenkälte der allmählich weichenden Nacht lässt mich frösteln. Angst kriecht von unten herauf. Drei dumpfe Glockentöne. Meine Wachzeit ist vorbei. Der mich ablösen soll, wickelt sich aus seiner Decke, kriecht auf mich zu: „Ich muss erst mal", flüstert er. „Pinkeln kannste auch hier", raune ich zurück. „Aber ich muss scheißen." Schon robbt er in den Wald und ist von der Dunkelheit verschlungen. Ich höre noch Äste knacken. Dann liegt wieder die unheimliche Stille um uns. Ich lausche angespannt und warte. Die Minuten dehnen sich, werden zur Ewigkeit. Ein Verdacht schleicht mich an: Der ist abgehauen. Feigheit vor dem Feind!

Ich wartete noch lange. Er kam nicht zurück. Also lauschte ich weiter in die Nacht, dachte an meine Mutter, die sich wohl riesige Sorgen machte. Wenn sie wüsste, wo ich bin, nie hätte sie mich fortgehen lassen. Sie war sicher zum Rathaus gelaufen, dorthin, wo die Fernschreiber ratterten, hatte versucht Auskünfte zu bekommen. Man hat sie bestenfalls vertröstet und wieder heimgeschickt: Der Junge wird schon wieder auftauchen.

Ich dachte an meinen Vater, dessen letzter Brief vom 11. März uns vor wenigen Tagen erreicht hatte. Darin stand: „die Zeiten sind hart und werden noch härter werden. Der Feind kommt immer weiter ins Land. Was soll werden? Ich weiß es nicht mehr. Doch hoffe ich zuversichtlich, dass uns die Kraft verbleibt, den Feind wieder aus dem Land zu jagen ..." Ich erinnerte mich an den Sonntag, als ich ihn zum letzten Mal gesehen hatte. Ich hatte ihn bei Nebel und Schneeregen bis zum Erbsenacker begleitet. Wir waren schweigend den steilen Weg nebeneinander hergegangen, ich spürte seine warme Hand in der meinen liegen. Gegen Ende des Hohlwegs hatte er sein Schweigen gebrochen: „Wenn wir diesen Krieg verlieren, wird das deutsche Volk schrecklich bestraft werden." Als ich ihn ungläubig fragend angesehen hatte, fuhr er fort: „Ich habe in den letzten Tagen vom Zug aus Kolonnen von ausgemergelten Menschen gesehen, zerlumpt und in Sträflingskleidern. Die schleppten sich dahin, bewacht von unseren Leuten, die auf sie einschlugen, wenn sie zusammenbrachen, sie am Wegesrand liegen ließen, wenn sie nicht mehr weiter konnten. Ja, sie mit einer Salve aus ihren Maschinenpistolen niedermähten. Das waren einfach Verbrechen, von denen ich mir nicht vorstellen konnte, dass sie von unseren Leuten begangen werden." Nach einer Pause fügte er hinzu: „Und ich habe nichts dagegen getan, nichts tun können." Tränen standen in seinen Augen. Ich war tief betroffen. Er hatte mich umarmt, mich noch einmal fest an sich gedrückt, hatte sich aus meinen Armen gelöst und war bald mit festen Schritten im Nebel verschwunden. Ob er noch lebte, dachte ich, oder war er in Gefangenschaft geraten? Ich fühlte mich grenzenlos allein. Meine Zweifel an unserem Sieg wuchsen bei diesen

Gedanken zu einer schier unübersteigbaren Mauer, von der ich nur noch in einen dunklen Abgrund zu sehen vermochte.

„Kiwitt, kiwitt". Ganz in der Nähe schrie ein Käuzchen. Das sei der Ruf des Todesvogels, hatte Großmutter mehr als einmal gesagt. Ich kannte den Vogelruf aus dem Germanswald. Dort hatte ich oft dieses „Kiwitt, Kiwitt" gehört, aber nie ist jemand bei uns gestorben. Außer Onkel Hermann. „Auch wieder so eine von Großmutters seltsamen Geschichten", machte ich mir Mut, versuchte mit meinen Augen die Dunkelheit zu durchdringen und die finsteren Ahnungen zu vertreiben. Die Schwertworte kamen mir in den Sinn: „Wer auf die Fahne des Führers schwört, hat nichts mehr, was ihm selber gehört." Auch nicht das eigene Leben. Aber wir haben doch auch gesungen. „Nur der Freiheit gehört unser Leben!" Ist das die Freiheit, von der wir geträumt und gesungen haben?

Inzwischen war es richtig kalt. Von der Turmuhr her schwebten vier dumpfe Schläge zu mir herüber.

Ich weckte den Nächsten, der fröstelte genau wie ich auch. Am östlichen Himmel glaubten wir schon einen ganz leichten Schimmer zu sehen. Aber vielleicht war es auch nur der Feuerschein eines großen Brandes. „War was los?", fragte der andere. „Einer ist Scheißen gegangen und nicht mehr wiedergekommen." Der andere sah mich ungläubig an, zählte still in die Runde: „Tatsächlich, wir sind ja nur noch vier. Vier kleine Negerlein." Wir schwiegen lange. Ich fühlte, dass ich jetzt nicht schlafen könnte. Dem leichten Schein der Dämmerung im Osten war wieder die Nacht gefolgt. Also doch nur Feuerschein oder so etwas Ähnliches. „Kiwitt, kiwitt". Wieder der Käuzchenruf, jetzt aber weiter entfernt. Der Nebenmann flüsterte: „Wenn der schreit, stirbt einer." „Halts Maul!" „Doch. Hat meine Großmutter immer gesagt", beharrte der andere. Ich schwieg.

Im Wald erhoben sich einzelnen Vogelstimmen. Jetzt graute tatsächlich im Osten der Morgen. Die anderen räkelten sich. Schlotterten vor Kälte. Wir krochen ganz nahe zusammen, zogen die Decken über uns, wärmten uns gegenseitig. „Ob sie bald kommen werden?", brach einer unser Schweigen. Keiner gab eine Antwort, was hätte er auch sagen sollen. Dann fing der Vierte an, der noch gar nichts gesagt hatte: „Das ist doch alles Scheiße hier." Dann wandte er sich an mich: „Glaubst du im Ernst, wir könnten hier den Krieg gewinnen. Ihr habt doch nicht alle Tassen im Schrank. Die pusten uns weg in Nullkommanix." Ich war empört, hielt mich aber verunsichert zurück. Hatte er nicht Recht? War ich nicht auch schon auf ähnliche Gedanken gekommen? Schließlich wandte ich ein: „Wir haben aber den Befehl, die ersten Panzer abzuknallen und dann zu verschwinden." „Ich will dir sagen, was ich von der ganzen Sache halte. Der Scheißkerl von Unteroffizier hatte wahrscheinlich den Befehl, mit seinen Leuten das zu machen, was wir jetzt tun sollen, und da ihm die Sache zu windig war, hat er sich gesagt: Die Hitlerjugend brennt doch nur darauf, endlich Heldentaten zu vollbringen. Dann sollen die das doch machen.

So, und da mach ich nicht mehr mit." In diesem Augenblick fuhren wir hoch wie von der Tarantel gestochen. Fernes Motorengeräusch. Die Dämmerung war schon fortgeschritten, die Brücke gut zu überblicken. „Sie kommen!", schon lagen wir an der Böschung, jeder seine Panzerfaust vor sich. „Erst entsichern, wenn ich das Kommando gebe. Genau zielen. Erst schießen, wenn ich sage: Jetzt!" Alle Zweifel waren verflogen, jeder von uns wusste, jetzt gilt es.

Das Motorengeräusch kam näher, wurde lauter. Das klingt aber nicht nach Panzern. Vielleicht eine Vorhut? Was machen wir dann? Wenn wir die abknallen, wissen doch die anderen Bescheid. Dann holen sie erst mal die Jabos. Nur nichts riskieren. Jeden Mann schonen. War das nicht ihre Taktik? Am liebsten hätte ich jetzt den Befehl gegeben: Abhauen, Kameraden, nichts wie weg! Aber es war schon zu spät. Ein Kübelwagen näherte sich, wurde langsamer. Ich erkannte drei Stahlhelme, deutsche Stahlhelme. Ich schrie laut und befreit: „Nicht schießen. Das sind deutsche Soldaten." Mein Ruf hallte über die Brücke. Wir waren alle aufgesprungen, winkten jubelnd erleichtert mit unseren Panzerfäusten. Der Kübelwagen verlangsamte seine Fahrt noch mehr, hielt unter uns. Ein Offizier und zwei Soldaten. Ich ließ meine Panzerfaust liegen und rutschte die wenigen Meter der Böschung hinunter. Der Offizier war ausgestiegen. Ich erkannte die Rangabzeichen. Vor mir stand ein Major. Ich grüßte mit ausgestrecktem rechtem Arm „Heil Hitler" und schlug die Hacken zusammen. Der Major erwiderte lässig meinen Gruß: „Was macht ihr denn hier?" „Wir verteidigen die Brücke, Herr Major", antwortete ich stolz und jetzt wieder voller Zuversicht. Der Major fragte ungläubig zurück, als hätte er mich nicht verstanden: „Was macht ihr hier? – Die Brücke verteidigen?" Die Soldaten im Kübel kicherten. Ich ließ mich nicht beirren. „Jawoll, Herr Major. Wir haben Befehl, die ersten amerikanischen Panzer abzuschießen und dann zu verschwinden." „Na, da haben wir ja noch mal Glück gehabt, dass ihr gerade noch gemerkt habt, dass wir keine Panzer sind." „Jawoll, Herr Major", antwortete ich etwas verlegen, denn ich spürte die feine Ironie in dem Ton, wie er das gesagt hatte. Er schwieg einen Augenblick, dann sagte er: „Die Suppe muss ich euch leider versalzen." Wieder folgte eine kurze Pause, dann fuhr er fort, indem er seine Stimme dehnte. „Ich habe einen Führerbefehl, wenn du weißt, was das ist?" Ich nickte eifrig. Ja weiß Gott, ein Führerbefehl war das Höchste. Der brach alle anderen Befehle. „Also wir haben einen Geheimauftrag für diese Brücke. Da darf uns keiner zuschauen. Wir sind also gar nicht hier. Ihr habt uns nie gesehen. Ihr lasst eure Panzerfäuste da oben liegen. Die können wir vielleicht noch gebrauchen. Und ihr haut sofort ab. Das ist ein Führerbefehl! Verstanden. Wegtreten!" Da gab es keinen Widerspruch. Führerbefehl ist Führerbefehl. Ich grüßte völlig verdattert und hätte am liebsten danke gesagt. Kletterte die Böschung wieder hinauf. Die anderen hatten es auch gehört. „Führerbefehl!" Bei diesem Wort war uns ganz mulmig geworden, als hätte der Führer persönlich uns den Befehl erteilt. Wir schnappten unsere Decken, unsere Wurstzipfel, das Brot und die Feldflaschen und sprangen so schnell wir laufen konnten durch den Wald.

Nach einigen hundert Metern waren wir völlig außer Atem und legten eine kurze Verschnaufpause ein. Wir fühlten uns von einer riesigen Last befreit „Was machen die wohl?" „Na klar, die Brücke sprengen. Das ist ja auch viel sicherer, als ein paar Panzer abzuknallen." Mit Sonnenaufgang erreichten wir das Dorf und trennten uns.

Den halben Vormittag wartete ich auf die Detonation, die anzeigte, dass die Brücke hochgegangen war. Aber der große Knall kam nicht. Die Brücke blieb stehen. Sie steht noch heute. Sie ist schon lange vierspurig ausgebaut.

Mittwoch, 28. März 1945:

Als ich wieder aufgetaucht war, weinten Mutter und Großmutter vor Glück. In der Nacht waren sie fast verzweifelt. In ihrer Angst um mein Leben verlangten sie jetzt unerbittlich, dass ich meine Uniform und alles, was dazu gehörte, durch das Plumpsklo in die „Puddelkaut" am Misthaufen werfen sollte. Meine Mutter bestand darauf, dass alles verschwinden müsse, was nach Nazi-Uniform aussah. Die Gerüchte, dass die anrückenden Feinde jeden erschießen würden, der eine Nazi-Uniform trug, schwirrten seit Wochen durchs Land und wurden durch vielerlei Erzählungen glaubhaft gemacht. „Die machen kurzen Prozess", sagten die Leute.

Ich widersprach meiner Mutter heftig. Ich lehnte die Idee mit der „Puddelkaut" eisern ab. Schließlich, so argumentierte ich, würde der Führer bald die Wunderwaffen einsetzen, dann würde der Feind wieder vertrieben werden. Für diese Zeit des Gegenangriffs und des Endsieges und für die Zeit danach würde ich meine Uniform wieder dringend brauchen. Wenn ich dann ohne Uniform dastehen würde, könne ich doch meinem Fähnleinführer unmöglich sagen: „Die habe ich aus Angst vor dem Feind in die ‚Puddelkaut' geworfen." Wir einigten uns darauf, dass ich die Uniform und alles, was dazu gehörte, in der Scheune vergraben würde. So packte ich meine Habseligkeiten in einen Karton, grub in der Scheune ein Loch, legte den Karton hinein und deckte das Uniformgrab sorgfältig mit trockener Erde ab. Ich bröselte trockene Erdkrumen darüber, so dass keiner hier einen vergrabenen Schatz vermuten würde.

Am Sonntagnachmittag hatte ich schon einmal ein Loch gegraben, jedoch in dem Schuppen, in dem die Ackergeräte abgestellt waren. Edmund hatte mir dabei noch geholfen mit dem Pickel, weil der Boden so hart war, dass ich mit dem Spaten kaum eindringen konnte. Wir hatten dort das Silberbesteck für zwölf Personen, das zwar nicht mehr ganz vollständig war, aber noch aus Großmutters Mühle stammte, und einige Schmuckstücke verbuddelt. Wir dachten, hier sei es sicherer, als wenn wir es auf den Treck mitnehmen würden. Schließlich hatten die Leute auch früher in den

Kriegszeiten das, was sie für wertvoll erachteten, vergraben. Jetzt, am Mittwochmorgen, kam Kathrinchen jammernd aus dem Haus. Der Edmund sei spurlos verschwunden und der undankbare Saukerl habe allen Schinken und die Würste aus der Räucherkammer gestohlen. „Oder warst du das?“, fragte sie, indem sie sich an mich wandte. Ich beteuerte, dass ich es nicht gewesen sei. Ich hätte ja nicht einmal gewusst, wo die Räucherkammer sei. Mir kam ein böser Verdacht. Ich lief in den Schuppen, suchte die Stelle unserer sonntäglichen Grabung und siehe da, auch hier war alles weg. Damit war klar gestellt, nicht ich, sondern Edmund hatte Schinken und Wurst geklaut. Das war zwar ein kleiner Trost, aber der Verlust unserer bescheidenen Schätze bedrückte uns zusätzlich zu der ziemlich ausweglosen Lage, in der wir uns und alle anderen Bewohner befanden. Doch ich war Edmund keineswegs böse. In seiner Lage hätte ich genau so gehandelt.

In meiner Erinnerung herrschte im Dorf lähmende Stille. Nur ein Jabo strich wie üblich über die Höhen und das Tal, entfernte sich für eine Weile, um dann wieder seine Motoren wie eine große Drohgebärde über dem Dorf aufheulen zu lassen. Kein Soldat war zu sehen. Sollte Naurod wirklich verteidigt werden? Wir versuchten uns auszumalen, was das bedeuten würde. Alles würde zusammengeschossen, kaum einer würde überleben. Mit den Bewohnern des auf der anderen Straßenseite liegenden Hauses war ausgemacht, das wir im Falle des Angriffs zu ihnen in den Keller flüchten könnten. Das Haus war ein festes Backsteinhaus und war unterkellert. So ziemlich alle Dorfbewohner hatten weiße Bettlaken zurechtgelegt, auch wir, um sie als Zeichen der Kapitulation aus den Fenstern zu hängen. Einige taten dies schon am späten Vormittag. Daraufhin musste der Ortsdiener von Haus zu Haus schleichen und den Befehl des Kampfkommandanten bekannt geben, dass jeder erschossen würde, der die weiße Fahne zeigen würde. Das Gerücht, einer aus der Untergasse sei schon erschossen worden, verbreitete sich rasend schnell. Das war umso glaubhafter, als bereits mehrere Schüsse gefallen waren. Also wurden die Bettlaken wieder eingeholt, aber für alle Fälle bereitgehalten.

Mutter und Großmutter hatten aus ein paar Kräutern und Kartoffeln eine Suppe gekocht, die wir hungrig und mit Genuss aus unseren Tellern löffelten. Großmutter hatte wie immer zuvor die Hände gefaltet und uns beten lassen: „Komm, Herr Jesu, sei unser Gast und segne, was du uns bescheret hast.“ Aber unsere Sinne waren nicht auf den lieben Herrn Jesus gerichtet, sie lauschten vielmehr voller Angst auf die Motorengeräusche, die sich zu nähern schienen. Da zerriss eine Salve die trügerische Ruhe, ein paar Schreie und Rufe folgten. Einen Augenblick herrschte Stille. Mutti fasste sich als erste und rief: „Achtung, Kinder, jetzt geht's los. Jetzt müssen wir ganz tapfer sein. Schnell rüber in den Keller!“ Schon krachte wieder eine Salve ins Dorf. Wir rannten die Stiege hinab, durch das kleine seitliche Hoftor. Noch während wir über die Straße rannten, hämmerten irgendwo Maschinengewehre los. In dem niedrigen Keller konnten nur Kinder stehen, doch jetzt kauerten sich alle auf den Boden. Die Nachbarn hatten sich schon versammelt. Ein paar Kerzen flackerten. Immer wieder fauchten Granaten über die Dächer. Wir unterschieden den helleren Klang der Abschüsse von den dumpferen Detonationen der Einschläge. Wir wussten nicht woher und wohin geschossen wurde, offenbar aber nicht nur auf das Dorf. Bei jeder Detonation erzitterte unser Häuschen und es schien in eine schwingende Bewegung zu geraten. Dann folgten wieder lange Phasen der Stille, die abrupt unterbrochen wurden durch das Heulen der Jabos und das Tackern ihrer Bordkanonen. Die Schussfolgen wechselten. Es hörte sich an wie bei einem großen Feuerwerk. Dann, wie ein Schlussakkord, donnerte noch einmal Abschuss und Einschlag der letzten Salve über die Dächer hinweg. Schließlich lag Stille über Dorf und Hügeln. Wir lauschten angestrengt in höchster Anspannung. Ist der Feind abgezogen? Wohl kaum. Die Minuten und Viertelstunden wurden immer länger. Nach etwa einer Stunde der lautlosen Ungewissheit kroch ich die wenigen Stufen der Kellertreppe hinauf und robbte an der Hauswand entlang zum Hoftor. Bevor ich es öffnen konnte, drang immer lauter werdendes Dröhnen von schweren Motoren herein. Panzer! Das waren Panzer. Jetzt war auch das Rasseln und Klirren der Panzerketten auf Pflastersteinen zu hören. Aber es fiel kein Schuss. Ich stürzte zurück in den Keller. Die anderen hatten das Dröhnen, das immer lauter wurde, auch schon gehört. Plötzlich wurde das walzende Rollen von einem entsetzlichen Knirschen auf dem Pflaster der Dorfstraße und dem lauten Aufheulen eines schweren Motors abgelöst, das wie ein elektrischer Schlag in alle Nervenspitzen zu rasen schien. Dann wechselte das Heulen in ohrenbetäubenden Lärm von Motoren und Kettengeklirr. Dieser Vorgang wiederholte sich mehrfach. Die Panzer hatten vor der Dorfkirche die Richtung um neunzig Grad gedreht und wälzten sich nun langsam die Obergasse herauf. Schreie, Flüche. Fremde Laute. „Hands up! Come on!" und wieder „Hands up!"

Gewehrkolben schlugen gegen die Kellertür, die schließlich aufgerissen wurde. Über uns standen mehrere amerikanische Soldaten. „Come out!", brüllte einer und fuchtelte mit seiner MP (Maschinenpistole) drohend vor unseren Gesichtern herum. Zu Tode geängstigt kletterten wir die Stufen hinauf. Durch das offene Hoftor schubste uns einer auf die Straße, wo wir uns mit erhobenen Händen an der Hauswand aufstellen mussten.

Mein Blick erfasste vier bis fünf Panzer, deren Geschütztürme drohend langsam in alle Richtungen gedreht wurden, mehrere Jeeps mit leichten MGs (Maschinengewehren) zwischen Vorder- und Rücksitzen und viele amerikanische Infanteristen, die sich zum Teil an den Hoftoren postiert hatten oder in Schützenlinie die Obergasse hinaufschlichen und Haus um Haus und Scheune um Scheune durchkämmten. Ihnen entgegen kamen

Scharen deutscher Soldaten mit erhobenen Händen. Zum Teil schwenkten sie ein weißes Tuch als Zeichen der Ergebung. Immer mehr Soldaten kamen aus dem Kellerskopfwald über die Wiesen heruntergelaufen. Alle hatten die Hände über dem Kopf erhoben. Keiner trug eine Waffe, keiner einen Stahlhelm. Die meisten waren barhäuptig, manche hatten ein Käppi oder ihre Schirmmütze auf dem Kopf. Gesichter jeden Alters, auch ganz junge, kaum älter als ich, verstört, mit angstvoll geweiteten Augen, liefen an uns vorbei. Ihre Zahl ging in die Hunderte. Brandgeruch, Qualm breitete sich aus. Irgendwo brannten Scheunen und Häuser.

Beim Anblick dieser deutschen Soldaten in abgerissenen und verdreckten Uniformen, die mit erhobenen Händen die Dorfstraße herunterkamen und sich einfach gefangen nehmen ließen, schossen mir die Tränen in die Augen. Ich wurde von einem Weinkrampf geschüttelt. Es war für mich unfassbar: Deutsche Soldaten mit erhobenen Händen, die Waffen weggeworfen! Das war für mich zu viel auf einmal. In diesem Augenblick brach mein ganzes bisheriges Weltbild wie ein Kartenhaus in sich zusammen. Ich hatte den Parolen geglaubt, die an vielen Häuserwänden meines Schulwegs aufgepinselt waren: „Lieber tot als Sklave!" Ich war gewohnt zu glauben, dass ein deutscher Soldat nie aufgibt, bis zur letzten Patrone kämpft. Und nun das. Kein Widerstand, kein Heldentum, keine Toten, keine Verwundeten? Nur ängstliche Gestalten. Wo war nur der Mut, der vielzitierte Heldenmut unserer Truppen geblieben? War das alles Lug und Trug? Meine Mutter wollte mich trösten. Doch als sie die Arme sinken lassen wollte, bedeutete ihr der Ami, der uns bewachte, mit der Mündung seiner MP, dass sie lieber die Hände oben lassen solle, während ich meine Tränen nicht zurückhalten konnte.

Der Strom der sich ergebenden Soldaten wurde spärlicher und versiegte schließlich ganz. Die Panzer hatten ihre Motoren abgestellt. Die Ungetüme lagen reglos auf der Dorfstraße. Lediglich einige Jeeps kurvten noch um sie herum. Der Panzerlärm war verstummt. Befehle, die wir nicht verstanden, wurden gebrüllt, manche Soldaten hatten seltsame Telefone, aus denen eine Antenne herausragte, in der Hand und gaben irgendwelche Meldungen durch. Die Spannung löste sich allmählich. Auch beim Gegner. Um uns schien sich keiner mehr recht zu kümmern. Die Amis standen gelangweilt, manche neugierig herum und kauten unentwegt irgendetwas zwischen ihren Zähnen. Manchmal spuckte einer das merkwürdige Etwas in hohem Bogen auf die Straße, nestelte an der Brusttasche seiner Feldbluse, klaubte einen Streifen heraus, entfernte das bunte Papier der Umhüllung, dann eine silberfarbene Folie, um dann den schmalen hellbraunen Streifen in den Mund zu schieben und auf ihm wieder herumzukauen. Viele hatten ihre Stahlhelme lässig über die Stirn geschoben, rauchten Zigaretten, die sie aus weißen Packungen mit einem roten kreisrunden Zeichen hervorholten, über das ein schwarzer Schriftzug lief. Wir ahnten nicht, dass diese Lucky Strikes bald die wichtigste Währung der ersten Nachkriegsjahre werden würden. Längst waren uns die Arme lahm geworden und immer weiter herabgesunken. Längst interessierte sich kein Ami mehr für uns, auch nicht dafür, dass wir uns allmählich von der Stelle bewegten. Da fiel mir ein, dass ich unter meinem karierten Hemd noch das Sporthemd der HJ mit den breiten umlaufenden rotweißen Streifen und dem schwarzen Hakenkreuz auf der Brust als Unterhemd trug. „Um Gottes Willen, wenn das die Amis sehen, stellen sie dich glatt an die Wand", schoss es mir durch den Kopf. Mit drei, vier großen Sprüngen setzte ich über die Straße durch unser Hoftor, rannte den kurzen Weg über den Hof zur Mistkaut, stürzte in das Häuschen unseres Plumpsklos und schob den Riegel vor. Schon im Laufen hatte ich das Oberhemd aufgeknöpft. Jetzt im Klohäuschen riss ich das Sporthemd über den Kopf und warf es zusammengeknüllt durch das kreisrunde Loch in die Puddelkaut. Da rummste es an der Tür, während eine barsche Stimme schrie „Open, aufmaken!" Ich ließ meine Hose fallen, setzte mich zitternd aufs Loch, während ich mit der rechten Hand den Riegel zurückschob. Die Tür wurde aufgerissen und ich starrte in die Mündung eines Schnellfeuergewehrs, die sich ganz langsam um die Kante des Türrahmens schob. Ich schrie in Todesangst: „Nein, nein, bitte nicht!" Dann sprang der amerikanische Soldat aus seiner Deckung genau vor mich hin, senkte seine Waffe und fing schallend an zu lachen, was seinen Kumpel, der ihm von der Hausecke her Feuerschutz hatte geben sollen, neugierig näher treten ließ. Nun lachten sie beide lauthals über den Zwölfjährigen, der mit ängstlicher Miene mit heruntergelassener Hose, das Oberhemd in der Hand, auf dem Abtritt kauerte. „Okay", sagte der eine, immer noch lachend, „go ahead", griff in seine Brusttasche, schob mir einen von diesen bunten Streifen in die Hand und schloss die Klotür. Da saß ich nun im Halbdunkel und konnte mich langsam von meinem Schrecken erholen. Jetzt hatte ich allen Grund sitzen zu bleiben, denn ein ungeheures Gefühl der körperlichen Erleichterung gab meiner Aktion einen neuen Sinn. Als ich fertig war, zog ich das Oberhemd wieder an, knöpfte meine Hose zu und im Licht der geöffneten Tür warf ich noch einen Blick durch das kreisrunde Loch und sah, dass das letzte Emblem meiner großdeutschen Vergangenheit für alle Zeiten verschwunden war.

Literatur- und Quellenverzeichnis

1. Familienarchiv Moos-Leitz.
2. Das Steinachtal, Bände 1930, 1931, 1932.
3. Hinz, Elisabeth, Neckarsteinach gestern und heute, Heidelberg 1992.
4. Schwarzwälder Tagblatt, 23.09.1933, Furtwangen, Schwarzwald.
5. Chronik deutscher Zeitgeschichte, Bd I, II, 1, II, 2. Düsseldorf 1982.
6. Hilberg, Raul, Die Vernichtung der europäischen Juden, Bd. 10611, 10612, 10613, Frankfurt/Main 1990.
7. Gutmann, Israel, Enzyklopädie des Holocaust, 4 Bände, München-Zürich o. J.
8. Kinderfibel (Lesebuch für die ersten Klassen der Volksschule in Baden), Bühl 1936.
9. Die Wehrmachtsberichte 1939-1945, 3 Bände, Gesellschaft für Literatur und Bildung, Köln 1989.
10. Schramm, Percy E,. Kriegstagebuch des Oberkommandos der Wehrmacht, 8 Bände, Studienausgabe, Bonn 1964.
11. Mendlewitsch, Doris, Vordenker des Nationalsozialismus im 19. Jahrhundert, Rheda-Wiedenbrück 1988.
12. Chronik des 2.Weltkriegs, o. J. Gütersloh.
13. Der II. Weltkrieg, 4 Bände Zeitgeschichte in Wort und Bild, Hamburg 1989.
14. Koch, Hannsjoachim, Geschichte der Hitlerjugend, Percha 1975.
15. Leeb, Johannes, Wir waren Hitlers Eliteschüler, Hamburg 1998.
16. Smelser, Zittelmann, Die Braune Elite, 2 Bde., Darmstadt, 1993 u. 1994.
17. Schule im Dritten Reich – Erziehung zum Tod?, München 1983.
18. Erziehung im Nationalsozialismus, Gutenbergschule und Diltheyschule in Wiesbaden 1933 – 1945, Wiesbaden 1992.
19. Bembenek, Lothar, Ulrich, Axel. Widerstand und Verfolgung in Wiesbaden 1933-1945, Gießen 1990.
20. Diewald-Kerkmann, Gisela, Politische Denunzation im NS-Regime, Bonn 1995.
21. Kammler, J., Ich habe die Metzelei satt und laufe über ..., Fuldabrück 1997.
22. Rudolph, Richard, Als die Bomben fielen, 2. Aufl. Wiesbaden 1992. Dokumentarfotos aus dem 2. Weltkrieg.

Bildnachweis

Kinderfibel, Bühl 1936: Einbandvorder- und rückseite, S. 41;
Familienarchiv Leitz-Moos S. 23, 37, 85, 119, 153.